MW01035944

Pep Guardiola

Pep Guardiola

Otra manera de ganar
La biografía

Guillem Balagué

Traducción de Iolanda Rabascall

Edición: Ladislao J. Moñino y Maribel Herruzo

rocabolsillo

Pep Guardiola
Otra manera de ganar
La biografía

Título original: Pep Guardiola - *Another Way of Winning*

Publicado originalmente por The Orion Publishing Group, London

Primera edición en Argentina bajo este sello: noviembre de 2015
Primera edición en México: julio, 2016
Primera reimpresión: marzo, 2018

Av. Marquès de l'Argentera 17, pral.
08003 Barcelona
info@rocabolsillo.com
www.rocabolsillo.com

ISBN: 978-841-624-033-3

Impreso en México - *Printed in Mexico*

El papel utilizado para la impresión de este libro ha sido fabricado a partir de madera procedente de bosques y plantaciones gestionadas con los más altos estándares ambientales, garantizando una explotación de los recursos sostenible con el medio ambiente y beneficiosa para las personas.

Índice

A mi hermano Gustavo (culé),
a mi hermana Yolanda (recién convertida en culé),
a Luis Miguel García (que nunca será culé),
y a Brent Wilks (que nos recuerda constantemente
que el fútbol no es una cuestión de vida o muerte)

Introducción

de sir Alex Ferguson

Perdí una gran oportunidad de fichar a Pep Guardiola. No sé bien por qué, pero había decidido dejar el Barcelona y nos dijeron que podría estar interesado en el Manchester United. Nos pusimos en contacto con sus representantes, creí que podría persuadirle.

Quizá no elegí el momento oportuno, quizá lo intenté demasiado pronto. Habría sido interesante tenerle en mi plantilla; Pep era la clase de jugador en que acabó convirtiéndose Paul Scholes: capitán, líder y centrocampista en el increíble Dream Team del Barça de Johan Cruyff, mostraba compostura y habilidad con el balón y dictaba el ritmo del partido, lo que lo convirtió en uno de los futbolistas más brillantes de su generación. Esas eran las cualidades que yo andaba buscando. Acabé por fichar a Juan Sebastián Verón aquel verano. A veces, me da por preguntarme: «¿Qué hubiera pasado si este futbolista o aquel otro hubiera jugado en el United?». Lo pensé a menudo con Guardiola.

Entiendo por lo que Pep pasó como futbolista en sus últimos meses en el Barcelona. Cuando uno está en un club de tanta envergadura como el Barça, prefiere soñar que durará toda la vida, que pasará toda su carrera en el mismo sitio, en la institución de la que soñó formar parte desde que era un chaval. Así que, aunque nos dijeron que había decidido cambiar de club, cuando contactamos con él, no quiso comprometerse con nosotros: Pep probablemente pensaba que, pese a todo, todavía tenía futuro en el club, que las cosas podrían dar un vuelco al final. Debió de ser un momento turbulento para él y terminó por marcharse, pero no pudimos llegar a un acuerdo.

Qué pena. En el mundo del fútbol, nada es eterno. La edad y el tiempo lo desgastan todo, y llega un día en el que el futbolista, por decisión propia o del club, debe buscar una salida. En ese momento, creí que le estábamos ofreciendo una solución, una alternativa, pero no salió como yo esperaba. Me recuerda a Gary Neville. Gary llevaba desde los doce años en el Manchester United, se había convertido casi en un miembro de mi familia, un hijo, alguien de quien te fías y dependes. Formaba parte de la sólida estructura de la plantilla. Pero un día todo se acaba. En el caso de Pep, darse cuenta de que el sueño tocaba a su fin debió resultarle duro. Yo podía comprender sus dudas, su dilación a la hora de definirse, pero llegamos a un punto en el que tuvimos que buscar en otro lado y la oportunidad desapareció.

Una cosa que he observado en Guardiola —crucial para su inmenso éxito como entrenador— es su gran humildad. Jamás ha intentado presumir de nada; siempre se ha mostrado extremamente respetuoso, y eso es muy importante. Es bueno poseer esas cualidades y, si analizamos su perfil con la distancia que otorga el tiempo, es obvio que Pep ha sido una persona con las ideas muy claras, pero también muy considerado con las de los demás. Como jugador, nunca fue el típico futbolista que copa las portadas de los periódicos. Tenía un estilo de juego singular; nunca fue increíblemente rápido, pero era un futbolista brillante y sereno. Como entrenador, es muy disciplinado, sus equipos salen al campo muy bien preparados y, gane o pierda, siempre muestra la misma actitud elegante y modesta. Para ser sincero, creo que es positivo tener a alguien así en esta profesión.

Pese a todo, parece que Pep llegó a un punto en su trayectoria como entrenador en el que era consciente de la importancia de su papel en el Barça a la vez que experimentaba las exigencias inherentes al cargo. Estoy seguro de que en numerosas ocasiones pensó: «¿Cuánto durará esta buena racha? ¿Seré capaz de crear otro equipo tan competitivo? ¿Podré conseguir la Liga de Campeones de nuevo? ¿Puedo mantener este nivel de éxitos?».

Si hubiera llegado a tiempo para aconsejarle, le habría dicho que no se preocupara por esas cuestiones; no alcanzar la final de la Liga de Campeones no supone una imputación contra su capacidad como entrenador ni la de su equipo. No obstante, comprendo la presión; las expectativas eran muy altas cada vez que jugaba el equipo de Guardiola, todos querían vencerle. De hecho, creo que él estaba en una posición privilegiada en cierto sentido e igual, ante tanta presión, no se dio cuenta, pero lo único de lo que tenía que preocuparse era de encontrar la manera de abrir la defensa rival. El resto venía dado por la calidad de sus futbolistas, por la lealtad de estos a una idea, a un estilo de juego que entendían y respetaban.

Creo que uno de los grandes placeres de la vida es perseverar. Así que ¿por qué marcharse? Quizá fuera por una cuestión relacionada con el control de los futbolistas, con la constante búsqueda de nuevas tácticas porque los equipos rivales habían empezado a descubrir y a contrarrestar el juego del Barça; quizá sintió que no podía encontrar nuevas maneras de motivar a la plantilla.

Desde mi experiencia, un ser humano «normal» quiere hacer las cosas de la forma más sencilla posible en la vida. Sé de personas que se han retirado a los cincuenta años —¡no me preguntes por qué!—, así que el motor que mueve a la mayoría de la gente difiere claramente del de ciertos individuos como Scholes, Giggs, Xavi, Messi o Puyol, que, a mi modo de ver, son seres excepcionales: no necesitan ser motivados, porque anteponen su orgullo a todo. Estoy seguro de que la plantilla de Pep estaba llena de esa clase de individuos que son un ejemplo para los demás y que tenían unas ganas enormes de competir al más alto nivel.

Conozco a Gerard Piqué de la época en la que jugaba en el United: fuera del campo, puede ser un tipo bromista y relajado, pero en el terreno de juego es un ganador. Ya lo era en el Manchester United y por eso no queríamos que se fuera. Y sin duda lo sigue siendo, lo demuestra cada semana.

A lo que me refiero es a que los jugadores que Pep tenía bajo sus órdenes necesitaban menos motivación que la mayoría. ¿Quizá Pep subestimó su habilidad para sacar de nuevo lo mejor de su plantilla? Hemos visto lo que consiguió con el Barça, y está claro que hay que poseer un talento especial para mantener el equipo compitiendo a ese nivel y con semejante éxito durante tanto tiempo. Pero estoy convencido de que Pep dispone de suficientes armas para hacerlo otra vez, y todas las veces que sea necesario.

Lo que Guardiola consiguió en sus cuatro años a cargo del primer equipo del Barça supera cualquier hazaña de los anteriores entrenadores en el Camp Nou, y eso que ha habido grandes figuras de los banquillos: Van Gaal, Rijkaard y Cruyff, por nombrar algunos; pero Guardiola ha llevado determinadas áreas a otro nivel —como la presión para recuperar el balón—, y el estilo disciplinado del Barça y la ética de trabajo se han convertido en un sello distintivo del liderazgo de Pep. Creó una cultura en la que los jugadores saben que, si no se esfuerzan, no permanecerán en el club. Créeme, eso no es fácil.

Antes de su siguiente paso tras el año sabático, tanto si apuesta por la Premier League como si no, se especulará diariamente sobre su futuro. Y te digo una cosa: ha entrenado en el FC Barcelona, un magnífico club, y vaya donde vaya, su vida no será más relajada. En cualquier club encontrará la misma presión y despertará el mismo grado de expectación. Insisto, en cualquier club tendrá la misma experiencia: Pep es un técnico, y como tal ha de decidir lo mejor para su equipo, elegir jugadores y sus tácticas, tomar muchísimas decisiones todos los días. Así de simple. En ese aspecto, es lo mismo en todas partes.

Yo he tenido éxito en el Manchester United durante bastantes años, aunque mi experiencia no ha estado exenta de problemas. A todas horas hay temas pendientes: en realidad no hacemos otra cosa que relacionarnos con seres humanos, aunque sea en el extraño ámbito del fútbol. Siempre hay un sinfín de asuntos que requieren atención: representantes, familia, estado físico, lesiones, edad, perfil, egos, etc. Si Pep se fuera a otro club, las cuestiones serían las mismas que ya ha tenido que afrontar en el Barça. La expectación, las preguntas en busca de la respuesta adecuada, los problemas nunca le abandonarán.

Por consiguiente, ¿por qué optó por dejar el Barcelona? Cuando me entrevistaste antes de que Pep anunciara su decisión, dije con absoluto convencimiento que sería absurdo dejar atrás esa obra que estaba construyendo. Si te fijas en el Real Madrid, un equipo ganador de cinco Copas de Europa a finales de la década de los cincuenta y principios de los sesenta, no existe ninguna razón para pensar que él no podría haber hecho lo mismo con el Barça. Si yo tuviera ese equipo, alcanzar esas cotas, las del Madrid, supondría una motivación personal. Si yo fuera Pep, abandonar el Barcelona hubiera sido, sin duda, la decisión más difícil de tomar en toda mi carrera.

Sir Alex Ferguson
Primavera del 2012

Roma. 27 de mayo del 2009
Final de la Liga de Campeones de la UEFA

Minuto ocho del partido. El Barça todavía no ha encontrado su ritmo. Todos los jugadores están en las posiciones correctas, pero ninguno parece dispuesto a morder, a propiciar jugadas de peligro y a presionar al jugador en posesión del balón. Se muestran cautos, con un excesivo respeto por el Manchester United. Ronaldo dispara a portería, pero Víctor Valdés consigue despejar. Poco después, un nuevo chut a la portería blaugrana. El United se está acercando. El disparo de Cristiano esta vez roza el palo. Centímetros. Esa es la distancia que separa al Manchester del gol.

Solo unos centímetros que podrían haber variado para siempre el modo en que el mundo juzgó a Pep Guardiola y su revolución en el Camp Nou.

Giggs, Carrick, Anderson están triangulando cómodamente. Hay que actuar. Pep se levanta de un salto del banquillo y grita un par de instrucciones rápidas; los jugadores identifican su voz por encima del ensordecedor ambiente en el abarrotado estadio Olímpico de Roma.

Pep ordena a Messi que se coloque entre los defensas centrales del United, como falso delantero, y desplaza a Eto'o muy abierto a la banda para que ejerza de extremo derecha. Mientras tanto, Ferguson, impasible en el banquillo, está encantado con el resultado hasta el momento; siente que controla la situación.

Pero la suerte cambia, al principio, de manera imperceptible. Messi envía el balón a Iniesta, que toca para Xavi; Messi recibe de nuevo. De repente, Carrick y Anderson han de reaccionar con celeridad, decidir a quién marcar, qué pase cortar, qué espacio cubrir. Giggs está vigilando a Busquets y no puede ayudar.

Iniesta recibe el balón en el centro del campo. Eto'o se ha desmarcado de Evra, e Iniesta detecta la oportunidad que se abre en el flanco derecho. Avanza regateando por el centro con el balón pegado al pie y entonces, en el instante preciso, pasa en profundidad a Eto'o, con un toque incisivo, perfecto, medido. Con los centímetros justos. El camerunés recibe al borde del área, Vidić intenta un último esfuerzo desesperado por evitar el disparo, pero Eto'o recorta y, en un abrir y cerrar de ojos, confiando en su puro instinto asesino, dispara al primer palo.

El destino de ese chut, ese instante, la culminación de una jugada, ayudará a convertir una idea, una semilla plantada cuarenta años antes, en un tsunami futbolístico que transformará la esencia del juego en los próximos años.

Gol del Barcelona.

Prólogo

Sir Alex, Pep dejó el FC Barcelona y todo aquello que había forjado porque no es como la mayoría de entrenadores. Se marchó porque, lo suyo, no es habitual. No es un entrenador cualquiera.

Seguro que ya se dio cuenta de ello la primera vez que coincidió con él en el banquillo, en la final de la Liga de Campeones en Roma, en el 2009. Para ese partido, Guardiola había compilado sus pensamientos y aplicado su filosofía de club a todos los aspectos vinculados al encuentro, desde la preparación hasta las tácticas, desde la última charla técnica hasta la forma en que celebraron la victoria. Pep había invitado al mundo entero a disfrutar junto a él y sus jugadores de la alegría de jugar una extraordinaria final.

Sir Alex, Guardiola estaba seguro de que había preparado al equipo para vencer pero, si no ganaban, los culés se irían a casa con el orgullo de haberlo intentado al estilo del Barça y, en el proceso, de haber superado un período oscuro de su historia.

Pep no solo cambió la dinámica negativa en el club sino que además, en tan solo doce meses desde su llegada, había empezado a enterrar unos poderosos mandamientos sobreentendidos pero imperantes en el mundo del fútbol: sobre la importancia de ganar por encima de todo, sobre la imposibilidad de conciliar el principio de alcanzar las más altas cotas con el buen juego, o esa idea tan extendida que consideraba obsoletos los valores esenciales de la deportividad y el respeto. ¿A quién se le habían ocurrido esos nuevos preceptos? ¿Quién había establecido esa tendencia? Desde que llegó al banquillo azulgrana, Pep decidió ir a contracorriente porque todo ello atentaba contra sus creencias.

Pero eso fue al principio.

Hacia el final de su etapa en el Barça, Pep ya no era el joven entusiasta e ilusionado que usted conoció aquella noche en Roma o con el que coincidió al año siguiente en Nyon, en la sede de la UEFA, durante uno de esos raros encuentros entre entrenadores, una profesión, por lo demás, particularmente solitaria.

El día que Pep anunció al mundo que dejaba el club de su infancia después de cuatro años al frente del primer equipo, usted mismo pudo ver el elevado precio que había pagado: era evidente en sus ojos y en su creciente calvicie, en sus canas. Pero esos ojos... Sí, el costo era especialmente visible en sus ojos. Pep ya no era el muchacho vivaz ni impresionable de aquella mañana en Suiza, cuando usted le ofreció unos cuantos consejos paternales. ¿Sabe que Pep todavía habla de esa conversación, de esos quince minutos con usted, como uno de los momentos más memorables de su carrera profesional? Se sintió como un adolescente deslumbrado ante la mayor de las estrellas. Durante varios días se le oyó decir: «¡He estado con sir Alex, he hablado con sir Alex Ferguson!». Por entonces, todo era nuevo y emocionante; los obstáculos eran retos en vez de barreras insalvables.

En aquella soleada mañana de septiembre del 2010, en el moderno edificio rectangular de la UEFA, a orillas del lago Lemán, la conferencia anual de técnicos ofrecía el marco perfecto para el primer encuentro social entre usted y Pep Guardiola desde que ambos eran entrenadores. Apenas habían tenido ocasión de intercambiar unos pocos cumplidos en Roma y Pep tenía la esperanza de poder hablar un rato con usted, lejos de las presiones de la competición.

La conferencia ofrecía una oportunidad a los preparadores para charlar, comentar tendencias, quejarse y afianzar los vínculos como un selecto y reducido grupo de profesionales que pasarían el resto del año en un estado de perpetuo aislamiento, en lucha constante contra algo más de veinte egos, además de los de sus familias y representantes.

Entre los invitados en Nyon se encontraba José Mourinho, el controvertido nuevo entrenador del Real Madrid y reciente campeón de Europa con el Inter de Milán, el equipo que había eliminado al Barça de Pep en la semifinal la temporada anterior.

A media mañana, en el primero de los dos días que iba a durar la conferencia, usted llegó a la sede de la UEFA en uno de los dos minibuses. En el primero viajaba el técnico luso junto con el por entonces entrenador del Chelsea, Carlo Ancelotti, y el de la AS Roma, Claudio Ranieri. Guardiola iba en el segundo minibús, a su lado. Tan pronto como usted entró en el edificio, Mourinho se acercó al grupo que se formó a su alrededor; Guardiola, en cambio, se apartó un poco para asimilar el momento, para inmortalizarlo en su álbum de fotos de los recuerdos —siempre consciente de la relevancia de esos acontecimientos en su historia personal—. Después de todo, estaba rodeado de algunas de las mentes más privilegiadas del fútbol; estaba allí para escuchar, observar y aprender, como siempre ha hecho.

Pep permaneció un rato solo, distanciado de las conversaciones que llenaban la sala. Mourinho lo vio de soslayo y abandonó el grupo. Saludó a Guardiola y le estrechó la mano efusivamente. Los dos sonrieron. Charlaron animadamente durante unos minutos antes de que se les uniera Thomas Schaaf, el entrenador del Werder Bremen, que ocasionalmente consiguió captar la atención de sus colegas.

Fue la última vez que Pep Guardiola y José Mourinho iban a charlar con esa efusividad.

El grupo entró en la sala de conferencias principal para asistir a la primera de las dos sesiones de aquel día, en la que hablaron de las tendencias tácticas que se habían usado en la temporada previa de la Liga de Campeones y otros temas relacionados con la Copa del Mundo en Sudáfrica que España acababa de ganar. Al final de aquella sesión, todos los asistentes posaron para una foto de grupo. Didier Deschamps se sentó entre Guardiola y Mourinho, en el centro de la primera fila. Usted se hallaba a la izquierda, junto a Ancelotti. El ambiente era distendido, se compartieron risas y bromas; estaba siendo una jornada entretenida.

Justo antes de la segunda sesión, hubo una pausa para tomar un café, y usted y Guardiola coincidieron en una de las áreas de descanso desde la que gozaban de unas impresionantes vistas del lago con sus cristalinas aguas azules y las exclusivas casas ubicadas en la otra orilla.

Pep se sentía emocionado en su presencia. Para él, usted es un gigante del banquillo, pero aquella mañana se estaba comportando como un afable escocés de sonrisa fácil, tal y como suele mostrarse cuando está lejos de los focos. Usted admiraba, y lo sigue haciendo, la humildad del joven técnico, a pesar de que en ese momento Pep ya había ganado siete títulos de nueve posibles y tenía al mundo del fútbol debatiendo si estaba implementando una evolución o una revolución en el FC Barcelona. El consenso general en esa época era que, cuando menos, la juventud y el entusiasmo de Pep suponían un soplo de aire fresco.

La conversación de café rápidamente dio paso a una improvisada lección, y Pep siempre fue un alumno atento. A Guardiola le gusta pasar el rato observando y asimilando lo que las leyendas del fútbol han aportado al juego. Es capaz de recordar con gran detalle el Ajax de Van Gaal y los logros del Milan de Sacchi. Pep podría hablarle de ambas hazañas durante horas y, para él, ganar una Liga de Campeones supone casi el mismo triunfo que tener la camiseta firmada por su ídolo, Michel Platini. Usted también forma parte de su Salón de la Fama particular.

Mientras el pupilo escuchaba, impregnándose de cada una de sus palabras, el respeto que Pep sentía por usted se trocó en devoción: no solo por el contenido simbólico de la conversación, sino por la visión que le presentó de la profesión que comparten. No era únicamente la talla del interlocutor, sino también la perspectiva que le estaba regalando.

A Pep no deja de sorprenderle la duración de su mandato en el Manchester United, la resistencia y fortaleza interior que se requiere para permanecer en ese puesto durante tanto tiempo, aunque siempre ha pensado que las presiones en el Barça y en el Manchester deben de ser distintas. En todo caso, por aquel entonces Pep intentaba comprender cómo se consigue mantener la sed de éxito y evitar la irremediable saciedad después de una época de éxitos; cree que un equipo que gana todo el tiempo necesita perder para beneficiarse de las lecciones que solo la derrota puede ofrecer. Guardiola quería descubrir cómo resuelve usted esas cuestiones, sir Alex, cómo logra despejar la mente cuando se satura de lo bueno o de lo malo, cómo reacciona ante la derrota. Venera su actitud ante cualquier resultado y su forma de defender e insistir en su propio estilo futbolístico, y deseaba preguntarle cómo conseguía perseverar en ello.

En aquella ocasión, no tuvieron tiempo de hablar de todo, pero créame, estos temas saldrán a colación la próxima vez que se crucen sus caminos. De hecho, seguro que formaron parte de la cena que compartieron en Nueva York en septiembre del 2012, cuando Pep, ya fuera del Barcelona, estaba intentando recuperar el entusiasmo que le desbordaba esa mañana en Nyon.

Cuando acababan el café, Pep le oyó decir que no perdiera la fe en quien es, en sus creencias y en sí mismo.

«Pepe —le dijo, y Guardiola fue demasiado educado para corregirle—, nunca pierdas de vista quién eres. Muchos entrenadores jóvenes cambian por mil y una razones: por circunstancias que van más allá de su control, porque las cosas no salen bien a la primera, o porque el éxito simplemente les transforma. De repente, quieren modificar tácticas, variar sus principios, tomar decisiones contrarias a las que tomaban con anterioridad. No se dan cuenta de que el fútbol es un monstruo al que solo puedes vencer y enfrentarte si siempre te mantienes fiel a ti mismo, en cualquier circunstancia.»

Para usted, quizá se trataba simplemente de un consejo amistoso, que satisfacía el instinto paternal que a menudo ha mostrado con los nuevos entrenadores. Sin embargo, quizá no intencionadamente, le reveló a Pep los secretos de su elevado grado de resistencia en la profesión, su necesidad de continuar mientras la salud se lo permitiera y su extraña relación con este deporte, en el que a veces se siente encarcelado y otras, liberado.

Pep recordó sus palabras más de una vez mientras deliberaba acerca de su futuro. Comprendía perfectamente lo que usted quería decir; no obstante, no pudo evitar cambiar durante sus cuatro años al frente del primer equipo del FC Barcelona. El fútbol, ese monstruo, también pudo con él.

Usted lo previno contra el peligro de perderse uno mismo de vista, pero Pep cambió o fue devorado, en parte debido a la presión de una agradecida afición culé que lo veneraba, que olvidaba que solo era un entrenador de fútbol, y en parte por su propio comportamiento, al ser incapaz de tomar decisiones que suponían un cambio trascendental en la relación que había creado con sus jugadores. El precio emocional acabó por ser excesivo, insalvable, hasta llegar a un punto en el que Pep creyó que la única forma de recuperarse era apartándose de todo lo que había ayudado a crear.

Al final resultó que, aunque quisiera seguir sus consejos, Pep no es como usted, sir Alex. A veces usted compara el fútbol con una extraña clase de prisión, una prisión de la que, mayormente, no desea escapar. Arsène Wenger comparte su punto de vista y tampoco entiende la decisión de Guardiola de abandonar un equipo triunfador, con el mejor jugador del mundo a su disposición, adorado y admirado por todos.

La mañana que Pep anunció que no renovaba el contrato con el Barça, tres días después de caer eliminados ante el Chelsea en la semifinal de la Liga de Campeones, Wenger dijo a la prensa: «La filosofía del Barcelona ha de ir más allá de ganar o perder un campeonato. Después de ser eliminados en las semifinales de una gran competición, quizá no sea el momento más oportuno de tomar esa decisión. Me habría encantado ver a Guardiola —por más que estuviera atravesando un año desilusionante— quedándose en el club e insistiendo en su filosofía. Eso sí que habría sido interesante».

La mente de Guardiola suele girar agitada a mil revoluciones por minuto antes de tomar cualquier decisión, e incluso después de tomarla. Pep no podía escapar de su destino (regresar al Barça como entrenador), pero fue incapaz de convivir, de domar, de hacerse amigo de ese altísimo grado de intensidad y autoexigencia que eventualmente acabaría por vencerle.

Su mundo está lleno de incertidumbres, debates y demandas que nunca puede resolver o satisfacer, dudas que lo asaltan a cualquier hora y en cualquier lugar: cuando está jugando al golf con sus amigos; en el sofá de su casa, viendo una película con Cris —su pareja— y sus tres hijos; o cuando no consigue conciliar el sueño por la noche. La mente de Pep siempre está activa, pensando, decidiendo, planteándose interrogantes. La única forma de desconectar de su trabajo (y de las grandes expectativas que genera) fue finalmente romper del todo con ese vínculo.

Pep llegó lleno de ilusión, como un entrenador novel, al Barça B en el 2007. Se marchó como entrenador del primer equipo, exhausto, cinco años —y catorce títulos— más tarde. Así lo reconoció en la rueda de prensa en la que confirmó su marcha.

¿Recuerda cuando, antes de la ceremonia del Balón de Oro del 2011, un periodista le preguntó por Pep? Ambos coincidieron en la rueda de prensa del galardón que a usted se lo habían concedido por su trayectoria y a Pep como el mejor técnico del año. Usted respondió al periodista con franqueza: «¿Dónde estará Guardiola mejor que en su propia casa? ¿Por qué iba a querer marcharse?».

Ese mismo día, Andoni Zubizarreta, el director deportivo del Barça y viejo amigo de Pep, consciente de la influencia de aquella conversación en Nyon y de la profunda estima que siente por usted, y consciente de que el entrenador estaba pensando en no renovar por el club blaugrana, le refirió sus palabras: «Mira lo que Alex Ferguson, este hombre tan sabio, tan sensato y con tanta experiencia en el mundo del fútbol ha dicho...», a lo que Pep replicó: «¡Cabrón! ¡Siempre estás buscando la forma de confundirme!».

Sir Alex, fíjese en las imágenes de Pep cuando aceptó ponerse al mando del primer equipo del FC Barcelona en el 2008. Era un chico de treinta y siete años con aspecto jovial, ilusionado, ambicioso, lleno de energía. Ahora, mírelo cuatro temporadas después. No parece que tenga cuarenta y dos años, ¿verdad? Aquella mañana en Nyon, Pep era un entrenador en pleno proceso de elevación de un club a cotas inimaginables. Durante la breve charla frente al lago Lemán, Pep ya había encontrado innovadoras soluciones tácticas, pero en las siguientes temporadas iba a conseguir aplicar nuevos modos de defender y atacar, mientras su equipo ganaba prácticamente todas las competiciones en las que participaba. Estaban creando historia.

El problema es que, a lo largo del trayecto, cada victoria era una menos antes de llegar al final.

Una nación hambrienta de modelos sociales, que luchaba por superar una dura recesión, elevó a Pep al grado de líder infalible, de hombre perfecto: un ideal. Aterrador incluso para Pep. Tal y como usted sabe, sir Alex, nadie es perfecto y quizá no esté de acuerdo, pero son pocos —poquísimos— los que son capaces de soportar el peso de tal carga.

Ser entrenador del FC Barcelona requiere una gran dosis de energía, y después de cuatro años, cuando él ya no disfrutaba de las grandes noches europeas, cuando el Real Madrid había convertido la Liga en un reto agotador tanto dentro como fuera del campo, Pep sintió que había llegado el momento de dejar la entidad a la que había dedicado todo su tiempo —con un descanso de solo seis años— desde que tenía trece años. Y cuando regrese —porque regresará—, ¿no es mejor hacerlo después de haberse ido a tiempo y por la puerta grande?

Mire nuevamente las fotos de Pep, sir Alex. ¿Verdad que ayuda a entender que al final de su estancia en el Barcelona ya no le quedaba mucho más por ofrecer?

PRIMERA PARTE

¿Por qué se marchó?

1

Los porqués

En noviembre de 2011, justo antes de la última sesión de entrenamiento previa al viaje a Milán para un partido de la fase de grupos de la Liga de Campeones, Pep, que ya llevaba cuatro años con el primer equipo, reunió a los jugadores. Su intención era contarles el secreto que él, Tito Vilanova y los médicos habían ocultado a la plantilla, pero fue incapaz de articular lo que quería decir. La magnitud del momento lo dejó sin palabras. Estaba ansioso e incómodo; temblaba. Los médicos tomaron la iniciativa y refirieron la gravedad de la situación al grupo mientras Pep mantenía la vista fija en el suelo y bebía de su inseparable botella de agua que esta vez no le sirvió para que no se le quebrara la voz. El equipo médico explicó que el segundo entrenador, Tito Vilanova, la mano derecha de Pep y buen amigo suyo, iba a ser sometido a una operación de urgencia para extirparle un tumor en la glándula parótida, la más grande de las glándulas salivales, y que, por consiguiente, no iba a viajar a Italia con la plantilla.

Dos horas más tarde, los jugadores del Barça abandonaron la Ciudad Condal conmocionados. Pep permanecía distante, aislado, deambulando solo, separado del grupo, sumido en un profundo estado de reflexión. El equipo acabó por vencer al Milan 2-3 en el estadio de San Siro, un resultado que les permitía liderar su grupo en la Liga de Campeones. Fue un encuentro apasionante, ninguno de los dos equipos se concentró en los esfuerzos defensivos: el balón fue de portería a portería, las ocasiones de gol se repitieron. A pesar del resultado, Pep permaneció melancólico.

La vida, tal como se ha dicho a menudo, es aquello que pasa mientras estamos haciendo otros planes. También es esa cosa que te abofetea en plena cara y te derrumba cuando crees que eres invencible, cuando olvidas que caer también forma parte de las reglas.

Guardiola, que aceleró su necesidad de cuestionarse absolutamente todo cuando se enteró de que su amigo estaba enfermo, ya había pasado por un proceso similar cuando, en la temporada anterior, le comunicaron que Éric Abidal tenía un tumor en el hígado. El lateral izquierdo se recuperó lo suficientemente rápido como para jugar brevemente el partido de vuelta de las semifinales de Champions contra el Real Madrid, en lo que Pep describiría como «la noche más emotiva» que recordaba en el Camp Nou. Abidal saltó al terreno de juego en el minuto noventa, con el marcador 1-1 y el Barça a punto de lograr el pase a la final tras la victoria azulgrana en el partido de ida. El estadio le dedicó una gran ovación. No ocurre a menudo en el Camp Nou; en cuestión de sentimientos, los catalanes nos parecemos a los ingleses: más cómodos en la represión del sentimiento hasta que, de vez en cuando, nos dejamos llevar por una ola de emoción colectiva.

Unas semanas más tarde, Puyol, sin que Pep ni nadie más de la plantilla lo supiera, le cedió a Abidal el brazalete de capitán para que pudiera recibir la Copa de Europa de manos de Platini. Casi un año más tarde, los médicos le comunicaron al jugador francés que el tratamiento había fallado y que necesitaba un trasplante.

Los problemas de salud de Abidal y de Vilanova dejaron a Guardiola conmocionado. Fueron golpes muy duros: se trataba de una situación imprevista, incontrolable, difícil de manejar para alguien tan meticuloso a quien le gustaba predecir y gestionar al milímetro lo que sucedía en la plantilla y disponer de un plan B por si surgía algún contratiempo. Pero ante tales circunstancias, Pep se sentía lógicamente impotente y no podía reprimir esa impotencia. No podía hacer nada mientras estaban en juego las vidas de personas de las que se sentía responsable.

Después de aquella victoria en Milán, al FC Barcelona le tocaba viajar a Madrid para jugar contra el Getafe. La derrota en el Coliseo Alfonso Pérez supuso que ni Guardiola ni el equipo —que dominó el juego, pero no consiguió igualar el único gol del rival— pudieran dedicar el triunfo a Tito Vilanova, en fase de recuperación después de la intervención quirúrgica que le extirpó el tumor.

El Barça perdió el encuentro en un frío estadio semivacío, en la clase de partido deslucido en el que cada vez costaba más alentar a un grupo de jugadores (y también al entrenador) tras tantas noches gloriosas. Pep no pudo ocultar su enfado por irse de vacío: el equipo se alejaba de lo alto de la tabla en noviembre, demasiado pronto. El Real Madrid, que había vencido al Atlético de Madrid (4-1), se hallaba cinco puntos por delante de los azulgranas y parecía imparable, sediento de éxito y con el deseo irreprimible de acabar de una vez por todas con la era dorada de Guardiola.

Pero no era la Liga lo que dejó tocado a Pep. Su estado de ánimo tras el partido de Getafe preocupó a varios miembros del equipo. En el vuelo de regreso a Barcelona, en las primeras horas del domingo 27 de noviembre de 2011, Guardiola parecía más aislado que nunca, abatido y callado; mucho más afligido de lo que correspondía a una derrota. A su lado, en el avión, había un asiento vacío que nadie se atrevía a ocupar. Era el de Tito Vilanova.

Nadie de los que le conocen bien le recuerdan un momento más bajo durante su estancia en el Barcelona.

«Sería absurdo tirar la toalla» es lo que sir Alex Ferguson le habría dicho a Pep antes de tomar la decisión sobre su futuro. Pero el técnico del Manchester United quizá hubiera cambiado de opinión de haber visto a Pep durante ese vuelo.

Andoni Zubizarreta había sido testigo directo del efecto de la enfermedad de Tito sobre Pep; lo había visto en los viajes a Milán y a Madrid, y en el comportamiento del entrenador en los entrenos previos a los dos partidos. Era como si el técnico hubiera sufrido un pinchazo y toda su energía se estuviera escapando por un agujero. Parecía desinflado, más delgado, encorvado, de repente más viejo y más canoso.

A Zubi le hubiera gustado saber qué hacer para consolarle, para mostrarle su apoyo. Quizá no habría servido de nada, pero el sentimiento de remordimiento persiste.

Por supuesto, Tito se recuperó lo suficiente para volver al trabajo quince días después, pero aquella semana se confirmaron los peores temores de Pep. Ya no soportaba cargar con más responsabilidades, buscar más soluciones, evitar más crisis y pasar más tiempo alejado de su familia tras interminables horas de trabajo y preparación.

Volvía a confirmarse una acuciante duda que había persistido en el club desde octubre, desde que, tras el partido de la Liga de Campeones contra el BATE Borisov, Pep comunicara a Zubi y al presidente Sandro Rosell que no se sentía con suficientes fuerzas para continuar otra temporada, que si le pedían renovar el contrato en ese momento su respuesta iba a ser un categórico «no». No era una decisión formal, pero estaba expresando sus sentimientos en ese preciso instante.

Tras Milán, tras Getafe, la duda parecía despejarse: Pep estaba formulando en su cabeza la posibilidad real de que aquella fuera su última temporada. Su gestualidad era contundente, casi definitiva. Y la reacción del club fue inmediata: le darían tiempo, todo el que necesitara; no había ninguna necesidad de precipitarse.

Zubi, amigo y compañero de toda la vida, entiende y sabe manejar el carácter de Pep mejor que la mayoría, y era consciente de que lo mejor era no presionarle. El director deportivo del Barça esperaba que el comentario de Pep tras el encuentro ante el BATE Borisov pudiera atribuirse a cierto cansancio y a una comprensible tristeza; una depresión pasajera, una vorágine de sentimientos cruzados que ya había visto en Guardiola en algunas ocasiones cuando eran compañeros de equipo.

Sin embargo, Zubizarreta recordó un almuerzo con Pep durante su primera temporada como entrenador del primer equipo. Era poco más que una reunión de amigos, Zubi aún no trabajaba para el club y Pep estaba encantado con el comportamiento de la plantilla y con la aceptación que percibía del vestuario y de la institución. Su entusiasmo era contagioso. A pesar de ello, le recordó a Zubizarreta que su puesto en el Barça tenía fecha de caducidad. Para Pep se trataba de un mecanismo de defensa, porque sabía tan bien como cualquier otro que el club podía engullir entrenadores para luego escupirlos sin compasión. Pep insistió en que un día perdería a sus jugadores, que sus palabras ya no transmitirían la misma fuerza, que a largo plazo resultaría imposible controlar el entorno del Barça (los medios de comunicación, los enemigos del presidente, los programas de debate, los entrenadores anteriores, los exjugadores).

Un amigo de Pep, Carles Rexach —exjugador y después segundo entrenador de Johan Cruyff en el primer equipo del Barcelona, un icono en el club catalán y un legendario y respetado filósofo de café— solía decir que un técnico del Barça solo dedica el treinta por ciento de sus esfuerzos a la plantilla; el setenta por ciento restante sirve para manejar el bagaje que acompaña a una institución tan descomunal. Pep se dio cuenta de ello cuando era jugador, y como entrenador tardó muy poco en experimentar esa permanente presión y en confirmar que el cálculo de Charly era, efectivamente, correcto.

Johan Cruyff, que compartía largos almuerzos con regularidad con Guardiola, era también consciente de esa realidad y ya había avisado a Pep de que el segundo año sería más duro que el primero, y el tercero más duro que el segundo, y que si pudiera revivir su experiencia como técnico del Dream Team, habría abandonado el club dos años antes. «No te quedes más tiempo del necesario», le aconsejó Cruyff en una ocasión.

Así que Zubizarreta sabía que iba a ser difícil convencer a Guardiola para que se quedara, pero quería intentarlo de todos modos. El director deportivo mezcló un sentimiento de protección con el silencio, y a veces, unas gotas de presión en busca de la respuesta que deseaba. Pero esta no acababa de llegar. Ante las escogidas y escasas preguntas de Zubi sobre su futuro, Pep siempre reaccionaba del mismo modo: «No toca, no toca. Ya hablaremos».

A principios de la temporada 2011-2012, después de haber ganado la Liga y la Liga de Campeones, Guardiola convocó una reunión con sus jugadores para recordarles lo que cada entrenador ha dicho a su laureada plantilla desde el día que se inventó el fútbol: «Quiero que sepáis que la historia no acaba aquí. Tenéis que seguir ganando». Y el equipo hizo justamente eso: en los primeros meses del nuevo curso, cayeron la Supercopa de España y de Europa y el Mundial de Clubes.

Sin embargo, con un arsenal limitado tras las bajas de Villa y Abidal, y a causa de la elección consciente de una plantilla pequeña, el Barça pagó un elevado precio en la Liga. Había gastado mucha energía en la Supercopa española y en la Copa del Rey: en ambas les tocó superar al Real Madrid. Los culés apoyaban a Pep y exigían un esfuerzo extra, obsesionados por detener el resurgir del eterno rival.

Pero en septiembre, el partido contra el AC Milan en la fase de grupos de la Champions League marcó un punto de inflexión y un presagio de lo que se avecinaba. Los italianos empataron 2-2 en los últimos minutos del partido en el Camp Nou: el gol fue consecuencia de un córner muy mal defendido y Guardiola llegó a la conclusión de que la plantilla había perdido intensidad y que mostraba una falta de atención alarmante, ese mismo interés y esfuerzo que habían convertido al Barça en un equipo mítico. A ello se sumaban los altibajos en la Liga, incluida la derrota contra el Getafe en noviembre.

Pep empezó a cuestionarse diariamente si la plantilla azulgrana captaba su mensaje tal y como había hecho hasta entonces; debatía las razones por las que el sistema 3-4-3 que había empezado a usar a menudo para que encajaran sus mejores centrocampistas no funcionaba del todo. Asumió riesgos con la alineación, como si supiera que no habría una quinta temporada. Tenía el presentimiento de que cada vez costaba más controlar a los jugadores, algunos de los cuales se alejaban de la disciplina que requería el deporte de élite.

Dani Alves, que en verano se había separado de su mujer y cometió el error de regresar más tarde de lo previsto de sus vacaciones de Navidad, recibió la inesperada sorpresa de una semana de descanso en mitad de curso para que pudiera aclarar sus ideas, un gesto sin precedentes —por lo menos, de una forma tan explícita— en la historia de los mejores equipos de fútbol en España.

En un par de ocasiones, Guardiola se había encarado al defensa delante de sus compañeros por desatender cuestiones tácticas, una reacción impropia de Pep. «¡Defensa, primero eres defensa!», le reprendió en un encuentro tras excederse en sus subidas al ataque. Y cuando Pep decidió relegarlo a la suplencia, el brasileño tuvo dificultades para aceptar su nuevo rol. Y a Pep le dolían las malas caras.

No fue el único que se molestó por decisiones técnicas. A ellos, a los díscolos, se refería cuando ensalzaba la actitud de futbolistas como Puyol y Keita que en ocasiones quedaban fuera del once titular: «Estoy seguro de que me han puesto verde, pero lo primero que han hecho cuando se han enterado ha sido apoyar al equipo».

Lógicamente, esa clase de problemas se multiplicaron a medida que pasaban las temporadas; ocurre en todas partes. Pero cada conflicto, incluso el más trivial, minaba poco a poco e irreversiblemente la fortaleza que Pep había erigido tan delicadamente con su plantilla.

De vez en cuando, como correspondía a un equipo con tanto talento y grandeza, el Barcelona recuperaba sus signos vitales. Eliminaron al Real Madrid en los cuartos de final de la Copa del Rey en febrero y Guardiola pareció recuperar el entusiasmo de años anteriores: se le vio enérgico, desafiante, incansable. El conjunto todavía luchaba por todos los objetivos, y la junta directiva pensó que ese éxito serviría para convencerle, para hacerle entender que lo mejor era su continuidad. Paralelamente a su hermetismo, su futuro se había convertido en tema de discusión entre los miembros de la junta, que empezaban a referirse a Pep como el «dalái lama» o el «místico». En cierto modo, el club era rehén de la decisión de Guardiola.

Zubizarreta seguía intentando hallar un camino, una salida, un momento de lucidez para conseguir que Pep renovara una temporada más. En noviembre, el director deportivo propuso a Tito Vilanova como sucesor de Pep, un plan B muy lógico quizá, pero también una táctica para que Pep visualizara su partida y, quizá, reflexionara sobre su decisión.

En secreto, el club calculó que el cumpleaños de Pep en enero podría ser el punto de inflexión tan buscado. Dos años antes, en su treinta y nueve cumpleaños, Pep asistió con Cris, su pareja, a un concierto de Manel. Su renovación (o ausencia de la misma) se había convertido en una noticia de ámbito nacional, y el grupo de música catalán, junto con la audiencia, cambió la letra de una canción para desearle un feliz aniversario y pedirle que se quedara. Al día siguiente, Pep anunció que permanecería en el club un año más. La situación había sido tan embarazosa que no tenía sentido permitir que continuara la especulación.

El 18 de enero del 2012, en su cuarenta y un cumpleaños, Tito Vilanova había regresado al equipo, el Barça había aniquilado al Santos en una espectacular final del Mundial de clubes de la FIFA en Tokio, y el club pensaba que las condiciones eran ideales para hallar puntos de encuentro. Pero la renovación no llegó. Pep seguía evitando la conversación.

A lo largo de los siguientes meses, hasta el 25 de abril de 2012, cuando finalmente anunció su decisión, tanto el director deportivo como el presidente Sandro Rosell sacaron el tema en momentos contados y con delicadeza, incluso en cenas privadas.

«¿Qué tal? ¿Ya lo has decidido?», le preguntó Sandro en un evento en febrero, mientras se encontraban rodeados de personajes de la sociedad y la política catalana. No era quizá la situación más oportuna para insistir, pero ¿cuándo lo iba a ser?

«Ahora no es el momento, *president*», fue la respuesta tajante de Pep. Nunca bajaba la guardia.

Rosell había ganado las elecciones presidenciales en junio de 2010 después de que Joan Laporta agotara su último mandato. Pep había convenido en quedarse una temporada más con el presidente saliente, pero quería que el nuevo mandatario confirmara la elección, un gesto necesario, entendía Pep. Dos semanas después de la sucesión directiva, Guardiola no había firmado, aceptado ni negociado el contrato, ni tan siquiera habían hablado de ello. Entretanto, Dmytro Chigrinskiy, que había recalado en las filas del FC Barcelona la temporada anterior por 25 millones de euros, fue revendido por 15 millones al Shakthar Donetsk, el club del que provenía. A Guardiola no le gustó la maniobra. No quería perder a su defensa central, pero la nueva directiva le dijo que necesitaba dinero para pagar nóminas, que faltaba liquidez, una manera de mostrar que Laporta había dejado el club en una precaria situación financiera.

La respuesta de los laportistas no se hizo esperar. Johan Cruyff, el mentor de Pep y del ex presidente, devolvió la insignia que le había entregado Laporta como presidente de honor, un gesto público que equivalía a una declaración oficial de guerra entre los dos bandos: se arrojaba el guante. Y Guardiola se iba a encontrar, desde ese momento y hasta su despedida, en medio de aquel fregado.

Durante sus primeros meses, Rosell tuvo que lidiar con una catarata de acusaciones —no solo por parte de Laporta— y conflictos: las falsas imputaciones de dopaje en las filas azulgranas que se lanzaron desde la radio, el desgaste que supuso para el club las semifinales de la Liga de Campeones contra el Real Madrid y todas sus implicaciones, el futuro del entrenador, que seguía en el aire... Aun así, el nuevo presidente escogió mantener un perfil más discreto que su antecesor, el comunicativo Laporta, quizá porque prefería encontrar su espacio antes de encararse con el mundo o posiblemente porque su personalidad y su percepción de lo que el cargo suponía eran, en realidad, opuestas a los de Joan.

En todo caso, Rosell se dio cuenta de que tenía las manos atadas por un club que había convertido a Guardiola en un ídolo, así que tuvo que seguir la línea del técnico en numerosas cuestiones que habría rebatido de haber gozado de más autoridad: el vasto número de ayudantes, el coste resultante y, por encima de todo, el fichaje de Cesc Fàbregas. Pep lo quería; Sandro, no tanto.

Cuando Rosell, que se mostraba reacio a zanjar la disputa con su enemigo, interpuso una demanda civil contra Laporta por presunta malversación de fondos del club, lo que habría supuesto el embargo de propiedades y bienes del expresidente, Pep quedó con Joan para comer. Vio cómo su amigo, el hombre que le había dado su primer puesto como entrenador, se lamentaba, sufría. Incluso lloraba abiertamente. Estaba a punto de perderlo todo y su vida personal se desmoronaba. Unos días más tarde, Guardiola admitió en una rueda de prensa que sentía pena por Laporta. Eso fue, según los acólitos de Rosell, una «desagradable sorpresa».

El gesto de Pep tuvo una consecuencia inmediata. La acción social de responsabilidad no se llevó a cabo y se retiró la demanda interpuesta contra Joan Laporta. Pero en el Camp Nou nada se olvida.

Guardiola nunca mostró el mismo grado de devoción o cariño con Rosell que con Laporta. Y viceversa: la estima de Sandro por Pep era, por encima de todo, profesional. Pero a un presidente o a un entrenador no hay que quererle. De hecho, a menudo es mejor que los sentimientos personales no entren en la ecuación. Cuando le preguntaron a Rosell en Londres, después de que el club recibiera el premio Laureus al mejor equipo del año, qué ocurriría si Pep no renovaba al final de la temporada, Rosell no dudó en contestar que «había vida en el club antes de él y la habrá después de él».

No; al presidente, al entrenador, no hay que quererles, pero habría sido beneficioso para el club si no hubiera sido tan evidente que ambos hablaban idiomas diferentes.

Zubizarreta seguía intentándolo: «Escribe un listado con las cosas que te gustaría hacer la próxima temporada. Te ayudará a reflexionar y a comprobar, a un tiempo, si la lista coincide con tus deseos». El director deportivo había ideado una forma de conseguir que Guardiola recapacitara acerca de su marcha, una decisión que parecía estar tomando forma irreparablemente. Pep se echó a reír. «No es el momento», repitió.

Durante su última temporada, había ocasiones en que Pep miraba sin ver a un locuaz Zubizarreta, a veces incluso con una leve sonrisa en los labios, y su amigo se daba cuenta de que Pep se hallaba a miles de kilómetros de distancia, de que no era el momento oportuno para hablar sobre nada significativo, de que en esos instantes no había manera de comunicarse con él.

Esa leve presión, pues, tampoco estaba dando resultados: era casi mejor ni mencionar el tema, pues. La táctica de Zubi tomó otro rumbo; finalmente dejó de hablarse de la cuestión en las conversaciones entre el presidente, el director deportivo y el entrenador. Se dejaba en manos del técnico el anuncio de su futuro cuando considerara estar listo para ello.

Sus jugadores creían conocer bien a Guardiola, al menos al tipo que bromeaba con ellos, al entrenador cuya presencia les hacía sentirse insuperables; un técnico cuyo esmero por el más nimio detalle mejora el rendimiento de la plantilla, cuyo gran talento es el de ver y comunicar los secretos de un partido. Pero también dirán, si se les pregunta, que hay muchas cosas de Pep que no comprenden. Ven a un hombre complejo, con muchos quebraderos de cabeza, siempre meditando sobre mil cuestiones, a menudo de un modo excesivo. Los futbolistas siempre creyeron que a Pep le hubiera encantado pasar más tiempo con su mujer y sus hijos, pero que no podía, incapaz de dedicar tiempo a cualquier otra cosa que no sirviera para ganar partidos. «Demasiado, ¿no?», se preguntaban a menudo en el vestuario.

Pero el exceso es exactamente lo que Pep necesita para hallar ese instante de inspiración: el momento en que visualiza el modo de conseguir la victoria en el siguiente partido; ese segundo mágico que «da sentido a su profesión», como lo describe él mismo.

A pesar de disponer de veinticuatro ayudantes, Pep trabajaba más horas que la mayoría de ellos, y aunque el club le ofreció un departamento de colaboradores que se dedicara a analizar los partidos, nunca consiguió ni quiso delegar esa labor.

«Para mí, lo más maravilloso es planear lo que sucederá en cada partido —relata Guardiola—. Con qué jugadores cuento, qué herramientas puedo utilizar, cómo es el rival... Quiero imaginar lo que sucederá. Siempre lo intento, y transmito a los jugadores la seguridad de saber con qué se van a encontrar. Esto incrementa la posibilidad de hacer bien las cosas.» Pep se siente más vivo cuando está totalmente inmerso en varios proyectos a la vez, cuando puede abarcar todas las tareas, desde el inicio hasta su compleción; es adicto a la adrenalina que genera la hiperactividad. Ese enfoque de su profesión le llena a la vez que le consume, pero para él es la única forma posible de practicarla, y la que prometió a la afición culé. En verano del 2008, en la presentación del equipo, les dijo: «Os doy mi palabra de que pondremos esfuerzo. No sé si ganaremos, pero persistiremos. Apretaos el cinturón, que nos lo pasaremos bien».

Esa ética, inculcada por sus padres, es intrínseca al carácter catalán: ganarse el Cielo a partir del trabajo, de la filosofía del esfuerzo y de la entrega a la profesión por completo. En un lugar adecuadamente simbólico (el Parlament de Catalunya), donde Pep recibió la Medalla de Oro, el máximo galardón de la nación catalana para uno de sus ciudadanos, en reconocimiento a su representación de los valores deportivos catalanes, el técnico resumió en una frase su doctrina: «Si nos levantamos pronto, pero muy pronto, y sin reproches, y nos ponemos a trabajar, somos un país imparable».

Al mismo tiempo, sin embargo, Pep establece unas exigencias desmedidamente altas y se siente apremiado por el sentimiento de no ser nunca lo suficientemente bueno. Quizá ese análisis desmesurado es también una fuente de motivación: al fin y al cabo, si no se es lo suficientemente bueno y se está delante de tantos ojos y tanto sentimiento, hay que continuar trabajando para acercarse a la perfección.

Guardiola puede ofrecer una imagen de persona fuerte y capaz de cargar con el peso de un club y una nación sobre las espaldas, pero es muy sensible ante la reacción de sus futbolistas, incluso de sus críticos, y ante la posibilidad de decepcionar a la afición por no cumplir las expectativas que han depositado en él, o incluso las suyas mismas.

Una vez le confesó a un buen amigo: «Puedo imaginar la solución más increíble a un problema, y a veces, a uno de mis jugadores se le ocurre una medida incluso mejor durante el partido, una solución en la que yo no había pensado. Para mí, es como una pequeña derrota; significa que debería haber hallado la solución antes».

En un club de fútbol, el director deportivo y el entrenador intentan reducir el factor sorpresa, todo aquello impredecible en un partido, a base de entrenar y analizar al rival. Antes de un encuentro, el técnico debe saber qué pedir a sus futbolistas, pero al final, todo depende de ellos; el entrenador no puede gestionar absolutamente todo lo que va a ocurrir: existe una infinidad de variables en el terreno de juego. ¿De qué otra forma se puede explicar el gol de Iniesta en Stamford Bridge en el 2009, cuando el Barça parecía haber perdido la eliminatoria? Para Pep, ahí radica precisamente la magia del fútbol. Y también su frustración: intentar que algo tan impredecible se convierta en predecible. No importa cuántas horas dedicara a su trabajo, Pep luchaba en una batalla perdida.

«A Guardiola le gusta mucho el fútbol —escribe su buen amigo David Trueba—. Y ganar, porque en eso consiste el juego. Pero hacerlo dignificando la propuesta. Él ofrece un sistema, solo pide que confíen en él, que sean fieles. El día que nota a sus jugadores poco comprometidos, apáticos, con dudas, aunque sea tras un entrenamiento sin relevancia, es un hombre triste, desmoralizado, con ganas de dejarlo todo.

»Nadie debería confundirse en esto —continúa Trueba—. Es un profesional obsesivo, detallista, porque sabe que los detalles deciden. Venera el club donde trabaja y se impuso como regla no ser más que una pieza del entramado. Cobrar su sueldo por un año y jamás exigir ni un café sin pagarlo. No aspira a ser reconocido como un adoctrinador, un gurú, un guía. No quiere ser nada más que un entrenador, un buen entrenador. Lo otro, lo demás, lo bueno y lo malo, se lo echa encima una sociedad necesitada de modelos. Quizá hastiada de tramposos, de ventajistas, de canallas, de gente que impone valores de egoísmo, oportunismo y egolatría, desde la tribuna privilegiada de la televisión o los medios o los negocios o la política. Él pertenece a esa sociedad. Y la dignifica, de una manera muy simple, tratando de hacer bien su faena, ayudando a hacer prosperar el sentido común desde su parcela de exposición pública. Con la misma callada dignidad con la que un buen albañil, sin que nadie mire ni aplauda, pone un ladrillo sobre el cemento.»

Guardiola repite a menudo: «El trabajo de un entrenador no se acaba nunca». Pero una mañana, después de una de esas noches en que Pep («un enfermo del fútbol», como entrañablemente lo han definido algunos de sus mejores jugadores) se quedó en su despacho revisando vídeos que sus ayudantes ya habían diseccionado y analizado, sus compañeros lo vieron atravesar la ciudad deportiva con aspecto alicaído. El Pep entusiasta que habían visto el día previo había dado paso a un Pep silencioso, cuyas palabras transmitían un mensaje y sus ojos hundidos, otro.

«¿Qué te pasa?», le preguntó uno de sus colegas. «Ayer debería haber ido a una función de *ballet* de mi hija, pero no pude», contestó Pep. «¿Por qué no?», se interesó su amigo. «Porque estaba analizando vídeos de nuestro rival.» Un privilegio y casi una maldición, así es como entiende su profesión.

«En los trabajos de dirección, creo que uno tiene que estar siempre con la idea de que mañana puede irse —expresó Guardiola públicamente cuando llevaba dos años de entrenador de la primera plantilla del Barça—. Yo trabajo mejor si sé que soy libre de decidir mi propio futuro. Me agobia estar atado a un contrato durante mucho tiempo, y eso puede hacer que pierdas la pasión. Por eso lo renuevo cada año. Si pudiera firmar solo por seis meses... Siempre he pensado que lo básico es buscar lo que a uno realmente le gusta, algo que hoy día cuesta muchísimo conseguir. Encontrar lo que te gusta es la esencia de todo.»

Pero esa esencia, en su última temporada, parecía eludirlo. Ya ni siquiera disfrutaba con las grandes noches europeas, atormentado por sus preocupaciones y su indecisión. ¿Debería continuar? ¿Es mejor para el Barça que yo siga al frente o convendría buscar nuevos mensajes, nuevas soluciones para mantener a los jugadores en estado de alerta? ¿Cómo puedo hallar nuevas formas de dar a Leo Messi lo que necesita, o a Iniesta, Cesc y Alves, al resto de la plantilla? ¿Puedo seguir así otro mes, otro año? ¿Cómo envejecen los entrenadores jóvenes, después de haber tenido un éxito tan temprano? ¿Acaso no sería mejor buscar nuevos horizontes?

Desde hacía algunos años, Roman Abramovich conocía las inquietudes de Pep, y quería aprovechar la situación. Durante sus últimos dos años en el Barcelona, el magnate ruso intentó de varias maneras que Pep se hiciera cargo de las riendas en Stamford Bridge. Tras la marcha de Ancelotti en el verano del 2011, Abramovich presionó de nuevo. André Villas-Boas era el cuarto candidato para reemplazar al técnico italiano, después de Guus Hiddink, José Mourinho y Pep, quien en febrero de aquel año había renovado su contrato con el Barcelona. En junio, justo antes de empezar su último curso como entrenador del Barça, Abramovich, a través de un intermediario, propuso pasar a buscar a Pep en helicóptero y llevarlo a su yate en Mónaco para mantener allí una reunión con el todavía entrenador del Barça.

«No quiero oír hablar más de ello. No quiero reunirme con Roman, porque aún será capaz de convencerme», fue la respuesta educada de Pep. Pero Abramovich volvería a insistir durante los últimos meses de Guardiola a cargo de la plantilla azulgrana. En dos ocasiones, le ofreció a Rafa Benítez un contrato de tres meses para acabar la temporada tras despedir a André Villas-Boas: el plan era que Guardiola abandonara su deseo de pasar un año sabático en Nueva York y recalara en Londres para iniciar la campaña siguiente. Rafa dijo que no, la misma respuesta que recibió de Pep.

En la penúltima oferta del dueño del Chelsea, antes de que Guardiola desapareciera del ojo público a partir del verano del 2012, Roman propuso designar un entrenador provisional durante un año mientras Pep descansaba para que cuando tuviera las fuerzas, iniciara el diseño de la plantilla para la temporada 2013-2014. De nuevo, obtuvo la negativa como respuesta.

Tras despedir a Roberto di Matteo y antes de negociar con Rafa Benítez, Abramovich preguntó otra vez por Pep. No. Pep no quería decidir su futuro todavía, pero los constantes cambios de parecer del magnate ruso no jugaban a su favor y, mientras Rafa Benítez estuviera a cargo del Chelsea, Pep no quería negociar con Abramovich. Conscientes de que estaban perdiendo a Guardiola, el club inglés ofreció un año más a Benítez si conseguía ciertos objetivos en la temporada 2012-2013, pero el español decidió aceptar solo hasta el final de aquel curso.

El Chelsea se había convertido en el primer club que intentaba seducir activamente a Pep. El AC Milan, el Bayern de Múnich, el Manchester City, el Arsenal, la Roma y el Inter serían los siguientes.

Mientras Abramovich ideaba un nuevo ataque engatusador, la última temporada de Guardiola en el Barcelona progresaba de modo irregular. Muy pronto sucedió algo que afectaría a la dinámica de juego de la plantilla azulgrana durante el resto de la campaña. En el tercer partido de Liga ante la Real Sociedad en Anoeta, Pep dejó a Messi en el banquillo. Pensó que el argentino había regresado cansado de su estancia con su selección.

A Leo no le gustó la decisión. Cuando saltó al campo a media hora del final, su contribución fue escasa en un decepcionante empate a dos y, según fuentes del club, al día siguiente no se presentó al entrenamiento. A partir de aquel momento, Messi no volvió a perderse un solo minuto de la temporada.

La reacción de Messi le hizo reflexionar. Pep había creado un equipo cuyo centro de gravedad era la Pulga, y numerosos delanteros que habían pasado por el Barça (Ibrahimović, Eto'o, Bojan; incluso David Villa, que se había acostumbrado a jugar en la banda, aunque cuando llegó se le dijo que iba a ser el nueve del Barça) se habían mostrado incapaces de encajar o se tuvieron que reinventar en un estilo de juego que exigía una lógica sumisión a Messi. Cuando el equipo empezó a fallar, especialmente en los partidos lejos del Camp Nou, se le otorgó al argentino más responsabilidad, y Pep seleccionó onces para apoyarle: pero esa prioridad hacia las necesidades de Messi, esa subordinación del equipo al individuo más brillante, redujo el peso de otros y amedrentó a los jugadores más jóvenes.

Messi acabó marcando setenta y tres goles esa temporada 2011-2012 sumadas todas las competiciones. Por detrás quedaron Cesc y Alexis, con quince tantos cada uno. Pep había creado una máquina goleadora, pero colectivamente el equipo se estaba resintiendo, y él sabía que era tan responsable de aquella situación como cualquiera de sus jugadores. Tal como Johan Cruyff apuntó al acabar aquel curso: «Guardiola tenía que gobernar un montón de egos en el vestidor. No sorprende que se le hayan fundido las energías».

Pep llamó a uno de los mejores entrenadores del mundo para plantearle una duda: si te encuentras en una situación en que el equilibrio parece haberse roto, ¿qué haces? ¿Sigues en la misma línea o cambias los jugadores? Probablemente, la respuesta que recibió no era la que deseaba escuchar: cambias los jugadores. Eso es lo que siempre ha hecho sir Alex Ferguson, pero es evidente que el entrenador del United se siente menos vinculado a ellos, tanto moral como emocionalmente, que Pep. El preparador del Barcelona había invertido una importantísima dosis de sus sentimientos personales en su primera experiencia como entrenador —una dosis excesiva, de hecho—. En sus últimos meses en el club, Guardiola necesitaba pastillas para dormir, o, cuando se lo permitía su larguísima jornada laboral, salir a pasear con su pareja y sus hijos en busca de un cierto equilibrio emocional.

El equipo, mientras tanto, se alejaba del Madrid, del que llegó a estar a trece puntos. Se oyó algún runrún de descontento en el Camp Nou.

«Lo que he hecho hasta ahora no me garantiza nada; si los culés expresan sus dudas, será porque tienen motivos», comentó en uno de los momentos más delicados de la temporada. Las estadísticas eran todavía sorprendentes, pero menos que en las tres temporadas previas: el equipo estaba perdiendo su perfil competitivo y Pep sentía que la culpa era suya. Después de la derrota ante el Osasuna en Pamplona (3-2) en febrero, admitió: «Hemos cometido demasiados errores. No sabía cómo contestar las preguntas antes de que fueran formuladas. He fallado. No he hecho bien mi trabajo».

Pep aún guardaba un último as en la manga. Siguió el ejemplo de Johan Cruyff al recurrir a la psicología inversa y admitir en público que el Barça no iba a ganar la Liga. Sus palabras surtieron el efecto deseado. Los jugadores, que sospechaban que el entrenador podía abandonarles, quisieron demostrar que todavía estaban preparados para el reto, que todavía tenían sed de éxito. El Barça acortó la distancia con el Madrid, hasta llegar a estar a cuatro puntos de su rival. Demasiado tarde. La derrota frente al eterno rival en el Camp Nou en mayo entregó efectivamente el título a Mourinho.

Durante los últimos meses de la competición, Guardiola se quejó de los árbitros en varias ruedas de prensa, una reacción impropia de él; una manera de buscar explicaciones que hizo sospechar a algunos de sus colaboradores que Pep había perdido su habitual claridad.

A Guardiola le costaba aceptar una lección de vida que de todos modos siempre sospechó: después de un período de éxito sin precedentes (trece títulos en sus primeros tres años con el primer equipo), inevitablemente tenía que llegar un bajón. Si ganas todo el tiempo, sientes menor deseo de seguir ganando. Pep intentó evadir el inevitable ciclo dedicando más horas a su trabajo y haciendo enormes sacrificios. Incluso relegó la obligación de cuidar de sí mismo en su lista de prioridades, y no prestó atención a los problemas de salud hasta que empezaron a ser un problema, como la hernia discal que lo incapacitó durante unos días en marzo.

El análisis de los ayudantes del entrenador apuntaba que los errores no se cometían durante las charlas técnicas —que todavía estaban basadas en diseccionar al rival, y en ellas, Pep transmitía el mismo entusiasmo y carisma de siempre— sino más bien en la ejecución de las tácticas. Pero se abrieron interrogantes sobre la fe, quizá excesiva, de Pep en los jugadores de La Masía recién llegados al primer equipo. Esperar que Tello (que fue el extremo titular ante el Real Madrid en el Camp Nou en el crucial partido de liga) y Cuenca (en el once contra el Chelsea en el partido de vuelta de las semifinales de la Champions League 2012) ofrecieran el mismo rendimiento que Cesc, Alexis o Pedro, que se quedaron en el banquillo en uno de los dos partidos, fue un cálculo erróneo.

¿Podía el Barça permitirse el lujo de dejar fuera de la titularidad a tanto talento? ¿Estaba Pep tan excesivamente cerca de la plantilla que los árboles no le dejaban ver el bosque?

Se trató de decisiones claves que finalmente afectaron al resultado de la temporada. Además, esas elecciones despertaron más de una reacción adversa tanto en la confianza de los más jóvenes como en la de los veteranos.

José Mourinho observaba todo ello desde Madrid con una sonrisa burlona. El impacto del portugués y sus estrategias desestabilizadoras era irrefutable, a pesar de que Pep siempre lo negara. Cuando en la víspera de su último partido como entrenador le preguntaron qué recordaba de los previos de los clásicos, Pep contestó con voz queda: «No tengo gratos recuerdos, ni de las victorias ni de las derrotas. Siempre existen motivos que no están relacionados con el partido que han hecho que muchas cosas me resulten incomprensibles». ¿De verdad? ¿Era cierto que no recordaba con orgullo el histórico 2-6 en el Bernabéu? ¿Ni el 5-0 en el primer clásico contra Mourinho, descrito por muchos como el mejor partido en la historia del fútbol? Había una enorme presión, no solo por parte de José sino también de la prensa deportiva madrileña, que, en algunos casos extremos, incluso se atrevió a insultar a Pep o a sugerir que el alto rendimiento de la plantilla azulgrana se debía al dopaje. Para un alma sensible como Pep, eso bastaba para empañar incluso los mejores recuerdos.

A medida que la temporada se acercaba a su fin, las razones para dar un paso al costado se acumulaban y la decisión sobre su futuro se tornó finalmente inamovible. Pep no iba a renovar su contrato. Simplemente tenía que hallar la forma ideal de comunicar su decisión al club. Y a los jugadores. Y a los aficionados. ¿Pero cómo? Si ganaban la Liga de Campeones, todo iba a ser más fácil.

Mientras concretaba los detalles de su marcha, prefirió no compartir su decisión con nadie, ni siquiera con sus padres.

2

La decisión

Antes del anuncio oficial, la pista más destacada que reveló Guardiola acerca de su futuro pasó inadvertida para muchos. Se la dijo a un periodista italiano, en su tercer año frente al primer equipo del Barça, en una conversación que tenía que incluirse en un DVD sobre la historia del Brescia. Pep, que no concedía entrevistas individuales, había hecho una excepción, pero finalmente fue traicionado y sus declaraciones acabaron en la televisión nacional italiana. No se trataba tanto de una evaluación de su situación personal como de la descripción de una constante histórica, aplicable no solo al FC Barcelona, sino a la mayoría de los clubes de gran envergadura. Pero, ciertamente servía para calibrar lo que sentía.

Según Guardiola: «Para estar en una gran institución durante cuatro años, has de tener mucho coraje. Los jugadores se cansan de ti, y tú te cansas de los jugadores; la prensa se cansa de ti y tú te cansas de la prensa, de ver las mismas caras, de contestar las mismas preguntas, siempre lo mismo. Al final, eres consciente de que ha llegado el momento de marchar, de la misma forma que lo comprendí cuando era jugador y un día me dije: "Me parece que ha llegado la hora de irme"».

Llegó también la hora de despedirse como entrenador.

Justo después de que el Chelsea se clasificara para la final de la Champions al empatar 2-2 en el Camp Nou (ganó 3-2 en el cómputo global), un partido en el que los visitantes acabaron jugando con diez durante casi una hora, Guardiola convocó al presidente Sandro Rosell a una reunión a la mañana siguiente en su casa.

Pep también habló con el segundo entrenador, Tito Vilanova, y le comunicó lo que este ya sospechaba: que no iba a continuar. Guardiola le sorprendió con una predicción: «Creo que te propondrán que me sustituyas —anunció—, y yo te apoyaré en la decisión que tomes, sea la que sea». Vilanova no lo sabía, pero su nombre había salido a colación por primera vez en una conversación entre Zubizarreta y Guardiola en el mes de noviembre.

«¿Crees que Tito podría reemplazarte, si al final decides no renovar?», preguntó entonces el director deportivo. «Claro que sí», contestó Pep, a pesar de que no sabía si su amigo iba a aceptar el puesto —o si Zubizarreta hablaba en serio.

A las 9 de la mañana del día siguiente, Pep Guardiola se reunió en su casa con Sandro Rosell, Andoni Zubizarreta, Tito Vilanova y el vicepresidente, Josep Maria Bartomeu. En ese encuentro, el entrenador les comunicó que no renovaría el contrato con el FC Barcelona.

Durante las tres horas de conversación, Pep explicó las razones que le impulsaban a abandonar el club. «¿Recordáis todo lo que hemos hablado durante la temporada? Nada ha cambiado. Me marcho. Tengo que marcharme», les dijo. La derrota frente al Real Madrid y la eliminación ante el Chelsea no tuvieron ninguna relevancia en la decisión, aunque ambas sirvieron de catalizador para acelerar la cadena de acontecimientos.

Al día siguiente, se lo comunicó a sus padres y, aunque su madre Dolors pensaba que la salud de su hijo estaba por encima de todo, también sintió que se le encogía el corazón al oír la noticia. En todo caso, Dolors sabía que Pep necesitaba espacio para relajarse, para descansar, para recuperarse. Así es como también lo interpretó su padre, Valentí: su hijo se sentía desbordado por tanta responsabilidad hacia los socios, la afición y el club. Según Ramón Besa, de *El País*, su padre comprendió e incluso predijo el desenlace en septiembre, cuando Guardiola recibió la Medalla de Oro del Parlament de Catalunya: «Cuando empiezan a llegar los honores, es hora de preparar las maletas», dijo entonces Valentí.

Tal y como reveló el periodista Luis Martín, también en *El País*, en los dos días previos al anuncio público de su marcha, muchos intentaron que Pep cambiara de opinión. Mensajes de

Valdés, Iniesta, Xavi, y especialmente de Messi, pese a que las últimas decisiones de Pep habían marcado cierta distancia con su mejor futbolista, inundaron la bandeja de entrada de su móvil: confiaban en su continuidad y le mostraban su apoyo. Vilanova le pidió que reconsiderara la decisión. A Zubizarreta se le ocurrió una idea disparatada, una de esas esperanzas desesperadas que uno tiene que expresar por más que ya conozca la respuesta: «Hay una vacante en uno de los equipos de las categorías inferiores. Si quieres, es tuya. Lo que más te gusta es entrenar a niños, ¿no?». Pep le miró, intentando descifrar qué había detrás de aquella oferta. Contestó a su amigo con la misma ambigüedad: «Bueno, pues no es mala idea». Los dos se echaron a reír.

Dos días después de anunciar su marcha al presidente, llegó el momento de comunicar su decisión a los jugadores.

Nadie en la plantilla estaba seguro del desenlace. Tras caer eliminados en semifinales de la Champions frente al Chelsea, Carles Puyol se quedó en el estadio un rato más que el resto de la plantilla, a la espera de concluir un control antidopaje. Se enteró de que Pep estaba retrasando su intervención en la rueda de prensa y concluyó que era una buena señal. «Esta semana nos dirá que se queda, seguro. No quiere dejarnos en estos momentos», le comentó a uno de sus compañeros de equipo. El central internacional admite ahora que no tiene futuro como clarividente.

Después del partido de la Champions, Guardiola dio a los jugadores un par de días de descanso. Sus pupilos, de vuelta al trabajo, habían oído rumores y sabían lo de la reunión con Rosell, pero no estaban seguros de lo que iba a suceder.

Por la mañana, los titulares de la prensa se hacían eco de la incertidumbre; la portada de *Mundo Deportivo* aparecía dividida en dos, una mitad con el titular «Pep se va» y la otra con «No se va». Prácticamente toda la plantilla pensaba que la reunión antes del entrenamiento era meramente para confirmar que Guardiola se quedaba.

«Parece animado», se decían los unos a los otros. Todos esperaban que el técnico hubiera sido capaz de desprenderse de sus dudas y temores y que se quedara un poco más, quizá otra temporada.

Solo un puñado de personas sabía lo que Pep iba a comunicarles. Los jugadores se reunieron en el vestuario de la ciudad deportiva Joan Gamper. No se oyeron bromas, nadie alzaba la voz; el leve murmullo se trocó en silencio cuando Pep entró en la sala y empezó a hablar. Mientras los jugadores conocían la noticia, *Sky Sports News* difundía en exclusiva la decisión de Guardiola. La revelación cayó con la solemnidad y severidad de un muro. El entrenador del FC Barcelona abandonaba el club.

«Sois los mejores y estoy orgulloso de todos vosotros, pero me he quedado sin energía, así que ha llegado el momento de marcharme. Estoy agotado.»

Pep parecía relajado, pero su voz traicionaba sus emociones. Estaba usando los mismos trucos que utilizaba cuando quería demostrar a su equipo dónde radicaba la flaqueza del rival; estaba intentando convencerles de que era lo mejor que podía pasar, y para ello apeló, de nuevo, como cientos de veces, a los sentimientos de los jugadores.

«En octubre le comenté al presidente que el final de mi etapa como entrenador estaba próxima, pero no os lo podía decir a vosotros porque podría haberse convertido en un problema. Ahora es definitivo. El próximo entrenador que tengáis aportará cosas que yo ya no os puedo dar; tendrá energía. Sería un riesgo que yo continuara, porque nos podríamos hacer daño. Para mí sois muy importantes, y nunca me lo perdonaría. Son tantas las jugadas que había imaginado y que vosotros habéis convertido en realidad... Así que me voy con el sentimiento de haber hecho bien el trabajo, de haber cumplido con mi deber. Este club tiene un poder imparable, pero soy el tercer entrenador en su historia con el mayor número de partidos ganados, ¡y en tan solo cuatro años! Lo que hemos conseguido ha sido excepcional, porque los entrenadores del Barça no duran mucho. Y nosotros hemos aguantado todas estas temporadas porque hemos ganado. Sin embargo, mientras eso sucedía, yo me iba desgastando. Me voy satisfecho. El presidente me ha ofrecido otro puesto, pero si realmente quiero recargar pilas, necesito alejarme del club.»

El silencio del vestuario dolía. Tras una pequeña una pausa, Pep continuó:

«Quería decíroslo ahora que estamos fuera de las grandes competiciones, porque así tendré tiempo de despedirme de cada uno de vosotros personalmente, de llamaros uno a uno a mi despacho para daros las gracias. No quiero aplausos ni nada parecido, así que... ¡a entrenar!».

Pep dio unas palmadas para recalcar que la charla había concluido. Tocaba entrenar. En menos de un cuarto de hora, la historia del club había dado un giro definitivo. Los jugadores estaban confusos, desconcertados.

Aquel día, en el campo de entrenamiento, Guardiola no exigió demasiado al equipo. Sabía que tenían que asimilar el golpe. Para los jugadores, aquella sesión fue la primera en su camino hacia la renovación de ideas y de ilusión. Para Pep, representó el principio del fin de un trayecto que había empezado tres décadas atrás, en un tranquilo pueblo catalán de nombre Santpedor.

SEGUNDA PARTE

Pep: De una plaza en Santpedor al banquillo del Camp Nou

Plaza principal del pueblo de Santpedor. Una mañana cualquiera de 1979

A medida que nos aproximamos al pueblo donde Pep pasó su infancia, dejamos atrás el valle que lo rodea: las casas descansan como pequeños dados lanzados hace tiempo y abandonados al final del tapete color verde y tierra. El aire es fresco, la greda seca eleva su olor, huele a calma pues, y a antiguo. En el horizonte, el perfil rocoso de Montserrat, el impresionante macizo serrado e icono de Cataluña que se eleva por encima del valle como una plantilla de cartón, un majestuoso telón de fondo al imperturbable pueblo que duerme a setenta kilómetros de Barcelona.

Uno de los primeros edificios de esta población de 7.500 habitantes es la nueva casa de los progenitores de Guardiola —construida por su padre Valentí, albañil de oficio—. Es un inmueble moderno de tres plantas, justo al lado de la carretera principal, en un área salpicada de nuevas edificaciones. De camino al centro de Santpedor, unas pocas fábricas maltratadas por el tiempo nos recuerdan el reciente pasado industrial de la población y ofrecen un contraste con los arcos medievales que te dan la bienvenida.

Santpedor es de esos pueblos en los que los habitantes te saludan por la calle, porque así lo han hecho siempre. Los que se reconocen se detienen a charlar un rato sobre los mismos temas de siempre, como cualquier otro día. La amplia carretera empieza a fusionarse con sinuosas calles centenarias, angostas y laberínticas, que desembocan en una de las dos plazas principales de Santpedor, la Plaça Gran y la Plaça de la Generalitat. Esta última también era conocida como Plaça de Berga, pero ahora los vecinos se refieren a ella como «la plaza donde nació Guardiola».

Prácticamente todas las mañanas de 1979, un chaval espigado de ocho años salía de la casa número 15 de la Plaça de la Generalitat y se dirigía al centro de la misma con un balón bajo el brazo. El niño, de piernas tan delgadas como fideos y al que los vecinos llamaban «Guardi», esperaba a que llegara el resto de la pandilla, incluida Pilar, dándole pelotazos a la pared.

En esa época no existía la PlayStation, y por las carreteras circulaban tan pocos coches que no era necesario instalar semáforos. Los chavales no corrían peligro si decidían hacer un partidillo en medio de la plaza, cosa que ocurría a menudo. Pep jugaba antes de ir a la escuela, y también después, de vuelta a casa. Siempre con el esférico pegado a su costado, o masajeado por el pie derecho, controlado, servicial. A la hora del recreo, justo antes de comer, al acabar, en las calles empedradas, alrededor de las fuentes. No había comida familiar que no empezara con un maternal: «¡Deja el balón cinco minutos y ven aquí!».

Por aquel entonces, la vida en general era mucho más relajada; había menos «protocolo», menos «burocracia», tal como recuerda Guardiola. Bajabas a la plaza y te pasabas el tiempo jugando hasta que te llamaba tu madre o anochecía y ya no se veía la pelota: así de simple. No necesitabas ir a un campo de fútbol ni organizar partidos, ni siquiera quedar a una hora determinada. No había porterías, ni tampoco carteles que prohibieran jugar al balón.

La persiana metálica de un garaje hacía las veces de portería, y había peleas para decidir quién hacía de guardameta. Pilar pasaba de ser la elegida; chutaba fuerte y tenía un buen toque y durante más de una década, el equipo femenino del pueblo vecino se benefició de sus horas de práctica con Pep y el resto del grupo.

La otra disputa era para conseguir formar parte del equipo de Guardi. Y si te tocaba jugar con él, la táctica era clara: había que pasarle el balón. Todos sus amigos eran conscientes de que tenía algo que los demás no poseían. Al final, para evitar discusiones, decidieron que Pep sería quien eligiera los dos equipos, siempre en busca de cierto equilibrio para que el partido mantuviera la tensión. De esa manera tan natural y desde esa edad tan temprana, Pep, sin reservas ni dudas, asumió su liderazgo.

Y cuando, en uno de esos partidos en plena calle que podía durar todo el sábado o el domingo, uno de los niños destrozaba algo en la plaza con un pelotazo desafinado, una sonrisa de Pep siempre lograba sacarlo del apuro. Hoy los coches pueden atravesar la plaza e incluso aparcar en el centro. Ya no es un sitio donde los niños puedan jugar. Hay un cartel que lo impide.

Cuando Pep regresó al FC Barcelona para entrenar al B, las pequeñas escapadas a Santpedor y los largos paseos por los alrededores del pueblo se convirtieron en un hábito. Reflexivo hasta casi la meditación, a Pep también se le vio por su pueblo mientras debatía si era buena idea saltar al primer equipo.

Luego, durante los cuatro años en los que se dedicó a cambiar el mundo del fútbol, apenas se le vio, aunque su presencia se siente en muchos de los rincones de Santpedor. El polideportivo municipal lleva su nombre; su fotografía adorna varios bares; hay una placa conmemorativa en el centro de la plaza dedicada al FC Barcelona, colocada por la peña culé de la localidad, que, por cierto, ha ganado cien socios adicionales en los últimos cuatro años. La popularidad del fútbol se ha incrementado en el pueblo hasta tal punto que los equipos de balonmano y de otros deportes han quedado reducidos a la mínima expresión. Los niños solo quieren ser como Guardiola, y con marcado orgullo te recordarán que comparten con él procedencia y sueños.

Así pues, hay un poco de Pep en Santpedor, pero también hay mucho de Santpedor en Pep. Las conversaciones a media voz que se oyen en el pueblo son en catalán, igual que las señales y los nombres de las calles. La *senyera* cuelga de muchos balcones y en bastantes edificios abandonados se pueden ver grafitis que expresan una fuerte conciencia de identidad catalana. El pueblo tuvo en sus orígenes el honor de ser considerado «Carrer de Barcelona», una distinción medieval con todos los privilegios y franquicias que ello suponía. Santpedor era una vía, pues, hacia Barcelona, la capital de Cataluña y el destino que cambiaría la vida de Guardiola, orgulloso de todo ello. En realidad, solo se puede estar satisfecho de tanta historia y tanta raíz. Hijo de los Guardiola-Sala, sus padres son como la mayoría de los progenitores en el pueblo: humildes y trabajadores. Ellos sembraron la semilla. ¿O fue acaso Santpedor?

David Trueba cree que el técnico es fruto de sus padres y de sus orígenes: hijo de albañil nacido en un pueblo del que quiso salir pero que le sirve de referencia, Valentí y el resto de su familia le han inculcado viejos valores, de esos de otra época, de cuando los mayores no tenían dinero ni propiedades para dejar en herencia a sus hijos, solo dignidad y principios. Lo dice Trueba: cuando se trata de analizar o juzgar a Guardiola, hay que recordar que, «debajo del traje elegante, el jersey de cachemir y la corbata elegida, está el hijo de un albañil. Que dentro de los caros zapatos italianos hay un corazón en alpargatas».

Cuando Pep piensa en su infancia en Santpedor, en sus padres, en los interminables partidos en la plaza, no recuerda un momento específico, sino un sentimiento: felicidad; alegría en su estado más simple, más puro. Y esa sensación lo invade de nuevo cuando va a visitarlos —o a su tía Carme y a su tío Josep, o a cualquier otro familiar que todavía resida en Santpedor—, y se sienta con ellos en la plaza del pueblo, hasta que una legión de admiradores se cuela en esa escena privada y rompe la magia.

De vuelta a su infancia, cuando el sol se ponía en la plaza, el joven Pep enfilaba hacia su casa y dejaba el balón en un rincón de su habitación, un modesto espacio decorado con poco más que un póster de Michel Platini: la cara del fútbol cuando Guardiola tenía diez años. Pep nunca lo había visto jugar, pero había oído a su padre y a su abuelo hablar sobre la habilidad del jugador de la Juventus, sobre su capacidad de liderazgo, su aura. Lo único que Pep sabía sobre Platini eran las sabias palabras de su progenitor y su abuelo y, por supuesto, el póster del francés, elegante, acariciando el balón, con la cabeza erguida, contemplando el horizonte e imaginando el próximo pase. La atracción fue instantánea. Cinco años más tarde, un joven recogepelotas del Camp Nou llamado Pep Guardiola intentaría conseguir el autógrafo de Platini y, al no lograrlo, acabó por aprender una lección crucial, una que le serviría con Lionel Messi, pero esa es otra historia, para otro capítulo.

Alumno aplicado en el colegio religioso donde estudiaba, Pep era un *tros de pa*, como dicen en catalán; un niño educado, ansioso por aprender, incluso dispuesto a ayudar en la iglesia cuando lo requería el párroco. Lo más cercano a una rebelión que el pequeño Guardi acometía era cuando desaparecía de repente en las pocas ocasiones en las que su padre le pedía que lo ayudara a poner ladrillos. Pep tenía además cara de buen chaval, una ventaja casi siempre, aunque a veces podía convertirse también en una pequeña contrariedad; como cuando le tocaba ser el ángel en las funciones navideñas del pueblo. Tenía que tragarse la timidez para que todo saliera bien.

A los siete años, Pep cambió de escuela. La Salle de Manresa, una institución católica a unos pocos kilómetros de su casa, fue el destino de su primer exilio. En el nuevo colegio se respiraba un ambiente estricto, pero consiguió adaptarse sin grandes sobresaltos al nuevo entorno y a sus nuevos profesores. El hermano Virgilio le enseñó sus primeras palabras en inglés, un idioma que ahora domina a la perfección, como se puede comprobar en casi todas las ruedas de prensa de la Liga de Campeones. Si le preguntan en italiano también se atreve. Y en francés, claro.

En La Salle, los rasgos de su fuerte personalidad comenzaron a definirse: muy exigente consigo mismo, genuinamente encantador y obsesionado por el fútbol; pero por encima de todo, Pep demostró ser un excelente receptor y, como una esponja, absorbía conocimientos de todos los que le rodeaban, especialmente de los mayores. Era un poco más alto y más delgado que la mayoría de sus compañeros. Dice su madre que no paraba quieto y eso le impedía ganar el peso que le correspondía por su edad. Quizá, pero en todo caso seguía siendo el primer jugador al que siempre elegían los capitanes y frecuentemente el único participante en uno de sus juegos favoritos: mantener el balón en el aire sin tocar el suelo. Era una competición con un solo participante, no tenía sentido retarle.

Durante uno de esos partidos en La Salle, dos ojeadores del Club Gimnàstic de Manresa se fijaron en él, en su don de mando, en su extremada delgadez, en su habilidad en el pase. Con el beneplácito de su padre, Valentí, empezó a entrenarse en el Gimnàstic dos o tres veces por semana, donde pronto le inculcaron algunos principios básicos: no pises a nadie, pero no te dejes pisar por nadie; la cabeza siempre alzada; máximo dos toques; mantén el balón en el suelo. Si la regla de oro para el éxito en el fútbol son los buenos entrenadores, Pep había empezado en el sitio adecuado.

Lo habitual es que un niño del pueblo de Pep fuera del Barça. Solo había en Santpedor un fan del Espanyol, su abuelo, que un día incluso colgó un póster de los blanquiazules en la pared de la casa familiar. Una pequeña provocación o quizás una manera de recordarles a todos que no todas las calles llevan al Camp Nou. Pero esto no influyó en la adhesión deportiva de Pep: «Mi abuelo era la persona más buena del mundo, y con un corazón tan grande que no le cabía en el pecho. Tenía un enorme sentido de la compasión, así que casi se sentía obligado a apoyar al equipo más pequeño, el que tenía menos posibilidades de ganar. En nuestro pueblo, no había ningún otro seguidor del Espanyol aparte de él».

Un compañero de equipo de Pep en el Gimnàstic tenía un familiar que disponía de carnet de socio del Barcelona, y Pep le sugirió que se lo pidiera prestado un día para ir a ver un partido en el Camp Nou. En 1981, con diez años, Pep se dirigió a Barcelona para ver por primera vez en el Camp Nou un partido de Liga, el Barça-Osasuna. La calle que llevaba hasta el estadio era un río de gente con banderas del Barça, y Pep experimentó «un increíble sentimiento» de alegría, de entusiasmo, de formar parte de algo grande, una pequeña epifanía. Mientras se sentaba en la fila siete de la grada norte, justo a un lado de la portería, murmuró a su amigo algo que miles de niños han repetido en cada partido antes y después de aquel día: «Pagaría millones por poder jugar un día en este campo».

De hecho, cuando estaba en el Gimnàstic, Pep participó en varios amistosos contra los equipos de la cantera del Barça, fuente de lecciones valiosas sobre sus propias limitaciones y las de su equipo: él era el mejor jugador en el Gimnàstic, pero se dio cuenta de que había muchos chavales como él, o incluso mejores, que lucían la camiseta azulgrana.

Fue en aquella época, y sin que su hijo de once años lo supiera, cuando Valentí rellenó un formulario publicado en un diario deportivo en el que se ofrecía la oportunidad de participar en unas pruebas de selección del Barça.

«Los del Barcelona quieren verte», le dijo su padre unos días más tarde ante la sorpresa de su hijo. Pep acudió a los campos adyacentes al Camp Nou, nervioso, delgado, sintiéndose insuficiente. Jugó mal, y él lo sabía. Aquella noche no pudo dormir. Le pidieron que fuera otro día, pero no lo hizo mucho mejor. Le tocó situarse en la banda y Pep carecía de la velocidad y la fuerza para destacar. Le dieron otra oportunidad. En su tercera visita al Camp Nou el entrenador le colocó en el medio campo, donde, de repente, Pep demostró ser un imán para el balón, dirigiendo el juego ofensivo y marcando el ritmo. Había hecho lo suficiente. El Barcelona decidió que quería ficharle.

Su padre guardó esa información hasta que estuvo seguro de qué era lo que más le convenía a su hijo. A Valentí y a Dolors les preocupaba que los continuos viajes a Barcelona resultaran demasiado estresantes para su vástago, que regresaba a casa más callado de lo habitual, aprensivo y con poco apetito. Después de hablar con su esposa, Valentí decidió rechazar la oferta del Barça. Creían que Pep era demasiado joven para instalarse en La Masía, demasiado ingenuo para vivir alejado de la familia, que todavía no era lo bastante fuerte como para competir o soportar la presión que ello suponía.

En los años posteriores a aquella prueba, el fútbol siguió siendo una pieza fundamental en la rutina de la familia Guardiola, que se desplazaba continuamente a Manresa y viajaba por toda la región para presenciar los partidos de liga y los amistosos del Gimnàstic. Pep fue promovido a capitán del equipo. El sueño del Barça parecía haber quedado relegado al olvido.

Sin embargo, un par de años más tarde, el FC Barcelona llamó de nuevo. Fue Valentí quien cogió el teléfono y escuchó la nueva propuesta.

«Tenemos que hablar», le dijo a su hijo al volver de una sesión de entrenamiento con el Gimnàstic. La familia —Valentí,

Dolors y Pep, que tenía entonces trece años, además de sus hermanos, Pere, Olga y Francesca— estaba sentada a la mesa; habían empezado a cenar. Su padre buscó la mejor manera de explicarle a su hijo adolescente que había vida más allá del pueblo y de la escuela católica; intentó prepararlo para lo que probablemente le esperaría si se marchaba de casa y le advirtió que sus estudios tenían que seguir siendo una prioridad, que vivir en Barcelona le supondría nuevas obligaciones, responsabilidades y expectativas. Hasta ese momento, el fútbol en la vida de Pep no había sido más que un juego, pero a partir de ese momento tendría la oportunidad de dedicarse al deporte que tanto amaba en el club que adoraba e incluso vivir de ello.

Pep tomó nota de las palabras de su padre y comprendió lo que estaba en juego. Él ya había decidido que, si el Barcelona no volvía a contactarle, abandonaría su sueño de convertirse en futbolista profesional porque no podría soportar otro rechazo.

Pero el Barça había llamado.

La decisión estaba tomada. Pep Guardiola dejaría su casa, el pueblo y todo aquello que le era familiar; se mudaría a la gran ciudad para entregarse por completo al proyecto de convertirse en futbolista profesional en el club que soñó.

Un chaval saltando en una litera de La Masía, en Barcelona. Una noche a principios de agosto, a finales de los ochenta

Poco después de aquella llamada, Pep, sus padres y su hermano Pere, visitaron las instalaciones de La Masía en Barcelona, una vieja casa rural donde se alojaban los jóvenes jugadores de fuera de la Ciudad Condal, otros chavales que también habían dejado sus casas y sus familias. Tumbado en la cama superior de una de las literas, Pep abrió la ventana de la habitación que iba a compartir con otros cuatro chicos: «¡Mira, mamá, cada día, cuando abra la ventana, veré el Camp Nou!».

Cuando Pep se instaló en La Masía no se llevó el póster de Platini que adornaba su cuarto —consciente o no, el fútbol había adoptado otra dimensión en su vida—. Aunque Pep no recuerda esa etapa temprana en el club como una época de grandes vicisitudes emocionales, sí admite que resultó difícil dejar atrás todo su mundo, incluyendo a sus amigos, con tan solo trece años. No podía ser de otra manera. De un día para otro los estrechos lazos familiares se rompieron para dar paso a nuevas amistades. De vez en cuando, por la noche, usaba el teléfono de pago instalado en la planta baja de la vieja residencia payesa para charlar un rato con sus padres. Y casi cada fin de semana regresaba al pueblo, a tan solo un poco más de una hora de distancia.

Pep describe ese periodo de novedades, descubrimientos y algunas ausencias que lo ayudaron a curtirse, como una época de maduración: creció y se desarrolló rápidamente. La distancia con el mundo que conocía hasta entonces le fortaleció.

La memoria, a Pep, le ha jugado una mala pasada. Su padre no recuerda todo aquello con el mismo cariño, con el mismo romance: «El pobre lloraba cuando nos llamaba; nos partía el corazón».

Su vida como entrenador, tensa y agotadora, ha propiciado un curioso efecto: su vida anterior parece haber sido reescrita. Pep ha empezado a recordar esos lejanos días con una combinación de envidia y melancolía por la inocencia perdida. Es evidente que es una afección reciente. Hace apenas una década escribió que a veces se sentía «perdido» en «la casa gran», que es como los chicos llamaban a la residencia del Barça. El club les proveía, a él y a otros jóvenes, de todo lo que necesitaban, pero «especialmente el afecto y la tranquilidad mental de saber que, cuando los necesitaba, ellos siempre estaban cerca para evitar que mis problemas se entrometieran en mis sueños. Y esa constatación —que ellos estaban allí para ayudarnos— es tan importante para mí que siempre les estaré agradecido; nunca podré pagarles todo lo que han hecho».

La jornada se iniciaba con un desayuno a base de yogures, cereales, tostadas, mermelada y leche. A diferencia de otros chicos de su generación, los jóvenes en La Masía compartían un televisor con un temporizador automático que se apagaba a las once de la noche. Pero, además de las sesiones de entrenamiento diarias, había algo que les distraía mucho más que la televisión y les robaba horas de sueño. A pesar del toque de queda, Pep y sus compañeros de habitación se arremolinaban cada noche ante la ventana para espiar la actividad de las prostitutas que ejercían su oficio a lo largo de la calle que desembocaba en la verja de La Masía. Con el tiempo, esa presencia acabó por convertirse en «parte integrante del paisaje».

Las lágrimas de algunos de los chicos a la hora de acostarse también formaban parte de la serenata nocturna, pero Pep no tardó en darse cuenta de que llorar no le ayudaba a aliviar las penas. Después de todo, estaba viviendo su sueño de infancia, así que decidió que era mucho mejor centrarse plenamente en el trabajo, que en su caso incluía un programa de mejora de la condición física. Su endeble estructura preocupaba a sus mentores, que ya estaban convencidos de su potencial.

El joven Guardiola acabó por conocer, en esos años de su adolescencia, el territorio catalán como la palma de su mano. Durante los largos trayectos que el autobús realizaba por toda Cataluña para jugar partidos contra otros equipos, Pep no hablaba de otra cosa que no fuera de fútbol. Sus dotes de observación le permitían aprender continuamente de todo lo que le rodeaba: de otros equipos, de los entrenadores, de otros futbolistas mayores que él. En una ocasión pidió a un par de compañeros que repitieran una jugada a balón parado que había visto practicar al equipo filial el fin de semana anterior. La falta culminó en gol. Su entrenador preguntó a quién se le había ocurrido la idea, de dónde la habían sacado. «De los mayores», contestó un Pep Guardiola quinceañero. Eso era La Masía: un campus de fútbol donde el diálogo entre técnicos y jugadores no era unidireccional.

«Los jóvenes solo quieren jugar al fútbol, vivir para el fútbol, y La Masía te permite hacerlo —apunta Pep—. Cualquier hora del día era buena para agarrar el balón y jugar un rato, o ir a ver cómo entrenaban los demás. Ocasionalmente, cuando me piden que dé una charla en La Masía, recurro al siguiente ejemplo: todas las noches cuando os vayáis a dormir, preguntaos si os gusta el fútbol o no; planteaos si justo en ese momento os levantaríais, agarraríais el balón y os pondríais a practicar un rato. Si algún día la respuesta es "no", entonces tendréis que dedicaros a otra cosa.»

Vivir en la academia del fútbol tenía otras ventajas. Los chavales de La Masía tenían la oportunidad de ser espectadores privilegiados en el Camp Nou, bien repartiendo folletos del club durante los días de partido o, tras una larga lista de espera, haciendo de recogepelotas. En una foto de la noche de 1986 en que el Barcelona celebró su paso a la final de la Copa de Europa tras batir al IFK Göteborg, un joven Pep, que había visto el encuentro desde el césped en uno de esos momentos privilegiados, aplaude entusiasmado junto a un par de jugadores del Barça que llevaban a Terry Venables a hombros.

Guardiola aprendió una lección crucial ejerciendo de recogepelotas. El futbolista que decoraba su habitación en Santpedor saltó del póster al Camp Nou. La Juventus de Platini jugaba contra el Barcelona. Era el momento, pues, de llevarse un pedazo del ídolo que adoraba sin haberle visto jugar nunca: un autógrafo bastaba. Se puso en su bolsillo del chándal un trozo de papel y un bolígrafo. El plan estaba trazado: le abordaría cuando saliera a calentar, el único momento en que podía cruzarse con él. Boniek, Scirea y Brio salieron a prepararse; también Michael Laudrup. Platini se quedó en el vestuario. De hecho, no siempre salía a calentar. «Será, pues —pensó Pep—, que no todos los jugadores son iguales.» El papel y el boli se quedaron en el bolsillo. Y también la enseñanza.

Como queda dicho, la foto de Platini no lo había acompañado hasta Barcelona, y gradualmente otro jugador mucho más accesible ocupó el papel del antiguo héroe: Guillermo Amor, futuro centrocampista de la plantilla de Johan Cruyff, cuatro años mayor que Pep y también residente en La Masía.

«En esa época, cuando empecé a fijarme en todo lo que hacías, yo tenía trece años —escribió Pep hace una década sobre Amor en su autobiografía *Mi gente, mi fútbol*—. No solo no me perdía ni uno de tus partidos, sino que también iba a los entrenamientos, y me fijaba en tu actitud, porque los afrontabas todos como si te jugaras la vida. Yo entrenaba a las siete de la tarde en un campo aledaño, pero solía ir dos horas antes para asistir de oyente a la clase teórica en el campo número 1, para ver cómo te movías, cómo animabas a los compañeros, cómo pedías el balón, cómo escuchabas, cómo respetabas y cómo te ganabas el respeto de todos los que te rodeaban. Hoy brindo por todos esos momentos que nos regalaste en el campo número 1, en las habitaciones de La Masía, durante las cenas, en los vestuarios, durante las vacaciones, en los hoteles, e incluso, por la tele.»

Cuando Amor regresaba de algún partido fuera de casa con el Barça B —una plantilla que también incluía a Tito Vilanova, el futuro ayudante de Pep y su sucesor en el banquillo del Camp Nou— Guardiola lo atosigaba con mil preguntas, quería saber el resultado, cómo fue el partido, qué se aprendió aquel día. «Hemos ganado», solía ser la respuesta. En los siguientes años, Amor, que representaba todos los valores que el club inculcaba a sus jugadores —desde los más jóvenes hasta los del primer equipo—, se convirtió en algo parecido a un hermano mayor para Pep, quien intuitivamente comprendió que el club no se limitaba a la estructura de ladrillos y cemento del estadio o a las instalaciones de entrenamiento, sino que se trataba de un ADN compartido por Guillermo y otros como él. Así que, cuando Pep adoptó sus primeras decisiones importantes como entrenador del Barça, vendiendo a Ronaldinho y a Deco o aceptando el nombramiento de Amor como director deportivo de fútbol formativo, lo hizo con el objetivo de devolver el foco de la influencia en el vestuario a jugadores de la cantera azulgrana. El regreso a la esencia.

Guardiola continuaba siendo un adolescente larguirucho con poca masa muscular, lo opuesto a la complexión del futbolista ideal. Pero así como el arte puede nacer de la frustración, Pep, con poco ritmo y fuerza física, sustituyó sus carencias por un desarrollado sentido del espacio. Era capaz de dejar atrás a tres futbolistas con solo un pase, ensanchando o estrechando el terreno de juego a su antojo, para que el balón siempre se moviera más que el jugador. Normalmente, cuando los niños empiezan a jugar al fútbol, lo que quieren es regatear. Guardiola prefería pasar.

Durante más de tres décadas, La Masía —un término convertido en sinónimo para describir de forma genérica el sistema formativo del Barça— ha simbolizado la riqueza en términos de talento y un estilo de juego que ahora se valora en todo el mundo. «Algunos creen que es como la receta de la Coca-Cola, una especie de fórmula secreta ganadora», cuenta el periodista catalán Ramón Besa. En realidad no hay ningún secreto; se trata, simultáneamente, de una idea sencilla pero revolucionaria: posesión, combinación, compromiso colectivo y la búsqueda de la superioridad en todas las partes del campo. Es el respeto máximo a la técnica y el talento, ignorando las limitaciones físicas.

«Jamás olvidaré lo primero que me dijeron cuando, de niño, llegué al Barça: "Aquí no se puede perder el balón"», recuerda el centrocampista del Barça, Xavi Hernández.

El modelo defendido por el Barcelona es la consecuencia lógica de un club que siempre favoreció el buen fútbol. En los cincuenta, el club catalán fichó a los húngaros Ladislao Kubala, Sándor Kocsis y Zoltán Czibor, jugadores que pertenecían a la mejor selección del planeta en aquella época. Dos décadas después, dos cabezones implantaron las semillas de lo que es el Barcelona ahora: Laureano Ruiz y Johan Cruyff. Laureano era un entrenador que en la década de los setenta introdujo una forma particular de entrenar en el Barça, basada, una vez más, en el talento y la técnica. No era lo habitual. En su segunda temporada en el club, Laureano consiguió a fuerza de insistir que todas las categorías inferiores del Barça siguieran el mismo ejemplo. Bajo el liderazgo de Cruyff, la posesión se convirtió en la regla principal, en la base de todo. «Si tienes el balón, el rival no lo tiene y no puede atacarte», repetía Cruyff a diario, así que el club se puso a buscar futbolistas que pudieran mantener la pelota y, al mismo tiempo, se establecieron sesiones de entrenamiento que permitieran la interiorización del juego de posición. El estilo de juego empezó a definirse desde entonces y, paralelamente, La Masía formaba a jóvenes a los que inculcaba, e inculca, un fuerte sentimiento de arraigo, de identidad. Así lo explica Xavi Hernández: «¿Dónde radica el éxito de este Barça? En que la mayoría de nosotros nos hemos formado en esta casa. Somos de aquí, este es nuestro equipo. Y lo mismo pasa con los entrenadores, los médicos, los fisioterapeutas, los operarios. Todos somos culés, formamos una gran familia, estamos unidos, nos esforzamos para asegurarnos de que las cosas salgan bien».

Desde el 2011, la vieja casa rural ya no cumple las funciones de residencia, pero la revolución que se inició tres décadas antes se perpetuó y alcanzó su cenit con la llegada de Guardiola como técnico del primer equipo, al depositar su fe en la mejor «materia prima» de La Masía que, como dice el periodista y exatleta olímpico Martí Perarnau, «es un factor diferencial, una bandera institucional, una inversión estructural». Que además da sus frutos: en el 2010 se convirtió en la primera academia de formación que había entrenado a tres de los finalistas al Balón de Oro de ese año: Andrés Iniesta, Lionel Messi y Xavi Hernández.

«Los mejores años de mi vida los pasé en La Masía —recuerda Pep—. Una época llena de la ilusión más grande e innegociable que nunca he sentido. La ilusión de jugar en el primer equipo del Barça. La ansiedad de llegar a ser lo bastante bueno como para que Johan Cruyff se fijara en nosotros no se puede describir con palabras. Sin ese deseo, ninguno de nosotros seríamos quienes somos hoy... El triunfo es otra cosa. Yo me refiero a amar el fútbol y a sentirse querido.»

Las carencias físicas de Pep empezaban a ser superadas por su inteligencia y el trabajo específico. Se empezó a hablar de su capacidad de pase, de su liderazgo, pero aún faltaba un paso crucial: ser convocado para el primer equipo. Cuando Johan Cruyff necesitó un número cuatro, un jugador con dotes organizativas, decidió contar con él. Vio enseguida que Pep era ese tipo de futbolista que podía hacer una rápida lectura del partido, pasar el balón con la lógica que pedía la jugada.

Aquel día de mayo de 1989, Guardiola tuvo que dejarlo todo, incluida una chica a la que empezaba a descubrir, coger su ropa deportiva y viajar con el primer equipo para un amistoso en Banyoles. Inesperadamente, hizo su debut profesional con el Barça. Tenía dieciocho años, pero Cruyff no quedó especialmente impresionado:

«¡Has jugado más lento que mi abuela!», le espetó.

Más tarde, Pep comprendió los métodos de Cruyff: «Con el tiempo aprendí que aquella frase y otras parecidas eran parte de la estrategia. Cruyff te bajaba los humos cuando tocaba, con la misma facilidad que te elogiaba en público si la prensa te atacaba». Su primera experiencia con Cruyff iba a dejar un calado profundo.

«Más lento que mi abuela.»

Esas palabras marcan el inicio de una de las relaciones más fructíferas y duraderas de la historia del fútbol.

Una sesión de entrenamiento. Camp Nou. Última hora de la mañana, verano de 1990

No todo le vino rodado a Pep en sus inicios al lado del holandés. De hecho, tuvieron que pasar dieciocho meses tras debutar contra el Banyoles antes de que Guardiola tuviera la oportunidad de volver a jugar en el primer equipo. Pero su juego con el Barça B no pasaba desapercibido y la oportunidad finalmente llegó. En el verano de 1990, con el centrocampista Ronald Koeman lesionado, el Barça buscaba un mediocentro al estilo de Luis Milla, jugador que había fichado el Real Madrid y que solía ocupar esa posición. Cruyff y el segundo entrenador, Charly Rexach, propusieron el fichaje de Jan Molby del Liverpool. Cuando el presidente del club preguntó si existía otra alternativa, Rexach sugirió el nombre de Guardiola. Cruyff apenas recordaba el decepcionante debut de Pep, y decidió ir a verlo jugar.

Desafortunadamente, el día escogido por Cruyff para ver al equipo filial, Pep se pasó todo el partido en el banquillo.

«¿Dices que es bueno? ¡Pero si ni siquiera ha jugado! —le gritó a Rexach—. Te he preguntado quién es el mejor en el Barça B. Todo el mundo me dice que es Guardiola, pero ni tan solo ha calentado. ¿Por qué, si es el mejor?»

Cruyff estaba indignado. El entrenador del filial se fiaba de otros centrocampistas de más cuerpo, más rápidos para esa posición. Cruyff lo veía de otro modo: «Un buen jugador no necesita un físico imponente».

Esa insistencia, ese proceso de selección, producto de una idea que Cruyff nunca quiso negociar, ayudó a configurar la historia reciente del club.

Cuando unos días después el técnico le llamó para entrenar de nuevo con el primer equipo, Pep llegó temprano, ansioso. Abrió la puerta del vestuario y se encontró con un par de jugadores junto al míster y también a Ángel Mur, el entonces fisioterapeuta de la plantilla, gran transmisor de los principios, la historia y las doctrinas azulgranas. Pep entró con la cabeza gacha primero, y se quedó parado en medio del vestuario a la espera de instrucciones.

«Esta es tu taquilla. Cámbiate», le ordenó el preparador. Sin más.

A Johan Cruyff le gustaba predicar con el ejemplo, participar en los entrenamientos, enseñar, interrumpir un partido, corregir, instruir. Explicar por qué alguien necesita pasar el balón a un jugador en concreto, colocarse en una posición particular o cambiar algún detalle de su técnica. Así lo describe Carles Rexach, ayudante de Cruyff durante ocho años en el Barcelona: «Una palabra de Johan durante una sesión de entrenamiento vale más que cien horas de explicaciones frente a una pizarra».

Se trata de un estilo que Pep adoptó en su trabajo con los futbolistas. Pero hay algo que nunca quiso imitar: Cruyff era una figura tan imponente que resultaba difícil hablar con él. Su estatus icónico y su absoluta convicción en sus métodos e ideas, a menudo generaban una forma de comunicación que rozaba lo autoritario.

En uno de sus primeros entrenamientos con la primera plantilla, en el campo situado entre La Masía y el Camp Nou, Cruyff decidió retar a Guardiola. «¡Dos piernas!», le gritó a su alumno. Laudrup y los otros se echaron a reír. «¡Dos piernas, dos piernas!» El entrenador pretendía que Pep perdiera el miedo a su pie izquierdo, ser capaz de recibir, de pasar con las dos piernas. Pep no se sentía cómodo y no seguía las instrucciones. «¡Dos piernas, chaval!», continuaba gritando Cruyff.

Johan Cruyff fue, profesionalmente, la persona que ejerció mayor influencia sobre Guardiola, el entrenador para el que jugó durante más tiempo (seis años) y por el que Pep siente mayor afecto y respeto. Cruyff fue quien le dio la oportunidad de jugar en el primer equipo azulgrana, el técnico que creyó en él en una época en la que este buscaba, precisamente, la clase de jugador que Pep llegaría a ser: un organizador capaz de ofrecer la plataforma desde la que iniciar el ataque. Cruyff mostró a sus pupilos, con un sentido común aplastante y sin mucha metodología, nuevas maneras de marcar a los adversarios, y cómo aprovechar sus puntos débiles mientras potenciaba lo que cada uno sabía hacer mejor. En otras palabras, les enseñó a plantear batallas que pudieran ganar. Este método fue una revelación para Pep: ante un mediocentro más alto, más fuerte, Cruyff tenía la medicina adecuada.

«Espera el rechace, no luches por ese balón, anticipa el destino del mismo», le decía Cruyff. Era una enseñanza constante, aunque a veces aplicada con un sarcasmo que dolía.

El 16 de diciembre de 1990, Pep, que por entonces tenía diecinueve años, debutó en el Camp Nou en un encuentro de Liga contra el Cádiz: Koeman estaba lesionado y Amor, sancionado. Unos minutos antes del inicio del partido, el joven centrocampista sufrió un ataque de nervios, sudaba profusamente y sentía su corazón desbocado, latiendo a mil por hora.

«Me sudaban las palmas de las manos y estaba realmente tenso.»

Pese a la tensión, esa no fue una de las ocasiones en que su cuerpo le traicionó: en ocasiones llegó a vomitar de los nervios antes de grandes partidos.

«Realmente lo vivía con intensidad, incluso de modo excesivo», recuerda Rexach. Guardiola formó parte de un once que incluía a Zubizarreta, Nando, Alexanko, Eusebio, Serna, Bakero, Goiko, Laudrup, Salinas y Txiki Begiristain, nombres que pronto se convertirían en emblema de una de las épocas doradas en la historia del club. El Cádiz cayó derrotado, 2-0.

Ese debut marcó un momento decisivo para el club, un antes y un después en la historia del FC Barcelona. Aunque fue Laureano Ruiz el primer entrenador en dar los pasos necesarios para una profesionalización del fútbol base en Can Barça, Cruyff se convirtió en el mejor defensor de ese método, de esa filosofía, quien le dio continuidad, y ningún jugador personifica mejor esa transición que Guardiola. Pep fue el primero de una serie de mediocentros que han convertido el número cuatro (inspirado en el número cinco en Argentina, el centrocampista que defiende pero también organiza el ataque) en una figura prácticamente sagrada en el Barça. Es cierto que Luis Milla desempeñó ese papel al inicio de la era Cruyff, pero fue Guardiola quien lo elevó a otra categoría.

Durante la primera temporada con el primer equipo solo jugó tres partidos, pero en su segunda campaña su influencia fue muy superior: Cruyff decidió colocar al larguirucho jovenzuelo al mando de aquel equipo histórico y, al hacerlo, no solo definió una posición, sino que estableció un modelo de juego. Desde entonces, la figura del número cuatro del Barça ha evolucionado ignorando las modas del fútbol, que por lo general prefiere otro tipo de futbolista de más cuerpo al frente de la defensa: de cuatro han jugado Xavi, Iniesta, Cesc Fàbregas, Thiago Alcántara e incluso Mikel Arteta.

«Guardiola tenía que ser listo —aclara Cruyff—. En aquella época, no le quedaba otra alternativa. Se parecía a mí. Si no tienes el poderío físico de otros, necesitas mucha técnica, mover el balón rápidamente, evitar el choque y, para hacerlo, has de tener una buena visión. Es un efecto dominó. Pronto desarrollas la capacidad necesaria para captar cualquier detalle, para fijar en tu retina la posición de los compañeros. Todo eso te sirve como futbolista o como entrenador. Sus limitaciones le hicieron mejor jugador y tuvo la suerte de tener un entrenador que había pasado por la misma experiencia.»

A Guardiola le gusta repetirles a sus centrocampistas el mismo consejo que recibió de Rexach al poco de llegar al primer equipo: «En el momento de recibir el balón, deberías estar situado en la zona del campo que te permita pasarlo a cualquiera de los otros diez compañeros; luego, has de elegir la mejor opción».

Guardiola ha dicho en numerosas ocasiones que si él fuera hoy el mismo muchacho de diecinueve años que jugaba en el Barça, nunca llegaría a ser profesional; su cuerpo delgado, su escasa velocidad se lo impedirían. Le gusta insistir en que, como máximo, estaría jugando en algún equipo de Segunda. Hace una década esa afirmación podría corresponderse con la realidad; incluso hoy día tendría razón si Pep hablara de cualquier otro club de gran envergadura, pero no del Barça; no ahora. Su repertorio de pases y su agilidad mental encajarían perfectamente en el equipo que él entrenó. Y nunca sobra en ningún equipo su capacidad de liderazgo.

«¡No te compliques, Michael!» Esto fue lo que escuchó Laudrup, por aquel entonces una estrella internacional, de la boca de Guardiola, que contaba apenas veinte años. El jugador danés había intentado regatear a tres jugadores demasiado cerca de la línea de medio campo, donde perder el balón podría haber provocado una contra letal. «Si eso no es complicarse, eso es fácil», replicó Michael mientras le guiñaba el ojo. Pero sabía que el chico tenía razón.

Apenas siete meses después de su debut, Pep no solo era titular indiscutible, sino que se había convertido en un líder de extraordinaria influencia en el que acabó convirtiéndose en el mejor equipo de la historia del Barça hasta aquel momento: con Cruyff ganó cuatro Ligas consecutivas entre 1991 y 1994, y jugó dos finales de la Copa de Europa.

En la temporada 1991-1992, la segunda de Guardiola con Cruyff, el club catalán disputó el principal título europeo en Wembley ante la Sampdoria, algo que, para el Pep culé y el Pep jugador, representaba la culminación de un sueño: era un trofeo que no estaba en las vitrinas de la institución.

La noche anterior, en la última sesión de entrenamiento en Londres antes del partido, el delantero Julio Salinas y Pep se enzarzaron en una discusión sobre el número de peldaños que conducen al famoso palco donde se recoge la copa de Europa. «Hay treinta y uno, seguro», aseveró Pep, siempre atento a los mitos y rituales futbolísticos. Y a la precisión. Salinas, que disfrutaba buscándole las cosquillas, saltó: «¡Que no!». El portero Andoni Zubizarreta, harto de oírlos discutir, espetó: «¡La mejor forma de resolver esta discrepancia es ganar el partido mañana! Cuando subamos hasta el balcón para recoger la copa, podréis contar los dichosos peldaños, ¿de acuerdo?».

El 20 de mayo de 1992, diecisiete meses después de su debut, Guardiola, como ocurría habitualmente, formó parte de la alineación en la final de Wembley. Antes de saltar al terreno de juego, Johan Cruyff les dio a sus jugadores una única consigna: «Salid y disfrutad». Una declaración que expresaba su filosofía futbolística, aunque para algunos, y en un partido tan importante, esa simplicidad es entendida casi como un insulto a la profesión de entrenador: no hace justicia al trabajo que hay detrás de cada partido, asegura un grandísimo preparador que prefiere permanecer en el anonimato. «Eso que dijo Cruyff es una gilipollez», son sus palabras exactas.

En todo caso, mientras aficionados, jugadores y la directiva del Barça celebraban el gol del triunfo —de Ronald Koeman de falta en la prórroga—, al menos una de las personas que lucía la camiseta del Barça tenía algo más en la cabeza. Zubi se colocó al lado de Guardiola de camino al palco de autoridades y le dijo: «Te equivocaste, *noi*. Hay treinta y tres peldaños. Los he contado».

«Ciutadans de Catalunya, ja la tenim aquí!», gritó Pep Guardiola desde el balcón del Palau de la Generalitat al día siguiente. No fue casualidad que uno de los héroes recién llegados de Wembley presentara a la ciudad su primer trofeo europeo en el mismo lugar donde, casi quince años antes, Josep Tarradellas, expresidente de la Generalitat de Catalunya, saludara a la ciudadanía tras su regreso del exilio y que además parafraseara al político: «Ciutadans de Catalunya, ja sóc aquí!», gritó para la historia Tarradellas. Guardiola, un referente catalán de la plantilla, del club, entendió la importancia de la coronación del FC Barcelona como superpotencia europea y reafirmó con esa expresión el papel simbólico del club, e incluso el de su propia persona: no quería esconder su catalanidad, ni temía las repercusiones.

«Aquella noche en Wembley fue inolvidable. El mejor recuerdo de mi vida. Una fiesta que tuvo continuidad en los siguientes encuentros de Liga», recuerda Guardiola. Apenas unos días después, el Barça, liderado en el medio campo por el joven Pep, ganó un histórico título de Liga de forma realmente inesperada. En la última jornada de la temporada, el Real Madrid se desplazó a Tenerife como líder, pero necesitaba ganar el partido para asegurar el título, algo que muchos daban por sentado. Pero, tras dominar los primeros cuarenta y cinco minutos y adelantarse con un casi definitivo 0-2, un espectacular colapso de los blancos en la segunda mitad acabó con una sorprendente derrota y el triunfo en la Liga del Barcelona.

Si antes de 1992 el club barcelonés había tenido éxito a escala nacional, pero fracasaba a la hora de imponerse en el escenario europeo, Cruyff consiguió cambiar esa pauta y logró elevar al FC Barcelona a la categoría de potencia genuinamente internacional. De hecho, Cruyff hizo mucho más que eso. Estableció un modelo futbolístico y aún más: retó a los aficionados del Barça a enfrentarse a sus temores, a superar el sentimiento de victimismo, tónica en la identidad del club desde principios del siglo xx. Aquel equipo tan coral, con brillantes talentos individuales como Ronald Koeman, Hristo Stoichkov, Romario, Michael Laudrup, Andoni Zubizarreta, José Mari Bakero y Pep Guardiola, acabó siendo mundialmente conocido como el Dream Team.

Para Pep 1992 fue un año mágico: también consiguió la medalla de oro en los Juegos Olímpicos de Barcelona. Sin embargo, Guardiola tiene recuerdos agridulces de su paso por la selección nacional: «Para mí fue una experiencia tan fugaz como la arena que se escurre entre los dedos».

El equipo de fútbol olímpico español fue convocado casi un mes antes del torneo y se instaló a unos setecientos kilómetros de Barcelona, cerca de Palencia. Pep confiesa que durante esa concentración se comportó «como un verdadero idiota. Lo reconozco; eso es lo que siento cuando recuerdo cómo marqué distancias con el grupo, totalmente ajeno a ellos, sin ningún interés por integrarme, evitando compartir la solidaridad que han de mostrar los miembros de un equipo que tienen un objetivo común. Mis compañeros, a pesar de mostrarse amables conmigo, debían de pensar que era un engreído, un pobre idiota. Al final, cuando desperté de mi letargo, acabé disfrutando de la posibilidad de jugar al fútbol con un equipo lleno de excelentes jugadores, unos compañeros con los que establecí una fuerte y larga amistad que ha durado hasta el día de hoy. Esa amistad es un triunfo tan importante como la medalla de oro que ganamos». Algunos futbolistas de aquel equipo olímpico español —Chapi Ferrer, Abelardo, Luis Enrique (por entonces en el

Real Madrid), Alfonso y Kiko— constituirían la espina dorsal del equipo nacional durante la siguiente década.

Aquel verano, Guardiola se ganó la fama de ser un poco raro, o al menos diferente al resto de jugadores, una etiqueta que, en determinados círculos futbolísticos, ha perdurado hasta hoy.

Si la distancia interpuesta entre él y el resto del conjunto nacional molestó a algunos, su intensidad en los partidos y en los entrenamientos asustó a otros, distanciándolo de los que tenían poco interés en entender el juego. José Antonio Camacho, su entrenador nacional durante tres años, lo explica a su manera: «Veía a Guardiola como una persona mística. La forma en que vestía —siempre de negro—, el hecho de que a veces se quedara tan callado, constantemente analizándolo todo, una y otra vez, que por qué habíamos ganado, por qué habíamos perdido, por qué habíamos perdido el balón… A veces su obsesión resultaba excesiva».

Aquel mismo año, 1992, el talento que Pep demostró al dar el pase correcto, al establecer el ritmo del partido, por tocar el balón mil veces y nunca más de un segundo cada vez, y por su fe en el estilo de juego que Cruyff había impuesto al Barça, no pasó desapercibido internacionalmente, y recibió el Trofeo Bravo al futbolista joven más prometedor del fútbol europeo.

Su ascenso fue meteórico. Apenas dos años después de su debut se había convertido en un jugador de renombre internacional. Al Trofeo Bravo le siguieron muy pronto otros galardones. Y tras los éxitos, llegó un gran desengaño para el grupo, uno que le enseñaría una lección más importante que cualquier victoria. El 18 de mayo de 1994 el todopoderoso Dream Team era el claro favorito en las apuestas en la final de la Copa de Europa en Atenas frente al Milan de Fabio Capello. La severa derrota por cuatro goles a cero infligida por los italianos supuso un baño de humildad para el Barça, una enseñanza sobre el peligro que conlleva el exceso de confianza, la complacencia. Aquella derrota fue más amarga aún cuando entendieron que el motivo no fue ni táctico ni defensivo sino mental: no se habían preparado bien. «Todos pensamos que jugábamos contra una pandilla. Salimos convencidos de que éramos los mejores y nos metieron nada menos que cuatro goles. Tan grande fue su superioridad que lo único que quería era que se acabase el partido», escribió Pep unos años más tarde.

Tras la época dorada entre 1990 y 1994, Cruyff se percató de que cada vez le costaba más hallar nuevas soluciones y maneras de motivar al grupo. El holandés, más cómodo en el blanco y negro que en los grises, tomó durante sus últimas dos temporadas en el club algunas decisiones drásticas en busca de una reacción. Una en particular hizo sufrir a Pep.

Cuando Cruyff comunicó a Zubizarreta (un capitán, un líder, un hermano para Guardiola) que tenía que abandonar el club, Pep lo sintió como el final de una gran película, como si le arrancaran algo. Mantuvo la compostura hasta la noche en que la plantilla se reunió en un restaurante para rendir homenaje al guardameta.

De repente, Pep desapareció y lo encontraron en un rincón, llorando. Solo Zubi consiguió consolarle.

El año 1994 significó la confirmación de Guardiola como director del juego del Barça. «Mi función era mover el balón por el campo para que mis compañeros acabaran la jugada», explica. Con la marcha de Zubizarreta, Pep se erigió además en el nuevo líder, el encargado de ejecutar las instrucciones de Cruyff dentro y fuera del campo.

No se puede dudar de Guardiola como admirador de un juego que empieza y acaba en lo coral, en el colectivo, pero es el primero en reconocer que hay unos cuantos elegidos que elevan el partido, la jugada, el deporte a la categoría de arte. Y por ellos siente debilidad, como debe ser. Cuando Romario firmó por el club azulgrana, Cruyff invitó a cenar al brasileño y a Pep, como capitán del equipo. El entrenador se quedó entre extrañado y asustado ante la admiración excesiva, casi reverencial, que Pep mostró por el recién llegado. De hecho, tal era su adoración hacia la nueva estrella que cuando Romario se ausentó para ir al baño, Cruyff tuvo que pedirle a su capitán que dejara de actuar como si fuera un adolescente.

La calidad de la plantilla se había deteriorado desde aquella fatídica noche en Atenas. Con once torneos conquistados, Johan Cruyff se había convertido en el entrenador con el mayor número de éxitos en Can Barça (solo superado luego por el mismo Pep) y todavía es el técnico más longevo del club. Sin embargo, en sus últimos dos años, hasta su marcha en 1996, no consiguió un solo título, y las grandes desavenencias entre el entrenador y el presidente, Josep Lluís Núñez, se llegaron a escenificar de un modo muy público.

En su última temporada (1995-1996) Cruyff fichó a Luis Figo, procedente del Sporting de Lisboa, pero los resultados en el campo no mejoraban. La etapa tocó claramente a su fin durante el último mes de la temporada: dos encuentros antes del final el Barcelona perdió matemáticamente sus opciones de ganar la Liga, había caído eliminado en las semifinales de la Copa de la UEFA ante el Bayern de Múnich y perdió la final de la copa del Rey ante el Atlético de Madrid.

Cruyff y Núñez eran incapaces de limar asperezas. El 18 de mayo, justo antes de la última sesión de entrenamiento previa al partido final en casa contra el Celta de Vigo, y después de una acalorada discusión entre el técnico y el vicepresidente Joan Gaspart en el despacho del entrenador, Johan Cruyff, el hombre que había guiado al Barça en el período más brillante de su historia, fue despedido.

El holandés no habría continuado entrenando al Barça la siguiente temporada, pero su deseo era dirigir al equipo el resto de la actual y terminar su etapa con cierta dignidad. Cruyff sabía que el club ya había movido ficha para designar a sir Bobby Robson como su sucesor, lo que sintió como una humillación adicional. Al final, el técnico que había cambiado la historia del Barcelona perdió la batalla en medio de la intensa presión del club, los conflictos entre bastidores y su deteriorada relación con los directivos. Durante ese período convulso, Guardiola prefirió actuar como la mayoría de sus compañeros: observar desde una distancia prudente el desmoronamiento del proyecto.

En el primer partido de la era post-Cruyff, el Camp Nou se llenó de pancartas de apoyo al entrenador saliente, una muestra unánime de agradecimiento y reconocimiento pese a que la grada estaba dividida entre los que le apoyaban y los que justificaban la decisión de Núñez, una división que todavía hoy parte al club en épocas de tensión. Cruyff se había ido, pero uno de sus legados más perdurables permaneció en la figura de Pep Guardiola, que iba convirtiéndose poco a poco en icono de una manera de entender el fútbol y en la personificación de lo que el holandés había puesto en marcha.

Sir Bobby Robson era un entrenador jovial de sesenta y tres años que rápidamente se ganó, entre los jugadores veteranos, el sobrenombre de «*l'avi Miquel*» (el abuelo Miquel), la estrella de un anuncio de vino barato. Robson, que nunca aprendió español ni comprendió a sus jugadores, sufrió las injustas pero inevitables comparaciones con el míster holandés, cuya sombra habría eclipsado a cualquiera.

Una de las primeras sesiones de entrenamiento de sir Bobby Robson en el Camp Nou. A última hora de la mañana, 1996

Una mañana, al poco de llegar, sir Bobby Robson cogió una tiza para explicar un concepto táctico. José Mourinho iba a traducir su inglés. A falta de pizarra, se arrodilló y empezó a garabatear cuatro cosas en el suelo mientras los futbolistas se miraban sin saber bien qué hacer.

Justo en ese momento, Robson perdió el vestuario.

La autogestión se implantó en el grupo y nunca se supo del todo si Robson era consciente de ello. Mourinho, en sus traducciones, casi siempre añadía alguna palabra de más, algún detalle que se le había «escapado» al inglés.

Rápidamente, Pep y José se localizaron e identificaron como gente de fútbol. Los dos conectaron de inmediato; hablaban de lo que necesitaba el equipo, adoptaban decisiones técnicas, aunque posiblemente eso sucedió con menor frecuencia de lo que a José le gusta admitir, y más a menudo de lo que Pep ha reconocido hasta la fecha.

En *Mi gente, mi fútbol*, Guardiola escribió: «Charly Rexach siempre decía que para ser entrenador has de pensar un treinta por ciento en fútbol, y el resto, en todo lo que rodea al equipo, es decir, el entorno... Lo entendí... durante el año de Robson. Yo venía de otra escuela. Estaba tan acostumbrado a los métodos que Johan Cruyff había aplicado durante tanto tiempo, que pensaba que todos los entrenadores eran como él. Robson, en cambio, creía que había que ser diferente, y eso no era lo que yo esperaba. Sin embargo, él tenía razón, aunque tardamos tres o cuatro meses en entenderlo. Y en estas cosas del fútbol, si pierdes tres o cuatro meses, ya es demasiado tarde. En el fútbol hay que ser valiente, siempre. Si solo protestamos, somos hombres muertos. Hay que pasar a la acción, entendiendo por acción el compromiso con la causa común. Tanto Robson como nosotros, los jugadores, luchábamos por una misma causa: el Barça. Cuando coincidimos en el pensamiento, quizá fue demasiado tarde, y entonces esa sincronía fue interpretada, o mejor dicho, fue bautizada, como la autogestión».

Pep puede hablar de sincronía, y alegar que el tema de la «autogestión» era solo una forma de entender lo que sucedió aquel año con Robson. Pero su interpretación es interesada: la realidad lo desmiente. En el descanso de la final de la Copa del Rey de 1997 contra el Real Betis, sir Bobby Robson se sentó en un rincón del vestuario en el Bernabéu. El partido estaba empatado a uno y los jugadores del Barça quisieron tomar la iniciativa y capitalizar los puntos débiles que ellos mismos habían detectado en la banda izquierda de la defensa del Betis, mientras se animaban a explotar los espacios entre líneas del rival. Los futbolistas, y no el entrenador, se daban instrucciones, aderezadas por algún consejo de Mourinho. Finalmente, el Barça ganó en la prórroga por 3-2 y conquistó su tercer título —La Copa del Rey, tras la Supercopa de España y la Recopa de Europa— en una temporada que ha quedado grabada en la retina de los culés por las imágenes de Ronaldo y su demoledora facilidad para sortear defensas.

La confianza de Guardiola, su peso en el vestuario, se traducía en preguntas constantes: ¿Por qué hacemos esto? ¿Por qué no empezamos de esta o esa forma? ¿Por qué no enviamos a esos jugadores para allá cuando el balón está acá?

«Estaba hasta las mismísimas narices de Pep, todo el santo día igual: que si esto y que si lo otro, y que si esto y que si lo otro en el vestuario. ¡Me mareaba!», confiesa Laurent Blanc, que jugó en el Barcelona el año que Bobby Robson dirigió el equipo y que no se sentía especialmente impresionado por la perseverancia de Pep, una forma educada de referirse a su naturaleza obsesiva.

Al Barça se le escapaba el título de Liga, y las celebraciones por los tres títulos conquistados fueron amortiguándose a medida que la temporada se acercaba a su fin. El estado de ánimo del entrenador tampoco ayudaba: Bobby Robson sabía ya en el mes de abril que el club había llegado a un acuerdo con Louis Van Gaal para que tomara las riendas del equipo la siguiente temporada.

Para Guardiola, esa decisión representaba una oportunidad para aprender del artífice del extraordinario equipo del Ajax, que tantos éxitos acumulaba y que él tanto admiraba. Pero una inesperada tragedia deportiva personal le asestó un duro golpe.

En agosto a principios de la siguiente temporada, en un encuentro de Liga de Campeones contra el Skonto Riga de Letonia, Guardiola sufrió una lesión muscular que no fue diagnosticada hasta que fue demasiado tarde. Pep se dio cuenta de que algo iba mal cuando, de camino a una charcutería, intentó atravesar corriendo una calle antes de que el semáforo cambiara al rojo, sin conseguirlo. Lo que al principio parecía una inofensiva distensión de los músculos de la parte posterior de la pierna, derivó en una lesión más grave que le obligó a dejar los terrenos de juego durante la mayor parte de esa temporada, la 1997-1998, mientras visitaba un especialista tras otro en una interminable búsqueda del origen de su problema. Al final de aquella campaña, en la que el Barça ganó el doblete (Liga y Copa) con el nuevo entrenador, Pep recibió el tratamiento necesario y fue operado —estamos en el verano de la desastrosa actuación de la selección nacional en la Copa del Mundo de 1998 en Francia.

La recuperación de la lesión fue lenta y ardua, y no fue hasta unos quince meses después de la fatídica carrera para ir a la charcutería, casi a mitad de la temporada 1998-1999, cuando Guardiola fue capaz de jugar un partido de fútbol sin molestias.

Su primer encuentro fue en el estadio de Riazor, contra el Deportivo de La Coruña, el 5 de diciembre.

En esa época hubo quienes pensaban malintencionadamente que las prolongadas ausencias de Guardiola, su misteriosa lesión, no coincidió con la llegada de Van Gaal por casualidad: en los mentideros del Camp Nou se decía que el jugador estaba evitando deliberadamente trabajar bajo las órdenes del holandés. Es cierto que pese a ganar dos títulos de Liga y una Copa española, Van Gaal chocó repetidamente contra los medios de comunicación locales durante un periodo tormentoso que duró tres años. Pero la conjetura de que Guardiola, el héroe local catalán, mantenía una relación incómoda con el entrenador era falsa.

En realidad, Van Gaal identificó rápidamente a Pep como el sucesor nato de Guillermo Amor como capitán del equipo. Y Pep ansiaba aprender del entrenador que tanto admiraba, por lo que pasaban muchas horas charlando de fútbol. La pareja dedicaba mucho tiempo a comentar jugadas, tácticas, posiciones y ejercicios de entrenamiento. «Él ha sido, junto a Juanma Lillo, el entrenador con el que más he hablado, especialmente al principio, porque al final el contacto se redujo, tanto en cantidad como en contenido», recuerda Pep.

A modo de muestra del respeto mutuo que se profesaban, un botón. Cuando solicité a Van Gaal una entrevista, el técnico, que por entonces se negaba a dar entrevistas, no tuvo ningún inconveniente en conversar toda una mañana sobre Guardiola.

Van Gaal vio en Pep desde el primer día su habilidad para dirigir a sus compañeros y discutir, o rebatir si hacía falta, a sus superiores: «Nombré a Guardiola capitán porque el chico podía hablar de fútbol. Resultaba evidente que era un jugador con un alto conocimiento táctico. Guardiola hablaba como un entrenador, incluso entonces, algo que no muchos jugadores pueden hacer. La mejor posición de Guardiola era como cuatro, delante de la defensa, porque desde allí podía anticipar la jugada, ver el fútbol. Era más joven que Amor y Nadal, pero era mi capitán.

En una reunión le comuniqué que lo había elegido a él y me comentó: "Lo normal en el Barcelona no es eso, aquí el jugador más veterano es el que lleva el brazalete". Pero yo insistí: "¡No, tú eres el único con el que puedo hablar a mi nivel, tú serás el capitán!". Guardiola solía indicar a otros jugadores como Figo dónde debían colocarse: delante de él, abiertos a la banda para recibir el balón en condiciones... Pep entiende de qué va esto, además de ser un buen tipo. Todo eso ayuda cuando debe imponer una instrucción o idea a sus compañeros».

A medida que evolucionaba la relación entre el entrenador y el capitán, Pep se fue atreviendo a hacer algo más que difundir las instrucciones de Van Gaal al resto de los jugadores en el terreno de juego: con frecuencia sugería un enfoque alternativo, si consideraba que podía favorecer al equipo.

Van Gaal especifica la forma en la que ambos solían trabajar para intentar alcanzar la mejor de las soluciones: «Pep siempre se mostró humilde. Sí, hablábamos y él sugería ideas, pero invariablemente sin intentar imponerse. Por ejemplo, te contaré lo que pasó con Stoichkov. Hristo no quería aceptar mis reglas. La disciplina es vital, muy importante. Si no hay disciplina fuera del campo, tampoco la hay dentro. Siempre le tenía que decir al búlgaro, delante de sus compañeros: "No obedeces, no puedo consentir que sigas en el equipo". Incluso le obligué a entrenar con el B. Pero los jugadores pensaban que eso no era una buena idea, así que Guardiola, que ya era capitán, me dijo que le diera una segunda oportunidad. Yo le contesté: "De acuerdo, no se trata de mí, el equipo es más importante, pero él no puede volver a fallar". Así que Hristo se entrenó con el primer equipo, pero no tardó en fallarme de nuevo y tuve que avisarle otra vez. Pep se me acercó y me dijo: "Adelante, le hemos dado una oportunidad pero no la ha aprovechado". Él sabía lo importante que era Stoichkov para el equipo, pero también que existen normas, límites, y que el conjunto es lo primero».

Ese requisito, el de anteponer el grupo frente al individuo, lo experimentó Pep de primera mano. Ocurrió durante el segundo período en el que Van Gaal estuvo a cargo del Barcelona, en la temporada 1999-2000, cuando colocó a Pep un paso más cerca del final de su carrera como futbolista en el Barça y lo empujó hacia la siguiente fase de su periplo, de jugador a entrenador.

«Por cierto, saqué a Guardiola del equipo por Xavi —explica Van Gaal—. Creo que Pep lo comprendió. Los jugadores han de entender que a veces se cambian cosas porque se piensa no solo en el partido próximo, sino en la temporada siguiente, en el futuro. Hay que progresar, avanzar, y si ves que un jugador está perdiendo la forma y que otro está mejorando, tienes que actuar. Es duro para un jugador aceptar esa lección, quizá en el fondo Guardiola no la comprendió. Pero para el club ha resultado positivo que Guardiola pasara a lo siguiente, que al final desapareciera como jugador y regresara como entrenador. El ciclo se cierra. La cultura del club, de cualquier club, es esencial; es muy importante que la institución enseñe a los futbolistas la necesidad de conservarla. Sabes que hay jugadores clave —Xavi, Iniesta, Puyol— que están aplicando a su comportamiento muchas cosas que aprendieron de Pep como jugador y líder.»

El legado de Van Gaal en el Barcelona puede que sea uno de los momentos más incomprendidos en la historia del club, en gran parte como consecuencia de su incómoda relación con la prensa local, teóricamente encargada de confeccionar y difundir la memoria popular del club, interpretando la percepción en un hecho para futuras generaciones. Y a veces no hacen la elección ideal. Los medios de comunicación catalanes con frecuencia se posicionaban a favor de jugadores con talento, aunque problemáticos, como Stoichkov y Rivaldo, mientras retrataban a Van Gaal como un individuo frío y despiadado que no había entendido en absoluto lo que representaba el FC Barcelona como club e institución nacional. Sin embargo, la realidad es muy distinta y, aunque es cierto que fue Johan Cruyff quien estableció el punto de partida del estilo que ahora reconoce todo el mundo, es Van Gaal quien merece gran parte del mérito por ayudar a apuntalar esas bases y dejar escritas y estructuradas metodologías, maneras de trabajar y sistemas en los que, en gran medida, se asienta el Barça actual.

Quizá Van Gaal no es consciente de la influencia que sus lecciones ejercieron sobre Guardiola:

«No estoy seguro de que sea el mejor entrenador del mundo, tal y como él sigue afirmando —señala Pep—, pero, sin lugar a dudas, es uno de los mejores. Aprendí mucho con él. Pese a ello, me gustaría preguntarle: ¿Volvería a hacer las cosas del mismo modo, si volviera a pasar por la misma experiencia?»

Con todo, su etapa con Van Gaal no estuvo exenta de problemas, y la larga baja por lesión derivó en unas incómodas negociaciones contractuales que lo distanciaron de la directiva y le proporcionaron algunas experiencias amargas que le enseñaron lo cruel que puede ser el mundo del fútbol.

Josep Lluís Núñez consultó el estado de Guardiola —aún no del todo recuperado de su lesión— con uno de los médicos. Dado que el informe físico era positivo, Núñez persistió en sus pesquisas: «De acuerdo, ¿pero y mentalmente? ¿Cómo está Pep mentalmente? ¿No está un poco mal de la cabeza?».

Pep se enteró de la desconfianza de su presidente y por las calles de Barcelona empezó a circular un rumor malicioso que relacionaba las «misteriosas» lesiones de Guardiola con la lamentable sugerencia de que había contraído el virus del sida. Pep tiene sus sospechas acerca de la fuente de esos infundados rumores. Tiene claro que no salieron de la plantilla, ni de ningún compañero, ni siguiera de un periodista, ni tampoco de hinchas de equipos rivales. Lo cierto es que la directiva del Barça no hizo nada para acallar las habladurías y proteger a su capitán.

A Pep empezó a serle difícil disfrutar de su fútbol en un club donde no se sentía respetado ni apoyado. Si el ambiente en torno al equipo era cada vez más negativo, los ánimos empeoraron cuando su buen amigo y compañero de equipo, Luís Figo, dejó a todo el mundo del fútbol estupefacto con su marcha al Real Madrid. Fue otro síntoma de las rupturas y divisiones que separaban al presidente del club y a su equipo directivo del vestuario y de la afición culé.

El club había pasado de gozar de un ambiente futbolístico excelente, a la altura de los éxitos del Dream Team, a ser una institución envuelta en el pesimismo y las recriminaciones. La hinchada volcó todas sus frustraciones en una manifiesta expresión de rabia ante lo que percibieron como el último acto de traición y engaño de Figo. El Camp Nou se convirtió en un enorme volcán cuyo cráter escupió toneladas de odio hacia el extremo portugués a su regreso a un recinto, donde, tan solo unos meses atrás, había sido adorado como un héroe. La monumental pitada con la que Figo fue recibido ese día al pisar el césped luciendo la camiseta blanca del Real Madrid podría compararse al estruendo de un avión a reacción. La manifiesta hostilidad de los culés tal vez consiguió que Figo captara el mensaje, pero este desahogo no consiguió mejorar el estado de ánimo de un club inmerso en la negatividad.

A Pep le costó manejar los, en ese momento, contradictorios sentimientos hacia la estrella portuguesa, padrino de uno de sus hijos, y el ambiente que generó todo este feo asunto no hizo sino añadir otro granito de arena a su creciente sensación de inquietud. Finalmente, el hartazgo le venció y unos doce meses antes de la fecha de rescisión de su contrato —fijada para el verano del 2001— decidió que había llegado el momento de abandonar el FC Barcelona.

«Cuando adopta una decisión, no hay forma de que cambie de opinión», sostiene el representante de Pep, Josep Maria Orobitg. Pep le dijo que no iniciara negociaciones con el Barcelona para la renovación de su contrato. No fue, claro está, una decisión fácil, pero tal y como describió el mismo Pep: «Cuando pongo en una balanza las dos cosas, lo que pierdo y lo que puedo ganar, veo que esta segunda está más llena».

La despedida de Pep tuvo lugar dos meses antes de que la temporada tocara a su fin, en una emotiva y concurrida rueda de prensa en el Camp Nou. Se plantó delante del micrófono solo, sin la presencia, como era habitual, de un representante de la junta directiva. El presidente en esa época, Joan Gaspart, alguien que raramente perdía la oportunidad de aparecer ante los focos, estaba convenientemente de viaje de negocios. Pep, con la voz quebrada por la emoción, anunció: «Llegué con trece años, ahora tengo treinta y soy padre de familia. Mi carrera se me escurre entre los dedos y quiero acabarla en el extranjero conociendo nuevos países, nuevas culturas y nuevas ligas. En cierto sentido me siento un poco liberado; un poco más tranquilo, más cómodo».

El 24 de junio de 2001, tras once temporadas en el primer equipo, Pep Guardiola, el capitán del Barça, el jugador más condecorado en la historia del club y el último símbolo icónico del Dream Team que todavía jugaba en el Camp Nou, se marchó del club que amaba. Había participado en 379 partidos, marcado solo diez goles, pero ganado dieciséis títulos, incluyendo seis Ligas, una Copa de Europa, dos Copas del Rey y dos Recopas. Cuando se marchó lo hizo como algo más que un gran jugador; era un símbolo de la identidad catalana del equipo en una era definida por la afluencia de jugadores extranjeros.

Después de su último partido en el Camp Nou, en la vuelta de semifinales de la Copa del Rey —en que el Barça cayó eliminado frente al Celta—, Pep esperó a que las gradas quedaran vacías. Cristina, su compañera, estuvo brindándole su apoyo, tal como había hecho desde el primer día, desde que Pep entró en la tienda de ropa de su familia en Manresa. Un simple día de compras para probarse unos pantalones vaqueros que desembocó en una relación que se convertiría en una fuente de fortaleza y confort para Pep en los momentos más duros de su carrera profesional. Momentos como aquel.

Ese día, Pep, Cristina y Josep Maria Orobitg salieron juntos del vestuario, recorrieron el túnel y subieron los pocos peldaños que les separaban de la línea de banda del Camp Nou. Pep permaneció allí de pie, por última vez como jugador, para despedirse del campo que había visto por primera vez dos décadas antes, con diez años, sentado detrás de la portería de la grada norte. Se empapó del silencio que reinaba en el estadio vacío, pero no afloró ni una lágrima. Su mayor sensación fue la de haberse quitado un gran peso de encima.

Un pueblo italiano, en el comedor de una casa. Luciano Moggi está sentado ante su almuerzo, rodeado de guardaespaldas. Mediodía, verano del 2001

«Cuando Pep se marchó, fue una etapa difícil —recuerda Carles Rexach—. Lo difamaron de todas las formas imaginables; se llevó un buen palo sin ser el culpable de nada de lo que había pasado. Los jugadores de la cantera siempre estaban en la peor posición. Pep se sentía agotado profesionalmente y sufrió mucho. Guardiola sufre, no es la clase de persona a quien no le afecta nada de lo que puedan decir. Estaba sobrecargado; sintió una especie de liberación cuando se marchó.»

Pep tenía treinta años cuando jugó su último encuentro en el club, y todavía estaba en buena forma, así que era inevitable que todos esperaran que firmara por alguno de los grandes equipos europeos. Y, en efecto, empezaron a llover las ofertas. El Inter, el Milan, la Roma y la Lazio le pretendían desde Italia. El Paris Saint-Germain y un par de clubes griegos expresaron también interés. En Inglaterra, la disponibilidad de Pep despertó la atención del Tottenham, el Liverpool, el Arsenal, el Manchester United, el Wigan, el West Ham y el Fulham. Pero Guardiola quería jugar en el equipo que había cautivado su imaginación cuando era un niño que pateaba un balón en la plaza de su pueblo. Quería firmar con la Juventus, tal y como había hecho Platini, el ídolo cuyo póster decoró durante tantos años la pared de su habitación en Santpedor.

Según Jaume Collell, en su excelente biografía de Guardiola, las negociaciones de Pep con el conjunto italiano se desarrollaron como en una película de tintes mafiosos. La historia empezó con una llamada al representante del jugador, haciéndole saber que alguien de la Juventus quería mantener una reunión secreta con él. Aceptaron y un individuo pasó a recoger a Orobitg en Barcelona y, conduciendo por carreteras secundarias, le llevó hasta Turín. Apenas intercambiaron unas palabras durante el viaje, hasta que finalmente llegaron a un hostal modesto en un lugar remoto.

Collell lo explica así: «Orobitg sube unas escaleras y se encuentra a Luciano Moggi, director general de la Juventus, sentado ante una mesa redonda, rodeado de guardaespaldas con la cabeza afeitada, parapetados tras las típicas gafas oscuras. Una camarera oronda sirve abundantes cantidades de pasta sin decir nada. De repente, todos los guardaespaldas abandonan en bloque. Solos, Moggi y Orobitg, llegan a un acuerdo en menos de tres minutos».

Orobitg aclara que en realidad tardaron cuarenta y cinco minutos, pero está de acuerdo con la descripción de la escena. En todo caso, recuerda que no se firmó ningún documento.

El Manchester United había mostrado interés por Guardiola mientras este aún jugaba en el Barça, aunque en aquella ocasión Orobitg se limitó a escuchar la oferta porque Pep no quería que negociara con nadie hasta que comunicara al club y a la afición su marcha. Alex Ferguson presionó mucho al representante de Guardiola; estaba planificando la siguiente temporada y consideraba a Pep un jugador crucial para sus planes. Ferguson llegó incluso a presentarles un ultimátum: quería un encuentro cara a cara con el centrocampista. Guardiola tenía dudas y declinó la propuesta. El tema quedó zanjado, pues. Ferguson se enfadó y empezó a buscar por otro lado, pero Pep no sintió remordimiento alguno. «Quizá no elegí el momento más oportuno», admite ahora sir Alex.

En la rueda de prensa previa a la final de la Liga de Campeones 2001 en Wembley, cuando Pep dijo que Ferguson había actuado de forma correcta al no ficharle, en realidad estaba ocultando la verdad de aquella negociación fallida. Tras seis o siete meses de contactos, reuniones con el hijo de Ferguson y con el representante Francis Martin, y después de que Pep rechazara los impresionantes incentivos económicos que le ofrecían, el Manchester dejó de insistir. En su lugar, Ferguson fichó a Juan Sebastián Verón junto con Ruud Van Nistelrooy y Laurent Blanc. Aquella temporada, el United quedó tercero en la Liga inglesa.

El Arsenal, el Liverpool y el Tottenham siguieron llamando a su puerta. El Inter, sobre todo, mostró un considerable interés, pero la Juventus seguía siendo el club preferido de Pep. Pese a ello, tres meses después de las mencionadas negociaciones en Turín, durante los cuales se sucedieron los contactos entre el presidente de la Juventus, Umberto Agnelli, Moggi y los representantes de Pep, sucedió algo insólito: el club italiano negó que ese encuentro secreto se hubiera llevado a cabo —incluidos el plato de pasta, los guardaespaldas y el viaje desde Barcelona— y que se hubiera llegado a ningún acuerdo.

El giro radical de la Juventus se explicaba por el despido del entrenador Carlo Ancelotti. Carlo había dado el visto bueno al fichaje de Pep, pero su sustituto, Marcello Lippi, tenía dudas. La Juventus vendió a Zidane al Real Madrid y, de repente, los objetivos del club italiano cambiaron: con los 76 millones de euros del traspaso de Zidane —el más caro de la historia hasta ese momento— los italianos decidieron montar un equipo más joven, y ficharon a Pavel Nedved, Lilian Thuram, Marcelo Salas y Gianluigi Buffon.

A medida que el verano avanzaba fueron llegando nuevas oportunidades y opciones, incluso de los rincones más sorprendentes: el Real Madrid sondeó a Pep en una reunión en París. «¿Os habéis vuelto locos?», espetó Guardiola en una conversación que duró apenas dos minutos.

Cuanto más se aproximara el fin del plazo de inscripción en la Liga de Campeones, más difícil sería que Pep pudiera fichar por alguno de los grandes clubes. Había estado a punto de firmar con el Arsenal, pero el día anterior a la fecha límite, la propuesta de traspasar a Patrick Vieira al Real Madrid fracasó y el acuerdo para que Guardiola jugara a las órdenes de Arsène Wenger no se materializó.

Fue una época difícil para Pep, agravada por las declaraciones de algunos enemigos del jugador a la prensa catalana, sugiriendo que ningún otro club lo quería en sus filas, una manera de proteger al Barça de las críticas por haber perdido a un buen jugador sin recaudar nada por ello.

Cerrado el plazo de inscripción de la liga de Campeones y sin acuerdo con un grande, Pep aceptó una oferta del Brescia. El entrenador, Carlo Mazzone, dejó claro desde el principio que Pep estaba allí por el presidente, no porque él lo quisiera. Guardiola aceptó la premisa y se propuso probar su valía con su trabajo en el campo. Firmó el contrato el 26 de septiembre del 2001, con la temporada ya iniciada, pero no debutó hasta el 14 de octubre frente al Chievo Verona.

«Al mes y medio de estar en el Brescia —recuerda Juanma Lillo, entrenador y amigo de Pep— el equipo italiano ya jugaba de la forma que Pep, y no el entrenador, quería, pero Mazzone era lo bastante perspicaz como para no oponerse a las ideas del recién llegado. Un día, Pep pidió que los jugadores y el cuerpo técnico vieran unos vídeos del equipo con el que tenían que enfrentarse en el siguiente partido. Nunca se había hecho nada parecido en el Brescia.»

El hecho es que, en lugar de ver su paso por el Brescia como un retroceso en su carrera profesional, Pep lo interpretó como la posibilidad de conocer un nuevo estilo de juego, y así enriquecer su conocimiento táctico. En esa época ya había decidido que quería continuar en el mundo del fútbol cuando su carrera como jugador tocara a su fin. El fútbol era su pasión, su obsesión, lo que mejor conocía, y la Serie A italiana estaba considerada el campeonato con las tácticas defensivas más avanzadas desde los tiempos de Sacchi. Aquel Milan de los ochenta se consideraba un referente en el trabajo de equipo, en la exigencia táctica y en los planteamientos defensivos y ofensivos. Pep lo tenía claro: iba a aprender todo lo que pudiera durante su estancia en Italia.

Entrenamiento en el campo del Brescia. Una fría mañana de noviembre del 2001

Las largas lesiones, su marcha del Barcelona o cualquier derrota quedaron reducidas a anécdota tan pronto como se inició el calvario que supuso dar positivo por nandrolona en dos controles antidopaje: tras un partido contra el Piacenza el 21 de octubre del 2001, y dos semanas más tarde, el 4 de noviembre, tras el encuentro contra la Lazio. Se enviaron muestras adicionales a un laboratorio de Roma, y los resultados confirmaron el positivo. La nandrolona es un esteroide anabólico con propiedades similares a la testosterona que mejora la fortaleza y resistencia de un individuo.

Guardiola se enteró de los resultados del control mientras practicaba tiros libres en una sesión de entrenamiento. «Vi que Carletto Mazzone hablaba con el médico del equipo. Ese momento, esa conversación, cambió mi vida, pero eso solo lo supe más tarde —recordó Pep en su autobiografía—. Se me acercaron y me contaron la noticia. Cuando me fui al vestuario, supe por las llamadas perdidas en el móvil que el mundo ya me había juzgado.»

Ese mismo día, Pep llamó a Manel Estiarte, en su día el Maradona del waterpolo, campeón olímpico afincado en Italia por motivos deportivos, y con quien Guardiola mantenía una gran amistad.

«¿Conoces un abogado? —le preguntó a Manel—. Lo necesitaré.»

Su amigo fue a verlo al día siguiente. Esperaba encontrar a Pep deprimido y se preparó un pequeño discurso sobre la injusticia de la justicia, sobre la fuerza de voluntad y demás. Pero cuando llegó, encontró a Pep como de costumbre, estoico, pensativo, obsesivo sobre los pasos a dar. Centrado en la lucha que tocaba. Guardiola había pasado toda la noche en vela, buscando incidentes similares a la situación en la que él se encontraba, leyendo argumentos jurídicos, analizando al detalle la literatura que estaba a su abasto de los casos. En lugar de tirar la toalla y aceptar su destino, Pep se puso a buscar una solución: no iba a dejárselo todo a los abogados. Era un asunto personal, quería controlar su destino.

No iba a ser fácil mantener la compostura, acumular la paciencia suficiente. Hubo momentos que pusieron a prueba su determinación, y Manel Estiarte se mantuvo a su lado apoyándole e intentando encender una luz cuando se apagaban las de Pep: así lo cuenta Guardiola en el prólogo de *Todos mis hermanos*, la autobiografía del exwaterpolista: «Siete años en los que he mantenido que simplemente nunca hice nada malo... Pero el primer día que alguien me señaló y dijo: "Tú eres malo", tú te pusiste de mi lado y me acompañaste, y la gente a la que le pasan estas cosas no las olvidan, y tú y tu bendito azar pulsasteis el botón del teletexto y me mostrasteis el camino a seguir para que al cabo de siete años quien me señaló dijera que yo "No soy malo". Que era buena gente. Sí, fue el azar. Ciertamente, fue él, pero tú creías en mí, creíste en mí y por esto tuve suerte. Me la regalaste... Esta suerte es el regalo, el mayor título que conseguí en mi carrera deportiva. Nunca alcanzaré otro tan importante como este, lo aseguro».

El lector se preguntará qué función desempeñó el teletexto

en toda esta historia. Pep se refiere a una llamada que recibió de su amigo Estiarte un domingo, meses después de que el Comité Olímpico Nacional Italiano hubiera anunciado el resultado positivo en la prueba de nandrolona. Pep estaba medio dormido en el sofá cuando llamó Manel, excitadísimo, gritando al otro lado de la línea. Estiarte quería contarle que en una página del teletexto italiano había topado, por casualidad, con una noticia que hablaba de un nuevo descubrimiento sobre los resultados positivos en casos de nandrolona. La Agencia Mundial Antidopaje (AMA) había decretado que si el nivel de la sustancia prohibida era inferior a dos nanogramos por mililitro en la prueba de orina podía considerarse insuficiente para catalogarlo como dopaje: el cuerpo humano, contaba el teletexto, es capaz de producir hasta los nueve nanogramos por mililitro que habían encontrado en el cuerpo de Pep (para ponerlo en contexto, el atleta canadiense Ben Johson tenía dos mil nanogramos por mililitro). Fue un momento fortuito, aunque clave, en el dilatado proceso judicial que puso a prueba la fortaleza mental de Pep.

«Estoy convencido de que ganaré», repitió Pep sin descanso a la prensa italiana durante el tiempo que duró la batalla legal. Le cayeron cuatro meses de suspensión, pero Pep ya había iniciado el camino que debía llevarle a la demostración de su inocencia. Nunca aceptó las alegaciones, ni ninguna sanción: «El sistema de justicia italiano no puede mirarme a los ojos. Soy inocente», dijo entonces.

En mayo del 2005, el tribunal de Brescia le multó con 2.000 euros y le condenó a siete meses de prisión. El veredicto fue suspendido porque Guardiola no tenía antecedentes delictivos, pero el golpe fue duro: «¿De verdad creeis que necesito una sustancia ilegal para jugar contra el Piacenza?», le repetía a todo el mundo.

Los valores humanos, la verdad y la mentira: esos eran los asuntos en juego para Guardiola. Se le acusaba de un delito que no había cometido y estaba preparado para gastar hasta el último céntimo si fuera necesario. La justicia podía quedarse con todo su dinero, pero nunca entregaría su reputación. Sus aliados, incluido Estiarte, veían a Pep totalmente obcecado, determinado a enfrentrase a todo un sistema judicial. Quizá la obsesión sea un estado natural para Pep, pero le condujo al extremo del agotamiento.

«Olvídalo, ya está hecho; nadie recuerda el caso», le dijo su amigo meses después. «Yo sí que lo recuerdo y sé que es una falsedad muy grave», fue la respuesta de Pep. En su biografía, Collell, explica un incidente que ilustra la naturaleza absurda del proceso. En la primavera del 2005, el representante de Guardiola, Josep Maria Orobitg, se excusó en medio de una audiencia judicial relacionada con el caso para ir al aseo. Un señor mayor entró en el cuarto de baño y, acercándose a Orobitg, murmuró misteriosamente: «*A volte gli inocenti devono morire per vincere la battaglia*» ('A veces los inocentes deben morir para ganar la batalla'). Era uno de los altos rangos involucrados en el proceso.

Finalmente, en octubre del 2007, el Tribunal de Apelaciones de Brescia absolvió a Pep Guardiola de toda culpa, después de que se demostrara científicamente que los resultados de las pruebas en las que se basaban las acusaciones carecían de credibilidad, un proceso que había empezado con el descubrimiento fortuito de Estiarte en el teletexto.

«He cerrado el archivo y lo dejaré guardado en una caja. No quiero hablar más del asunto, pero si algún día alguien desea investigar, está todo archivado y puede ser analizado», le dijo Pep a su buen amigo, el periodista Ramón Besa.

Alivio y alegría se mezclaron con el veredicto. Y mucho más. Nadie está libre del escrutinio y un futbolista tiene una audiencia universal. Guardiola sentía que llevaba colgado el cartel del «¿qué dirá la gente?» y quería soltar el lastre, alejar las dudas y sospechas que le acompañaron.

Pero faltaba una batalla: exigió que el sistema judicial admitiera su error. Una nueva labor colosal, abocada inevitablemente al fracaso. Nadie que se embarque en un caso judicial sale indemne del estigma de la sospecha, sin un trauma permanente. La acusación casi siempre pesa más que la sentencia absolutoria final.

Pep quería asegurarse de que nadie cercano a él tuviera que pasar por un calvario similar. Así pues, faltaba epílogo.

El capitán del Barça B que Pep estaba entrenando en aquella época se presentó en su despacho en nombre de toda la plantilla para felicitarlo por la sentencia del tribunal. Mientras Pep lo escuchaba, cayó en la cuenta de que, de forma inconsciente, había establecido un vínculo muy estrecho con sus jugadores, una red de seguridad que aplicó a sus pupilos y que con el tiempo acabaría por consumirlo, un sentimiento paternal probablemente nacido del aislamiento y del sentimiento de abandono que Pep había experimentado durante aquel largo proceso legal.

La Federación italiana no aceptó oficialmente el fallo absolutorio del tribunal hasta mayo de 2009, cuando Pep ya estaba disfrutando del éxito como entrenador del FC Barcelona. El inicio del caso de dopaje había copado las portadas de la prensa, pero cuando Guardiola fue exculpado, solo se publicaron varios breves en los principales diarios del país.

En verano del 2002, mientras el caso judicial seguía su curso y tras una temporada en el Brescia, Guardiola fichó por la AS Roma: era un club grande, pero su entusiasmo tenía que ver con el hombre que dirigía el equipo. Fabio Capello está a las Antípodas de Pep en cuando a estilo de juego, pero Pep quería experimentar el rigor defensivo del italiano, los secretos de la aplicación de la presión al rival, sus métodos. Pep apenas jugó, pero llenó hasta la última página el libro de notas.

«No participó mucho porque, por entonces, estaba llegando al final de su carrera como futbolista —explica Capello—. Era un jugador con un comportamiento modélico; nunca me pedía explicaciones de por qué no jugaba. Guardiola conocía mi forma de entender el fútbol, pero él era lento, tenía algunos problemas físicos. Eso sí, contaba con una gran agilidad mental, sabía qué hacer antes de recibir el balón y mostraba un enorme talento en el juego posicional. Además, era un líder natural.»

La falta de minutos hizo que Guardiola rompiera con la Roma y regresara al Brescia en enero del 2003, donde compartió vestuario con Roberto Baggio y Luca Toni.

Aquel mismo año, a medida que se acercaba el final de su segunda etapa en el modesto club lombardo, Pep recibió una llamada de Paul Jewell, el entonces técnico del Wigan.

«Siempre había sido uno de mis jugadores favoritos —confiesa Jewell—. Conseguí su teléfono a través de su representante inglés. Llamé y dejé un mensaje: "Hola Pep, soy Paul", o algo así. Al cabo de diez minutos, él me devolvió la llamada. Lo sabía todo acerca de nosotros. Nos había visto jugar en la tele y hablamos sobre el pase corto de nuestros centrocampistas, nuestra transición, los centrales... Conocía a Jimmy Bullard y a Graham Kavanagh. Pero al poco recibió una llamada de Qatar. ¡Podría haber jugado con el poderoso Wigan! Casi le convenzo pero no podíamos competir con los petrodólares.»

Antes de jugar con el equipo catarí Al-Ahli, le surgió la oportunidad de trabajar junto a Lluís Bassat, candidato en las elecciones presidenciales del FC Barcelona en el 2003, que contaba con el respaldo de algunos de los poderes financieros y políticos más influyentes de Cataluña. Bassat contactó con Guardiola y le ofreció el cargo de director deportivo en su proyecto. Pep accedió a condición de no usar nombres de posibles fichajes para obtener votos, tal y como suele suceder en todas las campañas presidenciales del fútbol español. Pep proponía otra cosa a la afición: una idea, una manera de hacer las cosas, conceptos por aquel entonces muy poco de moda.

Ronaldinho fue ofrecido a Bassat y Guardiola, pero Pep quería centrarse en un proyecto de fútbol que pudiera incluir como entrenador a Ronald Koeman, su antiguo compañero del Dream Team, o a Juanma Lillo si el Ajax se hubiera negado a dejar ir al entrenador holandés.

Los nombres de futbolistas no salieron a la luz, pero Guardiola planeaba formar un equipo que incluyera a jugadores de la talla de Iván Córdoba, central colombiano del Inter de Milán; Christian Chivu, capitán y defensa del Ajax; Emerson, centrocampista brasileño de la Roma, y Harry Kewell, extremo australiano del Liverpool.

Fue Joan Laporta quien ganó aquellas elecciones, con el apoyo de Johan Cruyff y la promesa de fichar a David Beckham, una inteligente y eficaz estrategia publicitaria. La página web del Manchester United anunció que el candidato Laporta había acordado con el Manchester United el fichaje del centrocampista, un gesto oficial orquestado por el agente Pini Zahai, amigo de los dirigentes del club inglés, que incluía un acuerdo para que el Barcelona fichara a uno de los jugadores que representaba, el guardameta Rustü Reçber. Rustü acabó recalando en el Camp Nou.

Cuando se confirmó la derrota de la candidatura de Bassat, Pep le dijo: «Sé que hemos adoptado un enfoque diferente, pero... volveríamos a hacerlo del mismo modo, ¿verdad?».

La decisión de respaldar a Bassat le iba a costar amigos. Muchos, Laporta, Cruyff y Txiki Begiristain incluidos, entendieron que se había equivocado, que incluso había traicionado a su mentor, el preparador holandés.

Tras su fugaz paso por la política del club blaugrana, Pep se fue a Qatar, quizá la única decisión de su carrera motivada por el dinero: su sueldo alcanzaba los 4 millones de dólares durante las dos temporadas de su contrato. El periodista Gabriele Marcotti viajó a Qatar para entrevistar a Pep en el 2004, y encontró a un jugador que sentía que se le acababa la carrera, triste por ello, pero sin caer en la amargura.

«Creo que los jugadores como yo somos una especie en extinción, porque el juego se ha vuelto más táctico y físico. Hay menos tiempo para pensar», le dijo a Marcotti.

Pep solo tenía treinta y tres años.

El juego se había transformado, y así se reflejaba en el panorama futbolístico europeo de la época, dominado por un equipo muy completo como el Milan; una Juventus físicamente potente, y los finalistas de la Liga de Campeones, el Porto de José Mourinho y el atractivo y veloz Mónaco. La llegada del preparador portugués al Chelsea acentuó la tendencia hacia centrocampistas que fueran a la vez grandes atletas. Pep tenía razón: se apreciaba sobre todo la velocidad y la potencia, pero ese estilo iba a ser cuestionado primero por Rijkaard en el Barça y posteriormente por el propio Guardiola.

Después de jugar dieciocho partidos con el equipo catarí Al-Ahli, de pasar el resto del tiempo en la piscina del complejo urbanístico donde vivía junto con Gabriel Batistuta, Fernando Hierro y Claudio Caniggia, y tras pedirle un millón de veces a Pepe Macías —entrenador y antiguo extremo del Santos— información sobre el Brasil de Pelé, en el 2005 Guardiola realizó unas pruebas durante diez días para el Manchester City, bajo la atenta mirada de Stuart Pearce.

Pep rechazó el contrato de seis meses que le ofrecía el club inglés: esperaba un compromiso de mayor duración pero Pearce no lo consideró oportuno.

En diciembre del 2005, pues, firmó con el equipo mexicano Dorados de Sinaloa. Allí tuvo la oportunidad de ser entrenado por su amigo Juanma Lillo y aprendió un nuevo concepto de fútbol, a la vez que ampliaba sus conocimientos respecto a otras cuestiones del juego, especialmente en lo referido a administración, preparación física y dieta. La educación técnica de Pep se prolongaba, en su piso o en el de Lillo, a menudo hasta el amanecer.

Altas horas de la noche en un piso en Culiacán, al noroeste de México, 2005

Tras la cena, con una copa de vino, Pep y Lillo podían estar hasta el amanecer discutiendo sobre lo que se había hecho ese día, sobre algún partido que pillaron empezado en la tele, sobre el próximo encuentro. Pep siente de vez en cuando la necesidad de cambiar de tema, de llevar la conversación hacia otro lado si hay alguien que no es futbolero. Con Lillo, que le había visitado en Italia, a menudo al otro lado del teléfono para discutir incluso un ejercicio de una sesión de entrenamiento, y con quien por fin compartía equipo, no había necesidad de hacerlo.

Pep no ha hablado tanto de fútbol en su vida como lo ha hecho con Lillo, quien bien pronto se convirtió, junto con Johan Cruyff, en la mayor influencia en su evolución como entrenador.

Pep necesitaba conocer más de todo aquello que no formaba parte de su mundo como futbolista: conceptos defensivos, metodologías de entrenamiento... Cuando necesitaba respuestas, sabía que podía recurrir a Lillo a cualquier hora del día. Pep cree que Lillo es uno de los técnicos mejor preparados del mundo y un líder en su especialidad, con una clara visión de la profesión, con una extraordinaria capacidad para explicarla. Pero también considera que la élite del fútbol no ha sido especialmente generosa con él al no reconocer ese talento.

La aventura de Guardiola en tierras mexicanas acabó en mayo del 2006. Regresó a España, a Madrid, para sacarse el carnet de entrenador. Le faltaba el título, pero ya pensaba como un preparador. El papel lo consiguió en junio de ese año. Durante una entrevista concedida el 15 de noviembre a la emisora de radio RAC1 de Barcelona, Guardiola confirmó que se retiraba, que desaparecía el Pep futbolista, que nacía otro. Tenía treinta y cinco años.

Sin embargo, en la misma conversación radiofónica reconocía que, a diferencia de muchos exfutbolistas, Pep no sentía el menor deseo de convertirse en técnico del primer equipo en un gran club; creía que todavía le faltaba mucho por aprender.

«Como jugador, se me han fundido finalmente los plomos —admitió—, pero tarde o temprano seré entrenador. Entrenaré en cualquier división, la que me ofrezcan; solo es necesario que alguien abra la puerta y me dé la oportunidad. Me encantaría empezar en la sección del fútbol formativo, entrenar a niños, porque no tengo pretensiones de trabajar con una categoría más alta. Hay que respetar el hecho de que todo tiene un proceso, una curva de aprendizaje. Los primeros pasos son vitales, y cuando empiezas a destacar, no hay segundas oportunidades.»

En esa emotiva despedida pública como jugador, Pep brindó homenaje a lo que el fútbol le había dado: «El deporte ha sido para mí una efectiva herramienta educativa; he aprendido a aceptar la derrota, a recuperarme después de no haber hecho bien las cosas; me ha enseñado que mi compañero de equipo puede hacerlo mejor que yo, a aceptar que mi entrenador puede decirme que no juego porque me he portado mal».

La carrera de jugador de Pep había concluido, pero quería continuar aprendiendo del juego. No le bastaba con haber experimentado de primera mano los métodos de Cruyff, Robson, Van Gaal, Mazzone o Capello, así que viajó hasta Argentina para ampliar sus conocimientos. Allí conoció a Ricardo La Volpe (exguardameta argentino, ganador de la Copa del Mundo y exentrenador de la selección mexicana), a Marcelo Bielsa (el tan admirado entrenador de las selecciones de Argentina y Chile, y técnico del Athletic Bilbao) y a César Luis Menotti, *el Flaco*, (el seleccionador que llevó a Argentina hasta la Copa del Mundo en 1978), con quienes habló largo y tendido sobre fútbol. Menotti le abrió las puertas de su casa y conversó con él, pero nunca le consideró un alumno; era consciente de que hablaba con un igual: «Pep no vino aquí para que le dijéramos cómo se hacía. Él ya lo sabía».

Con su amigo David Trueba, Guardiola condujo 309 kilómetros desde Buenos Aires hasta Rosario para reunirse con Bielsa. El encuentro tuvo lugar en una chacra, una pequeña finca rural, y se prolongó durante once intensas y productivas horas: la curiosidad era mutua y lo invadió todo. Hubo discusiones encendidas, búsquedas por Internet, revisión de técnicas, análisis detallados y representaciones de juego posicional, que, en un momento dado, incluyó la aportación de Trueba, que tuvo que marcar a una silla. Los dos compartieron obsesiones, manías y la pasión por el juego, y salieron de la chacra declarándose eterna admiración.

Pep y Bielsa tienen mucho en común: aman los equipos dominantes, que anhelan el protagonismo en el terreno de juego, cuya prioridad principal es marcar goles, y no pueden soportar a los que se escudan en excusas cuando pierden. Para ambos, perder es una conmoción que los deprime y aísla, incapaces de escapar de la sensación de que han fallado al conjunto. Los equipos de Bielsa «pueden jugar peor o mejor, pero el talento depende de la inspiración, y el esfuerzo depende de cada uno de los jugadores; la actitud no es negociable», le dijo el Loco, añadiendo que sus equipos no pueden ganar si él no puede transmitir lo que siente. Pep asintía, sin dejar de tomar notas.

No es una mera coincidencia que Pep usara ideas, métodos, expresiones y parte de la filosofía de Bielsa en dos momentos cruciales de su propia carrera de entrenador: en su presentación como técnico del primer equipo delante de la prensa, y en su discurso en el Camp Nou en su último partido en casa como técnico.

«¿Creéis que nací sabiéndolo todo?», replicó cuando alguien señaló esas coincidencias.

Antes de abandonar el chalet, Bielsa le planteó a Pep una difícil cuestión: «¿Por qué usted, que conoce toda la basura que rodea el mundo del fútbol, incluido el alto grado de deshonestidad de ciertos individuos, aún quiere volver ahí, y meterse además a entrenar? ¿Tanto le gusta la sangre?». Pep no dudó ni un momento en contestar: «Necesito esa sangre».

Al final de su etapa en Argentina, Pep sintió que estaba mejor preparado que antes; no del todo aún, porque Pep nunca se permitiría darse completamente por satisfecho, pero sí lo suficiente como para empezar a poner en práctica todo lo que había aprendido.

De vuelta a España, surgió la posibilidad de fichar por el Nàstic de Tarragona, que sobrevivía malamente en los últimos puestos de la clasificación de la Primera División, como segundo de Luis Enrique. Aunque la directiva estudió el tándem, decidieron que no tenían la suficiente experiencia y la oferta no llegó a concretarse.

Pero surgió otra oportunidad: el Barcelona quería hablar con él para que, siete años después de su marcha, regresara al club que le formó como futbolista.

Mónaco. Premios UEFA. Agosto del 2006

Mientras Pep Guardiola añadía experiencias y herramientas de trabajo a su cargada maleta de futuro entrenador, su admirado Barça se había convertido en el club de moda. La temporada 2006 arrancó con una muestra de gratitud del mundo del fútbol hacia el equipo de Frank Rijkaard, que en un par de temporadas había ganado dos títulos de Liga y una Liga de Campeones en París contra el Arsenal de Arsène Wenger, Thierry Henry, Robert Pires y Cesc Fàbregas.

Era difícil no caer en la tentación de creer que Rijkaard tenía entre sus manos a un grupo de futbolistas que podrían convertirse en el conjunto más laureado de la historia del club. En la víspera de la Supercopa de Europa, la UEFA designó al capitán del Barça Carles Puyol como mejor defensa del año, Deco recibió el premio al mejor centrocampista, Samuel Eto'o al mejor delantero y Ronaldinho al futbolista del año. Pero como explica el influyente periodista catalán Lluís Canut en su libro, *Els secrets del Barça,* la coronación de los logros del equipo marcó, paradójicamente, el inicio del fin de la era Rijkaard en el Barcelona: ese verano empezaron a surgir los primeros actos de indisciplina, algunos muy públicos.

El viaje a Mónaco fue un caso ilustrativo.

De vuelta al hotel donde se hospedaba el conjunto, la noche anterior a la final de la Supercopa de Europa contra el Sevilla, el entrenador invitó, para asombro de muchos, a un grupo pop holandés a compartir su mesa durante la cena del equipo. Al acabar, Rijkaard concedió a los jugadores la libertad de acostarse a la hora que quisieran, o prefirió no imponer un toque de queda, lo que inevitablemente derivó en una noche larga para algunos de ellos.

«Al día siguiente, la mañana del partido —explica Canut—, Ronaldinho recibió autorización para salir del hotel y asistir a una sesión fotográfica con uno de sus patrocinadores, mientras que al resto de los jugadores se les concedía la mañana libre para que pudieran pasearse por las tiendas de los grandes diseñadores de moda de las calles de Mónaco.»

El comportamiento del grupo chocaba completamente con el del Sevilla. Su entrenador Juande Ramos pasó el día preparándose para el encuentro con su orden y disciplina habituales. Los preparativos cuentan y se reflejaron en el marcador, un contundente 3-0 a favor del Sevilla. La derrota sirvió de señal de aviso, la primera de las muchas que aflorarían a lo largo de la siguiente temporada. Pero en su mayoría se ignoraron.

Durante aquel verano del 2006, la dinámica se había visto alterada en el vestuario del Barcelona. El desencadenante fue la marcha de Henk Ten Cate, el segundo entrenador, que abandonó el puesto para convertirse en el técnico del primer equipo del Ajax. Con su reputación de sargento firme de Rijkaard, la ausencia de Ten Cate sirvió de catalizador para el desmoronamiento de la disciplina en el vestidor azulgrana. El neerlandés siempre había mantenido a Ronaldinho a raya y cada vez que la estrella brasileña engordaba unos kilos —lo cual sucedía con demasiada frecuencia— el franco Ten Cate dejaba claro lo que pensaba de los centímetros que ganaba su cintura y ponía a la estrella en su lugar delante del grupo, gritándole, si era necesario, que estaba mostrando «una falta de respeto hacia sus compañeros». Ten Cate había mantenido una relación de amor-odio con Samuel Eto'o, y el camerunés respondió positivamente, decidido a ganarse su respeto y a demostrar su valía.

Rijkaard y Ten Cate formaban la pareja perfecta, el poli bueno y el poli malo; pero sin Henk pegando puñetazos en la mesa, la desganada desidia de Rijkaard condujo al caos.

Johan Neeskens sustituyó a Henk como nuevo ayudante de Rijkaard, pero no le iba el papel de tipo duro y fue incapaz de controlar el proceso que estaba provocando el desmoronamiento del equipo.

De hecho, nadie sufrió más el abandono del grupo que el líder del mismo, Ronaldinho, que en tan solo nueve meses pasó de ser aplaudido en el Bernabéu por la afición del Real Madrid por su inolvidable actuación en la victoria del Barça (0-3), a convertirse en un personaje del que se sabía todo aunque se escribiera poco: no se comportaba con el respeto necesario a su profesión. Los éxitos del equipo y la autocensura de los diarios deportivos impedían cruzar una saludable línea invisible que separaba la vida privada de la pública de los futbolistas. Pero Ronaldinho, que tenía su propia esquina en una discoteca de Castelldefels, dejó de vivir para el fútbol. Por aquel entonces, Eto'o sufrió una lesión en la rodilla y, en un error del club que iba a tener consecuencias determinantes a posteriori, se le permitió recuperarse lejos del club: Eto'o, pues, se distanció de la rutina del grupo.

Rijkaard era consciente del preocupante comportamiento de sus estrellas, pero lo excusaba: no podía dejar de confiar, como había hecho siempre, en sus jugadores a los que creía capaces de saber dónde estaban los límites. Otro cálculo equivocado. A mediados de aquella temporada 2006-2007, que había empezado con tan mal resultado en Mónaco, la dinámica negativa en el vestuario se había convertido en algo irreversible, la falta de disciplina se reflejaba en los resultados: la derrota en diciembre en la Intercontinental frente al Internacional de Porto Alegre (con un magnífico Alexander Pato a sus diecisiete años) fue de nuevo un síntoma de la crítica situación —Rijkaard ni tan solo había mostrado un vídeo del rival a los jugadores durante la preparación del partido—.

El director deportivo, Txiki Begiristain, se enfrentaba a un gran dilema: a mitad de temporada, con las vacaciones navideñas a la vuelta de la esquina, el Barça iba segundo en la Liga, solo dos puntos por detrás del Sevilla y tres por delante del Madrid, que iba tercero. Txiki era consciente de la falta de disciplina que reinaba en el vestuario, pero prefirió no intervenir en un momento en que el Barcelona estaba con opciones en todas las competiciones. Como la mayoría, esperaba que el equipo fuera capaz de recuperar parte de su vieja magia.

Pero nadie podía parar el desplome. A los jugadores sudamericanos (Rafa Márquez, Deco y Ronaldinho) se les concedió unos días adicionales de vacaciones de Navidad; aun así, los tres se reincorporaron con retraso. No hubo sanciones.

Después de cuatro meses de recuperación lejos del grupo, Eto'o regresó a un vestuario indisciplinado y sintió tal vergüenza de lo que vio que informó al presidente Joan Laporta, su principal aliado en el club. Laporta se puso de parte de Eto'o e incluso le ofreció el papel de capitán, lo que sirvió para tranquilizarlo. Sin embargo, al poco tiempo, Rijkaard lo acusó de no querer saltar al césped en los últimos minutos del partido contra el Racing de Santander (el jugador calentó pero, tras recibir instrucciones para que saliera al campo, pareció reacio a obedecerlas) y Ronaldinho, tras el partido y ya en la zona mixta, sugirió que Eto'o había defraudado al equipo al negarse a colaborar como se le pidió. Eto'o, impaciente y nunca particularmente diplomático, explotó un par de días más tarde durante la presentación de un libro: «Es una mala persona —en referencia a Rijkaard—. Esta es una guerra entre dos bandos, los que están con el presidente y los que están con Sandro Rosell».

Rosell —el anterior vicepresidente, buen amigo de Ronaldinho, al que convenció para que fichara por el club—, había presentado recientemente su dimisión por sus discrepancias con Laporta. Eto'o también envió un mensaje a Ronaldinho, sin mencionar su nombre: «Si un compañero te dice que has de pensar en el equipo, la primera persona que debería hacerlo es precisamente él».

La falta de armonía en el vestuario propició que el equipo cayera en una espiral descendente hacia el final de la temporada 2006-2007, y que no consiguiera alzarse con ninguno de los títulos por los que había estado compitiendo aquel año. El Madrid terminó la temporada empatado a puntos con el Barça, pero aseguró el título gracias al *goal average* directo: el veredicto unánime fue que el Barça había perdido el título por su actitud complaciente. La liga, más que ganarla el Madrid, la perdió el Barcelona.

En la copa ocurrió algo parecido: en semifinales ante el Getafe y tras el contundente 5-2 en la ida, Rijkaard dejó a Messi en Barcelona para el partido de vuelta en Madrid: la eliminatoria se había ganado antes de jugarse la vuelta. El Barça sufrió una humillante derrota por 4-0 que le apartó de la final.

A pesar de la presión que exigía un cambio radical en el primer equipo, Laporta pensó que los protagonistas de aquel proyecto ganador de Rijkaard merecían otra temporada. Después de todo, en el momento de máximo esplendor, habían contado con un plantel mágico e hipnótico, con excepcionales talentos que habían conseguido la primera Copa de Europa para el club en catorce años, la segunda en la historia del club.

«El entrenador neerlandés —explica Canut en *Els secrets del Barça*— le aseguró a Laporta que se sentía con fuerzas para controlar la situación y recuperar lo mejor de Ronaldinho, a quien estaban considerando traspasar a otro club. En una visita de Laporta a su casa de Castelldefels, el brasileño, que admitió que se había descentrado, prometió volver a jugar como lo había hecho antes y suplicó que le dieran la oportunidad de demostrar que podía cambiar de hábitos.»

Entretanto, Pep Guardiola, recién llegado de Argentina, recibía la llamada del FC Barcelona.

Una playa en Pescara. Justo antes de la hora del almuerzo, a principios de verano del 2007

Ver un partido con Pep es una experiencia enriquecedora, una clase magistral de fútbol. Una traducción de lo que está ocurriendo sobre el césped.

«El balón es más veloz que cualquier persona, por consiguiente, que corra el balón», y así, en catorce palabras, casi encapsula toda su filosofía de juego. «¡Mira ese de ahí! ¡Ese! ¡Se esconde! ¡Tus compañeros necesitan saber que estás siempre disponible!», puede gritar Pep, señalando con un dedo al culpable. «Antes de pasar el balón, has de saber adónde lo pasarás; si no lo sabes, es mejor que te lo quedes; pásalo a tu portero, pero no se lo entregues al rival.» Se trata de puro sentido común, pero se halla en el corazón mismo de una doctrina exitosa. «El fútbol es el juego más sencillo del mundo; los pies solo tienen que obedecer a la cabeza», se le puede oír a Pep, si bien es más consciente que nadie de que eso no tiene nada de sencillo. Y una cosa más que Guardiola repitió en varias ocasiones tras su jubilación como futbolista: «Algún día seré el entrenador del Barça».

Manel Estiarte había oído esas mismas palabras más de una vez, junto al resto de sus teorías sobre el fútbol, durante las largas charlas en la casa italiana de Manel en Pescara, donde los dos amigos y sus familias pasaban varias semanas juntos casi todos los veranos. Puede que Pescara no sea el lugar más bonito del mundo, pero Estiarte, cuya esposa es italiana, ha tenido residencia allí desde que jugara en el equipo de waterpolo de la ciudad a mediados de los ochenta. Tras retirarse y cada vez que tenía oportunidad, Manel se perdía por Pescara y Pep le acompañaba.

Durante aquellos veranos, las dilatadas y calurosas horas de sol de julio transcurrían despacio para los dos amigos y sus familias, que se dejaban arrastrar por una simple rutina diaria: ocho horas en la playa, ir a casa a refrescarse antes de la cena, un buen vino y largas horas de conversación, que se prolongaban hasta bien entrada la noche, hasta que finalmente tocaba irse a dormir para descansar y poder celebrar el mismo rito al día siguiente. Es para lo que se inventaron las vacaciones.

Por supuesto, hoy en día es mucho más complicado pasar desapercibido; los turistas no pueden evitar fijarse que a escasos metros, sentado en la misma playa, se encuentra el entrenador más famoso del mundo, e inevitablemente se le acercan, quizá para compartir sus recuerdos de un partido, para una foto, para poseer un trozo de Pep. Eso es ahora. Hasta hace poco, Pescara era el escenario ideal para que los amigos pudieran compartir tranquilamente sus sueños, sus planes y arreglar el mundo.

Cuando empezó sus vacaciones veraniegas en Pescara en el 2007, Pep estaba sin trabajo. La experiencia en México y su viaje por Argentina habían concluido, y ya había anunciado su retirada como jugador. Los dos amigos paseaban por la playa cuando Pep dejó caer una bomba:

PEP: Me han ofrecido un trabajo en el Barça.
MANEL: ¡Vaya! ¡El Barça!
PEP: Sí, quieren que sea el director deportivo de la cantera.
MANEL: Bueno, te gusta organizar, ¿no? Además, se te da bien trabajar con niños.
PEP: Ya, sí, pero no sé, no sé…
MANEL: ¿Qué quieres decir con eso de que no lo sabes? ¡Vas a volver al Barça!
PEP: Es solo que… quiero entrenar. Me veo capacitado para hacerlo. Quiero empezar por el filial, ahí mismo.
MANEL: ¿Pero el Barça B no acaba de descender a Tercera División?

Manel recuerda claramente esa conversación y sigue pensando que no valía la pena intentar convencer a su amigo de que quizá fuera una mala idea empezar su carrera profesional de entrenador con un equipo que estaba en la Tercera, porque cuando Pep tomaba una decisión, ya no había marcha atrás. Sin embargo, eso no impidió que otras personas trataran de persuadirlo de no cometer lo que consideraban un error.

Partiendo de una pequeña plaza de Santpedor, el fútbol había llevado a Guardiola por todo el mundo. Fue un largo proceso de formación, iniciado con lágrimas en La Masía, haciendo frente a las críticas y a las derrotas, sueños incumplidos, momentos inolvidables y también sufrimientos, períodos de reflexión, de estudio; fueron tiempos en los que recibió el aliento de la familia, amigos y mentores; de largos viajes en autocar por todo el territorio catalán, una odisea futbolística que lo llevó hasta Wembley, Italia, Oriente Medio, México y Argentina. Una formación basada en su hambre natural por el conocimiento, en largos análisis y charlas detalladas de partidos, ideas, estrategias. Y muchísimas horas escuchando a los que saben.

En el verano del 2007, aunque seguía en la inacabable senda del aprendizaje, Pep se sentía preparado; quería entrenar y sabía cómo hacerlo y con qué recursos.

Txiki Begiristain, el entonces director deportivo del Barcelona, pensaba de otra forma. Txiki veía a Pep como un coordinador, un ideólogo, con capacidad para enseñar y transmitir el modelo de pensamiento del Barça a los jóvenes canteranos. En el cargo que quería ofrecerle en la cantera, Pep sería el responsable de organizar todo el programa de fútbol formativo, seleccionador de jugadores y entrenadores, encargado de supervisar los métodos de entrenamiento y desempeñar un papel clave en el diseño de nuevos sistemas y de las instalaciones que constituirían la nueva sede en sustitución de la vieja Masía.

Begiristain pensaba dejar el club ese mismo verano, un año antes de que se le acabara el contrato, pero cuando se enteró de que Pep estaba considerando la posibilidad de volver al Barcelona, se mostró dispuesto a continuar una temporada más, con Guardiola como su mano derecha y futuro sucesor.

Sin embargo, antes incluso de que Txiki pudiera siquiera pensar en proponer el regreso de Guardiola a Laporta y al resto de la directiva del club, Pep necesitaba tender algunos puentes, empezando por reparar los que se habían roto entre los dos antiguos jugadores del Dream Team, cuya relación había sido prácticamente inexistente en los últimos cuatro años. Pep y Cruyff también llevaban un tiempo distanciados. El maestro y el pupilo apenas se habían vuelto a encontrar cara a cara desde que, en los tiempos en que Pep aún jugaba en el club, ocurriera un incidente justo después de que el holandés abandonara el banquillo. Van Gaal, el nuevo entrenador, se había deshecho de varios jugadores de la cantera —Òscar y Roger García, Albert Celades, Toni Velamazán y Rufete— y Cruyff no podía comprender cómo Guardiola, el capitán, había permitido que eso sucediera sin rechistar. Johan hubiera querido una intervención del futbolista, pero Pep entendía que no era parte de su gestión, que no podía intervenir en las decisiones del entrenador. A Cruyff no le gustó aquella reacción.

Pero había algo más que dividía al antiguo entrenador y al capitán del Dream Team. Cuando Pep aceptó la proposición de Lluís Bassat para ser su director deportivo si ganaba las presidenciales del 2003, su decisión tomó por sorpresa a algunos de los antiguos jugadores del Dream Team —Txiki, Amor y Eusebio—, quienes habían hecho un pacto, con el beneplácito de Johan Cruyff, de no respaldar públicamente a ningún candidato antes de la votación y solamente ofrecer sus servicios al ganador. Los exjugadores tenían la impresión de que Pep formaba parte del grupo, y se sintieron en cierto modo traicionados cuando descubrieron que había optado por apoyar públicamente a Bassat. Laporta (con el soporte de Cruyff en segundo plano) resultó vencedor, lo que dejó a Pep aislado del grupo y, como consecuencia, distanciado de sus antiguos compañeros y del propio Cruyff. Incluso de Laporta.

Una cita con el dentista hizo que Evarist Murtra, uno de los directivos del club y amigo de Guardiola, llegara tarde a la reunión de la junta en la que se había propuesto a Pep como director de la cantera, junto con José Ramón Alexanko. Murtra se perdió la exposición de Txiki Begiristain, cuya propuesta incluía la elección de Luis Enrique como entrenador del Barça B. El directivo pidió educadamente que le resumieran lo que habían dicho y torció el gesto cuando oyó lo que Txiki tenía reservado para Pep. Guardiola acababa de sacarse el carnet de entrenador y le había comentado a Murtra que lo que realmente le apetecía era entrenar. Begiristain abandonó la sala de juntas y Murtra también se ausentó con la excusa de que necesitaba ir al lavabo. Justo antes de que el director deportivo entrara en el ascensor, Murtra le pidió que reconsiderara la propuesta. «Haz el favor de llamar primero a Pep, no vaya a ser que a él lo que le apetezca sea entrenar», le dijo el directivo.

Así que en el verano del 2007 se organizó una reunión entre Txiki y Pep en el hotel Princesa Sofía, muy cerca del Camp Nou, para hablar sobre el posible retorno de Guardiola al club. Begiristain entró en el hotel con el deseo de perdonar y olvidar, con una propuesta en particular y un puesto en mente para Pep.

GUARDIOLA: Gracias por la oferta, pero quiero ser entrenador.
BEGIRISTAIN: ¿Dónde? No hay ningún puesto vacante para ti en el primer equipo, ni siguiera como ayudante de Rijkaard...
GUARDIOLA: Dame el Barça B, en Tercera División.
BEGIRISTAIN: ¿Qué? ¿Te has vuelto loco? ¡Ese equipo no tiene futuro! ¡Es más fácil ganar la Liga con el primer equipo que ascender con el Barça B!
GUARDIOLA: Dame el Barça B; sé lo que tengo que hacer con ellos.
BEGIRISTAIN: Pero el puesto que te estamos ofreciendo es mucho mejor que el de entrenador del filial, y también en términos económicos. Estar a cargo de la academia es más prestigioso. ¡El Barça B está en Tercera División!

En el 2007, el Barça B no gozaba de la misma consideración que tiene ahora. Acababa de descender a Tercera División por primera vez en treinta y cuatro años y se debatía su rol real en la institución. Desde la Tercera Divisón era complicado educar al talento surgido de la cantera.

Pero Pep insistió.

GUARDIOLA: Quiero ser entrenador, quiero entrenar. Dame cualquier equipo, de la categoría que quieras: alevines, infantiles, lo que quieras. Incluso estoy dispuesto a trabajar con los benjamines en un campo de patatas, lo que realmente quiero es entrenar.
BEGIRISTAIN: Estás loco. Te quemarás los dedos, si intentas reflotar al Barça B. Y otra cosa: ¿Qué pensará la afición si relegamos a Pep Guardiola, el icono del club, a un equipo de Tercera División? ¡No tiene sentido!

Pep procedió a explicar con gran detalle sus propuestas para el equipo, el diseño de la escuadra, la clase de entrenamientos y el tipo de sistema que quería implementar.

«Quiero trabajar con esos chicos. Sé que no piden nada y que, en cambio, lo dan todo. Conseguiré que el equipo ascienda», repitió Pep.

Le llevó su tiempo, pero al final, el entusiasmo y las ideas de Pep para el equipo de reserva consiguieron vencer las reticencias de Txiki. El director deportivo salió del hotel y buscó segundas opiniones sobre las cualidades de Pep como entrenador. Habló con los miembros de la organización de la academia que habían compartido el curso de entrenadores con él y también con sus tutores, y todos coincidieron en que Pep había sido uno de los alumnos más brillantes con los que jamás habían tenido la oportunidad de trabajar. Así que Txiki no tardó mucho en tomar una decisión, poco después de la reunión en el Reina Sofía.

Esa mezcla de audacia y genialidad es muy propia de Guardiola. No existen muchos exjugadores de fútbol que hayan rechazado un puesto directivo que implique la supervisión de la organización entera de una academia y pidan en su lugar una oportunidad para entrenar a un equipo de reserva con un rendimiento insuficiente.

«¿Estás seguro de que sabes dónde te metes, Pep?», insistían sus allegados, al enterarse de lo que había sucedido aquella tarde. «La Tercera, menudo infierno; no tiene nada que ver con el fútbol que tú conoces. No vas a transitar por un camino de rosas, precisamente; más bien por uno plagado de obstáculos. ¿De verdad estás seguro?»

Pues sí, estaba seguro. «Yo solo quiero entrenar», era su respuesta.

Tal y como David Trueba escribió: «Pep siempre había tenido claro que la vida consiste en asumir riesgos, cometer errores, pero que sean tus propios errores los que te hagan sufrir, no los de los otros».

No obstante, había que sortear otro obstáculo antes de concretarse su llegada al Barcelona: comunicar la decisión a Luis Enrique, amigo y excompañero de Guardiola. El exinternacional español ya había sido informado por un entusiasta e indiscreto directivo que su nombramiento como entrenador del Barça B para la temporada 2007-2008 iba a ser unánimemente aceptado por el resto de la junta directiva.

La aparición de Pep en escena cambió súbitamente los planes, y Txiki tuvo que comunicarle a Luis Enrique que la decisión había sido revocada.

En muchos sentidos, el círculo de la vida profesional de Pep estaba a punto de cerrarse. El *noi* de Santpedor, que recibió una llamada de La Masía unos veinte años atrás, regresaba ahora al punto de partida. El haber puesto cierta distancia entre él y el club durante unos años permitió que Pep tuviera entonces más que aportar que si se hubiera quedado.

El 21 de junio del 2007, siete meses después de colgar las botas, Pep Guardiola fue presentado como el nuevo entrenador del Barcelona B.

Camp Nou. Sala de prensa, tarde del 21 de julio del 2007

«No he tenido ninguna otra oferta. Nadie me ha llamado. Por ese motivo le estoy tan agradecido al club, porque para mí es un privilegio poder entrenar al Barça B.»

Esas fueron las palabras de Pep a los periodistas que se congregaron para su presentación en el Camp Nou aquel día de verano del 2007. La temporada que estaba a punto de empezar se transformó en algo más que un privilegio: se convirtió en una campaña que definiría las habilidades de Pep como entrenador de fútbol.

En aquella rueda de prensa, Joan Laporta, cuya autoridad estaba en entredicho, recuperaba cierto grado de credibilidad con la recuperación para el club del exjugador, símbolo de la institución. Laporta rescataba su prestigio iluminado por el halo de Pep. Bajo su presidencia el Barça había vuelto a ser una potencia en Europa, campeón de liga en dos ocasiones y también de la Liga de Campeones. Pero el paso del tiempo empañó su imagen: las divisiones internas y acusaciones de algunos de sus excompañeros de junta empezaron a pintar un retrato de un presidente autoritario que había perdido contacto con la realidad.

Por supuesto, que la temporada 2006-2007 acabara sin títulos tampoco ayudaba. El poder es una cosa extraña, y Laporta era el ejemplo perfecto de cómo este puede transformar incluso al individuo más idealista. «Toda mi vida he querido ser Guardiola», dijo el dirigente aquella tarde. Cruyff, más a gusto moviendo los hilos desde la sombra, no hizo acto de presencia, a pesar de que había dado el visto bueno al nombramiento del nuevo entrenador.

El nivel de riesgo que el club asumía respecto a Guardiola era equivalente a la fama del exjugador, pero a Pep no le asustaba un tropiezo. Su discurso durante su presentación a la prensa, aquella fluida cascada de palabras, no fue sino lo que se había estado repitiendo a sí mismo numerosas veces, en la cama, en la piscina en Doha o paseando por las playas de Pescara, soñando despierto:

«Como entrenador, no soy nadie; por eso asumo esta oportunidad con un entusiasmo incontrolable. He venido aquí preparado para ayudar en todo lo que sea necesario. Conozco el club y espero poder contribuir a reforzar la idea de fútbol que todos conocéis a estos jugadores. De hecho, la mejor forma de educarles es hacerles ver que pueden ganar. Espero que esta sensación de privilegio que me invade sea la misma que sientan todos en el equipo», dijo frente a una abarrotada sala de prensa.

A Guardiola le gusta repetir que su verdadera vocación es enseñar: sueña con dedicarse a entrenar a niños, a jóvenes que «todavía escuchan y quieren aprender» cuando se retire del fútbol profesional. Fue ante una audiencia de jóvenes atentos con ganas de aprender donde dio su primera charla como entrenador, a los pocos días de su presentación. Pep recuerda que, para la ocasión, eligió una selección de ideas que representaban su filosofía futbolística.

Les dijo que podía soportar que jugaran mal una y otra vez, pero que exigiría el cien por cien en el campo, en cada partido. Quería que el equipo se comportara como un grupo de profesionales, ni más ni menos, y que fueran competitivos en todo lo que hicieran.

«Nuestro objetivo es el ascenso, y para conseguirlo hemos de ganar, y no lo lograremos sin esfuerzo», alegó. Les señaló que los delanteros necesitarían convertirse en los mejores defensas, y que los defensas tendrían que convertirse en la primera línea de ataque, saliendo desde atrás con el balón controlado.

Y que, pasara lo que pasase, el estilo de juego no era negociable: «Todo el mundo conoce de sobras la filosofía culé, y yo creo en ella, y la siento. Espero ser capaz de transmitirla a todos vosotros. Tenemos que ser ambiciosos para ganar el ascenso; no hay otra forma de conseguir el objetivo. Tenemos que ser capaces de dominar el juego, de dictar lo que ocurre en el campo».

El club había recuperado un activo histórico, pero también un entrenador con hambre y con las ideas claras. Pep era útil para la institución, y no solo porque ganaba partidos sino porque comprendía y aplicaba todo aquello que había aprendido en La Masía, la academia que le había acentuado sus virtudes y moldeado sus defectos.

Pep se rodeó de un equipo de ayudantes en los que sabía que podía confiar, un grupo de compañeros que habían sido inseparables desde la época en que se habían conocido en La Masía: su mano derecha, Tito Vilanova; el fisioterapeuta, Emili Ricart, y el preparador físico, Aureli Altamira.

El grupo no tardó en darse cuenta de que la calidad técnica de los jugadores que conformaban el equipo filial nunca estuvo en entredicho. Gracias a los procesos de selección previos, todos los jugadores de La Masía mostraban una técnica superior a la media, fruto de más de dos décadas priorizando el talento por encima de su condición física.

No obstante, Pep se dio cuenta de que, para conseguir que el equipo tuviera éxito, había que añadir intensidad a su juego e incrementar el rendimiento: por encima de cualquier otra consideración, aprender a ganar. Inculcar un espíritu fieramente competitivo al equipo supuso un punto de inflexión en el fútbol formativo del FC Barcelona. El descenso del filial a Tercera era sintomático de un club al que, pese a seguir una línea deportiva clara, últimamente le faltaba la capacidad de implementarla obteniendo resultados en sus categorías inferiores.

Pep decidió desmantelar el equipo C del Barça, que jugaba en la Tercera, para combinar jugadores de ambas plantillas, incluidos algunos de más de veintiún años durante un par de temporadas antes de ser vendidos, una decisión novedosa que rompía con la tradición de contar únicamente con futbolistas de menor edad: era una medida que automáticamente subía el nivel del grupo. La mezcla de escuadras suponía una drástica reducción de personal, de cincuenta jugadores a solo veintitrés. Así lo explica David Trueba: «Pep quería encontrar equipos para los jugadores que estaba dejando marchar. Tuvo que reunirse con sus padres, contener lágrimas, romper sueños de infancia y vocaciones de unos chicos que pensaban que el fútbol era más importante que la vida misma, que habían dejado los estudios en un segundo plano porque eran muchachos que estaban llamados al éxito. Crear una escuadra era un trabajo de «ladrillos y cemento», de intuición y fortaleza, una labor sucia y desagradecida. De un día para otro, Pep tuvo que decidir si dejaba que un chaval llamado Pedro se marchara al Gavá o si se lo quedaba». Además, debía hacerlo deprisa, después de solo media docena de sesiones de entrenamiento: una tarea arriesgada, que entrañaba, como en cada decisión de un entrenador, la posibilidad de equivocarse. No obstante, como queda dicho, iban a tratarse de sus propios errores.

Guardiola introdujo inmediatamente una serie de hábitos, pautas de entreno, sistemas y metodologías adquiridas a lo largo de su propia experiencia con una amplia variedad de entrenadores. «Prestaba particular atención a los detalles —comenta Trueba—; desde el control de la dieta de los jugadores o el tiempo de descanso y de recuperación, hasta el análisis de los equipos rivales grabando sus partidos y recurriendo a sus ayudantes y al resto del equipo técnico para compilar informes detallados sobre encuentros… ¡en Tercera División! En ocasiones, si Guardiola consideraba que no disponía de suficiente información sobre un rival en particular, iba en persona a ver sus partidos.»

Se volvió tan exigente consigo mismo como lo era con los jugadores y con el resto del equipo técnico que trabajaba cada día con la plantilla. No obstante, insistía en explicar las razones de sus decisiones, parte del proceso de aprendizaje del futbolista. Era el primero en llegar y el último en marcharse; trabajaba mañana y tarde en el campo de entrenamiento. Cualquier aspecto relacionado con el equipo tenía que estar bajo su control: pedía informes diarios así como actualizaciones del estado de toda la plantilla. No dejaba ningún cabo suelto.

Y, cuando era necesario, a pesar de que eso sucediera en contadas ocasiones, no tenía reparos en recordar a los que le rodeaban quién era el jefe.

Mediodía del 6 de diciembre del 2007. El Barça B jugaba en el campo del Masnou y ganaba 0-2 al empezar la segunda parte. Sin embargo, el equipo dejó escapar esa ventaja y acabó empatando. El periodista Luis Martín describe en *El País* lo que pasó aquel día: «Normalmente, Guardiola analiza los encuentros al día siguiente, pero aquella tarde hizo una excepción. "La bronca fue monumental —recuerda uno de los jugadores—. Cerró la puerta del vestuario y nos dijo que muchos de los que estábamos allí no merecíamos defender la camiseta con la que jugábamos, que esos colores representan a mucha gente y muchos sentimientos. Estábamos aterrorizados"».

«La bronca más grande tuvo que ver con una indiscreción —continua Martín—. En octubre, el diario *Sport* desveló una anécdota del vestuario. En una charla, Guardiola puso como ejemplo a los chavales del programa musical *Operación Triunfo*. "Nos dijo que ellos tenían una oportunidad y se mataban por aprovecharla, que teníamos que hacer lo mismo. Más tarde, cuando vio sus palabras escritas en la prensa, se puso como una moto y dijo que divulgar las cosas que se decían en el vestuario era traicionar a los compañeros", explica otro jugador.»

En otra ocasión, Guardiola dejó a Marc Valiente, uno de los capitanes del equipo, en la grada, simplemente por haber salido del gimnasio cinco minutos antes de lo previsto. Según Luís Martín, Guardiola justificó su decisión alegando simplemente: «Si no hay pesas, no hay partido».

Esporádicamente, sus jugadores se unían al equipo de Rijkaard para convocatorias o sesiones de entrenamiento. No obstante, a pesar de su privilegiada posición, Guardiola no desistía en su empeño de hacer de ellos un equipo ejemplar.

En el minuto cuarenta y seis del tercer partido de la temporada, Guardiola retiró a Marc Crosas, exjugador del Glasgow

Celtic. Según uno de los jugadores, «Crosas recibió una dura reprimenda en el descanso por no correr. Tan pronto como perdió el balón en la segunda parte, el entrenador no dudó en sustituirle». Guardiola era consciente del efecto que su decisión tendría en los jugadores más jóvenes en el Barça B, tal como uno de ellos comenta: «Vimos cómo hacía eso con un jugador del primer equipo y pensamos "Si a él le hace eso, ¿qué nos hará a nosotros?"». Los jugadores veteranos, en cambio, comprendieron perfectamente la medida. «Siempre nos ha usado de ejemplo —reconoce uno de ellos—, pero es justo, con nosotros y con los demás.»

Pep estaba hallando soluciones a los problemas del equipo, confiando en su instinto y experiencia para motivar, inspirar y obtener lo mejor de los canteranos. Cuando el equipo se ganó el derecho a luchar por el ascenso, les dijo: «Hemos llegado hasta aquí juntos. Ahora depende de vosotros subir de categoría». Aunque uno de sus métodos de motivación resultó bastante caro: «Nos dijo que cada vez que ganáramos tres partidos seguidos nos invitaba a comer. Ha pagado tres comidas. ¡Se ha dejado una fortuna!», recuerda un jugador.

Las comidas del equipo no fueron su único gasto: Guardiola también tuvo que pagar multas por tres tarjetas rojas. De vez en cuando el Guardiola frío, sosegado y circunspecto dejaba paso a otro que cohabita con él, uno más pasional, menos paciente. No tardó en decidir que en vez de intentar reprimir sus emociones junto a la línea de banda, las expresaría en italiano, para que los jueces de línea no pudieran entender la retahíla de insultos que les lanzaba desde el banquillo.

Sus métodos de motivación adoptaban frecuentemente la forma de retos. Cuando Gay Assulin regresó de su debut con la selección absoluta de Israel, Pep —rememorando algo que una vez Cruyff le dijo a él— desafió al jugador: «Este fin de semana, juegas y tienes que marcar». Assulin asistió en dos tantos y marcó el tercero. «Nos lo hace mucho. Nos pone retos. Si te esfuerzas, tienes premio», recuerda otro jugador.

«Esto no es Tercera, es el filial del Barça. Y aquí no juega cualquiera», les dijo un día a sus futbolistas, tal como Luis Martín cuenta en *El País*. No obstante, el honor de jugar en el club blaugrana iba más allá de defender la camiseta los días de partido. Pep exigía el máximo rendimiento y el mejor comportamiento en todo momento, tanto dentro como fuera del campo. Prohibió el uso de teléfonos móviles en la ciudad deportiva del Barcelona y en los autocares; penalizaba a los jugadores con 120 euros si llegaban tarde al entreno, y tenían que respetar a rajatabla el toque de queda de las doce: si los pillaban infringiendo la norma una vez, 1.500 euros de multa; la segunda vez, la multa ascendía a 3.000 euros. A la tercera, de patitas en la calle.

Los días de partidos tenían también su ritual. Se practicaba la estrategia antes del encuentro; si se jugaba fuera, los jugadores comían en La Masía; si el partido era en el Miniestadi, cada uno almorzaba en casa.

Una vez, un excompañero le preguntó a Carles Busquets, entrenador de porteros en el filial, qué tal era eso de tener a Guardiola por jefe: «¿Pep? —respondió— Estarías acojonado. Sabe lo que hace». De hecho, solo ahora se atreve a admitir que de vez en cuando se escapaba al aparcamiento a fumar un cigarrillo a escondidas, porque Pep les había prohibido fumar cerca del vestuario.

Que Guardiola se mostrara impaciente por probarse a sí mismo y su filosofía de juego cuatro divisiones por debajo de la élite obedecía, entre otras cosas, a su deseo por confirmar una teoría personal: un equipo de reserva, modesto, es como cualquier otro, y podía servir como la mejor escuela de fútbol. Todos los equipos se comportan, reaccionan y responden del mismo modo. Tanto si son superestrellas como si no, siempre hay un jugador celoso de un compañero, otro que invariablemente llega tarde, el bromista de turno, el obediente que teme los castigos y que está más que dispuesto a transigir, uno callado, otro rebelde… Entrenar al filial fue, además, una experiencia educativa para el propio Pep al tener que preparar a la plantilla para un rival distinto cada vez: algunos juegan de forma ofensiva, otros le esperaban en su propia área y contraatacaban… Trabajar con el Barça B le brindó a Guardiola la oportunidad perfecta para buscar y encontrar soluciones a la clase de problemas que encontraría en un equipo con un perfil superior. Además, le permitió hacerlo lejos de los focos y del asedio de los medios de comunicación.

Al mismo tiempo, Pep era lo bastante humilde como para reconocer que no gozaba de suficiente experiencia en determinadas áreas, sobre todo en aspectos defensivos. Su amigo y entrenador Juanma Lillo veía todos los partidos del segundo equipo del Barça y, al finalizar, Guardiola le llamaba para plantearle dudas sobre el uso del espacio por parte de sus jugadores, por el comportamiento de los que no habían tocado el balón, por la resolución de la estrategia…

Rodolf Borrell, hoy en el Liverpool FC, era en esa época entrenador de una de las categorías de fútbol formativo en el Barcelona, y todas las semanas Guardiola acudía a sus sesiones de entrenamiento para observar y aprender de sus conceptos defensivos y de estrategia.

El entusiasmo de Pep era contagioso, y su presencia significaba un soplo de aire fresco en la ciudad deportiva del Barça; además, Pep también otorgó al filial cierto grado de credibilidad. Después de todo, si Guardiola estaba involucrado en el proyecto, todo tenía más peso, más trascendencia, y esa seriedad se trasladó a todas las áreas de la cantera. Si el Barça B había recibido hasta entonces un trato negligente, la influencia de Guardiola consiguió transformar su imagen, sacudiéndole las telarañas y elevando su perfil, a la vez que introducía un régimen de profesionalidad inexistente incluso en el primer equipo.

Especialmente en el primer equipo.

El filial podría haber continuado siendo un simple taller en el patio trasero del club, pero Guardiola estaba decidido a conseguir que marcara la pauta.

Perdieron su primer amistoso con Pep como entrenador contra el Banyoles, en un pequeño campo con césped artificial. Esta derrota y un tambaleante inicio en la competición fueron suficientes para que los medios de comunicación empezaran a disparar su primeras balas disidentes. Guardiola «tenía más estilo que fuerza», escribió un periodista. De pronto se convirtió en un cliché decir que Pep, quien como jugador leía y distribuía copias de *Los puentes de Madison* a sus compañeros del Dream Team, no tendría fuerza y autoridad suficientes como para modelar a un equipo ganador en las canchas de césped artificial y un tanto descuidadas de los campos de Tercera División.

Pep fue a ver a Johan Cruyff poco después de algunos resultados adversos, unas visitas que repetiría con frecuencia a partir de entonces, cada vez que necesitaba consejo. «Tengo un problema —le dijo a su mentor—, estoy con unos chicos a los que no sé si puedo controlar; no escuchan lo que les digo, y eso afecta al modo en que el resto de la plantilla recibe mis mensajes. El problema es que se trata de dos de los líderes del vestuario, que además son los mejores jugadores. Sin ellos en la plantilla, perderé.» La respuesta de Cruyff fue tajante: «Deshazte de ellos. Posiblemente perderás uno o dos partidos, pero luego empezarás a ganar, y lo harás sin esos dos cabrones».

Pep se deshizo de los dos, estableciendo de ese modo su autoridad en el vestuario y enviando un claro mensaje al resto. El equipo empezó a jugar mejor y a ganar, especialmente después de que Pep fichara a Chico, del Cádiz y hoy en el Swansea, un jugador identificado por Tito Vilanova como el defensa central que necesitaba el equipo. La alineación del filial incluía a Pedro y, en la segunda mitad de la temporada, habitualmente a Sergio Busquets, quien se abrió camino desde el banquillo para convertirse en el mejor jugador de la temporada. Dos años después se convertirían en Campeones del Mundo.

Txiki Begiristain fue testigo de la progresión del Barça B de Pep a lo largo de la temporada; siguió más partidos del equipo filial en el Miniestadi que en sus cuatro años anteriores como director deportivo en el club. Creía en Guardiola, y se percató de que estaba asistiendo a la aplicación de una serie de ingredientes futbolísticos que podían usarse fácilmente en el primer equipo: variaciones en la formación, por ejemplo. En lugar de jugar según el sistema más común en el Barcelona, 4-3-3, algunas veces Pep recurría a un 3-4-3 que apenas se había visto desde los días del Dream Team y, posteriormente, solo en contadas ocasiones, con Van Gaal. Otras veces, Pep jugaba con un falso nueve; incluso a veces utilizaba a Busquets, un centrocampista, como ariete por delante de tres mediapuntas.

Esa actitud extrema de Pep desde la banda (corrigiendo constantemente, sin parar de gesticular, tratando cada partido como si fuera el último, centrado en su trabajo, apasionado) así como su comportamiento fuera del campo (encargándose de que todos los miembros del equipo comieran juntos, analizando minuciosamente los partidos y a los jugadores rivales, algo nunca visto en esa época en Tercera División) sugerían que era un líder, un entrenador capacitado para entrenar a cualquier nivel. A cualquier equipo.

A medida que avanzaban los meses, Txiki se iba convenciendo de que cualquier táctica, cualquier análisis de Pep podía, si era necesario, aplicarse al primer equipo. El Barça B terminó la temporada como campeón de Liga, lo que le permitió jugar los *play-offs* de ascenso a Segunda División B.

La gente empezó a fijarse en los logros de Guardiola, no solo en el club, donde Pep estaba adquiriendo rápidamente una creciente legión de admiradores, sino más allá de las fronteras del Barcelona. Juanma Lillo era uno de ellos: «Lo que Pep consiguió con el Barça B es todavía más meritorio que lo que hizo más tarde con el primer equipo. Solo hay que ver cómo jugaba el equipo al principio de la temporada con jugadores "terrestres, de carne y hueso", y cómo acabaron jugando al final. El grupo progresó como unidad, pero también lo hizo cada jugador de forma individual. Todavía me río cuando recuerdo que decían que era demasiado inexperto para asumir el control del Barça B, y mucho menos del primer equipo».

Y, cómo no, mientras todo esto sucedía, mientras el Barça B mejoraba y se comportaba como una plantilla profesional, el primer equipo estaba sufriendo un declive inexorable. Y el club empezó a buscar un reemplazo para Rijkaard.

Asientos delanteros del avión que llevaba al primer equipo a China, verano del 2007

Para el equipo de Rijkaard, la temporada 2007-2008, que estaba siendo testigo de una revolución en el filial, había empezado de forma alarmante, muy similar a la campaña anterior, que había acabado sin títulos. Las críticas llegaban desde diferentes sectores y, a medida que fue avanzando la temporada, el entrenador fue perdiendo gradualmente el respeto en el vestuario.

Entretanto, Ronaldinho se estaba volviendo cada vez más introvertido y ya no aceptaba órdenes de nadie. Detrás de los partes médicos que declaraban que el jugador sufría una «gastroenteritis», el club empezó a ocultar sus ausencias en las sesiones de entrenamiento. A mitad de temporada, Ronaldinho había estado más veces «en el gimnasio» o «indispuesto» que entrenando.

Como explica Lluís Canut en su retrato de aquella época en *Els secrets del Barça*, a menudo el brasileño llegaba al vestuario con la misma ropa del día anterior, después de haber estado toda la noche de juerga. Frecuentemente, durante el entreno, se le podía ver durmiendo en una camilla de masaje en alguna de las salas a oscuras. Para empeorar más las cosas, la relación que mantenía Ronaldinho con una de las hijas de Rijkaard acabó por ser de dominio público.

En más de una ocasión, Deco se presentó al entrenamiento sin haber dormido porque había tenido que llevar a su hijo enfermo al hospital. Aunque dar prioridad a la salud de su familia sobre su trabajo quizá no fuera el mayor de los pecados, su separación, uno de los diez divorcios que vivió la plantilla por aquel entonces, no le ayudaba a estar centrado en su profesión. Rafa Márquez también se escapaba a menudo después de entrenar para ir a ver a su novia, Jaydy Mitchell, y se quedaba a dormir con ella, lo cual no habría supuesto ningún problema de no ser porque Jaydy vivía en Madrid. Thiago Motta se montó tal farra en una ocasión que una noche acabó por convertirse en dos, y el club tuvo que, literalmente, enviar a un equipo de salvamento a descubrir su paradero. En esa ocasión, el brasileño no escapó al castigo, convirtiéndose de ese modo en cabeza de turco de otro jugador que se estaba ganando una reputación por sus habilidades con la samba: Ronaldinho.

Tras perder 0-1 frente al Real Madrid en el Camp Nou, el Barcelona se colocó siete puntos por detrás de los madridistas, que lideraban la tabla de clasificación. Había transcurrido solamente media temporada, pero en la junta directiva empezaba a triunfar la idea de que era necesario un cambio, medidas drásticas, que lo mejor era prescindir de los jugadores indisciplinados —Ronaldinho, Deco y Eto'o— y ceder el control del vestuario a una generación más joven, más aguerrida, más ambiciosa, liderada por Lionel Messi. También se dudaba de Rijkaard para dirigir el nuevo orden de cosas. El presidente era ya el único que apoyaba al técnico holandés tanto en público como en privado.

Extraoficialmente, Guardiola estaba al corriente de la situación, informado por varios jugadores del primer equipo y algunos aliados de Laporta. Un amigo incluso le comentó a Pep en octubre que la posibilidad de nombrarle entrenador del primer equipo se consideraba entre bambalinas: «Tu nombre no ha salido oficialmente en la reunión de la junta, y yo nunca te he dicho nada, pero lo más probable es que seas designado primer entrenador del Barça la próxima temporada».

A principios de noviembre, en una reunión uno de los directivos mencionó por primera vez el nombre de Guardiola para reemplazar a Rijkaard. Pero Txiki Begiristain no quería cambiar de entrenador con la temporada avanzada: demasiada responsabilidad para un entrenador relativamente inexperto.

No todos se mostraron de acuerdo con Txiki. Johan Cruyff estaba convencido de que no había otra salida y que el cambio era obligado; para qué perder el tiempo. Después de descartar a Marco Van Basten —que estaba a punto de firmar un contrato con el Ajax— Cruyff se reunió con Txiki para hablar del potencial de Pep. A continuación, el exentrenador del Dream Team fue al Miniestadi: quería ver a Guardiola en directo, descubrir de primera mano qué estaba haciendo con el Barça B. Después de almorzar con él envió un mensaje. A Laporta: «Pep está listo. Tiene una visión del fútbol absolutamente clara». El presidente no estaba totalmente seguro; a pesar de todas las evidencias, todavía creía, esperaba, que Rijkaard pudiera reaccionar y reflotar la magia de Ronaldinho y compañía.

A medida que la indisciplina y la complacencia se volvían cada vez más intolerables para todo el mundo, ciertos directivos y un creciente contingente de la prensa empezaron a insistir en que solo había un hombre capaz de restablecer el orden en el Camp Nou. No se referían a Pep Guardiola, sino a José Mourinho. Alegaban que el técnico del Chelsea tenía la fuerte personalidad y el coraje necesarios para tomar las necesarias y dolorosas decisiones que necesitaba la plantilla. Si eso significaba un cambio en la filosofía de juego del club, se escribía, pues nada, adelante: en tiempos revueltos, medidas drásticas. Además, Mourinho siempre había soñado con regresar al Barcelona.

El 27 de noviembre del 2007, el Barça empató 2-2 contra el Lyon y se clasificó para los octavos de final de la Liga de Campeones de manera poco convincente, cometiendo errores defensivos y regalando un penalti innecesario. Rijkaard, nervioso, fue expulsado por primera vez desde que iniciara su labor en el equipo azulgrana.

Aquel día, los gestores deportivos tomaron una importante decisión: Rijkaard, a quien todavía le quedaba un año de contrato, tenía que irse.

Laporta seguía dudando pero, para no dejar cabos sueltos, Marc Ingla (el vicepresidente) y Txiki Begiristain trazaron un plan B. Ingla, empresario de éxito con experiencia en marketing, quería enfocar el proceso de selección del mismo modo que lo haría cualquier corporación importante que se propusiera contratar a un alto ejecutivo: utilizando criterios analíticos y metódicos, con una fase posterior de entrevistas, antes de realizar el nombramiento. Se trataba de un enfoque novedoso en el mundo del fútbol español.

Se trazó el perfil que debía tener el nuevo entrenador. Tal como Luis Martín detalló en *El País*: «El candidato tenía que respetar el estilo de juego heredado de Rijkaard; fomentar el valor del trabajo y la solidaridad (la individualidad al servicio del equipo); gestionar de cerca las actividades que afectaran al rendimiento; supervisar el trabajo de cantera; enfatizar el trabajo físico, en la preparación y la recuperación; realizar una gestión activa del vestuario; poseer conocimientos de la Liga, del club y de su entorno, así como ser respetuoso con el rival». Además, el nuevo técnico del banquillo azulgrana debería sentir los colores del club y poseer un buen conocimiento de sus valores, su relevancia y su historia.

Ingla y Begiristain redactaron una larga lista de candidatos potenciales. Manuel Pellegrini, Arsène Wenger y Michael Laudrup no superaron la primera criba. Al final, la lista quedó limitada a tres nombres: Ernesto Valverde, entrenador del Espanyol y exjugador del Barça, Pep Guardiola y José Mourinho. El nombre de Valverde pronto quedó descartado cuando fue evidente que muy pocos miembros de la junta pensaban brindarle su apoyo. Solo quedaban Guardiola y Mourinho.

Uno carecía de experiencia, pero estaba obrando milagros en el filial azulgrana y era un culé declarado; en cuanto al segundo, quizá por sus venas no corriera el ADN del club, pero había crecido en el Barcelona y cumplía con el resto de los requisitos. Además contaba con el apoyo de varios miembros importantes de la junta, incluyendo a otro empresario, Ferran Soriano, vicepresidente económico del club y hoy director ejecutivo del Manchester City, que en aquella época admitió en privado: «La marca Mou, sumada a la marca Barça, proporcionan al producto un reclamo de enorme potencial».

En enero de 2008, Marc Ingla y Txiki Begiristain insistieron en mantener una reunión con Mourinho, y viajaron a Portugal para entrevistarse con él y su representante, Jorge Mendes, quien mantenía una buena relación con el club porque también representaba a Deco y Rafa Márquez.

La reunión se llevó a cabo en una sucursal de un famoso banco de Lisboa, un local que sugirió Mendes para evitar cualquier atención indeseada. El vuelo de Txiki se retrasó, y cuando llegó, vio que Ingla ya había empezado la reunión con el representante portugués y José Mourinho. Este entregó a los directivos del Barça un lápiz de memoria que contenía un resumen de su proyecto deportivo y estratégico para el Barça.

El informe revelaba cómo pensaba evolucionar su clásico 4-3-3 usando un medio campo diferente, similar al que Mouri nho había dejado como herencia en el Chelsea con jugadores como Essien, Makelele y Lampard. También incluía una lista de fichajes potenciales y los nombres de los que sobraban en la plantilla de entonces. Mourinho incluso había perfilado una breve lista de candidatos que consideraba ideales para asistirle: Luis Enrique, Sergi Barjuan, Albert Ferrer e incluso Pep Guardiola. Quedaba claro que Mourinho conocía al dedillo el club azulgrana: su ayudante André Villas-Boas, visitante habitual del Camp Nou, había recopilado detallados informes que le sirvieron para intentar vender su idea.

Mourinho dijo a los enviados del Barça que sentía la tensión creada entre el Chelsea y los azulgranas tras varios enfrentamientos entre ambos clubs en la Liga de Campeones, pero que determinadas reacciones suyas ante los medios de comunicación eran un mal necesario, un factor vital en el engranaje psicológico que él usaba para ganar partidos de fútbol. Mourinho explicó cómo, para él, un partido empieza y frecuentemente termina en la sala de prensa.

Era la primera vez que Ingla y Begiristain se sentaban cara a cara con José Mourinho, y los dos se quedaron impresionados por su carisma y su clara metodología futbolística. Regresaron a Barcelona con una impresión positiva, a pesar de las condiciones financieras de Mourinho: quería un contrato de dos años, 9 millones de euros por temporada y 1 millón de euros para cada uno de sus ayudantes.

Pero entre los directivos se volvía siempre al asunto de los medios: no les acababa de encajar que Mourinho continuara librando sus batallas de guerra psicológica tanto dentro como fuera del terreno de juego. Estaban indecisos; les gustaba Mourinho cara a cara, pero les inquietaba su doble personalidad; les costaba comprender cómo podía ser una persona tan encantadora en privado y que, al mismo tiempo, no le importara cultivar una imagen pública irrespetuosa si consideraba que era la forma correcta de luchar por «su» equipo. Recordaban claramente sus injustas denuncias contra Frank Rijkaard (acusó al entrenador del Barça de entrar, durante el descanso en el Camp Nou, en el vestuario del árbitro Anders Frisk, en el partido de ida de los octavos de final de la Champions que el Chelsea perdió por 2-1).

A pesar de las buenas sensaciones, Begiristain pronto llegó a la conclusión de que Guardiola era el hombre idóneo para el puesto, y gradualmente consiguió convencer al resto de sus compañeros, incluido Marc Ingla, de que la inexperiencia de Pep no supondría ningún obstáculo. Algunos no necesitaban ser convencidos; Johan Cruyff nunca había querido a Mourinho en el club, y el viejo amigo de Pep y vocal de la junta directiva, Evarist Murtra, tampoco dudaba de Guardiola.

Entonces sucedió algo que dio el golpe de gracia a la candidatura de Mourinho: los círculos más cercanos del entrenador luso filtraron la noticia de la reunión en Lisboa. Eso le proporcionó al Barça la excusa perfecta para descartarlo definitivamente. De todos modos, no fue una decisión sencilla, tal y como Ingla admite ahora: «No estábamos totalmente decididos a descartar a Mou como entrenador del Barça». El portugués, después de esperar una propuesta por parte del Barcelona que nunca llegó, firmó aquel verano un contrato con el Inter de Milán.

Txiki, apoyado por José Ramón Alexanko, director de la cantera del Barça, comunicó al resto del equipo directivo que su primera elección era Pep. «Les expliqué por qué quería a Guardiola, en lugar de por qué no quería a otro entrenador», recuerda Begiristain. Aclaró a la junta que era consciente de los riesgos que comportaba la breve experiencia de Pep como entrenador, pero que, como célebre exjugador del Barça y capitán, comprendía el club y a los jugadores mejor que nadie. Txiki también les explicó que Guardiola sabía cómo tratar con los medios de comunicación, que comprendía la mentalidad catalana y que era capaz de hacer frente a disputas internas y públicas. Y por si eso no fuera suficiente, todas las señales indicaban que iba a terminar por convertirse en un extraordinario entrenador.

Txiki, seguro de que finalmente la junta directiva lo respaldaría, incluso le comentó a Rijkaard que Mourinho no sería el siguiente entrenador, tal como habían pronosticado los medios de comunicación, y que se quedaría muy sorprendido cuando descubriera de quién se trataba.

En marzo de 2008, el FC Barcelona y los miembros clave de la junta directiva habían tomado una decisión: Rijkaard tenía que irse, y el reemplazo ideal estaba justo delante de sus narices. Guardiola iba a ser el elegido.

Ahora solo quedaba convencer a Laporta, el presidente.

A partir del mes de enero de aquella temporada, Joan Laporta acompañó a Txiki y a Johan Cruyff a ver varios partidos del segundo equipo azulgrana. Pep notaba todas las miradas puestas en él, pero ni siquiera él mismo tenía la certeza de ser la mejor solución para el primer equipo. De hecho, después de ver cómo el Barça vencía merecidamente por 2-3 al Celtic en Glasgow en un partido de Champions celebrado en febrero, en una gran demostración de poderío y clase, en un campo que hacía años que no veía una derrota local, Pep se preguntó si aquello no sería un punto de inflexión para el equipo de Rijkaard. Así lo expuso a varias personas cercanas a la directiva del Barça: creía sinceramente que el grupo estaba recuperando su mejor juego y que debían seguir con el entrenador holandés.

Pero poco después, Deco y Messi se lesionaron y el equipo empezó a decaer de nuevo. Entonces sucedió lo impensable, la peor pesadilla para cualquier seguidor y jugador del Barça: el destino quiso que el primer partido después de que el Real Madrid se proclamara matemáticamente campeón de Liga fuera contra su eterno rival. Eso significaba que los jugadores del Barça tendrían que soportar una última humillación y hacer el pasillo al equipo blanco ante un Bernabéu extasiado. En un acto que fue interpretado como un abandono a sus compañeros de equipo, Deco y Eto'o vieron la posibilidad de saltarse el viaje a Madrid al recibir una cuestionable tarjeta amarilla en el partido previo contra el Valencia, la quinta en la temporada, con su consiguiente partido de suspensión. No engañaron a nadie.

Los jugadores de más calado en el equipo, los talentos de la cantera azulgrana, dijeron basta: querían un cambio, querían a Guardiola, savia nueva, abrir las ventanas, airear el ambiente. En varias ocasiones, algunos futbolistas veteranos llegaron a hablar con Joan Laporta para explicarle la insostenible situación en el vestuario.

La intervención de dichos jugadores en el día a día del club ayudó a evitar que el grupo se desmoronara. Junto con Puyol y Xavi, jugadores como Iniesta, Valdés e incluso Messi, asumieron mucha responsabilidad y trabajaron duro para restablecer el orgullo y el orden. Fue un momento significativo en la carrera y el desarrollo profesional de Lionel Messi, que había empezado en el primer equipo con la fama de ser el protegido de Ronaldinho, pero a medida que el brasileño se tornaba cada vez más caprichoso, Messi evitó la amenaza de ser arrastrado por la misma corriente destructora y buscó mentores más responsables, como Xavi y Puyol. Una elección acertada.

Guardiola no podía evitar ser testigo de la profundidad real del desorden en el primer equipo. Era consciente de la situación, estaba informado por los jugadores veteranos, y algunas evidencias del caos empezaron a filtrarse a la prensa. Al final, también Pep llegó a la conclusión de que el Barça necesitaba un cambio el día en que el filial jugó un partido a puerta cerrada contra el primer equipo. Guardiola descubrió a Rijkaard fumando un cigarrillo, uno de sus hábitos. Ronaldinho fue reemplazado a los diez minutos, Deco acusaba un gran cansancio, y los jugadores del Barça B, todavía en Tercera División, estaban mareando a los mayores. Uno de los ayudantes de Rijkaard se acercó a Guardiola y le pidió que ordenara a sus jugadores que bajaran un poco el ritmo. Pep había dudado de su preparación para dirigir el primer equipo, pero le quedó claro, tras esa sesión, que podía ayudar a enderezar el rumbo.

Con el propio Guardiola finalmente a bordo, faltaba convencer al presidente.

Joan Laporta mantenía su lealtad a Rijkaard y a los *cracks* que le habían proporcionado tantas alegrías, la culminación de un sueño, en la final de la Liga de Campeones en París unos años antes, la segunda Copa de Europa para la institución. Quería ser recordado como un presidente que había conservado la fe en un solo entrenador durante todo su mandato. Además, tenía un comprensible temor de ceder el control de uno de los clubes más importantes del mundo a un hombre cuya experiencia como entrenador se limitaba a ocho meses con un equipo que competía cuatro divisiones por debajo.

Aunque Laporta sabía que el resto de la junta mostraba su apoyo al neófito, tenía por otro lado defensores de José Mouri nho, amigos y periodistas, que le recomendaban ignorar la propuesta de Txiki: «No lo hagas, Joan. Es un suicidio, un verdadero disparate», le decían. Además, en una ciudad como Barcelona, donde las influencias políticas son tan importantes, se daba la circunstancia de que Pep había apoyado a su rival en las elecciones del 2003. Pocas cosas se olvidan en el Camp Nou, y menos una «traición» parecida. Aun así, el presidente finalmente cedió y aceptó invitar a Pep a cenar para hablar del futuro.

En febrero de 2008, Laporta y Guardiola se reunieron en el restaurante Drolma del Hotel Majestic, en el centro de Barcelona, un local con una estrella Michelin que se convertiría en el escenario de uno de los momentos decisivos en la historia del club.

Después de que los dos hubieran dado cuenta de una botella y media de buen vino, Laporta finalmente se sintió listo para abordar el tema. Según el periodista deportivo Jordi Pons, experto en el Barça, la conversación discurrió así:

«En principio, si todo va bien, Frank Rijkaard seguirá dirigiendo el equipo, pero si no, hemos pensado en ti. Tú serías el sustituto», sugirió el presidente, tanteando el terreno.

«Si Frank no sigue...», reflexionó Pep en voz alta.

«Tal como están las cosas, Rijkaard seguirá si el equipo se clasifica para la final de la Copa de Europa. Pero si se marcha, tú serás el entrenador del primer equipo», aclaró Laporta.

«¡No tendrás los cojones de hacerlo!», espetó Guardiola, mirando a Joan a los ojos, convencido. Esas palabras se convertirían en el título de un fascinante recuento de la personalidad de Pep escrito por Jordi Pons. Pep recuerda que el vino que tomó esa noche pudo tener algo que ver con esa reacción.

«¿Pero aceptarías o no?»

Pep le dispensó al presidente una de sus emblemáticas sonrisas pícaras, de esas que frecuentemente hemos visto en ruedas de prensa y que tiempo atrás sacaran a un chiquillo espigado de cualquier atolladero en una plaza de pueblo, en Santpedor.

«Sí —respondió Pep—, lo haría. Y sabes que te ganaría la Liga.»

Al día siguiente, la audacia de Pep estaba dando paso a un mar de dudas. Necesitaba desahogarse. Buscó a su ayudante, a su amigo: «Si echan a Frank, quieren que me encargue del primer equipo. ¿Crees que estamos listos?», le dijo a Tito Vilanova. Su amigo no dudó en contestar: «¿Tú? ¡Estás más que preparado!».

Tal y como le había dicho a Guardiola durante la cena, Laporta le presentó a Rijkaard un ultimátum: necesitaba ganar la Copa de Europa para salvar su puesto en el Barça. En ese momento, el holandés, que ya sabía que Pep era el elegido para reemplazarle, respondió con un gesto generoso que ilustra perfectamente por qué se ganó el amor y respeto de tantos, incluyendo a su presidente. Rijkaard sugirió que, por el bien del club, sería una gran idea incluir inmediatamente a Pep en el cuerpo técnico del primer equipo para suavizar la transición y preparar la siguiente temporada. Pero Pep prefirió quedarse a terminar su trabajo con el Barça B.

Mientras tanto, Ingla y Txiki trazaron un plan para lo que restaba de temporada. Hablaron y consultaron simultáneamente a Rijkaard y Pep sobre futbolistas, altas y bajas y, sobre todo, necesitaban discutir con los dos la extensión de los cambios necesarios, de metodología, de dinámica de grupo, para recuperar el camino. El objetivo principal era profesionalizar el primer equipo, recuperar el hambre. Con el visto bueno de ambos entrenadores, se intensificaron las negociaciones por Seydou Keita, Dani Alves, Alexander Hleb, Gerard Piqué y Martín Cáceres.

A la vez, la situación en el vestuario no mejoraba.

Ronaldinho había desaparecido de la alineación y ya ni se le veía en el banquillo. Jugó su último partido con la camiseta del Barça ante el Villarreal, en una derrota por 1-2, dos meses antes del final de la segunda temporada sin títulos. Una serie de lesiones sospechosas sirvieron para excusar las ausencias de Ronnie, y durante ese período, se le veía con más frecuencia en la Sala Bikini que en el Camp Nou.

El jugador brasileño también se perdió las semifinales de la Champions contra el Manchester United a finales de abril. El Barça no pudo pasar del empate a cero en casa, y más tarde, en Old Trafford, el gol de Paul Scholes dio la victoria al United por 1-0. El Barcelona caía en el penúltimo obstáculo. Inmediatamente después, en la sala de embarque del aeropuerto de Manchester, de vuelta a casa, la inminente marcha de Frank Rij kaard era ya un hecho. En una punta de la sala estaba Laporta, visiblemente preocupado y enzarzado en una encendida discusión con Ingla y Begiristain y, justo al otro lado, estaba el entrenador holandés, solo.

Cinco días más tarde, la junta directiva decidió formalmente nombrar a Pep Guardiola nuevo técnico del FC Barcelona. Era la primera vez que un chaval de La Masía, que había pasado por todas las categorías del fútbol formativo, se iba a hacer cargo del primer equipo. El 6 de mayo, Laporta le pidió a Evarist Murtra, amigo de Pep y director del club, que lo acompañara a la clínica Dexeus para felicitar a Guardiola por el nacimiento de su tercera hija, Valentina. Fue allí donde le comunicó que sería el próximo entrenador del Barça.

Cristina, la esposa de Pep, mostró su preocupación. Era inevitable: no había olvidado la dureza de la marcha como futbolista, el dolor. Pep la tranquilizó: «Saldrá bien, ya lo verás; todo saldrá bien».

Pep, en su línea, no le contó a nadie la promoción; ni tan solo avisó a sus padres de que estaba a punto de ver cumplido su sueño hasta poco antes de que Laporta hiciera el anuncio oficial..., dos días después.

«El día en que el acuerdo sea definitivo serás el primero en enterarte —le dijo Pep a Valentí, quien, como el resto de culés, había oído rumores—. Mientras tanto, preocúpate solo por el Barça B.»

El 8 de mayo de 2008, con la temporada todavía inacabada para Rijkaard, pero con el visto bueno del holandés, Laporta lanzó un comunicado oficial: Josep Guardiola i Sala sería el nuevo entrenador del primer equipo. Fue a la mañana siguiente de haber hecho el pasillo al Real Madrid en el Bernabéu.

«Se lo hemos propuesto por sus conocimientos futbolísticos —explicó Laporta a la prensa—. Sabe mucho sobre este club y es un fan absoluto del juego de ataque. De hecho, Pep encarna la esencia del Dream Team. Tiene talento, pero a la vez es educado, siempre alerta, con una curiosidad insaciable, siempre está pensando en el fútbol. El estilo que siempre nos ha gustado en el Barça.»

Curiosamente, Pep no estuvo siquiera presente en la rueda de prensa de Laporta, y el club había anunciado públicamente el contrato con el nuevo entrenador sin haber ultimado los detalles de la negociación. No es que la cuestión económica fuera a suponer un problema entre Guardiola y el Camp Nou —le habían ofrecido un contrato de dos años y él había aceptado—. Su representante, Josep Maria Orobitg, intentó negociar un tercer año y un bono único por ganar los tres títulos más importantes, pero no llegaron a un acuerdo. Esa decisión le iba a salir cara al Barcelona.

«Hagas lo que hagas, será bueno para mí», le comentó Pep a su representante. Él solo quería un acuerdo justo y estuvo de acuerdo en cobrar una modesta cantidad fija más variables. De hecho, sin los extras, se iba a convertir en el cuarto entrenador peor pagado de la Liga. Qué más da. «Si lo hago bien, me recompensarán; si no lo hago bien, no seré bueno para ellos. En ese caso, me iré a casa y me dedicaré a jugar al golf», le dijo Pep a Orobitg.

La presentación oficial a los medios de comunicación se iba a realizar en junio, con la temporada finalizada, esta vez con Guardiola presente: había que concluir primero el trabajo iniciado con el Barça B. El filial había conseguido ganar 1-0 al Europa en casa, en el último partido de Liga, y se proclamó campeón del grupo V de la Tercera División, pero todavía necesitaba afianzar una plaza en la Segunda División B a través de los *play-offs*. Tras superar de forma impresionante dos eliminatorias ante el Castillo en Gran Canaria y el Barbastro, el ascenso estaba asegurado.

El 17 de junio, en la Sala París del Camp Nou, Pep Guardiola, con treinta y siete años, fue oficialmente presentado como el nuevo entrenador del FC Barcelona. De camino hacia la sala, un Pep confiado volvió a repetir a un Laporta nervioso: «Relájate. Estás haciendo lo correcto. Ganaremos la Liga».

El presidente tenía motivos de sobra para estar preocupado. A pesar de la absoluta seguridad de Guardiola, a pesar de la fe depositada en el nuevo entrenador por los cerebros privilegiados del club, la apuesta era considerable, entrañaba bastante riesgo y eran tiempos difíciles para el presidente de una institución que parecía estancada. El conjunto que había deslumbrado a Europa un par de años antes, se había derrumbado espectacularmente y necesitaba una reforma total. Era necesario adoptar decisiones valientes sobre algunas de las figuras más grandes del fútbol, y la popularidad de Laporta, con toda seguridad, se iba a resentir. Y ya estaba bajo mínimos.

El club vivía en un estado eterno de confusión. Nada parecía funcionar; incluso otras secciones deportivas, como el baloncesto y el balonmano, estaban fallando. El equipo de fútbol terminó dieciocho puntos por detrás del Madrid en la Liga y Laporta no pudo frenar una moción de censura en verano: la afición parecía cansada de su estilo arrogante. El sesenta por ciento de los 39.389 votos mostraron su desacuerdo con el presidente, pero la moción no prosperó porque no se alcanzó la necesaria mayoría de dos tercios fijada por los estatutos del club. Así que Laporta no dimitió. Sobrevivió. Por los pelos.

«Aquel verano, casi nadie fuera del club confiaba en Pep, ni en el equipo», recuerda ahora Gerard Piqué, uno de los primeros fichajes de Guardiola. Los diarios llenaban páginas con opiniones negativas sobre el controvertido nombramiento de Pep. Según el consenso general, era demasiado pronto para él; sin lugar a dudas, el nuevo entrenador no tenía la suficiente experiencia, era un riesgo. Era un sí, pero no. Una temeridad. Una vez más, ni el Barça ni Pep Guardiola procedían ajustándose a parámetros tradicionales.

TERCERA PARTE

Pep, el entrenador

1

Los inicios

No eran buenos tiempos para la lírica, como diría el cantante.

De hecho, los catalanes habían recibido excesivos castigos por su sentimiento de pertenencia, y los culés se sentían apartados del paraíso. El debate sobre el Estatut, que exigía más independencia del Gobierno central, exponía de nuevo la falta de entusiasmo que el resto del país mostraba por comprender la necesidad catalana de diferenciarse del resto de España. El Bar ça de Rijkaard había venido sufriendo una irrefrenable decadencia; en el vestuario faltaban disciplina y espíritu de equipo. La estrella del conjunto, Ronaldinho, había perdido su estatus de jugador más fascinante del planeta. El presidente, Joan Laporta, que tuvo que enfrentarse a una moción de censura, solo había sobrevivido pese a la crítica mayoritaria. La autoestima catalana estaba en el nivel más bajo de las últimas décadas.

Justo en ese momento de incertidumbre, Guardiola fue nombrado entrenador del primer equipo del FC Barcelona.

Pep carecía del apoyo total de la afición azulgrana. Algunos de los que le habían respaldado presentían que el estatus del nuevo entrenador serviría, por lo menos, para que las victorias fueran más dulces y las derrotas, más fáciles de digerir. Después de todo, nunca antes un recogepelotas del Camp Nou había llegado tan lejos, pasando por todas las categorías del club hasta convertirse en capitán del primer equipo, y finalmente regresar al club como entrenador. Pep comprendía perfectamente la mentalidad culé y conocía el modelo de enseñanza de La Masía. Además de ser un símbolo del club y un hijo de la escuela del pensamiento de Cruyff, representaba una forma de entender el fútbol como un proceso educativo. En muchos aspectos, era la elección perfecta.

El día de su presentación oficial como entrenador del Barça, Guardiola dejó muy claro que sabía lo que tenía que hacer cuando, bajo la atenta mirada de sus padres, describió su proyecto.

Sin embargo, muchos espectadores del cambio de testigo —incluso algunos de los que lo apoyaban— se preguntaban si, después de solo doce meses a cargo del filial, su limitada experiencia no supondría una preparación insuficiente para la colosal labor que tenía por delante. Muchos sospechaban que su nombramiento por parte de Laporta era, básicamente, un subterfugio para fomentar la popularidad del presidente y un intento de explotar al hijo pródigo del club como escudo contra las crecientes críticas de su gestión al frente de la institución. También hubo quien cuestionó si Pep, por más que lo adoraran como jugador, era simplemente demasiado frágil, demasiado sensible y carente de la requerida fuerza de carácter para el cargo. Al fin y al cabo, el vestuario, decían muchos, demandaba un sargento.

Pep era consciente de todas esas dudas, pero nunca pidió un período de luna de miel, ni paciencia, ni un tiempo de prueba, ni permiso para cometer errores; para él era evidente que tenía que ponerse las pilas desde el primer día y arrancar con un inicio victorioso. Guardiola conocía tan bien como nadie las expectativas inherentes a los grandes clubes de fútbol, donde ganar es una obligación, y la derrota siempre es culpa del entrenador.

«Siento que no les fallaré. Siento que estoy preparado —anunció Pep—. Si no sintiese que estoy preparado, no estaría sentado ante ustedes. Será muy duro, pero créanme que persistiré hasta el final. El equipo correrá; la gente estará orgullosa, porque verá que los jugadores lo dan todo en el campo. Perdonaré que fallen, pero no que no se esfuercen. El líder soy yo, y si los jugadores me siguen, que lo harán, seguro que lo conseguiremos.»

«Sé que tenemos que empezar a trabajar rápida e intensamente. Todo aquel que quiera unirse a nosotros desde el principio será bienvenido. Y al resto, nos los ganaremos en el futuro.»

Tito Vilanova iba a ser su mano derecha: «Al principio de la temporada me dijo —no como consejo, porque él no es de esa clase de personas a las que les gusta dar consejos— que deberíamos hacer lo que creíamos que debíamos hacer. Tenemos que aplicar nuestras propias ideas, nos decíamos; ya veremos si ganamos o perdemos, pero lo haremos a nuestra manera».

Hace una década, Guardiola escribió: «No hay ningún entrenador, ni ningún jugador que puedan garantizar el éxito al inicio de una temporada. Tampoco existen fórmulas mágicas. Si existieran, el fútbol sería tan fácil como ir a la "tienda de soluciones" para adquirir la necesaria. Y en nuestra casa, dado que es un club poderoso, estaríamos dispuestos a pagar cualquier precio para que el Barça fuera invencible. Pero obviamente, eso no es posible; cada club busca la forma de alcanzar sus objetivos iniciales, y bastaría con aplicar una dosis de sentido común. Por consiguiente, se trata de saber qué es lo que uno quiere y qué clase de jugadores necesita para alcanzar el objetivo. Puesto que el Barça es un equipo tan importante, está en la posición de tener ambas cosas: puede elegir su forma de juego y la clase de jugadores que quiere».

Para empezar, esto significaba dos cosas relevantes: continuar y persistir con el modelo de juego y prescindir de Ronaldinho, Deco y Eto'o.

Los aficionados de sofá probablemente pensarán que dirigir un equipo de superestrellas, con los mejores jugadores del mundo a tu disposición, es una labor tan simple como elegir los grandes nombres en un videojuego. Pero gobernar egos y personalidades en un vestuario como el del Camp Nou, bajo la atenta mirada de los medios de comunicación del mundo entero, cargando con la expectación de una nación entera sobre los hombros, ha de resultar abrumador para un hombre de treinta y siete años que acababa de llegar a la Primera División y que estaba a punto de segar los vínculos con tres de los mejores futbolistas que habían jugado en el club en los últimos tiempos.

«Estamos pensando en una plantilla sin ellos», anunció Pep durante su presentación, flanqueado por el presidente del club, Joan Laporta, y el director deportivo, Txiki Begiristain. «Eso es lo que creo después de haber analizado sus pautas de comportamiento durante el tiempo que han estado en el equipo, así como otras cuestiones menos tangibles. Es por el bien del equipo. Si después se quedan, haré lo imposible para que estén a la altura que se espera de ellos.»

Aquello fue una revelación. El nuevo enfoque a partir del sentido común de Pep, sus dotes de comunicador y el sentimiento de autenticidad que destilaban sus palabras, fue el tónico que necesitaba un club que había, nuevamente, demostrado su habilidad para pulsar el botón de autodestrucción cuando todo parecía ir tan bien. La rueda de prensa de Pep Guardiola transmitió un mensaje de estabilidad, integridad, compromiso y responsabilidad. Al final, Pep se ganó a la mayoría de los que dudaban de él con una maniobra inteligente, unas pocas palabras bien elegidas, y una única y osada misión.

Txiki Begiristain se mostró de acuerdo con Guardiola y la decisión se pactó con Rijkaard. Desde el momento en el que fue elegido para reemplazar al entrenador holandés, Pep se esforzó por conocer a fondo todos los movimientos de la plantilla. El verano anterior, por ejemplo, Ronnie había contado con una última oportunidad que el jugador había desperdiciado. La decisión de prescindir de Ronaldinho estaba tomada, ahora Pep tenía que comunicárselo al brasileño cara a cara.

Cuando Guardiola y Ronaldinho se reunieron, la conversación fue breve y clara. Guardiola le dijo que no había sido una decisión fácil, pues todavía creía que, bajo esa apariencia de exfutbolista regordete, había un extraordinario jugador. No obstante, también pensaba que su recuperación era inviable en el Barça, y que tendría que volver a ponerse en forma en otro club. Ronaldinho no ofreció resistencia y aceptó la sugerencia de Pep.

Al cabo de unas semanas, el futbolista fue transferido al AC Milan por 21 millones de euros, cuando el Barça había rechazado ofertas de 70 millones de euros la temporada anterior. En esa misma época, Deco fue traspasado al Chelsea por 10 millones de euros, a pesar de que José Mourinho, que lo había entrenado en el Porto, quería ficharlo para el Inter de Milán.

Pep poseía una genuina fe en sí mismo en cuanto a su capacidad de transmitir sus intenciones a la plantilla. El Barça había terminado la Liga dieciocho puntos por detrás del Madrid en la temporada anterior, y en momentos tan delicados como aquel, lo normal era que cualquier deportista necesitara que alguien le mostrara el camino, que le indicara cómo corregir los errores. Limpió la plantilla de jugadores no comprometidos o que se hubieran olvidado de los valores fundamentales del club: priorizar el buen fútbol y el esfuerzo por encima del talento individual. Antes de iniciar la pretemporada, Pep recibió mensajes de apoyo de jugadores clave en el equipo por demostrar tanta valentía; los líderes de la plantilla abrían sin vacilar la puerta del vestuario al nuevo entrenador.

Iniesta, por ejemplo, se moría de ganas de empezar a entrenar con su héroe de todos los tiempos.

«Cuando tenía catorce años, participé en una competición organizada por Nike, que ganamos, y Pep me entregó el trofeo. Su hermano le había hablado de mí, y cuando me dio la copa me dijo: "Felicidades. Espero verte en el primer equipo, ¡pero espera hasta que yo me haya retirado!". Era mi ídolo, un ejemplo. Él representa los valores y sentimientos del Barça: juego de ataque, respeto hacia los compañeros de equipo, respeto hacia la afición. ¡Y ahora iba a ser mi entrenador!

»Recuerdo cuando nos saludó el primer día en el vestuario. Me estrechó la mano, y fue algo realmente especial, porque para mí era un referente. Me quedé sorprendido por la confianza que tenía y que transmitía, con la convicción de que todo saldría bien; tenía mucha fe.»

La admiración era mutua. Pep a menudo recuerda una conversación que mantuvo con Xavi, mientras ambos miraban cómo jugaba Iniesta cuando este subió al primer equipo.

«Mira ese chico. ¡Nos obligará a los dos a retirarnos!»

Durante el primer verano de Pep a cargo del conjunto azulgrana, el Barça fichó a Dani Alves, Cáceres, Piqué, Keita y Hleb; una inyección de sangre nueva para el equipo.

Con la marcha de Deco y Ronaldinho, la situación de Eto'o dio un giro significativo. Al ver que sus dos principales antagonistas habían abandonado el club, Eto'o rechazó todas las ofertas y se comprometió a acatar las órdenes del nuevo entrenador. Sin la oposición de los brasileños, vio su gran oportunidad de convertirse en el abanderado del equipo, de ser el líder. Eto'o siempre había pensado que no recibía el debido reconocimiento, ni el crédito que merecía, y una de sus obsesiones era librarse de la sombra de Ronaldinho para ocupar el eje del equipo, dentro y fuera del terreno de juego.

El delantero ejerció mucha influencia sobre Abidal, Henry y Touré, quienes poseían el potencial necesario para ayudarlo a prosperar, y desempeñar por fin el papel de líder que tanto ansiaba, en un momento en el que Messi aún estaba en fase de desarrollo. En el vestuario ya se sabía que había algunas características de su fuerte personalidad que tendrían que ser toleradas —de hecho, se trataba de las mismas particularidades que habían convencido a Guardiola de prescindir de él—, pero Eto'o había recibido una oportunidad de oro, y la pretemporada determinaría su futuro.

Suena extraño hablar de los tiempos en los que Messi todavía tenía que consolidarse como el principal jugador en el equipo, pero en esa época, y a pesar de su evidente talento, se consideró que era demasiado pronto para ceder la batuta de la responsabilidad de Ronaldinho a un jugador de veintiún años, pequeño, callado, apodado «la Pulga». Tal y como Pep dijo en su presentación: «No podemos permitir que Messi cargue con el peso del equipo, no creo que sea bueno ni para él ni para el club». De nuevo, un paso determinante: no tomar decisiones es a veces la mejor de las decisiones.

Con la marcha de Deco y Ronaldinho, Guardiola quería repartir el mayor peso de la responsabilidad entre quienes habían ido subiendo, paso a paso, los escalones desde la cantera, aquellos que se habían convertido en los portadores más claros de los valores de la institución: Puyol, Xavi, Iniesta, principalmente; Messi ocuparía un lugar secundario fuera del campo, y se reconocería su valor dentro del mismo, pero arropado por los otros tres. Alejado del clan brasileño, Messi iba a ser promovido como eje del equipo, pero sin prisas. Su perfil modesto, pero profundamente convencido de sus posibilidades, encajaba perfectamente en el nuevo proyecto.

Al ceder el poder y la capitanía a los jugadores de la cantera, Pep había dirigido desde el sentido común una transición perfecta incluso antes de que hubiera empezado la pretemporada —y había enviado una clara señal de sus intenciones, marcando el camino para los próximos años—. También consiguió algo esencial que hacía mucho tiempo que no se veía en el Bar ça: el club estaba ahora en manos de aquellos que comprendían y sentían verdaderamente los colores de la institución. Y también significaba, que Guardiola estaba dando un fuerte impulso, un voto de confianza, a los canteranos y a la labor de la academia. Había entrenado e incluso jugado con muchos de ellos, y era amigo de otros. Ahora tendrían que compensar la confianza y fe que Pep había depositado en ellos con su buen juego, su esfuerzo y su compromiso.

Johan Cruyff fue uno de los primeros en respaldar los procedimientos del nuevo entrenador: «Guardiola conoce el ADN culé; hay que tener veinte ojos para controlar todos los aspectos. Guardiola puede hacerlo porque ha pasado por ellos. Sé que es capaz de hacerlo porque ha tenido que asumir una gran cantidad de decisiones en muy poco tiempo». Y estaba acertando. Un inicio esperanzador.

Cuando Pep era capitán del Barça bajo las órdenes de Louis Van Gaal, explicó: «Siempre hay que respetar las directrices que marcan los entrenadores, pero para un equipo es fantástico que un jugador pueda implicarse y adoptar un papel en el campo». Van Gaal nunca concedió a los jugadores libertad para tomar la iniciativa, y a la vez era incapaz de rectificar sobre la marcha los errores que se cometían. Guardiola creía que otorgar un mayor grado de responsabilidad a los futbolistas y confiar en su intuición podría ayudar a resolver gran parte de sus problemas. Como entrenador, Pep se mantuvo fiel a su idea y se mostró decidido a dejar que sus pupilos tomaran la iniciativa cuando fuera necesario.

Pep subió a Pedro al primer equipo, otra muestra de sus intenciones. Lo necesitaba por su estilo de juego, un extremo que abría el campo y corría al espacio, y que además comprendía la necesidad de entregarse cada minuto de los partidos o de los entrenamientos. Los padres de Pedro, tal como Pep suele recordar a menudo, tenían una gasolinera en Tenerife y apenas podían ver jugar a su hijo porque en la estación de servicio no había televisor. A principios de verano, Pedro se estaba preparando para irse cedido al Racing Club Portuense, pero un jugador como él, con los pies firmemente en el suelo, generoso en el esfuerzo y con una velocidad que no tenía el equipo, encajaba perfectamente con la visión de Pep.

Pedro subió con Sergio Busquets, otro jugador que la temporada anterior en el filial había demostrado que tenía talento, enfoque y una comprensión fundamental de su función como mediocentro. Tampoco exhibía un corte de pelo ridículo, ni tatuajes, siempre un plus para Pep, quien creía que, tarde o temprano, Busi llegaría a demostrar que tenía el carácter necesario para seguir los pasos de Xavi y de Puyol como capitán del equipo.

Busquets y Pedro fueron los primeros de un total de veintidós jugadores promovidos desde el fútbol base al primer equipo durante los cuatro años en los que Guardiola estuvo al timón. En cuestión de pocas semanas, ambos pasaron de jugar en Tercera División a la Liga de Campeones y, dos años después, a ganar la Copa del Mundo.

La plantilla estaba completa, y el equilibrio restablecido en términos de autoridad y credibilidad. Sin embargo, se daba un interesante contraste en cuestión de salarios.

Guardiola ganaba un millón de euros al año brutos más bonos, nueve millones menos que Eto'o y siete menos que Messi. No era un asunto que le preocupara. Solamente con los éxitos deberían llegar los premios, una idea muy de Cruyff, que exigía al club contratos estrechamente relacionados con el buen hacer del equipo, una novedad en aquella época.

Finalmente, llegó: primer día de la pretemporada. «Las vacaciones realmente parecían interminables, me moría de ganas de reunirme con el equipo.» Lo dice Xavi, pero podría haberlo firmado el resto de la plantilla.

Habían pasado dos años sin títulos. Era necesario un cambio. Había que tomar decisiones importantes. Pero, en primer lugar, Pep tenía que poner al equipo de su parte. Aún estaba pendiente un encuentro cara a cara con la plantilla al completo.

La reunión tuvo lugar el primer día de entrenamiento en Saint Andrews, Escocia, en una de las salas de conferencias del hotel donde se concentró la plantilla en aquella primera semana de la pretemporada. Lo que siguió le sirvió a Pep para conquistar su espacio y al grupo, para trasladarles su filosofía y sentar las bases de lo que iba a ocurrir.

De camino a la sala, Pep se sentía inquieto: «Sé tú mismo, sé tú mismo». Tenía la impresión de que ya había pasado por una experiencia similar como mínimo una vez, con el equipo filial. Aunque las caras fueran diferentes y hubiera nuevos objetivos, las ideas que iba a exponer eran prácticamente las mismas. Y, sin embargo, tenía la misma sensación de nervios culebreándole en el estómago.

La plantilla llenó la sala con los asientos dispuestos hacia el frente, como en una clase, con poco espacio de sobra. El personal médico, los ayudantes, la prensa, todos los que habían viajado hasta Escocia, fueron invitados a oír lo que Pep tenía que decir.

En la siguiente media hora, Guardiola fue desgranando su mensaje, cautivándoles, escogiendo los gestos y las palabras, el ritmo de la exposición, mirándoles a los ojos, ofreciendo pasión, compromiso. Iba hipnotizándolos, explicando conceptos, requerimientos y expectativas, exigiendo responsabilidades. Creando, sin llamarlo así, espíritu de grupo.

Los jugadores permanecían sentados en silencio, escuchando a Pep mientras este se paseaba por el frente de la sala, dirigiéndose a todos, y luego a uno, y a otro, y a todos, dominando la escena.

Gracias a la cooperación de muchos de los que estuvieron allí ese día (Xavi, Iniesta, Piqué, Tito, Henry, Eto'o, Messi, el fisioterapeuta Emili Ricart, y los responsables de prensa del primer equipo, Chemi Terés y Sergi Nogueras entre otros) se puede reconstruir la charla de Pep, aquel momento tan decisivo:

> Señores, buenos días. Pueden imaginar la gran motivación que es para mí estar aquí, entrenar a este equipo. Es el máximo honor. Por encima de todo, amo este club. Y nunca tomaré una

decisión que perjudique o vaya en contra del club. Todo lo que voy a hacer se basa en mi amor por el Barcelona. Necesitamos y queremos orden y disciplina.

El equipo ha pasado por una época en la que no todo el mundo era tan profesional como debería haber sido. Es hora de correr y darlo todo. He sido parte de este club desde hace muchos años y soy consciente de los errores que se han hecho en el pasado. Yo os defenderé hasta la muerte, pero también puedo decir que voy a ser muy exigente con todos como lo soy conmigo mismo.

Solo os pido esto. No voy a echar la bronca si pierdes un pase, o si fallas un despeje que nos cueste un gol siempre y cuando sepa que estás dando el 100%. Yo podría perdonar cualquier error, pero no perdonaré al que no entregue su corazón y su alma al Barcelona. No estoy pidiendo resultados, solo rendimiento. No voy a aceptar a los que especulen sobre el rendimiento.

Esto es el Barça, señores, esto es lo que se pide de nosotros, y esto es lo que voy a pedirles. Hay que darlo todo. Un jugador por sí mismo no es nadie, necesita a sus compañeros alrededor. A cada uno de los que estamos en esta sala. Muchos de ustedes no me conocen, así que vamos a aprovechar los próximos días para formar el grupo, una familia. Si alguien tiene algún problema siempre estoy disponible, no solo en materia deportiva sino profesional y familiar.

Estamos aquí para ayudarnos unos a otros y asegurarnos de que haya paz espiritual para que los jugadores no sientan tensiones o divisiones. Somos uno. No hacemos grupitos porque en todos los equipos esto es lo que acaba matando el espíritu de equipo. Los jugadores de esta sala son muy buenos, si no podemos llegar a ganar nada, será culpa nuestra. Estemos juntos cuando los tiempos sean difíciles. No filtremos nada a la prensa. No quiero que nadie haga la guerra por su cuenta.

Vamos a estar unidos, tened fe en mí. Como exjugador, he estado en vuestro lugar y sé por lo que estáis pasando. El estilo viene determinado por la historia de este club y vamos a ser fieles a ella. Cuando tengamos el balón, no lo podemos perder. Cuando eso suceda, hay que correr y recuperarlo. Eso es todo, básicamente.

Pep había seducido al grupo. No sería la última vez.

Al abandonar la sala, Xavi comentó a un compañero de equipo que todo lo que necesitaban saber estaba condensado en esa charla: un soplo de aire fresco, orden y disciplina; las bases del futuro, un recordatorio del estilo que se exigía.

Habría muchas más charlas, pero la de Saint Andrews sentó las bases de la nueva era del FC Barcelona.

«Hay discursos que se te ocurren de golpe, y otros que parten de unas ideas basadas en lo que uno ha visto. Lo que no se puede hacer es estudiar una charla, aprenderla de memoria. Lo único necesario son dos o tres conceptos... y entonces, has de poner todo el corazón en ello. No puedes decepcionar a los jugadores; están demasiado bien preparados, son inteligentes e intuitivos. Yo fui futbolista y sé lo que me digo. He puesto todo mi corazón en cada una de mis charlas, desde aquella en Saint Andrews hasta la última. Y cuando no lo siento, no hablo; es lo mejor. Hay días que crees que tienes algo que decir, pero no lo sientes, así que en esas ocasiones, es preferible que te quedes callado. A veces, les muestras imágenes del rival, y a veces no les muestras ni una sola imagen del adversario porque ese día te das cuenta, por cualquier motivo, de que en la vida hay cosas más importantes que un partido de fútbol; así que les cuentas otras cosas que no están relacionadas con el deporte. Historias sobre cómo superar dificultades, sobre seres humanos que han actuado de forma extraordinaria. Es lo bonito de este trabajo, porque cada situación, cada rival es diferente al anterior, y uno siempre debe encontrar ese algo especial, para decirles "Chicos, hoy es un día importante..." por esta o por esa razón. No tiene por qué ser un planteamiento táctico. Durante los primeros dos o tres años, es fácil encontrar historias, argumentos. Cuando llevas haciéndolo cuatro años con los mismos jugadores, es más complicado.»

En Saint Andrews, Pep sabía que su trabajo iba a consistir en recordar a los jugadores algunos principios básicos y algunas verdades fundamentales. Sabía que muchos de ellos habían perdido su amor, su sed por el fútbol, y que era necesario crear las condiciones óptimas para que pudieran regresar estimulados al terreno de juego. Guardiola, después de haber pasado tantos años haciendo un sinfín de preguntas, había aprendido lo que tenía que hacer de algunos de los más grandes cerebros del fútbol.

Por lo que respecta a la plantilla, tras depositar su fe en los canteranos, el entrenador eligió profesionales de los que podía fiarse. Decidió profesionalizar la organización al completo, de nuevo una de esas cosas que introdujo Pep y que, sorprendentemente, no eran habituales: trajo al club un equipo de especialistas que incluía ayudantes técnicos, preparadores físicos, entrenadores personales, médicos, nutricionistas, fisioterapeutas, asistentes de los jugadores, analistas, responsables de prensa... El control y la evaluación de las sesiones de entrenamiento y competiciones era exhaustivo, tanto en el plano individual como de grupo; la rehabilitación, en caso de lesiones, se trataba de forma individualizada y personalizada.

Todos ellos tenían una cosa en común: eran culés. Xavi explica que este simple atributo sirvió para unir al grupo y forjar el sentimiento de que se navegaba en el mismo barco desde el primer día: «Todos somos culés. Lo damos todo y compartimos todos los éxitos».

La mano derecha de Pep, Tito Vilanova, es un amigo pero también un excepcional analista de equipo y de partidos. Cuaderno en mano, en la primera temporada con el filial, Tito sorprendió a todos con su labor en la estrategia y se convirtió en una figura clave para el ascenso del equipo a Segunda División B. Su entendimiento con Guardiola fue tal que no hubo dudas en cuanto a su selección cuando a Pep le ofrecieron el trabajo con el primer equipo. Se convirtieron en un tándem, a veces no quedaba claro si Tito era un número dos u otro número uno.

«Cuando le comento alguna cuestión a Tito, si él se queda callado, sé que tendré que convencerlo. Si su cara ni se inmuta, probablemente es que yo me equivoco», explica Pep.

Siempre en un rincón de la foto, cuando las cámaras apuntaban a Guardiola durante los partidos, allí estaba Tito con su chándal, opinando y aconsejando a Pep en el banquillo, el complemento perfecto: «Me encuentro muy cómodo con Pep porque me concede una especie de papel destacado, me escucha y me da voz en el equipo», recordaba Tito antes de hacerse cargo él mismo de las riendas del primer equipo.

Una mañana, todavía en tierras escocesas, observando a los jugadores durante un entreno, Pep señaló a Puyol y le preguntó a Tito: «¿Qué opinas sobre lo que acaba de hacer?». «Primero, tenemos que saber por qué lo ha hecho», contestó Tito. Pep detuvo el partido.

«¡Así no! —Pep Guardiola, "el entrenador" tomó las riendas—. ¡Puyi, no pierdas tu marcaje antes de que el rival haga el pase!»

Pero el capitán del equipo se atrevió a contestar: «Lo he hecho porque el otro delantero se las ha apañado para desmarcarse —replicó, y acto seguido, invitó a Tito a unirse al debate—: ¿No es así, Tito?». Se hizo el silencio, que, en un campo de entrenamiento, es más largo y más espacioso que en otros lugares. Había cierta expectativa: el primer reto al nuevo técnico. De las primeras respuestas surge un respeto eterno o la desaparición total del pedestal.

Pep escuchó el razonamiento. Y contestó de inmediato: «Tienes razón, pero...», y entonces le dio a Puyol una explicación profunda y larguísima sobre cómo debería colocarse en el terreno de juego; una de las muchas charlas individuales que daría durante su primera pretemporada en Saint Andrews. Esa, no la escuchó solo Puyi.

«Todos sabemos cómo jugar al fútbol, pero muy pocos de nosotros conocemos la clase de fútbol que el entrenador quiere que juguemos», comentó Dani Alves en esa época. No sonaba a entrega total, aquellas palabras tenían cierto aire interrogativo. Pero la entrega del equipo era indudable: «Al principio, interrumpía muchas sesiones de entrenamiento para corregirnos, para explicar lo que quería que hiciéramos —recuerda Piqué—, pero de eso se trata, de buscar la coordinación y de poner en práctica sus ideas en el campo». Con especial atención en Messi (Pep dedicó tiempo a su juego defensivo, a explicarle el cómo y porqué del inicio de la presión), el nuevo entrenador quería transmitir un mensaje fundamental a la plantilla: «Quiero que todos comprendan que pueden dar mucho más de sí como equipo».

Pese a su deseo por instaurar un elemento democrático en el seno del grupo para que los jugadores usaran su iniciativa, hicieran sugerencias y mantuvieran una mente abierta a nuevas ideas, Guardiola impuso un conjunto de reglas estrictas en sus primeros días al frente del conjunto azulgrana: debían usarse el castellano y el catalán como únicas lenguas de comunicación entre el grupo; exigía que los jugadores se mezclaran en el comedor para evitar que se formaran camarillas por nacionalidades, a menudo el inicio de una sutil, pero insalvable barrera que les separaría del grupo.

Sin embargo, Pep no introdujo sus normas —y la imposición de multas a aquellos que las infringieran— como una medida para mantener a los jugadores bajo un estricto control, sino más bien como una vía para fomentar un mayor sentido de solidaridad y responsabilidad. Dos años después, Pep abolió su propio sistema de sanciones y castigos porque pensó que se habían convertido en una medida innecesaria con el impresionante grado de autodisciplina que mostraba el grupo.

En la vida hay dos formas de decir a la gente lo que tiene que hacer: o bien dando órdenes, o bien predicando con el ejemplo y animando al grupo a seguirlo. Pep pertenece más a la segunda escuela de pensamiento. En el fútbol moderno, si un entrenador no sabe cómo tratar las diferentes personalidades y necesidades individuales, tendrá problemas para marcar la pauta. Guardiola posee una gran habilidad psicológica, experiencia e intuición, producto principalmente de su experiencia como futbolista, lo que le ayuda a detectar cualquier problema, y en el vestuario del Barça se rodeó de personas de su absoluta confianza, capaces de ayudarle a intervenir en el momento preciso.

«No conocía al míster ni cómo trabajaba —recuerda Éric Abidal—. El primer mes fue duro, porque soy padre, tengo treinta años, y uno no le habla del mismo modo a un joven jugador que acaba de empezar su carrera profesional que a un futbolista veterano. ¡Y él estaba haciendo exactamente eso! Nos hizo cambiar de sitio en el comedor, para que nos mezcláramos con otros compañeros; me hizo hablar en castellano con Henry cuando estábamos en grupo. Fui a hablar con el presidente, Laporta, para decirle que no pensaba tolerarlo, que quería marcharme, pero me dijo que me calmara, que era su forma de hacer las cosas y que todo saldría bien. Ahora todavía me río con el míster, cuando pienso en aquellos inicios.»

Pep continuó con las metodologías y prácticas que había introducido en Saint Andrews cuando el equipo regresó a su base en Barcelona. Allí fue incluso un paso más allá a la hora de transformar los hábitos diarios de los jugadores y del club. Las nuevas instalaciones estaban concebidas, en parte, según las instrucciones de Pep para que reflejaran la filosofía del Barça, y el primer equipo se iba a beneficiar de ello.

Diseñó, por ejemplo, un comedor para fomentar que todos los futbolistas se sentaran juntos a comer, una práctica muy extendida en Italia, pero hasta ese momento desconocida en el primer equipo del FC Barcelona. Guardiola quería que los jugadores se sintieran más como empleados de un club de fútbol que como estrellas de Hollywood. En el fondo de sus decisiones había una idea: el éxito se conseguía a partir del esfuerzo.

Mientras que las sesiones de entrenamiento que solían llevarse a cabo en el campo aledaño al Camp Nou transmitían a los jugadores un sentimiento de estatus elevado por la situación de la cancha, alejada del resto de equipos de la cantera, y podían ser seguidas con facilidad por la prensa, la Ciudad Deportiva Joan Gamper, donde se trasladó el primer equipo en enero del 2009, se hallaba estrictamente fuera de los límites del público, pero al lado de los campos donde se entrenaban los chavales. Los medios de comunicación la bautizaron como «la Ciudad Prohibida».

Durante las once horas de conversación en Rosario, Marcelo Bielsa le trasladó a Pep su particular versión de la prensa: insistió en que era erróneo dar acceso prioritario a una gran cadena de televisión por encima de un pequeño diario; cuál era la justicia de aquello. Pep siguió el consejo: rechazó conceder entrevistas exclusivas para evitar favoritismos y verse implicado en la política mediática. Desde el primer día, Pep decidió que hablaría con los medios informativos, pero solo en las ruedas de prensa; el tiempo que quisieran, pero en público. Dejó de atender llamadas de periodistas locales y evitó reunirse con ellos en privado.

También acabó con la tradición española de congregar a todo el equipo en un hotel el día anterior a un partido. Tal como Guardiola explicó en esa época: «La gente no se pasa el día antes de ir a trabajar encerrada en un hotel. Solo intentamos que la situación sea la misma para ellos. Si no descansan, no están en plena forma, y eso significa que jugarán peor y perderán su empleo. Yo juzgo a mis jugadores por su rendimiento, no por sus vidas privadas; no soy un policía. Yo me acuesto a las diez, y no siento la necesidad de vigilar los pasos de mis jugadores. Por eso prefiero que estén en sus casas y no encerrados en un hotel sin nada que hacer. En este sentido, únicamente estamos intentando usar el sentido común».

La lógica de Pep, sus decisiones, la intuición en las que estaban basadas, manaba claramente de su propia experiencia en uno de los clubes más exigentes del mundo. Los lazos de empatía con las estrellas que tenía a su cargo partían del reconocimiento de sus necesidades, que una década atrás habían sido las necesidades del propio Guardiola. Así lo explica Xavi:

«Para mí, dos de las novedades más importantes fueron entrenar a puerta cerrada y librarnos de las concentraciones en los hoteles. Entrenar en la ciudad deportiva nos imprimió tranquilidad emocional y nos permitió experimentar una mayor convivencia. También contribuyó el hecho de que nos hiciera comer juntos después de las sesiones de entrenamiento, así como que prestáramos atención a nuestra dieta. Reconozco que al principio era un rollo para mí porque no podía hacer planes, pero no tardé en acostumbrarme y entonces me di cuenta de que era por mi propio bien. Con las concentraciones pasó lo mismo. No estaba acostumbrado a estar en casa un par de horas antes del partido, y al principio me resultaba extraño. Me sentía como si no estuviera bien preparado, como si estuviera desconectado. Incluso llegué a pensar que el destino me castigaría con un mal partido por no dar el cien por cien de mi tiempo antes del encuentro. Pero pronto me di cuenta de que, con aquellas nuevas reglas, yo también me beneficiaba. Pensar demasiado puede ejercer una excesiva presión mental, lo que se transforma en nervios, y he aprendido a analizar lo que realmente es importante. Al reducir las concentraciones en hoteles, reduces tus niveles de estrés durante todo el año.»

«No puedo prometer títulos, pero estoy convencido de que la afición estará orgullosa de nosotros», dijo Pep el 17 de junio del 2008 en la rueda de prensa en la que fue presentado como nuevo entrenador del FC Barcelona. «Os doy mi palabra de que pondremos esfuerzo. No sé si ganaremos, pero persistiremos. Apretaos el cinturón, que nos lo pasaremos bien», dijo el 16 de agosto del 2008 en su presentación en el Camp Nou, en un estadio abarrotado de aficionados culés.

Finalmente llegó el debut oficial de Guardiola como entrenador del primer equipo del FC Barcelona. Al haber quedado tercero en la Liga, el Barcelona tenía que jugar la tercera ronda previa de la Liga de Campeones. El Barça batió cómodamente al Wisla de Cracovia, por 4-0 en casa. La derrota fuera (1-0) no desmereció la sensación inicial: la era Pep había empezado con buen pie.

«Yo era un desconocido cuando llegué aquí, y lo primero que le pedí al equipo fue que confiara en mí —recuerda Guardiola—. Les dije que todo saldría bien. Quería que la afición viera que el equipo iba a esforzarse mucho, a correr, a jugar buen fútbol, y a que se sintiera orgullosa del trabajo de estos chicos en el terreno de juego. La gente quiere un buen espectáculo, no quiere sentirse timada. Pueden aceptar un bajo rendimiento, pero no tragará si ve que el equipo no se esfuerza. El grupo está listo y hemos aplicado cambios y modificado algunas cosas, pero la idea sigue siendo la misma de siempre en esta casa: atacar, marcar tantos goles como sea posible, y jugar tan bien como podamos.»

Un entrenador lo es todo y nada al mismo tiempo: nada, porque sin las herramientas adecuadas a su disposición, es incapaz de lograr éxitos. Pero a la vez, Pep sabe que su trabajo (crear las condiciones adecuadas para que sus jugadores desarrollen su potencial) marca la pauta y permite convertir a un buen grupo de futbolistas en un equipo excelente. Consiguió cambiar la dinámica desde el primer día, sin espacio para que surgieran dudas, para que nadie se preguntara, «¿qué pasará si esto no funciona?». Se había ganado al vestuario desde el principio y eso ayudaba.

En una ocasión, Guardiola explicó que existen dos tipos de entrenadores: aquellos que creen que los problemas se resuelven por sí solos y los que los solventan. Él pertenece al grupo que busca soluciones. Esa es su verdadera pasión.

El juego, ver lo que hace el adversario, escoger los futbolistas, eso es justamente lo que le da sentido a la profesión: la búsqueda de la decisión que cambiará un partido.

A menudo, ese momento de clarividencia le llega mientras trabaja en su oficina en el Camp Nou. A diferencia del que tenía en la ciudad deportiva, de grandes ventanales, el despacho de Pep en el estadio no tiene más de veinte metros cuadrados, carece de ventanas y contiene un puñado de libros y una lámpara de sobremesa. También hay una pantalla de plasma, que Pep pagó de su propio bolsillo, para analizar tanto los partidos de su equipo como los de los rivales.

Si en medio de ese proceso que le exige máxima concentración, alguien llamaba a la puerta del despacho, el recién llegado no tardaba en darse cuenta de que era imposible captar su atención. Si algún valiente intentaba hablar con él, pronto reconocía que el hecho de recibir la mirada fija de Guardiola no significaba tener su atención. Mentalmente, seguía repasando las imágenes de los vídeos que estaba analizando.

El expreparador del Leeds Howard Wilkinson y dirigente del mayor sindicato de entrenadores explica ese momento que viven todos los que regentan un equipo de fútbol: «Acabas siendo un experto en engañar a todo el mundo. Rodeado de amigos o incluso con la familia, desarrollas la habilidad de parecer que estás totalmente inmerso en la conversación mientras una parte de tu cerebro está analizando alguna cosa que tiene que ver con el club».

«De acuerdo, ya hablaremos más tarde», alegaba educadamente Pep para librarse del visitante. Y entonces volvía a centrar su atención en visualizar el partido que tendría lugar un par de días después, en busca de ese momento de inspiración, de ese momento mágico: «¡Ya lo tengo! ¡Ya lo tengo! ¡Ya sé cómo ganaremos!». Si por él fuera, se desprendería de todo lo demás que rodea al fútbol.

Para Guardiola, los conceptos tácticos se deben utilizar si los jugadores comprenden lo que están haciendo, pero para ello se necesita que tengan la actitud adecuada: el trabajo es, pues, doble; hacerles ver las cosas, pero conseguir que tengan ganas de aprender. Y lo que Pep quería transmitir, en esencia, era que el equipo debía estar en orden y ordenado a partir del balón. Pep habló a los jugadores del juego de posición, del desequilibrio, del equilibrio, de la circulación del balón. Fundamentalmente, del deseo de ganar, de esforzarse por ser los mejores.

> En el mundo del fútbol solo hay un secreto: o tengo el balón o no lo tengo. El Barça ha optado por tener el balón, aunque es totalmente lícito que otros no lo quieran. Y cuando no tenemos el balón es cuando tenemos que recuperarlo porque lo necesitamos.

Desde su debut como entrenador, Guardiola jamás se ha cansado de repetir que Johan Cruyff fue la inspiración de su enfoque, y esta continuidad ha sido positiva para el club. Es lo que ha permitido que diversos factores se consoliden para que, en el futuro, no sea necesario empezar de cero.

«Somos un poco como discípulos de la esencia que Cruyff instauró aquí», dijo siempre Guardiola. Una década atrás también escribió: «Cruyff quería que jugáramos de ese modo, en las bandas y usando los extremos, y yo aplico su teoría por encima de todo. Fue él, Johan, quien impuso los criterios para incrementar el ritmo de circulación del balón, la obligación de abrir el terreno de juego con el objetivo de encontrar espacios, de llenar el centro del campo para jugar con superioridad numérica y... ¡qué sé yo!, agregar muchos más elementos para que todo el mundo supiera cómo jugaba el Barça y, por encima de todo, para que se supiera cómo había que hacerlo en el futuro. Y eso, en resumen, es el legado más importante que nos ha dejado Cruyff. La idea de jugar como ningún equipo ha jugado antes en España me seduce. Es un signo distintivo, un modo diferente de experimentar el fútbol, una forma de vida, una cultura».

Pero Cruyff no fue la única influencia en la metodología de Pep. El Ajax de Louis Van Gaal le fascinó, y Pep admitió que había aplicado algunas de sus prácticas.

«La cuestión es que aquel equipo del Ajax siempre me daba la impresión de que intentaba y podía hacer lo siguiente: jugar, sacrificarse como equipo, brillar individualmente y ganar partidos. Todos los jugadores, de diferente calidad, sin excepción, eran conscientes de su misión en el terreno de juego; demostraban una disciplina táctica y una enorme capacidad para aplicar todos sus conocimientos en el momento preciso.»

Tal como Jorge Valdano apunta, «Guardiola es un hijo catalán de la escuela futbolística holandesa». Pero Pep no es un simple transmisor de ideas, tal como el periodista Ramón Besa matiza: «Más bien, toma el mensaje, lo mejora y lo transmite dotándolo de una mayor credibilidad».

Según Víctor Valdés: «Guardiola insistía mucho en los conceptos tácticos, en el sistema de juego. Su filosofía es clara: primero hay que poseer el balón, así el rival sufre y nosotros tenemos toda la situación bajo control. En segundo lugar, hay que intentar no perder el balón en situaciones comprometidas, ya que eso podría generar una jugada peligrosa. Si nos quitan el balón, debería ser por méritos propios del rival, no por culpa de nuestros errores. El tercer aspecto es la presión al contrario. Tenemos que morder, ser muy intensos. Eso ya lo hacíamos con Rijkaard, pero Guardiola insistió más en esa cuestión. Cada jugador tiene una zona en la que ha de aplicar presión. Nos tenemos que ayudar entre nosotros. No hay que perder nunca la concentración. Guardiola dice que estos tres conceptos son nuestro punto fuerte, es uno de los comentarios que más repite en el vestuario. Cuando aplicamos los tres conceptos, todo funciona».

> Mientras atacamos, la idea es mantener siempre la posición, estar siempre en el lugar adecuado. Ha de existir dinamismo, actividad, pero siempre tiene que haber alguien ocupando la posición. Si perdemos el balón, para el rival será difícil alcanzarnos en el contraataque; si atacamos en orden, es más fácil perseguir al jugador rival que tiene el balón cuando perdemos la posesión.

Pep encaró el aspecto defensivo desde un enfoque diferente, y así fue cómo el juego del Barça se volvió fuerte y atractivo: si se perdía el balón, había que intentar recuperarlo en menos de cinco segundos. El principio es simple y proviene de la época de Van Gaal: tras perder el balón existe un margen de cinco segundos para recuperarlo; si no se recupera, empiece el repliegue. Pero Pep sabía que defendiendo de un modo más ortodoxo, cuando pasaban a esa segunda fase, el equipo era más vulnerable. Había que insistir en la presión arriba, en convencer al equipo de que dar un paso adelante cuando se perdía la posesión era, sí, valiente, pero absolutamente necesario.

> Cuanto mejor se ataque, mejor se defiende.

Recuerden cómo se jugaba al fútbol cuando llegó Guardiola al primer equipo del Barcelona: por lo general con un doble pivote y seis jugadores detrás del balón. Pep, aprovechando el talento que tenía a su disposición, buscó un enfoque más atrevido: prefirió un sistema con un solo centrocampista y dos futbolistas muy abiertos. De ese modo le daba libertad a Messi y, en busca del jugador ideal para esos puestos, descubrió a Pedro y Busquets.

Tal como el periodista y entrenador Lluís Lainz explica: «En la primera temporada, Guardiola evolucionó conceptos como la salida del balón desde la defensa, utilizando a los centrales como primeros creadores del juego; dotó al equipo de mayor profundidad con la incorporación constante de los laterales; realzó el concepto de la temporización ofensiva como eje del juego de posición; incrementó el ritmo de circulación del balón; trabajó sin descanso en la creación de espacios desde la movilidad constante de los jugadores; desarrolló al máximo nivel los conceptos de superioridad numérica y posicional».

En definitiva, Pep sabía gestionar las nociones de tiempo y espacio con tanta facilidad y fluidez que muchos observadores tenían la impresión de que lo que el equipo estaba haciendo era sencillo, cuando, en realidad, no hay nada más complicado en el fútbol moderno.

> Descubrir constantemente dónde está el compañero libre de marcaje; pasar, pasar y pasar, para situar el balón en posiciones avanzadas.

La gran calidad técnica de los jugadores del Barça les permitía hacer pases que otros equipos ni tan solo podían soñar. Xavi, Iniesta y Messi podían recibir el balón y pasarlo o salir de las situaciones más comprometidas.

Pero Guardiola revolucionó el fútbol porque partió de una idea de Cruyff para convertirla en método: siempre hay que acumular más jugadores que tu rival desde el principio de una jugada para llevar la iniciativa: el concepto es sencillo, tener tres jugadores cerca del balón si el otro equipo tiene dos, o cuatro jugadores si ellos tienen tres, y así. Ricard Torquemada lo explica en su magnífico *Fórmula Barça*: «Esta fórmula de superioridad numérica no es garantía de nada, porque al final, todo depende de la habilidad, precisión y concentración de los "artistas" que sacan ventaja del espacio y toman las decisiones correctas, pero siempre habrá un jugador que se libre de la marcación y, por consiguiente, consiga una "línea de pase" segura que pueda usarse. De esa forma, el fútbol se convierte en un deporte con un balón y espacios».

A medida que transcurría la temporada, el primer equipo de Pep estaba cada vez más preparado para saltar a la cancha con una idea clara de cómo iba a desarrollarse el juego, de las características, individuales y conjuntas, del rival y de lo que había que hacer para vencerlos. No obstante, la meticulosa preparación coexistía con un elevado grado de expresión, siempre teniendo en cuenta que estamos hablando de fútbol, que los futbolistas tienen décimas de segundo para decidir y que es mejor hacerlo a partir de una bien trabajada mezcla de conceptos básicos y también de creatividad, de la invención, de cierta libertad que permita llevar a cabo jugadas que no se han planeado en el entrenamiento. La felicidad sobre el campo, el mayor número de decisiones correctas, como en la vida, parte del equilibrio.

> Los jugadores necesitan saber que no deben tener miedo a intentar cosas, ni a perder el balón, porque en eso consiste el fútbol. Messi sabe que siempre puede hacer jugadas porque sabe que tiene a diez compañeros detrás de él dispuestos a ayudarlo si es necesario. Cuando tanto el defensa como el delantero se sienten importantes y protegidos, tenemos a un equipo ganador.

«Pep recurría a todos los mecanismos para buscar siempre la portería contraria —explica Ricard Torquemada en su profundo análisis del Barcelona, *Fórmula Barça*—: Xavi, Iniesta y Messi empezaron esta nueva etapa con las órdenes de vivir cerca del área. Xavi no retrasó mucho su posición, para hacer más definitiva su participación con Messi a la derecha, Eto'o en el centro e Iniesta en la otra banda. Poco a poco, el plan cambió porque uno de los pilares de los métodos de Pep se basa en la evolución del proceso. Guardiola nunca ha creído en verdades absolutas, lo que le otorga una flexibilidad imprescindible a la hora de interpretar la vida. Las diferentes cualidades específicas de los jugadores y la evolución táctica colectiva transforman su idea original y proponen que Xavi se desplace hacia atrás en la salida del balón con la intención de atraer a su rival directo, distanciarlo de sus centrales y, de esa forma, crear más espacio para Messi a la espalda del mediocentro.»

> Para evitar perder el balón y caer en el contraataque, resulta útil el concepto del «tercer hombre»: lanzar un balón largo y al espacio frente al futbolista que esté en banda. Así evitamos riesgos. Cruyff solía decirme: «Cuando tienes el balón, lo primero que has de hacer es buscar quien esté más lejos de ti. Probablemente, ese compañero tenga espacio libre delante de él. Normalmente hay que jugar con quien esté más cerca o disponible, pero si lo primero que puedes hacer es lanzar un balón largo, lanza un balón largo. De ese modo, evitarás el contraataque».

Cuando el Barcelona encajaba un gol en un contraataque, la acusación contra el equipo era siempre la misma: los defensas estaban expuestos. Pero es un riesgo asumido voluntariamente y se evita manteniendo la posesión. En cualquier caso, los defensas estaban protegidos por un centrocampista organizador que ayudaba a construir el juego desde atrás, pero que también podía ofrecer protección a los dos defensas centrales cuando los laterales estaban avanzados, lo que sucedía prácticamente en todas las jugadas. Keita y Sergi Busquets compartieron ese papel hasta que quedó claro que Busquets había nacido para desempeñarlo. A los ojos de Pep, e incluso de Vicente del Bosque, Busquets es el mejor jugador del mundo en esa posición.

> Lo más importante, cuando se defiende, es la actitud correcta. Podemos hablar de mil conceptos, pero lo que une a un equipo, lo que ayuda a los jugadores a defender, es la actitud adecuada. Si quieres, puedes correr por tu compañero porque con ello ayudarás a que él mejore su juego, pero no se trata de hacer mejor a tu compañero, sino de conseguir que, con esa carrera, tú mismo seas mejor.

Para el aficionado medio, el Barça siempre había sido sinónimo de fútbol ofensivo y, durante mucho tiempo, una de las ideas equivocadas sobre el Barça de Pep era que su fútbol se centraba exclusivamente en marcar goles a expensas de la defensa. Pero la filosofía de Guardiola sorprendería a más de uno. Por ejemplo, cuando el Barça no lograba marcar, la primera cosa en la que se fijaba el técnico era en cómo estaba defendiendo su equipo. Nuevamente, un análisis que iba en contra de la intuición y que desafiaba la sabiduría convencional. Abidal explica que antes de llegar al Barça la insistencia de sus entrenadores era en que, como defensa, debía centrarse en recuperar el balón. Tan pronto como llegó al Barça, le enseñaron a pensar un paso por delante del rival respecto a lo que iba a hacer una vez recuperada la posesión. «Ahora, cada vez que tengo el balón, sé lo que debería hacer porque he aprendido a interpretar el juego», explica el francés.

Todavía queda por analizar un detalle táctico que es fascinante.

> Una de las mejores cosas que hace el FC Barcelona es correr con el balón para provocar o atraer al rival, no para regatear.

Este es un truco para poner a prueba al adversario, para que abandone su posición y de ese modo crear espacios, para llevarlos donde tú quieras. En una conversación con Wayne Rooney, el delantero del Manchester United, me dijo que había visto a Xavi hacer eso a menudo: «Espera a que uno de nosotros se le acerque para pasar el balón».

André Villas-Boas también está fascinado por esta práctica. «Hay más espacios en el campo de los que algunos creen. Aunque juegues contra un equipo bien organizado, inmediatamente obtienes la mitad del campo. Puedes provocar al rival con el balón, incitarle para que se mueva hacia delante o hacia los lados y abrir espacios. Pero muchos jugadores no pueden comprender esa forma de juego; no alcanzan a interpretarla debidamente. Las cosas se han vuelto muy fáciles para los futbolistas: salarios elevados, buena vida, un máximo de cinco horas de trabajo al día, así que no pueden concentrarse, no pueden pensar en el fútbol.»

«La plantilla azulgrana es completamente todo lo contrario —continúa el exentrenador del Chelsea y ahora del Tottenham Spurs—. Sus jugadores están permanentemente pensando en las jugadas, en cada movimiento.»

Guardiola ha hablado sobre ello: «Los centrales provocan al rival, lo invitan a avanzar, y entonces, si el contrario ejerce una rápida presión, pasan el balón al otro defensa central, que realiza un pase vertical —no hacia los centrocampistas, que están de espaldas al balón, sino hacia los que se mueven entre líneas, Andrés Iniesta o Lionel Messi, o incluso directamente hacia el ariete—. Entonces inician la segunda jugada con pases cortos, o bien hacia los extremos que se han metido dentro, o bien hacia los centrocampistas, que ahora tienen el balón delante de ellos. El equipo tiene una enorme capacidad para no perder el balón, para hacer jugadas con una increíble precisión. Pero el 4-3-3 del Barça no funcionaría en Inglaterra, por el mayor riesgo que conlleva perder el balón».

La posibilidad de que esta táctica funcionase en Inglaterra era algo que Pep se cuestionaba a menudo. Preguntó al menos a dos futbolistas de la Premier League si podrían empezar una jugada como hacían en el Barça, pese al riesgo de perder la posesión cerca de su propia portería. Quería saber si la Premier League disponía de jugadores con la clase de confianza y comprensión de las tácticas necesarias para actuar de ese modo. Le contestaron que eso dependía del equipo, y que no todos los aficionados de un club aceptarían ese estilo.

Como entrenador, como maestro, Guardiola opina que cuando sus jugadores comprenden de verdad por qué se les pide que actúen de un modo determinado, creen más en aquello que se les requiere. Eso también significa que se incrementa su capacidad para tomar la iniciativa, o incluso, cuando es necesario, de cuestionar lo que se le ha ordenado.

Así es cómo lo describe uno de sus pupilos, Gerard Piqué: «El entrenador nos enseña a comprender el fútbol. No solo se dedica a dar órdenes, nos explica por qué pasan las cosas, qué hay que hacer y cómo. Solo así puedes convertirte en mejor futbolista». La obsesión por el detalle es lo que diferencia a los entrenadores: Pep es de los que ve y puede explicar qué se hace incorrectamente y cómo mejorarlo. «Cree totalmente en lo que hace y a partir de ahí implantó un manual de fútbol, rico en detalles, tácticas, enfoques.»

En el terreno de juego, esa metodología, ese trabajo, le permitían a su Barça cambiar formaciones o posiciones hasta cinco o seis veces en un mismo partido. Cuando los jugadores comprenden el porqué, es fácil reaccionar a las órdenes que les grita el entrenador desde la línea de banda en pleno fragor de la batalla.

Iniesta nos cuenta que Pep siempre le señalaba detalles sobre su posición en el campo: «Me corregía, me ayudaba a mejorar, me decía que disfrutara de lo que hago, que lo pasara bien y amara esta profesión y este club». Xavi Hernández insiste en que «Pep siempre está dos o tres jugadas por delante del resto». Javier Mascherano siempre le estará agradecido a Messi «por haberme recomendado y a Pep por hacerme ver que el fútbol se puede jugar de otra manera». Debía de ser fácil entrenarse y competir si todos los jugadores tenían ese grado de análisis, humildad y pasión por lo que hacen. Un crédito para su profesión.

Guardiola también inculcó paciencia a los suyos. No todo iba a salir bien desde el principio; a veces se requería tiempo para darle la vuelta a un resultado, una dinámica. Si tenía a su equipo convencido de lo que hacían, con conocimiento de causa, todo era más fácil.

A su manera —única, inimitable—, Charly Rexach plantea una analogía peculiar: «A veces, hay jugadas en las que en el sexto o séptimo minuto dices "no, ese plan no funcionará". Pero es como cuando vuelcas un paquete de judías secas sin cocer en un plato. Al principio, unas se amontonan encima de las otras; entonces, mueves el plato y poco a poco las judías se van colocando en su sitio. Paciencia. El fútbol es lo mismo. Ves el partido y te das cuenta de que ese jugador no funciona. Y te dices: "Relájate. Dale tiempo para que encuentre su sitio"».

«Evolución» en oposición a «revolución» es un término que hasta ahora hemos utilizado numerosas veces, porque en la metodología innovadora de Pep Guardiola, él siempre mostró un gran cuidado en no empezar destruyendo todo lo que se había erigido antes. Muchos de los fundamentos para el éxito ya estaban ahí, y él sabía que era necesario un proceso de ajuste gradual, afinar al máximo cualquier detalle para obtener lo mejor de lo que ya se tenía. Paso a paso, introdujo mecanismos y alternativas, ajustes sutiles y reformas a lo que Cruyff ya había puesto en funcionamiento aproximadamente una generación antes. Pep fue muy cuidadoso a la hora de conservar el modelo y su espíritu (presión, posición, combinación, salir a ganar todos los partidos), pero evolucionando y expandiendo las posibilidades y el potencial hasta unos límites previamente inimaginables.

Pero no se puede negar que Pep también ha innovado. Villas-Boas compara el Barça de Pep Guardiola con el célebre chef Ferran Adrià, aunque, en este caso, en lugar de una experimentación gastronómica, estamos siendo testigos de un fútbol molecular. La receta del éxito consiste en la búsqueda de soluciones nuevas a cada problema, incluso los que solo estaban en la mente del técnico: el Barça optó por una defensa en línea de tres en una era en la que todo el mundo apostaba por cuatro atrás; colocó a jugadores pequeños en el centro del campo cuando lo que se llevaba eran atletas grandes y fuertes; con lo que otros interpretan como una debilidad, el Barça lo lanza como solución.

Según la convención, sin un portentoso delantero de casi dos metros de altura no puedes marcar goles de cabeza. El Bar ça de Pep contó con extremos que centraban y centrocampistas que llegaban, no que esperaban el centro.

Cuando se pagaban millonadas por delanteros centros, Pep los sacó de su equipo. Y su portero tocaba el balón con los pies tan a menudo como un defensa —y frecuentemente, más que un centrocampista del equipo rival—. Víctor Valdés es casi un central que de vez en cuando coge el balón con la mano.

Con todo, la innovación más impresionante del Barça quizá tenga menos que ver con la ruptura constante de convenciones o con la creación y selección de unos jugadores tan magníficos con la técnica y visión necesarias para que la metodología funcione —o incluso con la constatación de que esa forma de jugar es estética porque es efectiva, y no viceversa—, sino, más bien, con el hecho de haber encontrado una forma de aprovechar los espacios en el campo que hace que neutralizarles sea una odisea. Sí, Pep fue derrotado por el Chelsea y el Real Madrid en su última temporada, pero en los años que estuvo al cargo del primer equipo azulgrana, el Barcelona obtuvo el porcentaje más elevado de victorias en partidos cruciales de toda la historia del fútbol. Y no fue por casualidad.

La temporada de Liga 2008-2009 se inició con un enfrentamiento contra el recién ascendido Numancia.

La charla técnica en el hotel, dos horas antes de llegar al estadio, confirmó que iba a jugar el once esperado: Víctor Valdés, Dani Alves, Puyol, Márquez, Abidal, Yaya Touré, Xavi, Iniesta, Messi, Henry y Eto'o.

Las instrucciones fueron claras: abrir el campo, porque el Numancia iba a defender en su propia área, conseguir una rápida circulación del balón. Tener paciencia.

Camino del reducido estadio de Los Pajaritos (con una capacidad para apenas 9.025 espectadores), una canción sonó por los altavoces del autocar: *Viva la Vida* de Coldplay, una de las favoritas de Pep, que se convertiría en la banda sonora del resto del curso, incluso de la era Guardiola. Cuando sonaba, los jugadores sabían que había llegado el momento. Era un aviso, la llamada a la acción.

Los últimos rituales tuvieron lugar después del calentamiento, en las entrañas del estadio, pero para entonces, Pep había desaparecido de la vista de sus jugadores. Su preparación había finalizado.

Inicio del partido, de otra Liga para el club. De la primera para Pep. Pitido inicial de la competición que pone a todos en su sitio, en el lugar que les corresponde. En el banquillo, Guardiola gesticulaba con el semblante enfadado, tenso. Se sentaba, volvía a ponerse de pie, nervioso. No podía permanecer quieto, ni de pie ni recostado al lado de Tito. Más instrucciones. Puños al aire, brazos extendidos. Pep transmitía pura pasión y energía. Así es Pep, como jugador y como entrenador. ¡Incluso como espectador!

No había prometido títulos. Más bien, que cada partido sería tratado como una final y que cada minuto de cada partido tendría la misma importancia. Pep no comprende ni acepta un grupo que no grite, que no se abrace, que no se entregue por completo. Todo eso quedó patente en aquel primer encuentro liguero, en el primer minuto de su debut.

Incluso le propinó una colleja a Dani Alves después de una instrucción rápida. Alves se giró desconcertado y sorprendido hacia el entrenador. Solo era un gesto de aprecio por parte de Pep, para demostrarle que estaba con él. «Pero un día se darán la vuelta y te darán una hostia», le avisó a menudo Estiarte, riendo.

Lo que Pep estaba haciendo, justo desde el principio, era establecer una camaradería, un vínculo en el vestuario, un código tácito, y táctil, en el grupo. Los jugadores son de carne y hueso, a veces se olvida. Y responden a un gesto, a un abrazo, incluso a una colleja. Es su colleja, y parte de una conversación con el míster. Pep constantemente les toca, les abraza, les empuja, para motivarlos, para que se mantengan alerta, para que se sientan queridos. Y su experiencia como futbolista le permite decidir cuándo hay que hacerlo y cuándo no.

Volvamos a Numancia. El Barça atacó demasiado por el centro; canalizó sus movimientos en un área congestionada, su mayor error. Pero dominaba la posesión y creaba oportunidades, una constante que se iba a repetir toda la temporada. Veinte tiros a puerta, tres del Numancia, uno de ellos, gol de Mario, un error defensivo que dejó al defensor completamente solo en el segundo palo.

El Barça perdió el encuentro.

1-0.

Vencidos por un modesto club que contaba con un presupuesto anual de 14,4 millones de euros comparados con los 380 millones del FC Barcelona. Se trató, lógicamente, del resultado sorpresa del fin de semana, del mes, incluso de la temporada.

Al final, Guardiola aparcó sus dudas, su decepción y frustración en un rincón y se acercó al entrenador rival, Sergio Kresick, para estrecharle la mano y felicitarle por el éxito.

«Tras perder ese primer partido en Soria, no estábamos de muy buen humor en el vestuario —recuerda Iniesta—. Pero Pep apareció de repente para hacerse cargo de la situación, para ayudarnos a aceptar el resultado.»

La pretemporada había devuelto a todos las ganas de jugar; sabían el camino que tenían que seguir, el razonamiento y los retos. Se mostraban receptivos, o al menos la mayoría, y empezaban a comprender lo que Pep les pedía. Pero habían perdido el primer partido de Liga frente a un equipo que era candidato al descenso. Justo después del encuentro, Guardiola intentó convencer a los jugadores de que no hacía falta cambiar nada, que se habían cometido errores y se repasaron urgentemente antes de regresar a Barcelona, calientes todavía por la derrota. Pero Pep insistió en una cosa: la línea marcada no iba a cambiar ni un milímetro.

Aquella noche de agosto en Los Pajaritos, el míster les dijo a sus jugadores algo que ha repetido varias veces desde entonces: «No debemos perder de vista nuestra idea».

Esa idea era lo que les iba a llevar a completar los objetivos: el trabajo consistía en alcanzar el estilo de juego que les iba a permitir ganar partidos.

En los siguientes días y durante las duras sesiones de entrenamiento, Guardiola estuvo muy encima de sus futbolistas. Insistió en corregir el juego de posición y la presión al rival, el posicionamiento al pasar, al recibir el pase, docenas de detalles. Pero ni una sola vez acusó a nadie de nada: se trataba de identificar los errores y buscar soluciones. Más que entrenamiento, parecía que estuviera dando clases. Los jugadores salían de cada sesión con la sensación de que habían aprendido algo nuevo.

En el fútbol, como en cualquier otra situación en la vida, es importante mantener la calma en momentos de crisis, ocultar las debilidades. Pep les aseguró que estaban en la senda correcta. No era totalmente falso, si bien confesó a varias personas en el club que había metido la pata: «La pretemporada fue fantástica, pero ahora, con la Liga recién estrenada, he dejado que los jugadores recaigan en sus viejos hábitos de juego, en errores del pasado: hay que mover el balón más rápido, abrir el juego a la banda...».

El parón internacional significaba que pasarían quince días antes del siguiente partido de Liga. Iban a ser dos de las semanas más duras del régimen de Guardiola.

Pep se estrenó como técnico en el Camp Nou contra el Racing de Santander, otro equipo modesto cuyo objetivo era evitar el descenso. Introdujo dos cambios significativos en su alineación: incluyó a Pedro y a Busquets; Henry estaba lesionado y dejó a Yaya Touré en el banquillo. Bajo presión, tal como haría repetidamente durante sus años frente al primer equipo, buscó soluciones en el fútbol base.

El Racing se llevó un punto del Camp Nou. 1-1.

El equipo de Pep no supo aprovechar de nuevo las ocasiones creadas y compartió el botín con un Racing muy defensivo que marcó en su única oportunidad clara de gol durante todo el partido. Un resultado frustrante.

En el vestuario, Pep no necesitó enumerar los errores, escasos. Fue durante la reflexión en las horas posteriores al partido cuando realmente se descubrió a sí mismo como entrenador. Estaba contento por haber priorizado y confiado en sus instintos, por encima de cualquier otra lectura. Sí, había que profundizar en el análisis, continuar convenciendo al grupo, desarrollar más las ideas que quería inculcar en el club. Pero contra el Racing, había visto al equipo jugar tal como él quería.

Sin lugar a dudas, había una mejoría, y el malestar o las discrepancias procedían del exterior —la prensa escrita o los programas de radio, los aficionados que todavía dudaban—, no del vestuario. Algunos pidieron la cabeza de Pep, pero siempre hay alguien que quiere ser el primero en todo.

Justo antes de la siguiente sesión de entrenamiento tras el encuentro, Andrés Iniesta, que había empezado el partido del

Racing en el banquillo, se acercó al despacho de Pep, llamó a la puerta, asomó la cabeza sin entrar y dijo: «No te preocupes, míster; quiero que sepas que estamos todos contigo».

Y se marchó.

Cada cual reaccionó a su manera ante las dudas que creó la posición en la clasificación. Xavi, por ejemplo, sintió que no había necesidad de decir nada, solo ganar el siguiente partido. Podía ver que el equipo estaba jugando «magníficamente bien, como los ángeles», pero solo habían conseguido un punto de seis. No podía creerlo. Recordaba encuentros en el pasado en que el equipo había jugado fatal, pero había logrado ganar. Ahora sucedía todo lo contrario.

Xavi había visto la reacción de los medios informativos en situaciones similares. Después de una victoria, el titular era: «El Barça es una maravilla» sin importar cómo hubieran jugado. «Todos quieren resultados, y a partir de los resultados, analizan si estás jugando bien o no. Si pierdes, el titular siempre será: "El Barça es un desastre"».

Xavi, Henry, Valdés, Busquets, todos se dieron cuenta de que, detrás de su apariencia calmada, Pep estaba nervioso. No podía admitir que una derrota no tenga explicación. Interpreta el fútbol desde una perspectiva científica y aprecia las lecciones que se pueden aprender de los malos resultados. Debía, pues, encontrar un motivo para lo ocurrido. «Las derrotas, los errores, te ayudan a madurar. Es lo que te mantiene alerta. Cuando ganas, piensas: "Genial, hemos ganado". Y seguramente habremos hecho algo mal, pero te relajas. Ganar solo es útil para dormir bien toda la noche.»

Guardiola era consciente de que dos años sin títulos causaban cierto sentimiento de urgencia, y que una derrota frente al Sporting de Gijón la semana siguiente podía colocar al Bar ça al final de la tabla, pero estaba convencido de que pronto recogerían los frutos de su trabajo en las sesiones de entrenamiento.

A la vez que recibía duras críticas por los resultados, algunas voces influyentes sostenían en los medios de comunicación que el Barça estaba jugando bien y que era evidente que la plantilla había recuperado la sed por ganar títulos. Cruyff escribió en *El Periódico* que «era el mejor equipo del Barça que había visto en muchos años».

A pesar de su confianza, de que los síntomas del equipo no concordaban con los resultados, pese a que insistía en repetir que todo iba bien, Pep necesitaba que alguien reforzara esa creencia. Decidió hablar con Cruyff.

Guardiola se había sentido fascinado por la figura del holandés antes incluso de darse cuenta de que él mismo quería ser entrenador. De los numerosos técnicos que habían influido en Pep, muy pocos habían tenido un impacto tan profundo como Johan Cruyff, el hombre que implantó su metodología futbolística en el Barça y cambió toda la estructura del club. El holandés introdujo un bacilo que infectó a Guardiola y a muchos más de su generación. Pero además, y así lo considera Guardiola, el mayor milagro de Cruyff fue cambiar la mentalidad de un club, de un país; convencer a los culés de que su propuesta era la forma de jugar.

Cruyff solía decir que el fútbol es un deporte para la gente: «Quiero que mi equipo juegue bien aunque solo sea porque tengo que ver todos los partidos y no quiero aburrirme».

Johan necesitaba ser arrogante para convencer a los escépticos, así que desarrolló una relación de amor-odio con sus jugadores, con la junta directiva y con los medios de comunicación. No todo el mundo aceptaba lo que él proponía, y sus ideas toparon hasta con la oposición de algunos jugadores de sus primeras plantillas. El joven Pep no entendía cada una de las decisiones que tomaba, pero quería comprender la reflexión que había detrás del proceso, y al entenderlas, una vez estuvo convencido, se convirtió en un seguidor incondicional de Cruyff.

Para el entrenador holandés había tres principios no negociables: en primer lugar, en el terreno de juego los hechos no eran nunca fortuitos, sino la consecuencia de tus intenciones. Por ejemplo, un buen control te da ventaja ante el rival no solo por cómo se recibe el pase, sino también por cómo tienes el cuerpo posicionado. En segundo lugar, un futbolista debía ser capaz de controlar el balón con un toque. Si necesitaba un segundo, no era un gran jugador, solo uno del montón. Si requería un tercer toque, mejor que se dedicara a otra cosa.

En tercer lugar —y eso era vital para la posición de Pep como mediocentro frente a la defensa— tenías que pasar el balón a los extremos para ensanchar el campo al máximo, para crear espacios por toda la cancha.

Cruyff no comentaba cada posición, cada jugada, cada ejercicio en los entrenamientos, sino que solía dar instrucciones generales llenas de sentido común. Cuando hablaba sobre las líneas de pase, advertía a los jugadores que no se colocaran en las esquinas porque eso reducía el ángulo de pase. En cuanto al juego posicional, insistía en asegurarse de que el jugador estuviera siempre en su lugar correspondiente, sobre todo cuando perdían el balón.

Pero Cruyff no logró convertir toda su ideología en metodología, era demasiado caótico y no estaba interesado en organizar o en convertir sus ideas en un claro y definitivo libro de estilo. Louis Van Gaal contribuyó a ello, y Guardiola dio otra vuelta de tuerca a su versión: «Yo robo ideas; las ideas están para compartirlas, pasan de una persona a otra», como diría el técnico de Santpedor.

Consecuentemente, una reunión con Cruyff aportaría a Pep una oportunidad para buscar la orientación de su mentor, una ocasión para escuchar nuevas ideas y reafirmarse a sí mismo. Después de superar las reticencias iniciales por haber apoyado a Lluís Bassat en las elecciones presidenciales del 2003, Guardiola sabía que tenía que tender puentes con el holandés, y ¿qué mejor forma de hacerlo que hacer que se sintiera importante y mostrarle todos sus respetos al presentarse ante él como aprendiz?

Guardiola siempre le habla a Cruyff de «usted». En los primeros momentos, ya sea en casa de Cruyff, en la de Pep, en un almuerzo, en una reunión, el alumno siempre ha mostrado el máximo respeto y humildad hacia su antiguo entrenador. Una vez superados los formalismos de rigor, de repente se enciende la chispa, se inicia una inacabable e inacabada conversación de fútbol. Johan no dejaba acabar una frase a Pep, este le interrumpe, surge una pregunta y otra y otra. Los brazos se agitan enérgicamente, los debates son apasionados, las ideas claras. Hablan y actúan de todo corazón, y a partir de ese momento, no existe nada más que fútbol, fútbol y más fútbol. Nunca oirás a Pep discrepar y decirle a Cruyff: «Se equivoca». Nunca. Pero discutirán y debatirán durante horas, intentando convencerse el uno al otro de las ideas que defienden. Cuando se trata de fútbol, los dos hablan el mismo idioma. El fútbol es una religión que ambos adoran en el mismo santuario. Pero siempre encuentran variantes en las que divergen.

En esa ocasión, sin embargo, después del empate con el Racing, el alumno se reunió con el maestro básicamente para plantearle sus dudas y escuchar las respuestas. Cruyff ya le había dado a Guardiola algunos consejos durante el verano que el joven entrenador se había tomado muy en serio: «Deberías saber cómo evitar problemas, cómo tratar a los periodistas, los rumores, incluso las noticias que no estén relacionadas con el fútbol. Has de ser capaz de tomar decisiones arriesgadas con escaso margen de tiempo. A lo largo de tu carrera profesional has recibido muchas influencias, ahora ha llegado el momento de que evoluciones a tu manera. Deberás tener muchos ojos, buenos ayudantes, buenos jugadores; marcar la senda y fijarte en los que no la siguen. Cada jugador ha de estar convencido de que lo que hace es lo mejor para él, para sus compañeros de equipo y para la idea general. El objetivo es enseñar el abecé del fútbol a cada futbolista. Por ejemplo, si se trata de un interior, has de hacer esto y no lo otro, y nada más. Les dirás que, una vez has aprendido lo que un interior debe hacer, puedes pensar en variaciones. Y cuando no funcionen, has de volver al abecé. Lo principal es tener reglas. Solo puedes pedirle a un jugador que haga algo que sepa hacer y nada más. Pídele que haga lo que mejor sabe hacer. Un futbolista debería tener fe en lo que hace. Es mejor que un tío pierda el balón cuando está regateando, sintiéndose completamente seguro, que por un error, una equivocación por miedo a no acertar».

«Todo el equipo —técnicos y jugadores— deberían compartir la misma idea. Y no te olvides de la autoridad. Si no quieres fracasar como otros entrenadores, has de tener control sobre tus jugadores. Para ser entrenador del Barça, es más importante saber cómo dirigir a un grupo de estrellas que saber cómo corregir un error en el campo. Has de ejercer influencia sobre el grupo, ser capaz de seducir y convencerlos. Es necesario que aproveches la imagen de "ídolo" que los jugadores tienen de ti por ser su entrenador».

Cruyff le recordó que el grado de exigencia debería ser equitativo con las posibilidades —técnicas, deportivas y económicas—. Cruyff nunca pedía lo imposible, pero era capaz de encararse ante cualquier figura del equipo —y delante del resto de la plantilla— para decirle cosas como: «Tu actuación no está a la altura del salario que ganas, así que lo que haces no es suficiente. Has de dar más». Cruyff sabía cómo tratar a los jugadores —bueno, al menos, a la mayoría de ellos—, aplacar la euforia desmedida de algunos y mimar la autoestima de otros que solían quedarse en el banquillo. Pero podía matar con la mirada, y con un solo gesto podía dejar a un jugador descolocado durante varias semanas.

«Cruyff es el entrenador que más me enseñó, de eso no me cabe la menor duda —afirma Guardiola—. Pero también ha sido el entrenador que más me ha hecho sufrir. Con solo una mirada, tenía la capacidad de helarte la sangre en las venas.»

Pep le dijo a su mentor que había una cosa que Johan podía hacer, pero que sería un error que él intentara imitarlo: «Usted solía llamar "idiotas" a algunos jugadores. Yo no puedo hacerlo. Usted puede, pero yo no; lo paso fatal. No puedo decirles eso».

Pep recuerda cómo en una ocasión Cruyff insultó a Begiristain y a Bakero, dos de los principales jugadores del Dream Team, y una hora más tarde les pidió que organizaran una cena para todos ellos junto con sus esposas para la noche siguiente. Pep envidia esa habilidad, pero admite que no está hecho de la misma pasta.

A esa primera reunión con Johan Cruyff le siguieron otras. A menudo, Pep iba a visitarle a su casa o quedaban en el restaurante de un reputado chef amigo de ambos. Siempre que era posible, una vez cada seis meses, un grupo compuesto por Cruyff, Estiarte, el chef Ferran Adrià, el experiodista y ahora consultor Joan Patsy y Guardiola, quedaban para comer. Cuando Pep se marchó del Barça, Adrià planeó abrir de nuevo El Bulli solo para que el grupo pudiera pasar el día en el famoso restaurante.

Pero en aquel encuentro, unos pocos meses después de que Pep se convirtiera en el técnico del banquillo azulgrana, y después de dos resultados decepcionantes, el mensaje de Johan Cruyff fue tan claro como simple: «Sigue así, Pep. Acabará por suceder». El propio Guardiola había llegado exactamente a la misma conclusión.

Dos partidos. Un punto. El Barça entre los tres últimos equipos de la tabla.

Aquella semana, Pep Guardiola se reunió con el director deportivo Txiki Begiristain. Mientras se rascaba la cabeza como solía hacer durante los partidos —un inconsciente gesto nervioso que siempre ha sido evidente en momentos de duda—, Pep no podía enmascarar su ansiedad.

«Si no vencemos al Gijón, seré el primer entrenador de la historia del Barça con el equipo en la última posición de la Liga», le dijo a Txiki medio en broma. Ambos tenían claro el análisis de la situación, pero no podían evitar sentir cierta preocupación.

«Los jugadores no han ocupado las posiciones correctas; las posiciones dependen de dónde está el balón, y no hemos respetado esa premisa. Eso todavía no lo hemos hecho bien —no paraba de repetir Pep, y Txiki asentía—. Txiki, la mejor forma de defender bien es atacar bien, y he de conseguir que los jugadores lo entiendan.»

Nadie en el club pedía la cabeza de Pep, de momento. Desde el exterior, había quienes consideraban que los resultados eran la clara evidencia de que su promoción desde el Barça B había sido un error, una muestra más de una junta directiva sumida en el caos que había querido ocultar las fisuras de su gestión con el nombramiento de un jugador legendario, pero inexperto.

Joan Laporta cruzaba los dedos y repetía que Pep necesitaba tiempo, esperanzado de que eso justamente fuera lo único que le faltaba al equipo, un poco más de tiempo.

Tercer partido de la temporada. El Barça está entre los tres últimos equipos de la Liga y tiene que enfrentarse al Sporting de Gijón, recién ascendido. El escenario, el legendario Molinón. La última vez que Gijón vio al FC Barcelona fue en 1997, cuando Guardiola era su capitán. Hubo largos silencios en el autocar que los llevó hasta el estadio, la charla técnica ya se había llevado a cabo en el hotel. A pesar de que la victoria era esencial, nada cambiaba la ideología ni los aspectos prácticos del entrenador. Pep lo tenía claro: quería el control del partido y una intensa presión arriba.

Justo antes del inicio del partido, Pep Guardiola se acercó a Manuel Preciado, el entrenador del Sporting, tristemente fallecido por un paro cardíaco en el verano del 2012. El técnico, con más años, con más experiencia, había oído hablar de los cambios que Pep quería aplicar en aquel encuentro y dedicó unas cálidas palabras de ánimo al entrenador novato: «Mantente firme en tus principios, Pep. Si crees que has de contar con Busquets o a cualquier otro jugador, hazlo. Has de ser valiente para poder defender tus ideas».

Sergio Busquets iba a jugar su segundo partido consecutivo como titular.

Piqué sonríe cuando recuerda aquel momento en el que la suerte del Barça estaba a punto de cambiar.

«Guardo un grato recuerdo del encuentro con el Sporting en El Molinón. Ese día supuso el despegue.»

Inicio del partido. Desde el saque inicial, diez jugadores tocan el balón, todos excepto Messi. En total, treinta pases en dos minutos que terminaron cerca del banderín de córner y con una falta sobre Iniesta. Esos minutos iniciales fueron toda una declaración de intenciones. El equipo continuó golpeando al Sporting como un boxeador: dos saques de esquina consecutivos, dos balones recuperados cerca del área rival, un disparo a puerta de Xavi. Solo habían transcurrido cuatro minutos.

El equipo usó el espacio con paciencia y de forma inteligente. Xavi encontró muchas líneas de pase, el balón danzaba a gran velocidad; cada toque era preciso y positivo. En ausencia de Henry, Iniesta jugaba en el flanco izquierdo. Eto'o empezó como nueve, pero a menudo aparecía por la derecha, permitiéndole a Messi moverse como le gustaba, por el centro. Esas tácticas, movimientos e intercambios se repetirían durante toda la temporada.

El Sporting pensaba que si buscaba el cuerpo a cuerpo contra un equipo azulgrana que sospechaba vacilante iba a darles una oportunidad, pero después del primer gol, no hubo vuelta atrás.

Cuando el equipo llegó al vestuario durante el descanso, ganando ya 0-2, Pep exigió un momento de atención. Solo dio una consigna más, un simple recordatorio, pero con una instrucción clave: «Continuaremos con la presión arriba, seguid con esa intensidad», dijo, y los jugadores acataron la orden. En la segunda parte, el Sporting descubrió que el área rival estaba mucho más lejos de lo que indicaba un análisis visual. El Barcelona se plantó en el último tercio del campo rival.

El Barça derrotó al Sporting por 1-6.

«Habéis sido muy superiores a nosotros», admitió Manuel Preciado cuando se cruzó con Guardiola al final del partido.

«Hemos dado un paso adelante», replicó Pep.

Al día siguiente, durante la sesión de entrenamiento, uno de los ayudantes de Pep le entregó una fotocopia con algunas de las estadísticas del partido. Pep no pudo contener la sonrisa. Aparte de Messi, que marcó dos goles, todos los delanteros habían recuperado la posesión del balón en algún momento, asfixiando al Sporting. El Barça sumó en total 22 remates, 9 a puerta y 14 saques de esquina, en comparación con los 5 intentos del Sporting. Pero hubo algo más que levantó los ánimos: defensivamente, el joven Busquets, recién ascendido del filial, había sido el mejor jugador en el campo. Había recuperado 10 balones y, de sus 50 pases, 48 habían alcanzado el objetivo marcado.

Sin Henry, siete de los jugadores que habían participado en el partido se habían formado en la cantera azulgrana (Valdés, Puyol, Xavi, Iniesta, Busquets, Messi y Bojan), dos más que en el partido anterior contra el Racing. Xavi había intervenido en todas las jugadas de gol.

Era el tercer partido de Liga y el Barça ya se había establecido como el equipo con la mayor cantidad de tiros a puerta y el que menos había recibido.

El resultado hizo más que dotar al equipo de tres puntos tan necesitados; también demostró que Guardiola tenía razón, que había que darle tiempo, que el Barcelona se estaba armando a partir de una idea, que esa idea también podía ganar partidos, muchos partidos.

Pero el fútbol es muy traicionero: «¿Dónde estaríamos si no hubiéramos batido al Sporting?», se pregunta ahora Iniesta.

2

El extraordinario 2-6 en el Santiago Bernabéu

> Ser entrenador es fascinante. Por eso a la gente le cuesta tanto dejarlo. Es goloso, una sensación de excitación continua; la cabeza va a cien constantemente.
>
> PEP GUARDIOLA, 2008

En los primeros meses de su carrera profesional como entrenador, Pep solo veía los aspectos positivos; saboreaba el momento, pero nunca ignoró una sensación que no le abandona: no estaba en el cargo para siempre. Metódico y apasionado, disfrutaba organizando, tomando decisiones, compartiendo experiencias y aplicando lo que había aprendido a lo largo de los años. Su vida giraba en torno a la idea de convertirse en el mejor entrenador que pudiera llegar a ser, y por Barcelona empezaron a circular rumores sobre su dedicación a la labor y atención al detalle.

Ya había demostrado que era más que un entrenador que creía que su trabajo se limitaba a dar instrucciones a un grupo de futbolistas en el terreno de juego, y repetidamente manifestó empatía y habilidad para comprender las necesidades de aquellos que le rodeaban.

Antes de ser nombrado entrenador del primer equipo en mayo del 2008, Pep Guardiola estaba centrado en conseguir que el Barça B ascendiera a Segunda División pero buscó tiempo para ir a visitar a Gabi Milito. El defensa central argentino, jugador habitual en el once de Rijkaard, se estaba recuperando de una operación de rodilla. A pesar de que Pep apenas tenía un momento libre —y menos aún entonces, con su hija Valentina recién nacida— sorprendió a Milito con una visita de más de tres horas para animarlo y ofrecerle su apoyo moral. Pep también le habló de su amor por el fútbol argentino, su admiración por Menotti y Bielsa. Milito quedó seducido por su encanto y sus conocimientos, y quedó sorprendido cuando poco después Pep declaró a la prensa: «Preferiría ver a Gabi jugando de nuevo al fútbol que ganar un título».

Tras el pitido final en un partido de Copa en el Camp Nou contra un modesto equipo de Segunda División B, la Cultural Leonesa, Guardiola encontró a algunos de sus futbolistas merodeando cerca de la puerta del vestuario del Barça, a la espera de intercambiar camisetas con los azulgranas. Pep saludó con una efusiva sonrisa, abrió la puerta del santuario del primer equipo, y les pidió que pasaran, que se sintieran como en casa. Les recordó que eran todos profesionales del mismo deporte. Los jugadores de la Cultural no podían creerlo.

Ahora que ya era entrenador, supo de la soledad implícita en dicho trabajo y se esforzó para ser un miembro más de la fraternidad de técnicos. Emulando una de las tradiciones de cortesía en el fútbol inglés, Pep pagaba de su propio bolsillo una botella de vino para compartirla con el entrenador del equipo visitante después de los encuentros. Si un entrenador de otro club era despedido, Pep le enviaba un mensaje de apoyo, llegando a cancelar en alguna ocasión todos sus compromisos previos para organizar una cena privada con algún compañero y ofrecerle su apoyo solo unos días después de perder su empleo.

Guardiola tiene una increíble capacidad de trabajo: a su regreso a casa desde Milán, después de un encuentro de Liga de Campeones, hacia las 4 de la madrugada, Pep no conseguía conciliar el sueño, así que se acercó a la Ciudad Deportiva a analizar uno o dos vídeos de sus próximos rivales. Durante su etapa de entrenador del Barça, tuvo que recurrir a somníferos cada vez con mayor frecuencia, sobre todo en su última temporada.

Una de las primeras decisiones que tomó Guardiola fue asegurarse de que todo el dinero que recaudaba el equipo a través del sistema de multas fuera a parar a una organización benéfica, en lugar de gastarlo en cenas de grupo, como era la costumbre: llegó a la conclusión de que las sanciones no podían contribuir a premiar al equipo. Al principio de su primera temporada, Pep donó los ingresos a la Fundación Sant Joan de Déu, que investiga el síndrome de Rett, una grave enfermedad mental congénita.

Cuando Pep firmó un contrato de marketing con el Banco Sabadell, comprometiéndose a realizar un número de conferencias y entrevistas personales como parte del trato —cuando seguía negándose a conceder entrevistas personales a los medios de comunicación—. Algunos de sus detractores lo tacharon de pesetero. Sin embargo, su actuación se vio pronto justificada cuando se supo que había compartido todo el dinero con su equipo técnico, su manera de reconocer su dedicación a un proyecto en el que cada persona contribuía con su propio granito de arena. Mientras tanto, el banco estaba encantado con el repunte de su número de clientes, un incremento del cuarenta y ocho por ciento en Catalunya y del sesenta y cinco por ciento en Madrid.

A principios de temporada, Audi, tal y como hace todos los años, regaló un coche a cada uno de los jugadores del primer equipo y también al entrenador. Pep, sin embargo, lo rechazó. Si no había coches para su cuerpo técnico, él tampoco aceptaría uno.

En noviembre de su primer año como técnico, el entrenador de porteros Juan Carlos Unzué, perdió a su padre tras una larga enfermedad. Guardiola no se lo pensó dos veces: a pesar de que el Barça tenía un encuentro al día siguiente, el entrenador del primer equipo reorganizó la programación previa al partido para llevar al grupo a Orkoien, en Navarra, a 360 kilómetros de distancia, para asistir al funeral.

La temporada avanzaba a buen ritmo. Aparte de unas pobres actuaciones en marzo con tres empates (contra el Betis, el Lyon y el Mallorca) y dos derrotas (contra el Espanyol y el Atlético de Madrid) que levantaron ciertas críticas, el sentimiento global entre la afición era de euforia. Se tenía la sensación de que estaba sucediendo algo especial.

La posesión era alta, la presión efectiva. Xavi, Iniesta, Eto'o y Henry no parecían los de la temporada anterior. Las nuevas incorporaciones sumaban.

«Me siento fuerte y optimista», describía Pep sus sentimientos en aquella época. El Barça se había recuperado de su pequeña crisis primaveral con victorias en nueve partidos consecutivos. A aquella buena racha le siguieron dos empates —contra el Valencia (2-2) en la Liga y contra el Chelsea (0-0) en el partido de ida de las semifinales de la Champions League— que propiciaron un final de temporada tenso. Inolvidable.

El clásico en el Bernabéu en mayo iba a ser decisivo. El Bar ça era líder a falta de cinco jornadas para el final de la temporada liguera y, con los dos eternos rivales separados por cuatro puntos, una victoria del equipo de Guardiola dejaría prácticamente sentenciada la competición y el título podría regresar así al Camp Nou.

Pep trató el partido contra el Real Madrid como una final de copa y exigió el mismo enfoque audaz que había visto en su equipo a lo largo de toda la temporada. Sacar un punto del Bernabéu no era mal resultado, pero la grandeza no se escribía con empates.

«Queremos ser campeones, ¿no es cierto? —provocaba a sus jugadores los días previos a la visita a Madrid—. Ahora es el momento de dar el paso. Solo os pido que salgáis a ganar, porque estos son los partidos que nos definen, los que hacen justicia a nuestra profesión.»

Para un encuentro tan importante, Guardiola estaba considerando delegar en Messi la tremenda responsabilidad de jugar de falso delantero por primera vez desde el inicio. Guardiola ya se había ganado la confianza del argentino y había iniciado el proceso de erigir un equipo alrededor de él. Aunque la relación entre el entrenador y el futbolista no siempre había sido fácil.

Las cosas no empezaron con buen pie. Pep identificó muy pronto que quería, que necesitaba a Messi a su lado, que el argentino, de solamente veintiún años, era extraordinario, y que tenía mucho margen de mejora. El Barcelona iba a ser mejor con Messi y el técnico sabía que debía encontrar una dinámica, un diálogo, una confianza con el jugador que les permitiera crecer juntos.

Para lograrlo, el entrenador tuvo que ajustar su idea de equipo de modo que cupiera un individuo insaciable y con unas dotes extraordinarias, mientras convencía al jugador —tímido, reservado, incluso distante fuera del terreno de juego— de que tenía que aceptar su liderazgo.

Para Messi, Guardiola era el nuevo entrenador; sí, una antigua estrella del equipo, pero no sentía la devoción de Xavi, Iniesta o más tarde Cesc, que vieron en Pep a un ejemplo y mucho más. De hecho, cuando le nombraron entrenador del primer equipo, Messi se hallaba sumido en un estado de melancolía, desilusionado por el cariz que tomaron las cosas en los últimos meses con Rijkaard.

Messi entendió las razones de los cambios que se avecinaban, y progresivamente se fue acercando más a Puyol y a Xavi, mientras veía el daño que Ronaldinho se estaba infligiendo a sí mismo. La llegada de Pep supuso un período de incertidumbre para el joven Messi, que perdió al entrenador que le hizo debutar en el primer equipo, con quien se sentía protegido, y a varios de sus amigos en la plantilla.

Pep, un nuevo jefe, con su nuevo sistema, sacó del grupo a Ronaldinho, su amigo, mentor y vecino (el argentino y el brasileño vivían a pocos metros de distancia en Castelldefels). No solo el entrenador, también el futbolista necesita entender a Pep y hacerse entender.

Pep quiso inculcar a Leo la idea de grupo por encima de todo, esencial para el fútbol que quería practicar. Pero esa insistencia en el colectivo podría haberse interpretado como un reproche al juego en ocasiones individualista de Messi. No era esa la intención de Pep, pero con ello sí que intentaba corregir un trazo de la personalidad del argentino que Guardiola malinterpretó: creía, en un inicio, que ese individualismo era egoísmo.

«Quería que Pep comprendiera que se trataba de ambición, y no de egoísmo. Leo es tan exigente consigo mismo... Quiere jugar todos los partidos, ganar todos los títulos, hasta tal punto que transmite ese sentimiento a los demás y se convierte en una fuerza arrolladora para el conjunto», revela Manel Estiarte, el Messi del waterpolo en su día, y un hombre al que su amigo Pep había llevado al club como encargado de Relaciones Externas del FC Barcelona. Leo siempre quería el balón, empezar la jugada, acabarla, intentar superar defensas, rematar. Aquí, dámela, ya puedo yo con todos, te asisto, devuélvemela, remate, remate, remate…

«Es como un demonio dentro de ti que no sabes que tienes, y no puedes controlarlo. Quieres participar, superar obstáculos, y otro, y otro. Y volver a intentarlo. Eso es lo que ha hecho que se convierta en el mejor jugador de todos los tiempos. Y yo intentaba explicárselo a Pep.»

El entrenador debe tomar decisiones todos los días, a todas horas, todo pasa por sus manos. Eso genera una falsa sensación de poder, porque te das cuenta de que, al final, son los jugadores quienes salen al campo, los que tienen que aplicar tus propuestas, soluciones, sugerencias. El fútbol es de los futbolistas. La idea que quería implantar Pep y el talento y la ambición de Messi tenían que confluir en algún punto.

Las palabras de Estiarte le hicieron reflexionar. En el fondo, Pep nunca había olvidado la lección que había aprendido aquel día que se quedó sin el autógrafo de Michel Platini.

Al héroe de la infancia de Guardiola le habían permitido quedarse en el vestuario mientras el resto de sus compañeros de equipo realizaban la sesión de calentamiento. Eso confirmaba que la mayor mentira en el fútbol es que todos los jugadores son tratados por igual. Más tarde, cuando Pep era un adolescente, Julio Velasco, el famoso entrenador de voleibol, le enseñó que tu mejor jugador podía ser a menudo tu mayor logro y, a la vez, tu carga más pesada: «Has de saber cómo seducirlo, engatusarlo para que ofrezca lo mejor de él, porque en nuestro trabajo, estamos en un nivel superior a ellos, pero también estamos en un nivel inferior porque dependemos de ellos», le explicó a Pep.

Guardiola comprendía lo que tenía que hacer: era consciente de que debía querer a todos sus jugadores por igual, pero no iba a tratarlos a todos del mismo modo.

Johan Cruyff había albergado una única duda acerca de Guardiola: «Como catalán, ¿sería capaz de tomar decisiones?». El holandés considera que Cataluña es una nación a la que a menudo le falta iniciativa. «¿Podría Pep hacer lo que se debía hacer en cada momento, costara lo que costara?» Todos los equipos del mundo, piensa Cruyff, tienen a su propio Messi (en otras palabras, un jugador estrella, aunque, evidentemente, no de su nivel), pero no todos los entrenadores saben cómo obtener lo mejor de ellos.

Guardiola dio más o menos respuesta a las preocupaciones de Cruyff desde el primer día al frente de la plantilla, en la rueda de prensa inaugural, cuando anunció que Messi sería liberado de la sombra de Ronaldinho. El argentino se iba a convertir en el eje del equipo no tanto por su liderazgo o acciones, sino por defecto, por lo bueno que era, y Pep se iba a asegurar de que nada estorbara el desarrollo de esa idea.

Aunque tuvo que quedarse con Eto'o durante una temporada más de lo que había pensado inicialmente, Ronaldinho y Deco fueron traspasados, aclarando el camino de Messi. De las estrellas que quedaban, Pep hizo que Henry jugara de extremo, a pesar de que el francés quería ser el delantero centro. Solo había un balón, y este pertenecía a Messi.

Guardiola sabía que sería imposible para cualquiera intentar competir con su estrella; nunca había visto a nadie con el potencial de Messi. Desde el principio, Guardiola reconoció que, si bien era cierto que su plantilla contenía un gran talento que se estaba convirtiendo a gran velocidad en un excepcional equipo de fútbol, Lionel iba a conseguir llevar al grupo a otro nivel. Al hacer que un solo jugador se convirtiera en el eje de un equipo tan marcadamente coral, Pep les estaba pidiendo a los demás que accedieran a algo que solo podía ser aceptado por aquellos que habían vivido y crecido junto a Messi y que sabían, mejor que nadie, que no se trataba del simple capricho de un entrenador fascinado por una estrella. Era una decisión basada en el convencimiento de que, sin lugar a dudas, tenían entre manos a alguien muy especial.

Así que Pep dio otro paso para atraer a Messi, para convencerle de que estaba en el equipo ideal para sus características: poco a poco el argentino gobernaría el equipo sobre el campo con su juego, pero el peso del liderazgo en otras áreas no recaería sobre sus espaldas. Con solo veintiún años, tanta responsabilidad sería excesiva. Así que la capitanía sería compartida entre el núcleo de los jugadores de la cantera. Con ello, Pep mandaba un mensaje: no solo daría a los futbolistas de la casa la posibilidad de progresar hasta el primer equipo, sino que además les ofrecería la oportunidad de convertirse en capitanes, modelos de conducta, los mayores y más legítimos representantes del Barcelona. Este compromiso lo compartirían Puyol, a veces Xavi, Valdés e incluso Iniesta. Ellos comandarían el barco. Messi sería, como se dice en inglés, el viento en sus velas.

La decisión contrastaba llamativamente con la posición de Messi en la selección argentina. Allí, no solo se esperaba que liderara el camino y tomara decisiones en el campo, sino que además fuera el capitán del equipo. El brazalete imponía una carga sobre Messi, pese a que él solo quería que le dejaran libre sobre el césped, pendiente de lo suyo, sin tener que pelearse con el árbitro en defensa de sus compañeros de equipo, ni tampoco ser un modelo de conducta para nadie, ni tener que dar charlas inspiradoras.

Tras reflexionar sobre ello, Pep había empezado a comprender qué era lo que Messi necesitaba, y estaba convencido de que el jugador acabaría por aceptar todo lo que le pidiera y, si no, continuaría conquistándole hasta que lo hiciese. Un conflicto entre la federación argentina y el club catalán le permitió saltarse fases para finalmente conseguir la complicidad absoluta de Messi. Pero para ello, Pep, recién llegado al club, tuvo que poner todo su peso contra una decisión de su presidente, hacer cambiar de idea a la institución. Cruyff estaría orgulloso de Pep, continuaba tomando decisiones.

En Escocia, en los primeros días de la pretemporada, Pep sabía que algo no iba bien y que se necesitaba su intervención: tuvo dos confrontaciones públicas con Messi.

En la primera, el argentino reaccionó con enfado ante una entrada de Rafa Márquez. Los jugadores se encararon y Pep tuvo que separarles. El técnico le llevó a un aparte, pero Messi parecía incómodo con la escena. El argentino clavó la vista en el suelo y escuchó resignado lo que le decía el entrenador.

Dos días más tarde se repitió una escena similar. Guardiola se acercó a Messi para pedirle que le explicara su fría actitud durante el entreno, que si tenía algún problema, lo mejor era decirlo a la cara. Pep sabía exactamente qué pasaba: Messi estaba enojado porque quería ir a los Juegos Olímpicos de Pekín con Argentina y el Barcelona se negaba a dejarlo marchar por la coincidencia de las fechas con la primera fase de clasificación de la Liga de Campeones contra el Wisla de Cracovia. El asunto ya se había llevado hasta un tribunal deportivo, donde se estableció que el club tenía el derecho a no dejarle marchar con la selección a pesar de las exigencias de la FIFA en sentido contrario.

No obstante, mientras el club y la federación argentina mantenían el pulso, el jugador se sentía como un peón en una disputa por la que sentía poco interés. Lo único que Messi quería era jugar al fútbol con la selección de su país en los Juegos Olímpicos, y el Barcelona le estaba negando esa oportunidad.

Pep supo enseguida que era su momento.

El entrenador se sentó con el presidente Laporta, Begiristain y Estiarte en la suite del hotel donde se alojaba el equipo en Estados Unidos durante la gira de pretemporada. Pep les expuso que si el club podía ignorar el mandato del tribunal y permitir que Messi fuera a los Juegos, el beneficio a largo plazo superaría las pérdidas a corto: le iba a servir para ganarse a Messi. Nadie se atrevió a decirle a Pep que había sido el último en llegar, que le faltaba experiencia para decidir algo así, que era un tema de club. El técnico les pidió que confiaran en él.

Un poco más tarde, habló con Messi por teléfono: «Leo, voy a permitir que vayas porque yo he sido campeón olímpico y quiero que tú también lo seas. Pero me debes una».

Así fue cómo Pep colocó el primer ladrillo de una relación que se fue consolidando a lo largo de los cuatro años que compartieron en el Barcelona. El gesto de Pep los unió en un momento en que podrían haberse distanciado irremediablemente, antes incluso de que se pusieran las bases de lo que Pep quería aplicar. Guardiola había decidido de nuevo que, si se iban a cometer errores, al menos que fueran consecuencia de sus propias decisiones, y no de otros.

Más tarde, Pep le hizo una promesa a Messi: «Escucha, Leo, dame tu confianza. Conmigo, marcarás tres o cuatro goles en cada partido».

Así que antes de debutar en un partido oficial con Guardiola, Messi participó en los Juegos Olímpicos de Pekín en el 2008. Regresó a Barcelona con una medalla de oro olímpico, y comprendió que la hazaña habría sido imposible sin la intervención de su nuevo jefe.

«Si Leo sonríe, todo es más fácil», solía decir Pep.

Había llegado la hora del desafío contra el viejo enemigo, en un partido que podía hacer que el título de Liga cambiara de manos en el debut de Pep Guardiola como entrenador del primer equipo. Una victoria de los visitantes en el Bernabéu les garantizaría virtualmente el campeonato, con una ventaja de siete puntos con cuatro partidos todavía por delante; la derrota los dejaría justo a un punto por delante del Madrid. El partido era una final.

Pep se enfrentaba al mayor reto y al partido de mayor tensión de su carrera, el que marcaría lo que hasta entonces había sido una temporada ejemplar.

Entre ellos y el éxito se interponía el Real Madrid, no solo su eterno rival, sino un conjunto en un estado de forma excepcional. El equipo de Juande Ramos había gozado de una fenomenal segunda mitad de temporada, consiguiendo cincuenta y dos puntos de los cincuenta y cuatro posibles, una racha extraordinaria en la que solo empató con el Atlético de Madrid. Todo empezó después de la derrota en el Camp Nou que les había dejado doce puntos por detrás del eterno rival. Desde entonces, el ritmo del equipo, aunque el juego fuera deficiente, parecía imparable.

La prensa catalana animaba a la afición a conformarse con un empate, intentando gestionar las expectativas de un partido, recuperando el pesimismo perpetuo del Camp Nou, siempre preparados para la peor. Pero Pep no solo exigía cambios en el juego, sino que proponía, a partir de su actitud, compromiso y tácticas, una transformación de la mentalidad del culé, inyectando optimismo en una cultura que por lo general consideraba que, al final, todo iba a ir mal. La víspera del partido, Pep no quería ni oír hablar de la posibilidad de un empate. Él iba al Bernabéu a ganar, y a hacerlo a su manera.

«No especularemos ni dejaremos que la suerte corra a cargo del destino. No renunciaremos a todo lo que hemos sido este año. Cuando regresemos del Bernabéu, quiero que solo se hable de nosotros», dijo Pep a su equipo.

Si el buen final de temporada del club blanco había dictado que la Liga se decidiera en el Bernabéu, el Barça estaba dispuesto a aceptar el reto. El Madrid era un perro de presa a punto de morder, ejerciendo presión sobre el técnico novato y su equipo emergente; pero era un escenario que Guardiola saboreaba en vez de rehuirlo: «Quiero esa presión. Es nuestra y la quiero. Y si algo pasa y perdemos, que así sea. Es una final, y las finales deberían jugarse con ambición».

Mientras los jugadores del Barça se abrían paso por el túnel hacia el corto tramo de escaleras que los conduciría al exterior del Bernabéu, convertido en una olla de hostilidad y bullicio, se oía todavía el eco de las palabras de Pep repetidas durante toda la semana y también en el vestuario: «¡Hemos venido aquí a ganar! ¡Y en el Bernabéu solo hay una forma de ganar: ser valientes!».

A principios de temporada, en el primer clásico del 2009, el Barça de Guardiola había ganado al Real Madrid por 2-0. Pero la victoria no había sido tan cómoda como sugería el resultado final: Drenthe tuvo una oportunidad de marcar el primer gol antes de que Eto'o hiciera el suyo, y finalmente Messi selló la victoria para los anfitriones. Todavía se recuerda como una noche especial, no solo porque fue el primer clásico de Pep como entrenador, sino también por su reacción ante la victoria. La expresión de su cara lo decía todo: se había convertido momentáneamente de nuevo en jugador, solazándose en la euforia de un Camp Nou extasiado. Lloró. Y después se fundió en un abrazo con Víctor Valdés, una imagen que resumía el vínculo que se estaba forjando entre ese extraordinario plantel de jugadores y su entrenador.

La visita al Bernabéu en mayo iba a hacer olvidar aquella noche.

Aquel sábado por la tarde, el sofocante calor de principios de verano se hacía pesado, un comentario que se oyó entre los futbolistas bajando del autocar ya en el Bernabéu. Los preparativos de Pep se complicaron por la baja del lesionado Rafa Márquez y el inminente viaje a Stamford Bridge, solo tres días después, para el partido de vuelta de semifinales de Champions, tras el frustrante 0-0 en el Camp Nou. La victoria en el Bernabéu era importante, pero no esencial, así que abundaban las especulaciones sobre un posible once blaugrana con varios suplentes.

No iba a ser así.

Pep había dejado una cosa clara durante toda la semana: aquella noche iban a ganar la Liga en el campo enemigo. Para lograrlo, Guardiola seleccionó a la formación más potente de la que disponía: Víctor Valdés, Abidal, Dani Alves, Piqué, Puyol, Xavi, Touré, Samuel Eto'o, Henry, Messi e Iniesta.

Pep había analizado al Real Madrid minuciosamente y, una hora y media antes del partido, reunió a Messi, Xavi e Iniesta y les dijo: «Vosotros tres contra Lass y Gago, sé que podéis. Si hacéis bien el tres contra dos, hemos ganado el partido». Lass y Gago iban a tener que defender a un tercer hombre: Messi se posicionaría como falso delantero entre ellos y los defensas centrales.

El Barcelona dominó el partido desde el principio. A los veinte minutos, Xavi tuvo una clara oportunidad de gol y Eto'o otra minutos más tarde. Pero el equipo blanco marcó primero. Higuaín se encontró desmarcado y con espacio, y aprovechó su ocasión. Guardiola se mostró impasible. El Barça insistió en su idea. El entrenador les había hecho creer en lo que hacían, y ellos solo tenían que seguir la filosofía, continuar lo que habían hecho toda la temporada. Paciencia.

No tuvieron que esperar mucho. Al poco del gol de Higuaín, Thierry Henry niveló el resultado. Y tres minutos después, Xavi se preparaba para sacar una falta al borde del área. Antes de lanzar, el centrocampista empezó a hacer unas curiosas señales con las manos a Puyol, repitiéndolas insistentemente como un poseso. Un segundo después, se detuvo y giró la cabeza. Parecía haber visto algo que le hizo decidirse definitivamente, y reanudó el extraño ritual, otra vez esos gestos con las manos. Puyol reaccionó y pareció abandonar el área, solo para darse la vuelta y pillar a la defensa del Madrid desprevenida. 1-2.

En las celebraciones que siguieron al gol, el resto de los jugadores del Barça se enteraron de que Xavi, Puyol y Piqué habían estado practicando esa jugada solos, y que la habían mantenido en secreto hasta ese día. Cuatro años más tarde, repetirían la misma falta en Sudáfrica ante Alemania, el gol que metió a España en la final del Mundial.

Los azulgrana controlaban el marcador y el partido. Cannavaro y Metzelder no sabían qué hacer. Si adelantaban su posición para intentar ayudar a Gago y Lass contra los tres jugadores del Barça que ocupaban el mediocentro, dejaban la defensa expuesta a los movimientos de Eto'o y Henry, que aparecían desde la banda. Si solo uno de los dos centrales se atrevía a dar un paso adelante, Messi tenía la opción de jugar en profundidad con mucho espacio por delante y ante una defensa lenta que sufría en carrera. Antes del partido, Juande Ramos había diseñado un plan para contrarrestar a Messi —con la ayuda de Heinze, el lateral izquierdo— pero a la hora de la verdad no pudo contar para ello con el defensa argentino, totalmente ocupado con Eto'o en funciones de extremo.

Xavi, Iniesta y Messi fueron rápidos en sus decisiones, precisos con los pases, tentando a los adversarios hacia el balón y pasándolo antes de que tuvieran opción de recuperarlo. El partido se estaba convirtiendo en una mezcla perfecta de técnica, tácticas y convicción. También anunció el principio de la «explosión de Messi», cuya posición como extremo evolucionó hasta la posición de falso nueve. Se trataba de un cambio táctico que iba a destruir las defensas de los equipos en España y Europa, y a revolucionar el mundo del fútbol.

Se habían juntado dos cerebros privilegiados, el de Messi y el de Guardiola, el talento y el orden, la intuición y la posición. Con la ayuda de Pep y su propia sagacidad, Messi empezó a hilvanar el juego con un movimiento parecido a un acordeón:

cuanto más se alejaba el balón, mayor distancia ponía él. Cuanto más cerca estaba el esférico, más se acercaba Messi para participar de la jugada. El argentino siempre quiere el balón, y para recibirlo en las mejores condiciones, Pep le había hecho comprender que, ahora que jugaba más centrado, debía buscar el punto débil del rival, ese espacio que se crea entre el mediocentro y los centrales; si se encontraba merodeando por ahí, la pelota le encontraría. Justo ahí, tendría espacio para preparar el motor, ir cambiando de marcha hasta llegar, cuando lo considerara oportuno y posible, a la quinta. A menudo solo Messi aceleraba cuando nadie lo consideraba oportuno o posible, pero pronto se acostumbrarían todos, plantilla y afición, a aceptar que sus mediciones no son las de un futbolista habitual. Sin balón, Messi tenía permiso para descansar.

Parece una práctica sencilla, pero Messi, que enseguida empezó a tomar más decisiones correctas que erróneas, demostraba que, por intuición y poco a poco por experiencia, tenía una profunda comprensión del juego y una habilidad para aprender en un tiempo récord algo que a muchos jugadores les cuesta años entender.

El Barça marcó su tercer tanto justo antes del descanso. Esta vez fue Messi. 1-3.

En el vestuario, Guardiola advirtió a sus jugadores de que no se dejaran influenciar por el marcador ni por el importante partido de Champions que les esperaba tres días después. En varias ocasiones durante su excelente racha, el Madrid le había dado la vuelta a encuentros así y estaban, recordó Pep, en el Bernabéu. No podían dormirse.

Empezó la segunda mitad. El equipo blanco marcó su segundo gol. 2-3.

Una falta mal defendida por el Barcelona y cabezazo de Sergio Ramos. El defensor recogió el balón de dentro de la portería y gritaba mientras corría hacia el círculo central, convocando la furia y al estadio. Fue el típico momento en el que muchos equipos se habían encallado en el Bernabéu, inundados de pánico y reservas. El coliseo blanco se hace grande y las piernas empiezan a pesar. El Barcelona no dejó que eso ocurriera.

Thierry Henry marcó el 2-4.

Después llegó el quinto gol del Barça. El más mágico de todos: Xavi realizó un magnífico giro al borde del área para alejarse de sus marcadores, vio a Messi entrar en el área y le cedió el balón. El argentino se fue acercando a Casillas y con un golpe de cadera hizo caer al suelo al guardameta. El balón entró entre este y el poste. 2-5.

Y finalmente, el sexto.

Messi cedió a Eto'o, que corría por la banda derecha; el camerunés centró y Gerard Piqué remató a bocajarro. Salvó Casillas, pero el rebote le llegó al central que se revuelve cayendo al suelo para marcar. Era una contra y un defensor, el jugador más adelantado. 2-6.

La superioridad en el medio campo, tal y como había anunciado Pep, configuró la clave del partido. Fue el día más feliz de su mandato hasta ese momento. Los azulgranas lo celebraron sobre el césped, dando saltos como un puñado de «*teletubbies*», como dijo Xavi entonces, con una euforia infantil, una exuberancia desinhibida. Habían hecho historia. Los jugadores se hicieron fotos en el vestuario para inmortalizar el momento. Se trataba de un golpe durísimo que pudo oírse en todo el planeta; supuso el momento en el que aficionados al fútbol de todo el mundo, jugadores y expertos de todas partes se dieron cuenta de que en un rincón de Cataluña estaba pasando algo realmente especial.

En la sala de prensa del Bernabéu, Pep apareció más emocionado que nunca, sinceramente impresionado por lo que había presenciado. «Es uno de los días más felices de mi vida. Me emociona haber hecho feliz a tanta gente.»

Iniesta recuerda perfectamente las celebraciones: «El más loco, como siempre, era Piqué, que no paraba de saltar y gritar. Uno de sus rituales favoritos es conectar su MP3 al altavoz del avión de vuelta a casa y poner música a todo volumen —*techno, ska, dance* o cualquier tipo de música ruidosa que le gustara en esa época—». No hace falta decir que el vuelo de regreso a Barcelona aquella noche se convirtió en una improvisada discoteca organizada por el central.

La multitud que aguardaba a los jugadores en el aeropuerto de Barcelona a primera hora del domingo por la mañana recibió a sus héroes como si trajeran a casa un trofeo. A veces, la historia se escribe sin títulos.

Guardiola tuvo que ahuyentar la euforia, devolver a la tierra a sus pupilos. Inmediatamente. Primero, los iba a calmar, luego a preparar para otro reto monumental y determinante tan solo tres días después: una semifinal de Liga de Campeones contra el Chelsea en Stamford Bridge.

3

Los seis títulos en un mismo año

Durante los cuatro años en los que estuvo a cargo del Barça, Pep no concedió entrevistas, con la excepción de una que supuestamente estaba destinada a un DVD con la historia del Brescia y que, de forma «misteriosa» acabó emitiéndose... ¡en el canal de televisión RAI de Italia!

Hablar con Pep para este libro fue como abrir una ventana a su mundo, la única forma posible de revelar qué le motiva, qué le llevó hasta donde está ahora, cómo consiguió tomar decisiones; en definitiva, para intentar comprender qué fue lo que lo apartó de todo aquello que empezó adorando.

Antes de charlar con él en privado, me sentía como un niño travieso espiando por encima de un muro, intentando averiguar cómo funcionaba esa persona que, tenía muy claro, no era exactamente como la describían muchos de sus acólitos, hipnotizados por el éxito del equipo. Ya se sabe que, como ocurre con todos nosotros, existen muchos Guardiolas: el Pep público, el Pep apasionado, el Pep frágil, el Pep líder, el visionario, el modelo a seguir, y demás. Con el objetivo de poder transmitir la verdadera esencia de Guardiola era importante intentar arrancar capas, entender su perfil público para a continuación descubrir al hombre que hay bajo los modernos trajes que viste.

Pero ni una charla de una hora con Pep, después de una sesión de entrenamientos, es suficiente. Ni siquiera si, al cabo de un rato de mi llegada, el responsable de prensa regresaba, llamaba a la puerta y preguntaba discretamente: «¿Os apetece tomar un café?», una manera de indicar que se había acabado el tiempo. Si Pep lo despachaba con un «No te preocupes. Estamos bien», se podía considerar un pequeño éxito. Había que preguntar a su alrededor, a sus colaboradores, a sus futbolistas.

Las palabras de Pep dan forma a este libro, pero este es también el retrato de los que trabajaron con él y pasaron muchas horas a su lado. En cualquier caso, desde el día que tomó el timón del primer equipo en el FC Barcelona, ha hablado de sobra delante de periodistas —en sus 546 ruedas de prensa— como para llenar una enciclopedia con sus observaciones. Según él, se ha sentado delante de los medios durante 272 horas o, lo que es lo mismo, once días enteros. Eso equivale a unas ochocientas preguntas al mes. ¿Se lo imaginan? Y todas esas palabras fueron escrutadas, cada gesto analizado, cada declaración interpretada y extrapolada por la prensa mundial.

Le han preguntado si cree en Dios, si escribe poesía, sobre política, sobre la crisis financiera y por lo menos cien veces si iba a renovar su contrato («Aunque la verdad es que no me importa si lo hace o no», ¡le soltó una vez un periodista!). Las conferencias de prensa antes de los partidos, de una duración de media hora como mínimo, siempre se convertían en la noticia del día, pero se podía extraer más información de ellas si eras un asiduo seguidor de la política de cada uno de los medios de comunicación y si estudiabas de cerca el personaje: casi nunca obtenías una pista sobre el equipo, pero si aplicabas la intuición, era relativamente fácil descubrir el estado anímico de Pep.

Así que vamos a hacer una cosa, vamos a dejar de dar saltos para ver lo que hay tras el muro. Acomódese, si es que todavía no lo ha hecho, en una de las primeras filas de la sala de prensa de la ciudad deportiva del Barcelona, hoy vacía. Será el único periodista presente. Imagine a Pep agarrando una botella de agua, apresurándose hacia la mesa y tomando asiento, tocando el micrófono algo nervioso, preparado para que usted estudie de cerca sus pensamientos. Las respuestas a muchas de las preguntas que usted querría formular le serán reveladas en los próximos párrafos. O quizá no. Veremos, siga leyendo.

La rueda de prensa acaba de empezar. Pep se inclina hacia delante, hacia el micrófono, y comienza a hablar:

> Cuando estoy ante la prensa y los jugadores y para poder llegar hasta ellos, siempre hay que aplicar cierta imposición, elevar

la voz, acentuar tu presencia; es un truco casi teatral. Pero al final siempre transmito lo que siento. No puedo evitar sentir cierta vergüenza, hasta miedo de hacer el ridículo, y eso hace que me contenga un poco. Además, el fútbol te enseña que hay que ir con cuidado con lo que dices porque tiene mucho de incontrolable, que mañana mis palabras podrían volverse en mi contra. Por eso siempre recurro a cierto escepticismo, a la duda. Esa falsa humildad que se me atribuye, siempre cediendo el protagonismo a los jugadores, no es porque no quiera reconocer mis propios méritos —seguro que he hecho algo bien—, pero es porque me da pánico que esas palabras se vuelvan contra mí. Porque haciendo exactamente lo mismo que estoy haciendo ahora, mañana podría perder. Prefiero equivocarme un millón de veces que dar a mi gente la impresión de que estoy seguro de todo lo que no sé. Porque si me equivoco mañana actuando del mismo modo que hoy, dirán: «¿No eras tan listo? ¿Cómo es que no te habías dado cuenta de eso?».

Gano porque estoy en un equipo excelente con muy buenos jugadores, intento que ellos den lo mejor de sí, y de diez partidos, gano ocho o nueve. Pero la diferencia entre ganar y perder es tan pequeña... El Chelsea no ganó la Copa de Europa porque Terry resbaló en el penalti —¡resbaló!—. Les he puesto ese ejemplo a mis jugadores mil veces.

Se han escrito tres o cuatro libros sobre mi estrategia de liderazgo. Los leo para descubrirme a mí mismo, y analizo si realmente hago esas cosas, porque no lo sé. Llegan a conclusiones sobre mí que yo jamás había tenido en consideración.

¿Por qué soy más líder que otro entrenador que haya estado entrenando durante veinte años y no haya ganado nada? No es falsa modestia, pero no puedo encontrar el motivo, porque yo no habría ganado títulos si no hubiera estado en el Barça. Los jugadores me dan el prestigio, y no al revés.

Yo saldría al césped con los jugadores e iría con ellos al vestuario. Todavía soy joven y hay muchas cosas que haría. Ni por un momento dudaría en abrazarles como si yo fuera un jugador más. Pero ya no puedo comportarme de ese modo.

¿Cómo ejercito mi liderazgo? ¿Por qué les digo a los jugadores una cosa u otra? Nada es premeditado; todo se basa en pura intuición, en todo momento. Cuando pierden, se desmoronan, tanto los que han jugado como los que no. Así que, a veces me acerco y abrazo a uno o le dedico a otro unas palabras de ánimo; es pura intuición. De las veinte decisiones que tomo cada día, dieciocho son intuitivas, a partir de la observación.

¿Todo eso es cierto? En realidad no puedo trabajar únicamente sobre la base de la intuición. He de trabajar también a partir de mis conocimientos, no quiero que me califiquen de visionario; es más, si me dejara llevar totalmente por mis instintos, ordenaría a mis jugadores que jugaran en posiciones extrañas.

Al final, hacemos lo que podemos y lo que sentimos, a partir de lo que nos han enseñado; solo transmitimos lo que hemos experimentado. No existen teorías generales que se puedan aplicar a todo, y cualquiera podría ser válida; lo que no funciona es imponer algo que no funciona.

Como profesionales que son, ellos también tienen miedo a perder y buscan a alguien que pueda darles la clave, que les diga: «Oye, sigue por esa línea…». Eso es lo que los entrenadores tenemos que hacer; tenemos que transmitir confianza y seguridad en todas las decisiones que tomemos.

La confianza, la seguridad y la sinceridad son los pilares fundamentales para un buen entrenador. Los jugadores han de creer en el mensaje del técnico, y este ha de hablarles sin miedo, con sinceridad, y decirles lo que piensa, sin decepcionarlos.

Los jugadores te ponen a prueba todos los días; por eso es muy importante estar convencido de lo que quieres y cómo quieres plantearlo. Ellos son conscientes de que la suerte es un factor importante en el juego, pero quieren sentir que el entrenador está convencido y defiende las decisiones que ha tomado. El día que jugamos contra el Espanyol en casa (1-2), yo me equivoqué en la media parte. Un par de semanas más tarde, se lo confesé a los jugadores. Ellos saben que no somos perfectos. Hay que ser modestos y sinceros.

No sé en qué aspecto somos buenos entrenadores. No hemos inventado ni revolucionado nada. Los conceptos tácticos que aplicamos han sido desarrollados aquí, aquí los hemos aprendido. El secreto radica en los detalles y en una minuciosa observación. Has de prestar constante atención a lo que sucede cada día, y no solo al partido del fin de semana; nos fijamos en los matices, el estado de ánimo de un jugador, sus expresiones, en un millar de aspectos casi imperceptibles que pueden marcar la diferencia. La observación es clave.

Cuando pierdo me pregunto si soy capaz de ser entrenador, de mantener el liderazgo, y si gano, el éxtasis dura cinco minutos y después desaparece.

La afición necesita saber que sus jugadores se esfuerzan al máximo, igual que ellos. Es positivo que todos sepan que podemos ser estrictos, que podemos multarles si llegan tarde, por ejemplo. Los aficionados tienen que poder verse reflejados en los jugadores. Es una cuestión capital, porque en tiempos difíciles es bueno saber que tu equipo no ha perdido porque los jugadores sean unos vagos, sino que, pese a todo, se ha hecho el trabajo que se tenía que hacer.

Solo sé que un buen líder es aquel que no tiene miedo a las consecuencias de sus decisiones, y que toma el paso que le dicta su intuición, pase lo que pase.

No pueden tomarse decisiones a la ligera cuando existe tanta presión, así que hay que estar realmente convencido de lo que se hace. Hay momentos, cuando me siento cansado y tengo que transmitir energía, que no sé cómo hacerlo. Si la transmites, no estás siendo tú mismo, pero si no la transmites, no estás siendo fiel a ti mismo tampoco.

Hay veces que no me queda fuerza, que no puedo con todo. En algunas sesiones de entrenamiento, solo me dedico a observar porque no dispongo de suficiente tiempo o energía para dirigirlos y dejo que sean Tito, Aureli o Loren Buenaventura quienes lo hagan.

La clave está en tener un vestuario fuerte, en saber que somos más fuertes si estamos unidos que si vamos cada uno por su lado. Mis jugadores saben que me molesta menos que cometan un error diez veces que si no me prestan atención o no me miran cuando les hablo. Eso me destroza.

Los suplentes harían un mejor trabajo para el grupo si su ingrato entrenador les dejara participar más. Hago más trabajo de director de equipo que de entrenador, porque, como cada tres días tenemos partido, son pocas las sesiones de entrenamiento que sean puramente de fútbol hay mucha convivencia. Y eso no resulta fácil. La suerte de este equipo es poder contar con personas con importantes valores humanos.

Una columna en el periódico, o un titular de portada, a veces influye más en el estado de ánimo de los jugadores que mi propia opinión. Así que tengo que ver qué titulares han sido publicados acerca de un jugador, y si tengo dos estrellas y hay tres titulares sobre uno de ellos, tendré que hablar con el jugador al que no le han dedicado ninguno.

Hay cosas que denotan cómo es un equipo. Hoy habíamos quedado a las cinco, y a las cuatro y media la mayoría de nosotros ya estábamos aquí. Saben, porque yo se lo he dicho y ellos lo han visto, que cuando dejen de hacer estas cosas, cualquiera podrá vencernos. Si cada uno hace su trabajo, y ellos saben de qué se trata porque yo me aseguro de que lo sepan, entonces somos un equipo difícil de batir.

He de conservar esta pasión que tengo por lo que hago. El día que ya no la sienta, me marcharé. Quizá quiera amonestar a un jugador y, acto seguido, sentir la necesidad de abrazarlo. Si pierdes esa fuerza, malo. Cuando deje de corregir a un jugador durante el entrenamiento, significará que he perdido mi pasión. Cuando ya no consiga emocionarme con lo que hago, me iré. Eso es lo que me pasó cuando era jugador.

¿En otro equipo? Sería exactamente lo mismo. La proximidad con mis jugadores se reduce. Este año, menos que el año pasado; es una autodefensa. Ya que sufro, prefiero distanciarme.

Desde su primer día como entrenador, Pep se salió un poco de su papel y apeló a los sentimientos de sus jugadores, exigiendo solidaridad y esfuerzo a cada uno de ellos, unos valores que representan un reflejo de sí mismo. Pep sabía que para liderar al grupo tenía que ser consecuente, gestionar tanto los pequeños detalles como los grandes egos, y convencer a todos, no solo para que hicieran lo que él les pedía, sino para que creyeran en lo que él les pedía que hicieran.

Y su habilidad comunicativa es, quizá, su mayor talento.

Imagine por un momento que es usted un jugador. El partido se juega hoy en el Camp Nou. Pero antes, se ha entrenado por la mañana y luego ha almorzado con el resto de sus compañeros de equipo en la ciudad deportiva de Sant Joan Despí. Después, como de costumbre, Pep le ha dicho que se vaya a casa para estar con su familia y para descansar. A usted le encanta que haya desaparecido la concentración, esas inacabables horas con otros compañeros, donde se acaban las bromas, y se mata el aburrimiento con DVD y Playstations. Mejor estar en casa. Por ello, por el premio, el entrenamiento, aunque ligero por ser en día de partido, es más llevadero, más divertido.

Tendrá que volver al Camp Nou más tarde, dos horas antes de que empiece el encuentro.

Cuando falta más o menos una hora para el inicio, mientras usted no está aún del todo listo para calentar, Pep se quita la americana. Luce una camisa ajustada, casi siempre de color blanco, con corbata y las mangas enrolladas. Está metido en faena. Todos enfilan hacia una gran sala aledaña al vestuario y se sientan para escuchar al entrenador. Pep da un par de palmadas para llamar la atención de los presentes. «Señores», grita, y en ese momento, se instala el silencio en la sala, todos atentos al míster. El entrenador marcará la senda del éxito para ese partido en particular, conseguirá que lo visualice. Les comunicará, como casi siempre, dónde está la clave del encuentro, dónde se creará la superioridad que les ayudará a ganar. Acierta porque conoce al rival.

Todos regresan al vestuario, todos excepto Pep, que se parapeta en su despacho. Como parte del proceso de convertirse en entrenador, Pep empezó a guardar las distancias con los jugadores, alejándose de su hábitat, marcando las distancias, para que sientan su espacio como propio. En ocasiones, se le podía ver esperando al otro lado de la puerta, fuera del vestuario, gritando a uno de sus ayudantes: «¿Falta mucho para que estén listos?». Si la respuesta era «cinco minutos», esperaba un rato antes de entrar y soltar instrucciones como una ametralladora. Pep entiende que su presencia puede influir en el comportamiento de los jugadores y que el vestuario debería ser un refugio donde ellos puedan decir lo que piensan en cualquier momento sin temor a un castigo. Allí pueden hablar de chicas, de coches, incluso criticar al entrenador, si quieren. Pregúntele a Xavi; él se lo explicará:

XAVI: Sí, nos lo dijo el primer día: «No pienso entrar ahí». Es como una clase sin el profe. Y cuando el profe entra, todo el mundo se calla y es hora de trabajar.

MANEL ESTIARTE: Para ir a su despacho en el estadio, ha de pasar obligatoriamente por el vestuario. Pero no se queda a hablar con los jugadores a menos que se trate de una charla tras un partido, para motivarlos o recordarles algo, o para darles un abrazo. Siempre hay un momento para el recogimiento y algún que otro grito antes del encuentro. Pep llega, todos se abrazan y luego se marcha. Como exjugador que es, siempre dice: «Este es el sitio donde bromean, incluso puede que se rían de mí o me critiquen».

Ahí están ustedes, frente a su taquilla, cada cual con sus rituales: una media antes que la otra, los cascos a tope, las vendas, las tiritas, y demás; hablan del partido, sobre la charla técnica, sobre la música de Piqué. Valdés está callado en un rincón, igual que Messi, que parece mucho más pequeño en ese ambiente. Después del calentamiento, diez o quince minutos antes del saque inicial, pero no siempre, Pep aparece unos instantes para recordarles dos o tres puntos claves, pequeños comentarios, y luego desaparece de nuevo.

XAVI: Su presencia te empuja a sentarte y a prestar atención; te pone alerta. Lo único que tiene que decir es: «¿Estáis listos o no?».

JAVIER MASCHERANO: Y entonces nos da las claves para el encuentro. No necesita una charla de diez minutos.

TITO: Las charlas técnicas previas al partido se llevan a cabo en el hotel, si se juega fuera de casa o, si lo hacemos en casa, en la sala de proyecciones. Primero muestra imágenes de los rivales, exponiendo sus puntos fuertes y cómo podemos hacerles daño. Explica la estrategia, tanto la nuestra como la del adversario.

INIESTA: Sus charlas me recuerdan al colegio, todos sentados en nuestros sitios, y él en el medio, hablando, gesticulando, enfáticamente y con pasión, si la situación lo requiere.

Alex Ferguson, prologuista del libro, perdió las dos finales de Champions League en las que se enfrentó a Guardiola. Aquí están ambos en la banda del nuevo Wembley el 28 de mayo de 2011. El FC Barcelona venció al Manchester United por 3-1 y consiguió su cuarta Copa de Europa.

Guardiola no disimula su alegría con su primera Copa de Europa como entrenador conseguida en Roma ante el Manchester United (2-0).

Messi celebra con Guardiola la clasificación para la final de Champions League en 2011 tras eliminar en semifinal al Real Madrid.

Cruyff muestra a un joven Guardiola su habilidad con el balón en un entrenamiento tras la incorporación del jugador al primer equipo del FC Barcelona.

Guardiola recibe el premio FIFA al mejor entrenador de 2011.
Fue elegido por delante de Ferguson y Mourinho.

El Dream Team consiguió la primera Copa de Europa para el FC Barcelona en 1992, con un chico de 21 años (abajo en el centro) dirigiendo la orquesta.

Guardiola posa con el escudo del Barça en 1991, cuando se incorporó al primer equipo.

Rossell, Laporta y Guardiola. El presidente recién elegido en las urnas y el que abandona el cargo celebran, junto al entrenador y el equipo, la Liga de la temporada 2009-2010 antes de la disputa del trofeo Joan Gamper, que enfrentó al FC Barcelona y al AC Milan.

Manteo al entrenador tras la final de Wembley de 2011.

VALDÉS: En todas sus charlas, siempre he aprendido algo. Soy bastante tímido y él me enseñó mucho acerca de la importancia de la comunicación con mis compañeros de equipo y con el mundo exterior.

ESTIARTE: Ningún jugador mira al suelo, todos tienen los ojos fijos en él.

ALBERT PUIG (secretario técnico formativo): Sí, Pep tiene algo; es una mezcla de timidez y seguridad en sí mismo, un poco de todo. Y eso te engancha, como si se tratara de una mujer, esa timidez y ese aura... Es así.

XAVI: Muchas de sus charlas, muchísimas, me sorprenden. Si te dice que es blanco y tú piensas que es negro, acabas pensando que es blanco.

CESC FÀBREGAS: Sabe ver el fútbol con una claridad increíble.

TITO: Antes de salir al campo, su mensaje es siempre motivador; no suele gritar, no necesita hacerlo. La táctica de Pep es convencer a los jugadores de que todo lo que se ha dicho y hecho es por su propio bien. Cuando los jugadores lo ven así, ponen toda la carne en el asador y disfrutan en el terreno de juego.

UN JUGADOR ANÓNIMO: Sí, esas charlas previas al encuentro... Recuerdo un día, en el Camp Nou, antes del partido de vuelta en semifinales contra el Valencia en la Copa del Rey (en el partido de ida, habíamos empatado 1-1), que nos dio una charla llena de lecciones sentimentales, sobre el club, sobre lo que representaba defender la camiseta... Lo mágico es que, después de todo lo que ha ganado este equipo, ver a Pep trabajar te motiva para que salgas al campo recordando: «¡Vaya, vaya! ¡Estoy jugando en el Barça!». Nunca se nos pasa por la cabeza pensar: «¡Qué horror! ¡Otro partido más!».

ESTIARTE: Hay algunos secretos que nunca contaré. Pero déjame que te explique una de las charlas más remarcables que dio Pep. Quizá se enfade cuando se entere de que te lo he contado. En una etapa en que estábamos cansados y no lográbamos encontrar nuestra mejor versión todo el mundo buscaba alguna referencia para ayudarnos a levantar el ánimo, y Pep organizó una reunión. «Señores, ¿se dan cuenta de que mientras están cansados y pensando que la vida es difícil, uno de sus compañeros de equipo ha estado jugando trece partidos con un monstruo que lo devora por dentro? De acuerdo, estamos cansados, tenemos excusas, pero existen prioridades: estamos sanos y Abi nos ha dado un ejemplo a seguir.»

El mismo jugador anónimo: ¿Y qué hay de lo que dijo antes de salir a jugar contra el Chelsea? «Estáis todo el día pegados a vuestros móviles, pues bien, ¿qué tal si enviáis ahora mismo un mensaje a vuestra familia y amigos, antes de salir a calentar, y les prometéis que vamos a ganar. Venga, enviadles un SMS: "Vamos a ganar". Y luego, mejor ganar o vais a quedar muy mal.»

Al acabar, con todo lo dicho, usted empieza a gritar: «¡Vamos, vamos, chicos, concentración, vamos, vamos que podemos!».

Alguien más aplaude. El aire está enrarecido, huele a sudor, a Reflex, y el espacio se hace más pequeño; todos intentan salir a la vez por la pequeña puerta, todos de pie, algunos dando saltos sin parar, otros rescatando nuevos rituales.

El partido no siempre sale según lo planeado, y Pep deja pasar un par de minutos antes de captar la atención de todos durante el descanso.

Piqué: En la segunda temporada, íbamos empatados 0-0 contra el Rubin Kazán y nos dijo algo en la media parte que realmente me impactó: «Cuando perdamos el miedo a perder, dejaremos de ganar».

Valdés: Recuerdo una charla en el descanso durante un partido en que las cosas iban bastante mal. Con mucha calma nos explicó lo que deberíamos hacer para darle la vuelta a la situación. Se trataba solo de una pequeña jugada que los centrocampistas tenían que llevar a cabo y... ¡Zas!, ganamos el partido gracias a esa jugada.

Xavi: Con Pep, todo está calculado. No sé si me entiendes, es capaz de anticiparse a lo que va a ocurrir, piensa dos o tres jugadas por delante. Analiza y te señala cosas en las que tú no habías pensado.

VALDÉS: Cuando un jugador comprende lo que está explicando el entrenador y se da cuenta de que la situación mejora gracias a sus decisiones, el grado de credibilidad, conexión y convicción aumenta considerablemente.

ESTIARTE: Pep me dijo una vez: «Manel, no podemos fallarles, ni una sola vez, porque verán que no siempre acertamos, y cuando eso pase, estaremos perdidos».

Vuelta al campo, segunda parte. Al acabar, regresa al vestuario después de correr incluso más que el adversario, después de ofrecer a la grada, al entrenador, a sus compañeros, lo mínimo que se le exige: todo lo que lleva dentro, ni más ni menos. Seguro que lo hizo para complacerse a sí mismo, pero no puede negar que busca del míster un gesto de complicidad: también lo ha hecho por él.

XAVI: Después del encuentro, a veces te da un abrazo, y otras no te dice nada. Hay días en los que da una charla al equipo después de los noventa minutos, y otras en las que no lo hace. Actúa según lo que siente, y lo que siente es siempre correcto, siempre. Y si cree que ha de regañarte, lo hace sin ningún problema.

ESTIARTE: A veces, después de los noventa minutos, Pep se limita a decir: «Mirad, en tres días tenemos este partido y luego ese otro, así que comed bien, bebed y descansad. Enhorabuena». Una manera de recordarles sutilmente que sean responsables.

INIESTA: Sabe cómo controlar sus emociones y decir las palabras justas en el momento oportuno. Se preocupa por el grupo cuando las cosas no van bien, y cuando ganamos, participa de los abrazos y las celebraciones. Una familia, somos como una familia.

En el partido de vuelta de semifinales de la Liga de Campeones del 2009, las principales instrucciones a su equipo —la pócima mágica de Pep— no las dio al inicio del partido, sino en la media parte, en las entrañas del Stamford Bridge. Después de vencer categóricamente al Real Madrid y casi embolsarse el primer título de la temporada (el Barça estaba a siete puntos por delante de su eterno rival cuando todavía quedaban cuatro partidos de Liga), el equipo viajó a Londres. La ida, un tenso 0-0, lo dejó todo en el aire. Se sentía el nerviosismo, el que diga lo contrario miente. Nadie temía saltar al césped de Stamford Bridge, pero las horas pasaban muy lentamente.

Rafa Márquez (lesionado) y Puyol (sancionado) no podían jugar, así que Pep tuvo que improvisar a la pareja de centrales. Los jugadores se enteraron de la alineación un par de horas antes del comienzo del partido, justo antes de abandonar el hotel para desplazarse hasta el estadio. Piqué, que había ganado mucho peso en el equipo desde los primeros meses, y Yaya Touré eran los elegidos para proteger a Valdés. El entrenador sorprendió con la elección del africano. Keita iba a ser el mediocentro e Iniesta jugaría delante con Messi y Samuel Eto'o.

Pocos jugadores habían vivido una atmósfera igual. El estadio rugía, el estruendo era intimidante. El Chelsea, su afición, sentía estar a un paso de la gloria que habían buscado con tanto anhelo durante toda la década. El fútbol les debía un gran triunfo, o así lo percibían, y la afición iba a colaborar. Pep Guardiola admitió tras el encuentro que superar el ruido fue más complicado que rebasar a un oponente. Estaba, sinceramente, impresionado.

El entrenador había insistido, en un par de sesiones de entrenamiento y en la charla técnica antes del partido, sobre lo que había que hacer para evitar problemas con Didier Drogba, delantero del Chelsea. Básicamente, se trataba de no pegarse a él cuando estuviera de espaldas a la portería: era una lucha perdida por el balón y su potente giro le hacía muy peligroso.

Pero quedó claro desde el principio que, pese a la habitual posesión, pese a tener a Drogba controlado, al Barça le faltaba profundidad, no creaba peligro. Víctor Valdés salvó al equipo con varias intervenciones tras un par de contraataques del Chelsea. Un disparo de Essien desde fuera del área fue el único tanto antes del descanso.

Pep tenía que intervenir. No habló con nadie durante el corto trayecto que los condujo al vestuario del equipo visitante a través del estrecho túnel de Stamford Bridge. Tan pronto entró, y una vez todo el mundo estuvo sentado, con energía, gesticulando en medio de la estancia y sosteniendo la mirada de los jugadores, les dijo que tenían que ser fieles a lo que habían hecho durante todo el año, que no debían sentirse asustados.

«¡Creed, creed con todo vuestro corazón que podemos marcar, porque entonces, os aseguro que marcaremos!»

También hubo instrucciones tácticas: tenían que hacer circular el balón a mayor velocidad, hacerlo llegar a la banda, aprovechar que el Chelsea les dejaba construir la jugada desde atrás y que ni Anelka ni Malouda estaban defendiendo particularmente bien su zona.

El Chelsea, con Guus Hiddink al frente, no era la marioneta que había sido el Real Madrid unos días antes. Se enfrentó al Barça con rigor defensivo y un esfuerzo sobrehumano por parte de sus jugadores, que corrieron, creyeron en lo suyo, sabían que era su momento. Fue una noche fatídica para el árbitro noruego Tom Henning Ovrebo, que carcomió la moral del Chelsea: expulsó a Abidal injustamente, pero favoreció al Barça con un par de penaltis no pitados —cuatro, según las protestas del Chelsea—. Los abucheos arreciaron contra el árbitro tras una clara mano de Piqué justo después del descanso.

Quizá Guardiola no debería haber pedido a Piqué que abandonara su posición defensiva y actuara de delantero cuando todavía quedaban veinte minutos de partido, y quizá Hiddink no debería haber reemplazado a Drogba, supuestamente lesionado, por Juliano Belletti, más o menos al mismo tiempo, enviando un mensaje equivocado a sus jugadores: parecía que el holandés pedía a los suyos que se parapetaran atrás y defendieran el resto del encuentro. Tal vez los dos técnicos se equivocaran en algún momento, pero dio la impresión de que, a pocos segundos del final, ambos daban el partido por finiquitado. De ahí, dicen algunos, que Pep y Guus se dieran un fuerte abrazo cuando no se había oído todavía el pitido final. Pero no fue un gesto de felicitación por la clasificación, sino de agradecimiento: el partido había sido durísimo, habían llegado al final tras agotar todas las posibilidades. O casi todas.

Fue el abrazo de un luchador noble que reconocía los méritos de su adversario durante la extraordinaria contienda.

Pocos segundos más tarde marcó Iniesta.

Fue el único disparo a portería del Barça en todo el partido. En el minuto noventa y tres.

El tanto, con toda su épica, fue votado como el mejor momento de la temporada por la afición azulgrana. Mejor que cualquier final de aquel año, mejor que Roma y el Manchester United. Incluso mejor que los seis goles en el Bernabéu. Fue simplemente extasiante, orgásmico. Todo el mundo, con la excepción de los aficionados del Chelsea, saltó para celebrar el gol de Iniesta. Todos. El momento no dejó a nadie impasible.

«La situación se ponía cada vez peor —recuerda Iniesta—. Estábamos cansados. No se trataba de cansancio físico, sino más bien psicológico. Alves subió por la banda derecha, centró, el balón fue a parar a Samuel, y a partir de ese momento… uno de los instantes más importantes de mi vida. Messi me pasó el balón. No chuté con el empeine del pie, ni con la punta ni con la parte interna. Chuté con el corazón, con toda mi alma. No creo que haya muchas fotos mías corriendo por el campo sin camiseta; no suelo celebrarlo de ese modo.»

Sucedió veinte segundos después de que Frank Lampard perdiera la posesión del balón. Siete jugadores implicados en la jugada, doce toques de balón antes del gol que cambió la historia contemporánea del club. Un retrato del equipo de Pep que, a pesar de estar al borde del precipicio, había creado de nuevo una pequeña obra de arte.

Quizá ayudó que el goleador fuera Iniesta, pero Guardiola no pudo contener lo que llevaba dentro. Pep corrió la banda, con los puños cerrados y la cara iluminada por la euforia, dejando rienda suelta a la sorpresa, al éxtasis, con el corazón a mil por hora. Pep se permitió a sí mismo ser futbolista de nuevo, por un momento. De repente, se detuvo, dio media vuelta, se contuvo y empezó, una vez más, a gritar instrucciones. Silvinho le detuvo para pedirle que hiciera una sustitución y perder así unos segundos.

«Iniesta me enseñó en Stamford Bridge a no dar nada por sentado. Por más que algo parezca improbable, no significa que sea imposible… has de creer —recuerda Pep—. Si su lanzamiento fue imparable es porque iba cargado con el deseo de toda la afición del Barcelona.»

Cuando terminó el partido, Guardiola se dedicó a abrazar a todo el mundo, a los jugadores, al personal técnico. En ese momento, se sentía entrenador, jugador, miembro de aquella familia. Valdés se le acercó y le abrazó, le sacudió y gritó algo en su cara que no puede recordar. A Pep, el corazón se le salía del pecho. Todo el equipo explotó como nunca antes se había visto, ni siquiera en el 2-6 del Bernabéu. Todo el mundo se volvió loco. El mayor abrazo fue con Iniesta, a quien Pep debió haberle mencionado lo que después dijo en la rueda de prensa: «Es increíble. El que nunca marca ha sido el que nos ha dado el gol».

Unos días antes de aquel tanto, Iniesta había visitado a Pep en su oficina. «No marco suficientes goles, ¿qué debo hacer?» Pep se echó a reír. «¿Y me lo preguntas a mí? ¡Yo no marqué más de cuatro en toda mi carrera! ¡Y yo qué sé!»

Como le gusta repetir a sus futbolistas, la línea entre el éxito y el fracaso es tan fina, tan delicada…

El Barça iba a jugar la final de la Champions contra el Manchester United en Roma. Habían coronado otra cima en un año inolvidable.

Un par de días más tarde, tal y como el periodista Ramón Besa describe, Guardiola llevó a sus hijos a la escuela, como suele hacer todas las mañanas. Los alumnos —muchos de ellos luciendo camisetas del Barça— miraron con curiosidad por las ventanas de la clase, mientras otros salían al patio a aplaudir la llegada de Pep.

«¿Por qué aplauden, papá?», le preguntó su hijo Màrius. «Porque están contentos», respondió Pep. Los niños del Espanyol, que a veces le retaban y recordaban que pronto habría derbi catalán, permanecieron discretos, engullidos por la euforia culé.

El Barcelona estaba dejando atrás muchos de sus complejos. Ya nadie se avergonzaba de reafirmarse, de disfrutar de una felicidad que parecía alargarse en el tiempo. Raramente se acudía a Canaletas si no era para celebrar un título, pero los aficionados acudieron tras los seis tantos al Madrid y tras el gol de Iniesta. La identificación con el equipo, con el estilo que proponían, con la actitud de sus futbolistas era tal que, cada gesta, debía compartirse, celebrarse. Sin duda, el triunfo, la primera conquista, era cómo se estaba llegando a la cima.

En 2009, el Barcelona obtuvo un total de seis títulos, un récord que ningún otro equipo había alcanzado en la historia. Ganaron todos los campeonatos en los que participaron: la Liga, la Copa del Rey contra el Athletic de Bilbao, la Liga de Campeones, la Supercopa de España, la Supercopa de Europa y el Mundial de Clubes.

Esas victorias convirtieron al Barça, cuanto menos estadísticamente, en el mejor equipo de todos los tiempos, por delante del Celtic de 1967, el Ajax de 1972, el PSV Eindhoven de 1988 y el Manchester United de 1999, los cuatro equipos que habían ganado previamente el triplete: Liga, Copa y Copa de Europa. Pedro (a quien Pep recordaba todas las semanas, con una mezcla de admiración y cautela: «¡Pero si hace nada estabas jugando en Tercera División!») marcó en cada una de esas competiciones, otra proeza sin precedentes. En la temporada 2008-2009, el equipo de Guardiola jugó ochenta y nueve partidos y solo perdió ocho, cuatro de ellos insignificantes; además, no perdió ninguno por más de un gol.

El año había demostrado en repetidas ocasiones que todo es relativo: «Haciendo lo mismo, quizá las cosas saldrían de otra manera», recordaba Guardiola a su gente. Pero una cosa estaba clara: con la idea de Cruyff como punto de partida, Guardiola había dotado al equipo de unos métodos, de una manera de trabajo, de una actitud ofensiva, de la creencia en la presión alta, de un estilo tan elaborado como efectivo. Ese éxito acabó con algunos de los tabúes más antiguos del fútbol, esos que anteponían el resultado al juego, como si los dos conceptos fueran incompatibles.

El Barça despertó la admiración de críticos deportivos, de aficionados de todo el mundo, que buscaban entre los libros y los videos otros equipos míticos que generaran la misma respuesta: el River Plate (1941-1945) conocido como *La Máquina*, que reinó con un quinteto excepcional compuesto por Muñoz, Moreno, Pedernera, Labruna y Loustau. Quizá el Honved de Budapest (1949-1955) con Puskas, Bozsik, Kocsis o Czibor, la base de la selección húngara que ganó en Wembley en 1953. Y, por supuesto, el Madrid de Di Stéfano (1956-1960), ganador de cinco Copas de Europa consecutivas, con la célebre delantera formada por Kopa, Rial, Di Stéfano, Puskas y Gento. Igualmente celebrado fue el Santos de Pelé (1955-1964) y el equipo brasileño de la Copa del Mundo de 1970 —con una alineación de cinco dieces: Jairzinho, Gerson, Tostao, Pelé y Rivelino—. O el Milan de Sacchi (1988-1990), dos veces campeones del Mundial de Clubes con jugadores de la categoría de Van Basten, Rij kaard y Gullit.

Pese a la rapidez con la que llegó el éxito, pese a que todo podría haber sido muy diferente, Pep necesitaba sentir que sus decisiones iban a permitir seguir un paso por delante del resto. No todo había sido perfecto en la más perfecta de las temporadas posibles. Así que, en el verano de 2009 y después de ganar la Liga de Campeones, Pep decidió aplicar cambios en la plantilla.

Samuel Eto'o se había convertido en uno de los integrantes más sólidos del equipo, incluso cuando tenía que jugar en la banda derecha del ataque, como contra el Madrid y el Manchester United. Marcó el primer gol en la final de Roma, pero Guardiola comprendió que, para que Messi pudiera continuar creciendo, había que prescindir del internacional camerunés.

Ese mismo verano, el Madrid había pagado 95 millones de euros por Cristiano Ronaldo y 67 millones de euros por Kaká, mientras el Barça negociaba el fichaje de jugadores como Filipe Luis y David Villa, unas operaciones que no llegaron a buen puerto. Al final, se alcanzó un acuerdo con el Inter para intercambiar a Eto'o por Ibrahimović. Pep justificó la decisión de prescindir de Samuel por una cuestión de *feeling*.

«Es cuestión de *feeling*, no puedo cambiar el carácter. Hay mil cosas, que no tienen que ver con el fútbol ni con esta persona en concreto, que me dicen que este año tenemos que cambiar varias cosas en el vestuario, no solo un jugador como Samuel, sino varias cosas más.»

Pep aceptó públicamente que podía equivocarse. Pero, de nuevo, si se equivocaba, prefería que fuera por su propia decisión, no la de otros.

Después de ganar la Liga, la Copa y la Liga de Campeones en Roma, el Barça conquistó la Supercopa de España al imponerse al Athletic de Bilbao, con Ibrahimović recién incorporado y con Eto'o ya fuera del equipo. Quedaban dos títulos más antes de completar los seis en liza en el 2009. Los azulgranas lucharon contra el Shakhtar Donetsk en el Stade Louis II en Mónaco. Con el marcador 0-0 después de noventa minutos, el título se jugó en la prórroga. Pep se arrodilló delante de su equipo y empezó a explicarles lo que tenía que suceder, lo que iba a suceder.

«¡Asegurad el pase, sin asumir riesgos en la defensa! ¡Hacedlo bien! Como siempre, buscad la posesión del balón y, por encima de todo, buscad la portería contraria. A nuestra manera. Esperarán a pillarnos a la contra y no cambiarán de estrategia. Hay que jugar a nuestra manera, más que nunca. Si tenemos el balón, podemos hacer lo que sabemos. ¡Podemos marcar en treinta minutos! No os preocupéis, ¿de acuerdo? ¡Haced lo que sabéis! Con paciencia. No perdáis la cabeza, porque si la perdéis, nos liquidarán. Moved el balón con rapidez. ¡No os preocupéis! ¡No os preocupéis! ¡Paciencia! Lo haremos como siempre. Más que nunca, tenemos que jugar, jugar, jugar, y crear constantemente superioridad. Abriremos el campo, iremos a buscar las bandas, y entonces surgirá el espacio por el centro. ¿De acuerdo, señores? ¡Como siempre! ¡Vamos, vamos!»

Concluyó la charla con unas palmadas. La senda de la victoria se iluminó una vez más.

En el minuto 115, Pedro controló el balón por la izquierda, encontró a Messi, que consiguió abrir un canal entre los laterales con dos toques; el argentino cedió a Pedro, que golpeó el balón con sutilidad a la derecha del portero. El Barça se proclamó campeón de la Supercopa europea.

De todos los títulos conseguidos en el 2009, el Mundial de Clubes, que se jugaría contra el Estudiantes de La Plata en diciembre de ese año después de llegar a la final, era el único honor que el club jamás había conquistado.

Las palabras angustiadas de Pep antes de ganar su sexto título consecutivo (todas las competiciones en las que había participado desde su llegada al primer equipo) sirven para entender lo que sucedió dos años y medio después.

«Esto es insoportable», confesó en privado mientras reflexionaba sobre la poca memoria de la gente en el mundo del fútbol. Le preocupaba cada vez más que tanto él como el entorno, la afición, los medios de comunicación, las familias, continuaran exigiendo nuevos títulos, demandaran superar nuevas barreras a un grupo de jugadores que podrían haber pasado ya como el equipo más grande de todos los tiempos, pero que, al acabar cada campeonato, necesitaban volver a demostrar que lo eran. «Así es el fútbol», reconocía con cierta resignación Pep. Es la ley que impone el deporte: la victoria dura escasamente un segundo, y hay que seguir ganando después de ganar. Porque todo se olvida. ¿Cómo iba a reaccionar su grupo, cómo iba a conseguir exprimirles de nuevo, un rato más, una temporada más? Esas cosas se preguntaba en la víspera de la final que daría paso al sexto título del año.

El ritmo de éxitos había sido tan armonioso, tan descomunal, que necesitaba un final feliz; solo podía acabar bien. No es que una derrota ante el Estudiantes sirviera para juzgar todo lo anterior, pero ciertamente permitiría redondear esta película.

«Mañana acabará algo que empezó hace un año —anunció Guardiola—. El futuro es desolador, porque es imposible superar lo que hemos conseguido. Nos equivocaríamos si planteáramos comparaciones. Lo que tenemos que hacer es seguir trabajando para que la afición continúe sintiéndose orgullosa de nosotros. No es el partido de nuestras vidas, porque las familias nos esperan en casa, ni tampoco el fútbol puede suplirlo todo.»

Pep quería rebajar la presión. El Barcelona ya había perdido la Intercontinental en el 92 por no tomárselo con la seriedad que requería la competición y en el 2006 Frank Rijkaard también había infravalorado el desafío.

Por ello, Pep absorbió parte de la presión, protegió a los suyos de las ineludibles expectativas, pero cuando llegó el momento, con el olor a césped en el vestuario, justo antes de salir al campo, acabado ya el calentamiento y los rituales, lanzó su reto a los futbolistas.

«Si hoy perdemos, todavía seremos el mejor equipo del mundo. Si ganamos, seremos eternos.»

El partido se puso de cara para el Estudiantes de La Plata, marcaron en su mejor ocasión, mataron espacios e impidieron que el Barcelona jugara con su fluidez habitual. Como en muchos partidos antes y después, el rival había planteado el encuentro para no perder, incluso para no encajar muchos goles, pero ante la posibilidad de una victoria histórica para el Estudiantes, se defendieron con todo lo que tenían. Pero Pedro forzó la prórroga con el penúltimo disparo del partido. Lo siguiente, ya en la prórroga, fue esperar la aparición de Messi, que marcó después de controlar con el pecho el balón que había recibido de Alves.

Aquella temporada, la suerte se había alineado con el equipo de Pep que, en busca de ella, insistía hasta que se le aparecía. No todo es suerte en el fútbol, ni puede ser la única arma, pero ayuda a cruzar esa delgada línea entre el éxito y el fracaso como ocurrió en Stamford Bridge y en esa última final de 2009.

Dieciocho meses después desde la llegada de Guardiola al primer equipo, en aquella noche de diciembre en Abu Dabi, el Barça se había ganado la gloria eterna.

Mientras esperaba a recoger el trofeo, delante de las cámaras de televisión de todo el mundo, de pie en el campo, Guardiola rompió a llorar.

Manel Estiarte se dio cuenta de que el cuerpo de su amigo temblaba, que se escondía la cara y en ese momento Manel también se puso a llorar. Dani Alves fue el primero que se acercó al entrenador para darle un cariñoso abrazo. Pep recuperó la compostura por unos segundos. Retrocedió varios pasos y, de nuevo, se encontró solo. Ocultó la cara entre las manos otra vez y dejó que las emociones fluyeran libremente. No podía parar de llorar. Temblaba, hipando exageradamente como un niño. Henry lo abrazó, sonriendo con incredulidad. Su amigo Guillermo Amor, que intervenía como comentarista en un programa para la televisión española, se emocionó al ver la escena: «Realmente vive el fútbol, está hecho para ser entrenador», repetía con la voz entrecortada. Ibrahimović reemplazó a Henry en los gestos de complicidad con el míster y empezó a bromear con él. En ese momento, justo cuando se iniciaban los actos oficiales, Pep emergió de su trance.

Para entonces su hermana Francesca lloraba con entusiasmo. Era la emoción de una aficionada a la que se le había dado permiso para celebrar como deseara ese instante y también la de una familiar que descubría de nuevo que Pep podía ser el hombre más fuerte del mundo, y lo contrario. «Realmente conmueve», dijo cuando vio nuevamente las imágenes televisivas unas semanas más tarde. Ramón Besa, periodista y amigo, comprende que Pep es «tan transparente que se muestra tal como es en el campo, sin trampa ni cartón; es extremamente sensible». Su amigo David Trueba resalta que «la victoria suele provocar innumerables cruces de cables».

Pep normalmente reprime sus sentimientos, oculta sus altibajos, sus secretos, sus dudas, sus promesas. A veces, Estiarte le anima a soltar todo lo que lleva dentro: «Si quieres llorar, llora; dale un buen puñetazo a la pared, ventila tus sentimientos». Aquel día, a Manel le habría gustado que Pep hubiera tenido más tiempo para desahogarse; merecía llorar más, después de ese autocontrol tan férreo.

Ese trofeo, el último de aquel año, fue el que finalmente desató la lluvia de emociones de Pep en público. La tensión en la Liga, el clásico, el gol de Iniesta en Londres, la final de la Liga de Campeones. Y, por último, llegaba ese título, tan infravalorado en Europa, y sin embargo considerado el clímax de la temporada en Sudamérica. Una serie de imágenes y emociones se condensaron en la cabeza de Pep. El alivio, la euforia de ganarlo todo, mezclada con la satisfacción de empezar un nuevo proyecto y ser consciente de que en poco tiempo había superado un nivel de éxito previamente inimaginable. Y la pesada duda de si podía superarse todo aquello.

«Así es Pep», comentaron muchos cuando le vieron llorar. O, mejor dicho: «Ese también es Pep».

Nadie le preguntó entonces por las razones de sus lágrimas, aunque él dedicó el éxito a Evarist Murtra, el directivo cuya intervención ayudó a que Guardiola se hiciera cargo del B. «Son cosas que pasan —dice hoy—. Con el tiempo, si sigo en esta profesión, ya te puedo decir que todo eso no volverá a ocurrir.» El Pep duro intenta, de ese modo, apoderarse de la escena. En la rueda de prensa posterior al encuentro no se olvidó de nadie: «Para aquellos que hoy están aquí y los que estuvieron aquí el año pasado, muchas gracias por estos maravillosos dieciocho meses. Hemos jugado bien muchas veces. Nos hemos ganado el respeto, y el mérito es de ellos, suyo. Han sido muy generosos con su esfuerzo».

Pep Guardiola tocó el cielo en su primera experiencia como entrenador de élite. Habían sido unos meses inolvidables. Los largos días en la ciudad deportiva, el sacrificio de pasar menos tiempo con su compañera Cris, encerrado en su despacho, tomando decisiones, su uso extremo del sentido común, sí, el menos común de los sentidos, pero también la necesidad de recurrir a los buenos profesionales de los que se había rodeado, esa exigencia máxima en el día a día, en cada uno de los minutos del día… Todo eso había valido la pena.

Las lágrimas humanizaron tanto al personaje como al fútbol.

El Barcelona de Guardiola era ahora una marca con «denominación de origen», una seña de identidad, un sello que destacaba por una mezcla de comportamiento, estilo y éxito jamás visto en el mundo del fútbol. Pep dirigía un equipo que no conocía límites: los jugadores salieron del vestidor para celebrarlo luciendo camisetas con el lema: «Todo ganado, todo por ganar».

Mientras tanto, Pep había reemplazado a Joan Laporta e incluso a Johan Cruyff como líder espiritual del Barcelona. El lema «Más que un club» no solo tenía sentido desde el punto de vista de la entidad, sino también del equipo. El Barça era ahora inmortal.

Con la intención de hallar nuevos retos, de llevar al equipo a cotas aún más altas, Pep renovó su contrato dos meses más tarde, hasta el 2011.

Pero antes y después de firmar, se le aparecía la misma ocurrencia, el mismo pensamiento: «Hago este año y luego me voy».

Al principio de la siguiente temporada, el pueblo de Santpedor decidió rendir homenaje a Pep y lo proclamó hijo predilecto. A cambio, Pep tuvo que subir al escenario, en esa plaza en la que había jugado en su niñez, y pronunciar unas palabras.

Había vuelto a los orígenes, a todo lo que había dejado atrás, a los sacrificios de Dolors y Valentí Guardiola.

«Sé que hoy mis padres están muy contentos, y eso me alegra mucho. Haber nacido en este pueblo, haber jugado para el Barça y todas esas cosas…»

Y tuvo que parar. Se le quebró la voz.

4

Las dos finales de la Liga de Campeones

Dos ciudades deportivas. Una situada al noroeste de Inglaterra, la otra a las afueras de Barcelona. Dos fortalezas. Al final de una calle angosta, el complejo de Carrington. Junto a la autopista, las instalaciones de Sant Joan Despí.

Cuando entras en los despachos de Carrington, la ciudad deportiva del Manchester United, una recepcionista de agradable sonrisa te pide que esperes y luego te acompaña hasta la sala de prensa, una pequeña versión de un aula escolar. Reina un silencio absoluto, apenas interrumpido por las voces de los jugadores, un bullicio que desaparece detrás de las puertas que los conduce a su mundo aislado. Entonces se abre la puerta y aparece la imponente silueta de un hombre de setenta años. La figura de Alex Ferguson, vestido para entrenar, rezuma dinamismo, optimismo. Su mirada es penetrante mientras brinda un enérgico apretón de manos y la habitual amplia sonrisa que exhibe cuando las cámaras no están cerca.

Sobre los vestuarios de la ciudad deportiva del FC Barcelona, lejos del mundo de los futbolistas, se halla el despacho de Guardiola. Al entrar, es posible encontrarse a Tito Vilanova garabateando algunas notas en su escritorio. Detrás de él, una puerta de cristal da paso al espacio de poco más de veinte metros cuadrados donde Pep pasa la mayor parte de las horas del día. La mesa de trabajo de Guardiola está ordenada —en el centro, el cuaderno; a un lado, algunos documentos; al otro, manuales sobre liderazgo, una biografía y un libro de historia—. Pep se pone de pie y me da la bienvenida a su despacho. A continuación, se sienta en una silla que de repente parece encogerse. De hecho, súbitamente, todo el espacio parece más reducido. Pep es uno de esos hombres que llena la estancia con su presencia.

Exactamente igual que Ferguson.

«¡Qué fantástica labor ha hecho Pepe, Pepe Guardiola!»

Pep se inclina hacia delante. Antes de refrescar su memoria sobre Roma y los gladiadores, sobre Wembley, Messi y Xavi, quiere elogiar todo lo que representa Ferguson, lo que ha conseguido, lo que el Manchester United ha dado al fútbol, su admiración.

«Sir Alex no podía jugar de ninguna otra manera en Roma. Ni en Wembley. Después de todo, estamos hablando del Manchester United. Ellos dignifican el fútbol con su filosofía de club y de equipo.»

FC BARCELONA-MANCHESTER UNITED. ROMA 2009

Los preparativos

SIR ALEX FERGUSON: ¡Ah, Roma! No fue un gran partido para el Manchester United. Deberíamos haber ganado. Fue una decepción, no se vio al mejor United.

PEP GUARDIOLA: Ahora que ha pasado el tiempo, me doy cuenta de que nuestra dinámica era muy positiva. No importaba contra quién jugáramos; teníamos una autoestima elevadísima. Habíamos ganado la Liga, la Copa del Rey; habíamos llegado a la final de la Champions en los últimos segundos del partido contra el Chelsea. La dinámica del equipo era fantástica, a pesar de que teníamos a varios jugadores lesionados.

SIR ALEX: El mismo día del partido, por la mañana, dos o tres jugadores no se encontraban bien, aunque nunca lo dijimos. Algunos no estaban en plena forma física, pero querían jugar y les dejé. Fue un error.

PEP GAURDIOLA: Nos ayudó la confianza y la actitud respecto al partido; no me cabe la menor duda. ¡Es tan importante! Sentíamos que podíamos vencer a cualquiera, a pesar de que los preparativos estaban llenos de incertidumbre. No podíamos contar con Dani Alves ni con Éric Abidal, sancionados; Rafa Márquez, que era crucial para nosotros, estaba lesionado; debía elegir a otro central. Iniesta había estado un mes y medio de baja; Thierry Henry también estaba condicionado, no estaba a tope... Todos querían llegar, formar parte de aquello. Era un partido lleno de trampas, de dificultades. Si lo pienso ahora, con calma, y recuerdo la alineación contra la que jugamos: Rooney, Cristiano... ¡Carlos Tévez estaba en el banquillo!

El Manchester United llegaba diezmado. Rio Ferdinand había sufrido una lesión en el gemelo y se había perdido los cuatro partidos previos, pero voló con el resto de la escuadra inglesa a Roma después de participar en el entrenamiento aquella mañana. Tenía buena pinta, no se resintió del problema muscular. Y Rio, lógicamente, quería jugar.

Guardiola les dijo a Iniesta y a Henry que iba a esperar hasta el último minuto para decidir si estaban en condiciones. Pep llevaba semanas repasando mentalmente la final, visualizando cada escenario táctico y cada combinación concebible, calculando dónde se abrirían espacios, dónde debía buscar la superioridad. La reticencia del entrenador a dejar a Iniesta y a Henry en el banquillo era comprensible: los dos desempeñaban un papel crucial en el partido que había estado imaginando.

Pep se había preparado para cualquier eventualidad, había planeado todas las contingencias. Dos días antes de la final, llevó a Xavi a un aparte y le dijo: «¡Sé exactamente dónde y cómo ganaremos en Roma! ¡Lo he visto! ¡Puedo verlo!». El centrocampista miró al míster con una mezcla de entusiasmo y, quizás, por última vez, un poco de escepticismo. «¿De veras?», dijo Xavi. «¡Sí, sí! ¡Lo tengo! ¡Marcaremos dos o tres goles, ya lo verás!», contestó Pep con tal convicción que las dudas de Xavi, las típicas ansiedades que todo jugador experimenta antes de un gran partido, se desvanecieron.

Era la primera final europea de Pep Guardiola como entrenador. La final entre clubes más importante en el mundo del fútbol. Y Pep contaba con menos de un año de experiencia como técnico de un primer equipo.

PEP GUARDIOLA: Sobre el papel, el Manchester United dominaba en todas las vertientes. Yo estaba preocupado por un montón de cosas: eran veloces en el contraataque, potentes en el juego aéreo, encajaban pocos goles. A veces el rival es mejor que tú, y tú has de salir y defender, pero nosotros íbamos a ser valientes, les íbamos a atacar. Y el Manchester United lo sabía.

La mayoría de las decisiones relevantes que Pep tenía que asumir estaban relacionadas con los jugadores ausentes y sus reemplazos en la alineación. Era necesario aplicar también algún que otro cambio a la salida del balón y a la presión, y esos eran los pequeños detalles que Pep llevaba semanas visualizando y que explicaría individualmente a los que necesitaban ponerlos en práctica. Por lo demás, el técnico comunicó al grupo que la clave era insistir en lo que habían hecho toda la temporada, y aprender que, las cosas, a veces, requieren su tiempo.

Finalmente, escogió el once titular. Puyol tendría que ocupar su antigua posición de lateral derecho, mientras que el centrocampista Yaya Touré se situaría en el centro de la defensa junto a Piqué. Pep pensó en utilizar a un centrocampista, Seydou Keita, en el lateral izquierdo, incluso antes que Silvinho; el brasileño había participado poco durante la temporada, pero al fin y al cabo era su posición natural.

Cuando Pep sugirió la idea al jugador en la sesión de entrenamiento previa a la final, Keita fue claro: «No me hagas jugar de lateral». Guardiola tuvo que escucharle antes de entender y respetar su decisión. Cualquier jugador del mundo hubiera aceptado jugar una final, especialmente si no se siente titular. Una lesión abre puertas, de ocasiones así se han escrito historias de héroes inesperados.

Pero el razonamiento de Keita era todo menos egoísta: «Haría cualquier cosa por usted, míster, pero nunca he jugado en esa posición. Mis compañeros de equipo sufrirán». Keita anteponía las necesidades colectivas, pese a que su negativa a jugar le iba a dejar en el banquillo.

Desde aquel día, en más de una ocasión, Pep ha comentado: «No he conocido a ninguna persona más buena y generosa que Keita». Pep sabía que su centrocampista haría el esfuerzo si él se lo pedía. «Todavía puedo convencer a Keita», seguía diciendo tras escuchar sus razones, pero finalmente decidió que su lateral izquierdo en Roma fuera Silvinho, en el que iba a ser su último partido como azulgrana.

«No sé si derrotaremos al United, pero sé que ningún equipo nos ha ganado ni en posesión del balón ni en valentía. Procuraremos inculcarles el miedo que sufren los que se sienten constantemente atacados —comentó Pep a los medios en la previa de la final, traduciendo él mismo su predicción a cuatro idiomas—. Les pediré a los jugadores que se pongan guapos porque saldrán en la tele de todos los confines del mundo. ¡Ah! Y creo que lloverá. Si no es así, tendrían que regar el campo. Eso debería ser obligatorio, para garantizar el espectáculo. Después de todo, nosotros jugamos para que la afición se divierta.»

La prensa británica apostaba por el Manchester United como claro favorito para revalidar en Roma el título que obtuvo en Moscú. Después de obtener su undécima Premier, el equipo de Ferguson se sentía campeón, confiado, seguro de su potencial. Y el estado de ánimo se reflejaba en todo el país, en la afición y la prensa, cuyos pronósticos unánimes daban la victoria a los Diablos Rojos. Había, como ocurre a menudo, cierto grado de desprecio hacia el rival.

En Cataluña, se mantenía cierta prudencia y el respeto hacia el Manchester United bordeaba el miedo.

Guardiola podía ganar al día siguiente un triplete histórico en su debut como entrenador de élite, el segundo en la historia culé tras el logrado por el Barça de las Cinco Copas en 1952.

«Y si gano el tercer título, la Liga de Campeones, podré irme a casa, dar por terminada mi labor y concluir aquí mi carrera», bromeaba Pep.

Un periodista le preguntó: «¿Qué diría sir Alex de esa decisión?». Pep contestó: «Seguro que pensaría: "¡Mira, otro que abandona la profesión antes que yo!"».

De vuelta al hotel, después de la rueda de prensa, Pep organizó una reunión con sus ayudantes y les entregó una foto en la que salían todos juntos. La instantánea había sido tomada unos días antes, y llevaba una inscripción: «Gracias por todo. Pep». El cuerpo técnico aplaudió, y por encima del barullo, despuntó la voz de Guardiola: «¡Sois increíbles, de verdad, tan buenos como los jugadores!».

De camino a su habitación, Pep se concedió un minuto, un respiro. Quería asegurarse de que todo estaba saliendo como se planeó. Tal y como sucede antes de cualquier final, aparte de las tácticas, había que digerir un enorme torrente de información: la alineación, el estado del césped, cuestiones logísticas e incluso ocuparse de asuntos privados. Era una situación que Pep había experimentado numerosas veces antes como jugador, y sabía con qué celeridad le pilla a uno el tren mientras las horas pasan volando en días como aquellos: por eso, su planificación había empezado semanas antes.

Carlo Mazzone, el antiguo entrenador de Guardiola en el Brescia, recibió una llamada la semana anterior: «Carletto, soy Pep, Pep Guardiola. Quiero que vengas a ver jugar a mi equipo». Al principio, Mazzone pensó que alguien le estaba gastando una broma.

Para Pep, era fundamental invitar a aquellos que en su pasado habían contribuido a su desarrollo profesional, personas como el entrenador italiano de setenta y dos años, además de otros antiguos compañeros del Brescia e incluso otros que le habían acompañado en su breve paso por la Roma.

Más cerca de casa, Pep supo que Ángel Mur, el que fuera masajista del club durante treinta y tres años, ya retirado, y uno de los miembros favoritos del equipo técnico de Pep en sus días de jugador, no había conseguido entradas, así que acudió a Roma como invitado personal del entrenador.

Todo parecía en orden. Tocaba descansar. Pero, a medianoche de la víspera de la final de la Liga de Campeones, Pep permanecía despierto en la cama, con la vista clavada en el techo, intentando desconectar y dormir un poco.

Esa misma noche, los jugadores se habían reunido con sus respectivas parejas, otro desvío de la convención, de ese cliché que sugiere que la presencia de las novias o mujeres distraen al futbolista. Pep conocía la intensa y hasta excesiva presión de la víspera en los grandes partidos. Prefería que sus hombres se relajaran: si estar con las personas queridas les ayudaba a controlar la ansiedad y los distraía un poco, eso significaba que dormirían mejor. El grado de empatía que esos gestos sugerían contaba, a ojos de los futbolistas, en el debe de Guardiola.

Al mismo tiempo que se apagaba la última luz de la habitación del técnico, el ensayo general de la ceremonia de la Liga de Campeones daba su punto final en el vacío estadio Olímpico de Roma.

El día de la final. Una sorpresa antes del inicio del partido

ANDRÉS INIESTA: Los minutos previos a la final de una Liga de Campeones son como los minutos previos a cualquier otro partido. De verdad. No quiero parecer soso ni eliminar el *glamour* del mundo del fútbol, pero es que es así. Y es bueno que así sea. Las mismas charlas técnicas, las mismas costumbres...

Sin embargo, la rutina previa al encuentro de Roma iba a tener un elemento imprevisto.

El 27 de mayo del 2009, dos horas antes del inicio del partido, los equipos llegaron al estadio. Pep permaneció en su habitual y discreto segundo plano mientras los futbolistas se vestían. Cuando llegara el momento, su intervención debía tener las gotas suficientes de emoción e información. Para aquella final, todo había sido preparado con antelación. Incluida una sorpresa, lo último que los futbolistas iban a ver antes de saltar al terreno de juego.

Guardiola posee una gran inteligencia emocional. Puede comunicarse con ellos de diferentes formas, establecer contacto con una palabra, un gesto, una mirada, un abrazo; es más fácil transmitir instrucciones y órdenes con el corazón abierto, e incluso disfrutar de la profesión, si las relaciones se basan en la confianza y el aprecio mutuo.

Pep Guardiola: Soy consciente de que las tácticas son muy importantes, pero a lo largo de los años he aprendido que los técnicos realmente grandes son conscientes de ser, por encima de todo, entrenadores de personas, y esa calidad humana es lo que les ayuda a ganarse al grupo, a ganar, a destacar por encima de los demás. Elegir a los futbolistas que deben liderar el grupo, por sus valores, por su fuerza, y otorgarles autoridad en un vestuario es una de las numerosas decisiones que ha de realizar un entrenador.

Sir Alex Ferguson: Desde mi experiencia, un ser humano «normal» quiere hacer las cosas de la forma más sencilla posible en la vida. Sé de personas que se han retirado a los cincuenta años —¡no me preguntes por qué!—, así que el motor que mueve a la mayoría de la gente difiere claramente del de ciertos individuos como Scholes, Giggs, Xavi, Messi o Puyol, que, a mi modo de ver, son seres excepcionales: no necesitan ser motivados, porque anteponen su orgullo a todo. Estoy seguro de que la plantilla de Pep estaba llena de esa clase de individuos que son un ejemplo para los demás y que tenían unas ganas enormes de competir al más alto nivel.

Quizá los azulgranas, tal y como sir Alex sugiere, no necesitaran más motivación que la que produce estar a un paso de la mayor de las victorias, o la ambición de jugar del mejor modo posible, o incluso el temor a defraudar a Puyol o a Xavi. Pero Pep consideró que la ocasión requería algo más, algo que sirviera para crear la atmósfera adecuada para la ocasión.

Su plan se puso en marcha un par de semanas antes de la final, cuando envió un mensaje de texto a Santi Pedró, director de televisión del canal catalán TV3: «Hola, Santi. Tenemos que vernos. Necesito que me ayudes a ganar la Liga de Campeones».

Cuando Santi apareció con el material solicitado unos días más tarde, Pep comprobó el resultado final en su portátil. Santi miraba al técnico en busca de la reacción adecuada, y al comprobar que Pep se emocionaba supo que había dado con la tecla adecuada. O la que se le había pedido. Pep llamó a Estiarte para que viera el DVD. La reacción de su amigo fue igual de rotunda: «¿Dónde y cuándo piensas enseñárselo al grupo?», preguntó. «Justo antes del partido», respondió Pep. Manel sonrió.

Los jugadores quedaron sorprendidos al ver que el preparador físico interrumpía la sesión de calentamiento en el estadio olímpico un poco antes de lo esperado. Por el túnel que les devolvía al vestuario, la tensión podía palparse. Se oía algún grito de ánimo. Algún compañero golpea la espalda de otro, se intercambian gestos, se chocan manos. Los corazones se aceleran. En algún momento solo se oyen los tacos huecos, toc toc toc toc toc toc. En esos momentos, los futbolistas no quieren que nadie les moleste; solo quieren esconderse en su rutina, encerrarse en sus preparativos y supersticiones de última hora. Un rato para ellos antes de convertirse en colectivo.

Víctor Valdés siempre es el primero en regresar al vestuario después del calentamiento. En Roma, intentó abrir la puerta y la descubrió cerrada con llave. Llamó, pero no le dejaron entrar. Uno de los ayudantes de Pep salió y le bloqueó el paso, le pidió que esperara unos momentos. Valdés estaba desconcertado. Xavi fue el siguiente en llegar.

XAVI: ¿Qué pasa?
VÍCTOR VALDÉS: Que no podemos entrar.
XAVI: ¿Por qué?
VÍCTOR VALDÉS: Me han dicho que espere.

El resto del grupo empezó a agruparse en la entrada, permanecieron mudos en el pasillo y finalmente pudieron entrar al santuario.

A Pep se le oyó pedir silencio. «¡Este es el trabajo en equipo que nos ha llevado hasta Roma!».

Las luces se apagaron. El vestuario quedó iluminado por el blanco de una gran pantalla y se empezó a oír el tema central de la película *Gladiator*.

Santi, el amigo de Guardiola, había producido un emocionante montaje de vídeo de siete minutos de duración en el que se mezclaban escenas de la superproducción de Hollywood, con imágenes de cada uno de los integrantes de la plantilla del Barcelona, incluso aquellos que habían desempeñado un papel más periférico durante la temporada, los porteros suplentes, Hleb y también Milito, del que había costado mucho encontrar imágenes de aquella temporada por su larga lesión. Salían todos, excepto Pep Guardiola. El entrenador había estipulado que aquello era un homenaje a sus futbolistas, que no quería verse en ningún fotograma.

Al final de la proyección, el vestuario quedó sumido en un profundo silencio. Nadie se movió, sorprendidos, emocionados. En un acto reflejo, inconscientemente, los jugadores habían rodeado a otros compañeros por los hombros. Con las luces encendidas de nuevo, se miraron los unos a los otros con timidez. El que lloró quiso ocultar las lágrimas. Milito por ejemplo. Iba a perderse la final. Fue un momento intenso, especial.

Inolvidable, emotivo. ¿Pero era lo más adecuado en ese momento?

«No sé si fue a causa de los sentimientos que generó el vídeo o qué, pero nuestros primeros minutos de la final fueron realmente horrorosos», declara ahora Iniesta. Incluso Guardiola admite que quizá se excedió un poco con aquel vídeo.

El partido, los técnicos

SIR ALEX FERGUSON: Deberíamos haber ganado el partido. Teníamos mejor equipo que el Barcelona.

PEP GUARDIOLA: ¡El United era un equipo fantástico! Fíjate en su banquillo aquel día: Rafael, Kuszczak, Evans, Nani, Scholes, Berbatov y Tévez.

SIR ALEX: Creo que Henry es un magnífico futbolista. Eto'o también, pero no nos preocupaban, no sé si me entiendes. La final en Wembley era un buen momento para confirmar nuestra superioridad.

PEP GUARDIOLA: El Manchester United no salió a defender, no es su estilo, en absoluto, ¿sabes? De todas formas, habíamos preparado diferentes alternativas en función de cómo se desarrollara el juego.

SIR ALEX: Eto'o empezó como delantero centro y Messi, de extremo derecho. De repente, cambiaron, y Eto'o se abrió a la derecha y Messi ocupó la posición de mediapunta que ahora domina tan bien. Pero en la final Messi no hizo nada; de verdad te lo digo, no hizo nada.

PEP GUARDIOLA: Durante la temporada, colocamos a Messi de forma esporádica en esa posición de mediapunta, entre líneas. Lo hicimos contra el Madrid, pero no volvimos a repetirlo hasta la final. En retrospectiva, si pienso en esos cambios tácticos y demás... quizá, si soy sincero, ganamos por la dinámica tan positiva que llevábamos.

SIR ALEX: Si analizas la final en París, Arsenal-Barcelona, verás que Eto'o jugó de extremo izquierdo, corriendo arriba y abajo por toda la banda. Se dejó la piel en ese partido. Ya estaba acostumbrado a jugar de extremo, pero no esperábamos que jugara en esa posición en Roma. Pensábamos que Messi y Eto'o intercambiarían sus posiciones en determinados momentos del partido, pero no hasta el punto de que tuviéramos que preocuparnos excesivamente por ello.

PEP GUARDIOLA: El United nos presionó muchísimo, muy arriba, impidiendo que saliéramos cómodos desde atrás; tuvo algunas oportunidades de marcar, y si lo hubieran hecho... El United es un equipo que te fulmina en el contraataque, así que si hubieran marcado primero, habría resultado mucho más difícil para nosotros, especialmente con Ronaldo, que jugaba habitualmente de extremo, y que en los partidos importantes en Europa se mueve como delantero centro. Si colocas a Cristiano de delantero y tiene espacio, nadie puede detenerlo, es imposible, es único.

SIR ALEX: Haber permitido un contraataque cuando estábamos controlando el partido resultó letal, porque el Barcelona no es de esos equipos con los que quieras estar por detrás en el marcador e ir a remolque.

PEP GUARDIOLA: En una final, nos guste o no, el primer equipo que inaugura el marcador, marca la diferencia.

SIR ALEX: Y cuando Eto'o marcó el primer gol, ahí sí Messi se convirtió en un problema. El centro del campo se llenó de jugadores del Barcelona y resultó muy complicado arrebatarles el balón. Aunque su posesión no se convirtió en una gran amenaza, no se acercaron mucho al área, la verdad.

Pep Guardiola: Recuerdo que, cuando acabó el partido, pensé: «¡Vaya, hemos jugado realmente bien, muy bien!». Después, un par de años más tarde, mientras nos preparábamos para la final en Wembley, analizamos los vídeos del partido en Roma y caímos en la cuenta de que no había sido un partido tan impresionante como habíamos imaginado. En realidad, habíamos tenido la suerte de sobrevivir a los minutos iniciales.

Sir Alex: El medio campo del Barcelona —un pase y otro pase y otro pase, pase, pase— nunca fue una amenaza, la verdad. Cuando ganamos al Barcelona en 1991, en la final de la Recopa, ellos hicieron exactamente lo mismo que en Roma. Salinas era el ariete y también jugaba arriba Laudrup, con Begiristain en la banda izquierda, pero todos retrasaban sus posiciones hacia el medio campo, exactamente igual que en Roma. En aquella ocasión pensamos «dejemos que se queden con el balón en el centro del campo, mantengamos a nuestros cuatros defensas atrás, ya nos vale para detener su iniciativa», y no tuvimos ningún problema. Pero cuando transcurren veinte años, es la calidad de los jugadores lo que marca la diferencia.

Pep Guardiola: Al fin y al cabo, jugar contra nosotros es complicado. Cuando lo hacemos bien, pasamos el balón y poco a poco obligamos al adversario a retrasarse, a vivir en su área. Parece que se echen atrás, pero en realidad somos nosotros quienes apretamos y les forzamos a recular.

Sir Alex: Y el segundo gol, si lo piensas bien… Messi, con su metro setenta de altura, remata de cabeza al segundo palo, contra un equipo inglés. Eso no debería suceder nunca.

Pep Guardiola: Jugamos mejor en la segunda parte que en la primera.

Sir Alex: El Barcelona tuvo una o dos ocasiones antes del gol de Messi, justo después del descanso, y podría habernos fulminado entonces, pero en los últimos quince minutos nosotros tuvimos cinco ocasiones de gol.

Pep Guardiola: Xavi estrelló un balón en el poste en un lanzamiento de falta y Van der Sar paró un chut de Thierry

Henry antes de que Messi marcara cuando quedaban solo veinte minutos. A partir de ese momento, seguimos dominando esperando el pitido final. Pero después de ver el partido de nuevo, me queda la sensación de que pudo haber acabado de otro modo.

Informe: Final de la Liga de Campeones 2009

FC BARCELONA 2-0 MANCHESTER 2009

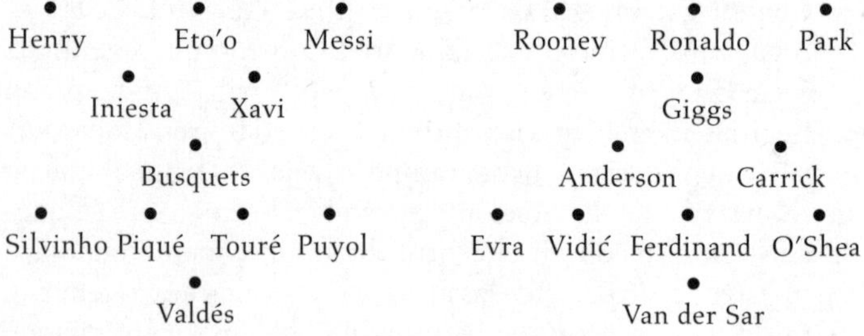

Primera parte:
El Manchester United había batido al FC Barcelona el año anterior, en las semifinales de Champions League, con un juego muy defensivo. Con Ronaldo como única punta, Anderson de mediapunta y Rooney de lateral derecho, se replegaron atrás y jugaron al contraataque. Evra marcaba a Messi por la derecha con la ayuda de un centrocampista defensivo. En el partido de vuelta, después del 0-0 en el Camp Nou, repitieron el mismo esquema en Old Trafford y un gol de Paul Scholes condujo al United a la final. El equipo inglés salió contento de cómo había batido al Barcelona, la jugada le salió redonda.

Pero antes de la final en Roma, la mentalidad en el United había cambiado; ahora ostentaban el título de la Liga de Campeones y la confianza y el sentido de superioridad resultantes se reflejaban en su enfoque táctico. Ferguson exigió al equipo que presionara arriba, que mantuviera el balón si era necesario, nada de echarse atrás; había que ser valientes. El mensaje era:

«Somos los campeones, no podemos quedarnos replegados atrás en busca del contraataque».

El Manchester United arrancó de forma magnífica: con Cristiano como ariete contra Touré y Piqué, y Rooney por la izquierda explotando el espacio que dejaba a su espalda Puyol. La idea del United era clara: atacar, presionar muy arriba y evitar que el Barça pudiera construir su juego desde atrás, buscar a Ronaldo tan pronto como recuperaran la posesión, y aprovechar el espacio que se creaba a la espalda de Piqué (considerado más lento que Touré). Esta estrategia desestabilizó a los cuatro de atrás del Barcelona, que como siempre defendían muy arriba.

Ronaldo también retrasó su posición para recibir el balón, y con su velocidad explosiva, girar y buscar la portería de Valdés. Los centrales azulgranas sufrían.

Evra atacaba con tranquilidad por el flanco izquierdo viendo que Messi, y luego Eto'o, no lo seguían, así que el lateral izquierdo francés y Rooney se asociaban para crear un dos contra uno frente a Puyol. Los delanteros del United recibían el balón de espaldas a la portería, entre la línea del medio campo y la defensa azulgrana, y se giraban con facilidad porque no tenían rivales cerca que les presionaran. El Barça estaba tan asustado como dormido en esos primeros minutos.

En una decisión inteligente, Giggs se ocupó de Busquets y dificultó la posibilidad de que el Barça saliera de su campo, obligando a los centrocampistas azulgranas a utilizar balones largos más a menudo de lo que solían hacer.

En esos momentos, tanto Henry como Eto'o tenían dificultades para franquear la defensa; de hecho, apenas tocaban el balón, así que no podían establecer ninguna conexión con Messi, que cuando recibía la pelota intentaba regatear a tres o cuatro jugadores a la vez.

El Manchester United marcaba la pauta. Y a Pep se le ocurrió un movimiento que cambió la dinámica del partido. Que ganó el partido.

Pep desplazó a Eto'o a la banda y colocó a Messi en el centro del ataque. El primer gol del Barcelona llegó poco después, a los nueve minutos.

FC Barcelona 1-0 Manchester United (Eto'o, 9). El Barcelona marcó en su primera llegada clara al área. Iniesta se escapó de Anderson y pasó el balón a Eto'o en el vértice derecho del área. Después de recortar a Vidić, el camerunés tocó el balón con la puntera y rebasó a Van der Sar, pese al infructuoso intento de Carrick por bloquear el disparo.

En los últimos quince minutos de la primera parte, Messi retrasó su posición en el medio campo para participar en la creación de juego y crear superioridad. Había más azulgranas en esa parcela del campo que futbolistas del Manchester United, pero los extremos del Barça no usaron el espacio que quedaba libre en banda o tras los centrales.

La dinámica había cambiado y los centrocampistas del Manchester, poco acostumbrados a correr tras el balón, empezaron a sentirse frustrados. Curiosamente, no había fluidez en el juego del Barça o, por lo menos, no tanta como nos habíamos acostumbrado a ver durante la temporada, y solo Iniesta intentó abrirse paso entre la defensa del United con algunas acciones individuales.

El Barcelona no jugaba como solía: le faltaba agresividad, no controlaba el balón con la precisión de costumbre, y cedía la posesión con demasiada frecuencia. Además, los laterales subían poco, jugaba de forma predecible y se mostraba excesivamente respetuoso con el Manchester. A pesar del resultado, el United estaba generando muchos problemas al Barça.

Descanso:
Sir Alex Ferguson estaba muy insatisfecho. De hecho, ya había demostrado su descontento en el banquillo, apenas hubieron transcurrido los diez primeros minutos. «¡Más presión! ¡Más presión! ¡Habéis dejado de presionar!» Los jugadores del United recibieron, una vez en el vestuario, una dosis de su célebre «tratamiento de secado de pelo» —término acuñado por el antiguo jugador del Manchester Mark Hughes para referirse a las terribles y coléricas broncas del técnico—. Ferguson tenía sus razones. Los jugadores habían obviado sus instrucciones en la casi totalidad de los primeros cuarenta y cinco minutos.

Segunda parte:
Tévez sustituyó a Anderson y Giggs se convirtió en el segundo pivote, al lado de Carrick.

La segunda parte fue similar a la primera. Busquets no intervino demasiado. Al Barça le seguía faltando intensidad y agresividad (insuficiente en esos momentos). Buscaron crear peligro por la izquierda, pero sin mucho éxito. De hecho, las bandas fueron bastante inefectivas.

El equipo inglés seguía con su plan, pero cada minuto que pasaba encontraba menos espacios. Ferguson cambió a Berbatov por Park en el minuto sesenta y cinco, con lo que debilitó su propio mediocampo. La superioridad numérica del Barça en ese área era evidente, y a partir de ese momento, los de Guardiola jugaron con más calma y control.

La defensa azulgrana retrasó su posición y el resto del equipo hizo lo mismo para evitar que Cristiano hallara espacios por detrás de los defensas. Con ello, el Barça sufrió menos y Ronaldo perdió protagonismo. Era una táctica lógica por parte de Pep, se trataba de una final y su equipo ganaba por 1-0, pero eso significaba que creaban menos presión arriba. Al esperar al United, el Barcelona se entregaba al contraataque o a las jugadas aisladas, como la que culminó en el segundo gol azulgrana.

Barça 2-0 Manchester United (Messi, 70). Evra pierde la posesión y Xavi avanza sin obstáculos. Envía un preciso centro al segundo palo y Messi, desmarcado, vence a Van der Sar con un gol de cabeza que se hunde en la red de la esquina contraria. Un gol soberbio, una defensa pobre.

Scholes reemplaza a Giggs; Keita entra por Henry. Minuto setenta y seis.

En resumen, el United jugó bien en la primera parte y el Barça fue más práctico y defensivo de lo que había sido esa temporada o lo que acabaría siendo en las campañas siguientes. Arriesgaron menos que de costumbre. Aquella noche, la calidad individual marcó la diferencia y el Barça ganó su tercera Champions —su segundo triplete en sus 113 años de historia.

La rueda de prensa

«Estoy satisfecho con la forma en que hemos conseguido el resultado; nos hemos arriesgado, hemos jugado con tres delanteros. Si no te arriesgas, no ganas», dijo Pep Guardiola.

El entrenador del Barça rindió homenaje a Paolo Maldini, dedicando la victoria a la leyenda italiana que, tan solo unos días antes había jugado su último partido para el AC Milan en el San Siro, pero que había sido increpado y silbado por una sección de la afición de su propio club. Pep se sintió indignado por el trato que había recibido el jugador y quiso mostrar su aprecio por el compañero.

Aquella misma noche, Pep y Manel Estiarte enfilaban hacia la salida del estadio Olímpico, a oscuras, saboreando el momento, cuando se detuvieron para reflexionar sobre lo conseguido. Pep habló al hombre que había estado a su lado a lo largo de tantos años de esa forma en que solo se les habla a los amigos más cercanos: «Acabamos de ganar la Copa de Europa por tercera vez, las mismas que el Manchester United. Cada vez nos acercamos más a la élite, a lo más alto. ¡Somos campeones de Europa! Me da que acabamos de escribir nuestros nombres en la historia».

FC BARCELONA-MANCHESTER UNITED. WEMBLEY 2011

Los preparativos

Wembley: Uno de los nombres más icónicos en el mundo del fútbol. Se llegó, seguramente, a la mejor final posible en ese momento, con dos equipos que proponían dos estilos diferentes, pero igualmente competitivos; con dos clubes que han creado escuela por su conducta, imagen, ideología, incluso perseverancia en su idea. Y con dos entrenadores que se profesan mutuo respeto y comparten un profundo instinto competitivo.

El FC Barcelona había ganado su tercer título de Liga consecutivo, una hazaña aún más encomiable si tenemos en cuenta que en ninguna otra liga europea se había alzado con la victoria el ganador de la campaña previa. La razón es bien simple: la temporada 2010-2011 había empezado justo después del Mundial en Sudáfrica, lo que suponía un esfuerzo mayor para los clubes más grandes, llenos, pues, de internacionales. El Barça, por ejemplo, contaba con ocho futbolistas que habían sido Campeones del Mundo.

Para el club catalán, ganador en el 2006 y en el 2009, era su tercera final de Liga de Campeones en seis años, y en ese mismo torneo acababa de noquear al Real Madrid en una semifinal polémica e intensa. Tras solo tres temporadas como técnico del primer equipo, Guardiola había ganado nueve títulos de los doce en juego, y podía superar al Dream Team de Cruyff si ganaba una segunda Copa de Europa. El Manchester United, por su parte, había sido el ganador de la Liga de Campeones en el 2008, había llegado a tres finales en las últimas cuatro temporadas, y también acababa de ser coronado campeón de la Liga inglesa, por duodécima vez en diecinueve años.

Los números, pues, ayudaban a preparar el terreno: los dos mejores clubes de la historia reciente se enfrentaban para decidir quién era el mejor en Europa. Ambos equipos habían ganado tres veces la Copa de Europa; sus enfrentamientos mano a mano también estaban parejos: tres victorias cada uno y cuatro empates.

Pep Guardiola no pasó por alto el hecho de que el Barça había construido su leyenda en la época moderna a partir de su primera Copa de Europa, obtenida en 1992 en el viejo estadio de Wembley. Esta premisa resultó ser una útil herramienta de motivación a la que recurrir cuando tocara, ya fuera susurrándola al oído de un jugador de camino hacia la sesión de calentamiento, o mientras se tomaban un respiro y un trago de agua durante el descanso en un entreno. Palabras sobre lo que significaba Wembley para el Barça, que llegaron a estar escritas en la pizarra del vestuario antes de un partido.

La catedral inglesa del fútbol tenía también un especial significado personal para Pep: fue ahí donde puso por primera vez sus manos sobre el famoso trofeo de plata conocido como «la orejona», el mismo día, hacía veinte años ya, en que como futbolista contó los peldaños hasta el palco donde se recogía la copa.

Pero el sentimiento de satisfacción elevando el trofeo como entrenador superaba cualquier emoción que Pep hubiera sido capaz de sentir ganándolo como jugador.

En el verano del 2010, sabía que sería imposible conseguir los mismos logros de sus primeros dos años a cargo del conjunto azulgrana: tocaba buscar nuevas soluciones. Para derrotar al Manchester United en otra final europea, necesitaba reinventarse: de ahí la decisión de fichar a David Villa.

Pep ya había mostrado interés por el delantero del Valencia en el 2009 cuando, durante la Copa FIFA de Confederaciones disputada en Sudáfrica, llamó al futbolista para decirle lo mucho que lo necesitaba en el Barça y explicarle el papel que veía para él en el Camp Nou. El Madrid y dos equipos de la Premier también le querían, y el delantero estuvo a punto de recalar en el Bernabéu. No hubo acuerdo, pero el hecho de que Pep hubiera expresado su fe en el internacional español un año antes jugó un papel decisivo para que Villa acabara fichando para el club catalán en el verano del 2010.

«Pep te llamará», le dijo Puyol al delantero. Cuando Guardiola —que telefoneó a su central mientras estaba con la selección para comunicarse con el ariete— te llama para decirte que te necesita, cuesta mucho decirle que no. David Villa siempre le estará agradecido a Pep por su insistencia.

Al haber ganado la Liga tres semanas antes, Villa, que se había adaptado extraordinariamente bien en su primera temporada en el club, era uno de los futbolistas que habían descansado durante los últimos partidos de Liga. Había que canalizar los esfuerzos, la energía en Wembley. «Llegarás a la final en plena forma, créeme, David», le repetía Pep las semanas previas al encuentro. El técnico sabía, sin embargo, que sus ocho finalistas del Mundial, y el centrocampista holandés Ibrahim Afel lay, no habían descansado desde meses atrás, ni física ni mentalmente. Pep se estaba preparando para cualquier eventualidad e hizo la siguiente promesa a sus jugadores: «Señores, tenéis un compromiso con la afición de llegar a la final, y si lo hacéis, yo me comprometo a asegurarme de que la ganaremos».

Guardiola eligió sus palabras cuidadosamente, como si fueran parte fundamental de los ingredientes de esa típica poción mágica suya, en una temporada que se estaba convirtiendo de nuevo en un año tan impresionante como los ya vividos. Pero no tenía claro cómo iba a reaccionar su fatigado equipo. El partido se iba a planificar, como siempre, de manera exhaustiva, pero, ¿tendrían los jugadores suficiente gasolina en el depósito para responder a las exigencias físicas y psicológicas de una final, de la que quizá era la mejor final posible?

Pero ni siquiera la meticulosa preparación de Pep y sus planes de contingencia podían prever las anómalas circunstancias que se presentaron inesperadamente unos días antes de la final y que requirieron de una respuesta inmediata.

La temporada precedente, una nube de ceniza volcánica proveniente de Islandia había obligado a cerrar el espacio aéreo europeo, lo que obligó al Barça a cambiar atropelladamente de planes y viajar por carretera a la semifinal de la Champions contra el Inter de Milán, arruinando los preparativos previos al partido.

Con una latente sensación de *déjà vu*, las noticias anunciaron que otra nube de cenizas volcánicas procedentes del volcán islandés Grimsvotn se dirigía hacia Inglaterra y era probable que tuvieran que cancelar todos los vuelos antes del fin de semana en el que se iba a celebrar la final de la Liga de Campeones. Pep y sus ayudantes reaccionaron con celeridad. Para evitar que sus planes se vinieran abajo en el último minuto, el club decidió adelantar su vuelo a Londres dos días, del jueves al martes. Con ello, disponían de cuatro días en Inglaterra para preparar la final.

Aquel inesperado inconveniente de repente se convirtió en una especie de regalo de la diosa fortuna. El equipo se hospedó en el Grove Hotel, un complejo de lujo con campo de golf y *spa* en Hertfordshire, y se entrenó en las instalaciones cercanas del Arsenal en London Colney. Aquellos días, en la relativa reclusión de su base en la campiña inglesa, sirvieron para disfrutar de una relajación y regeneración vitales, y la oportunidad de centrarse en el partido, lejos de las presiones y de la constante atención de los medios de comunicación a las que habrían estado sometidos en Barcelona.

En esa época, Éric Abidal se estaba recuperando de la operación a la que se había sometido tan solo dos meses antes para extirparle un tumor del hígado. Había dudas sobre su regreso a los terrenos de juego, e incluso las más optimistas declaraciones oficiales por parte del club especulaban que se reincorporaría a la plantilla, como muy pronto, la temporada siguiente. Pero, sorprendentemente, al cabo de solo siete semanas, Abidal jugó los dos últimos minutos del partido de vuelta de semifinales de la Champions en el Camp Nou. Aparte de recibir la inevitable y emocionada ovación de la afición azulgrana, los compañeros de equipo de Abidal se precipitaron a celebrar la victoria con él en el mismo momento en que sonó el pitido final, lanzándole por el aire como si fuera su cumpleaños. Era, en realidad, mucho más que eso.

El jugador deseaba llegar a la final, a pesar de que Guardiola había advertido que sería difícil que Abidal estuviese en su estado de forma óptimo. Pep sabía que físicamente quizá no estuviera del todo listo, pero no le quedaba ninguna duda que, a veces, donde no llega el cuerpo, llega la cabeza. Otro problema añadido era que Puyol tampoco estaba en plena forma, así que Javier Mascherano, un centrocampista convertido en defensa central, tendría que jugar en el centro de la defensa.

Alex Ferguson, sin lesiones en la plantilla, tenía prácticamente dos equipos para escoger, así como tiempo más que suficiente para preparar el partido. Durante dos años había estado diciendo que esperaba tener la oportunidad de enfrentarse al Barça de nuevo en una final de Champions porque sabía lo que tenía que hacer para derrotarlos. Su deseo fue concedido. Pero, ya se sabe que hay que tener cuidado con lo que se pide.

De entrada, Ferguson consideraba que se había equivocado en Roma cuando mantuvo a sus jugadores aislados durante demasiado tiempo en la previa al partido, encerrados en un hotel con un contacto mínimo con el mundo exterior. Para no cometer el mismo error, el técnico del United decidió que esta vez concedería a sus jugadores un descanso de la monótona vida de hotel y que los llevaría a ver un espectáculo en el West End, el barrio de los teatros, el jueves por la noche, cuarenta y ocho horas antes de la final de Wembley. Sin embargo, *Jersey Boys* —el musical que eligió Ferguson, la historia de Frankie Valli y los Four Seasons, con música de los años sesenta— no impresionó del todo a la plantilla, que bromeó sobre el gusto artístico del míster. Objetivo conseguido, pensó el entrenador escocés: intercambiaron unas risas aunque fuera a costa suya.

En la víspera de un gran partido, son tan importantes las indicaciones tácticas como el esfuerzo por relativizarlo todo, rebajar la tensión: el equipo inglés se fue de paseo por Londres y entrenaron por la tarde en Wembley.

El técnico del United también quería preparar la final al detalle y puso en marcha sus planes en el campo de entrenamiento en el complejo deportivo de Carrington dos semanas antes. Ferguson estuvo diariamente encima del grupo, recordándoles la clave del encuentro, el tipo de juego, el nivel de presión, la salida a la contra... Todo ello se puso en práctica en un partido contra el Blackpool, en Old Trafford, el último día de la temporada de la Premier League, una semana antes de la final. Esa tarde el Manchester United recogió el trofeo de la Premier League, mientras los abatidos jugadores del Blackpool confirmaban, con lágrimas en los ojos, su descenso.

Ferguson dio instrucciones a los jugadores del United para que presionaran muy arriba al Blackpool/Barcelona y que, si esa primera línea de presión era superada, se replegaran con rapidez y cerraran espacios en el centro del campo, que permanecieran juntos y cediendo el espacio en la banda: sabía que el Barcelona no utilizaba con efectividad los laterales, que en realidad la presencia de extremos no era más que un cebo para que los rivales se abrieran. Si el Barça llevaba el balón cerca del área, los jugadores del Manchester debían estar atentos a las paredes y al dos contra uno, había que dar mucha cobertura, muchas ayudas y no dejarse vencer por la falta de posesión.

Y cada vez que se pudiera, había que poner el balón en el área del Barcelona. Todas las faltas debían lanzarse hacia las inmediaciones de Víctor Valdés.

El equipo también recibió instrucciones para intentar siempre una transición rápida tan pronto como recuperara la posesión. Era una clara propuesta a jugar en largo, aprovechando la debilidad del Barcelona cuando tenía que replegarse. Cada vez que el Chicharito Hernández recibía el balón tenía permiso para intentar desbordar, aunque no le saliera ni a la primera ni a la segunda.

En otras palabras, con una posesión limitada ante el esperado dominio del balón por parte del Barça, los Red Devils iban a hacerse más ingleses que nunca. Esa era la manera para vencer al Barcelona, pensó Ferguson. Y llevaba dos años soñando con demostrarlo sobre el césped.

La charla técnica

Esta vez, a los jugadores del Barça no les aguardaba ningún montaje épico, emotivo ni motivador en el vestuario de Wembley antes del partido; solo unos breves videoclips informativos y tácticos.

La charla previa al encuentro fue tan intensa, tan precisa, que no hubo necesidad de complementarla con nada más. El entrenador empezó por destacar imágenes de partidos previos del Manchester United, jugadas que podían esperarse esa noche y siguió con recordatorios a su propio equipo sobre cómo defender y cómo atacar. Pero, poco a poco, la charla se fue transformando inteligentemente en un alegato apasionado, inspirador, en el que Pep ensalzaba al equipo mientras les pedía que confiaran en ellos mismos. Tal y como Villa comentó al día siguiente, es una pena que no exista ningún vídeo con la intervención de Pep en el vestuario ese día, porque los jóvenes aspirantes a entrenadores encontrarían ese material muy útil para formarse como comunicadores ante un grupo: se había dado la charla perfecta.

Escuchen si no lo que se dijo en aquel vestuario según cuentan algunos de los futbolistas que la presenciaron.

Pep entró en la sala sin americana, con las mangas de la camisa arremangadas, y empezó a hablar, señalando de vez en cuando alguna imagen en la pantalla. Miraba directamente a los ojos de sus jugadores, hablando con decisión en un castellano claro y fluido. Sin dejar de pasearse por el vestuario, gesticulando frenéticamente, espontáneamente, de vez en cuando se acercaba al grupo y se dirigía directamente a alguno de sus pupilos, para reiterar el mensaje.

«Sé que seremos los campeones, no me cabe ninguna duda. Señores, ya os dije que vosotros me llevaríais a la final, y que si lo hacíais, yo me comprometía a conseguir que ganarais. Si jugamos tal y como se supone que tenemos que jugar, saldremos campeones. Al Manchester United también le gusta tener el balón, y quiere quitarnos el protagonismo en el campo. Ya sabéis que no estamos acostumbrados a perder la pelota, así que tenemos que conservarla. Si se la arrebatamos, acostumbrados como están a tener la posesión contra otros equipos, se sentirán incómodos y les costará defender.

»Éric [Abidal], echa un vistazo a esto: Antonio Valencia siempre sube la banda, así que tú jugarás más arriba para que Valencia se sienta menos cómodo. Alves, escúchame: Park prefiere meterse hacia adentro en lugar de llegar a la línea de fondo, así que usa la banda, encontrarás espacio. Hace poco que el United ha empezado a tirar córners cortos, así que recordad lo que hemos estado practicando específicamente para dichos casos en los entrenamientos. Aunque sería mucho mejor si hoy el United no lanzara ni un solo córner. Y recordad la jugada que hemos estado practicando durante toda esta semana; no la hemos usado en un partido desde hace, por lo menos, tres partidos, para mantenerla en secreto del United, usadla siempre que podáis.

»Seréis capaces de encontrar y crear espacios aquí y aquí. Justo aquí. Aquí es donde se puede ganar o perder el partido. Estad atentos a los dos contra uno que desplegarán aquí, aquí y aquí. En el medio campo, seremos cuatro contra tres, tendremos superioridad numérica en esa zona. Ahí es donde ganaréis el partido, porque lo he visto, lo he analizado y sé que es ahí donde lo ganaremos.»

Nada que ver con las simples instrucciones que Cruyff había dado a sus jugadores en Wembley, veinte años antes, nada de: «Salid y disfrutad». El mensaje esta vez era: «Sí, tenemos que disfrutar del partido, pero también nos toca sufrir».

Javier Mascherano no puede evitar ser un fan incondicional de Pep, de la fuerza y del acierto de sus charlas, de la calidad de sus ideas: «He oído a más de un jugador decir "¡Qué cabrón! ¡Ha dado en el clavo!". Aquella charla en Wembley fue una de las que más me impresionó. Mientras él hablaba, no parecía que se estuviera refiriendo a un partido que tenía aún que celebrarse, era como si lo estuviéramos jugando ya, allí mismo. Se movía arriba y abajo, de un lado a otro frente a la pizarra, gesticulando; si cerrabas los ojos y lo escuchabas, estabas ya en el terreno de juego, en medio de la jugada. Todo lo que dijo sucedió, y sucedió tal y como él había previsto. Durante el partido, yo pensaba: "Esto ya lo he visto antes, lo he oído todo acerca de esta jugada, porque Pep me lo ha contado...».

La charla estaba dada. Y de repente, Pep se salió de su propio guion. Y sus palabras enviaron al duro de Mascherano, por una vez, al terreno de juego con un par de lágrimas en los ojos.

Justo después de que los jugadores hubieran calentado, unos minutos antes del inicio del partido, Pep decidió apelar a los sentimientos de los jugadores. No era lo que había planeado, pero sintió que podía ayudar. Mientras el árbitro estaba intentando apremiarlos para que atravesaran el túnel que los llevaría hasta el terreno de juego, Pep los detuvo un segundo, los reunió a su alrededor, y dijo con determinación:

«¡Señores, vamos a hacer esto por Abidal! Él se ha esforzado para venir con nosotros a Wembley y ahí está, no podemos defraudarlo.»

Informe: Final de la Liga de Campeones. Wembley 2011

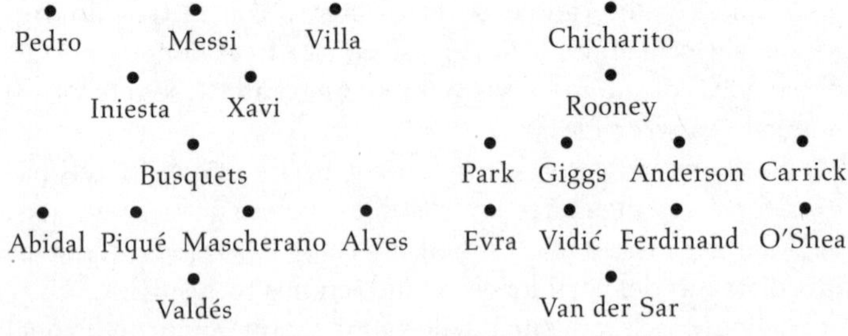

Primera parte:
Abidal estaba en la alineación.

Pep recibió un informe de un amigo en Inglaterra que explicaba que el Manchester United había estado entrenando con un 4-3-3, pero que finalmente iba a jugar con su más habitual 4-2-3-1, una formación que podía convertirse en un 4-4-1-1. Pep no se cansaba de repetir «¿Estás seguro?», hasta que se convenció. El Barça salió con su clásico 4-3-3.

El informe de su amigo acertó.

En los primeros diez minutos, el Manchester United aplicó toda la presión e intensidad de la que fue capaz con un marcaje hombre a hombre en el medio campo. Rooney se pegó a Busquets para evitar que el Barça pudiera, a través de él, iniciar el juego desde atrás. Giggs se convirtió en la sombra de Xavi. El Barça se movía con dificultad y no encontraba su sitio en el terreno de juego; el partido estaba en manos del United.

Pasados diez minutos, se llevó a cabo uno de los dos primeros cambios cruciales de la noche.

Xavi retrasó su posición para recibir el balón en el lugar que suele ocupar Busquets. Eso significaba que el Barça cambiaba a un 4-2-3-1. El United no se atrevió a enviar a un jugador que marcara a Xavi tan arriba y, cuando lo hizo, era demasiado tarde. Eso le permitió al centrocampista catalán tocar más el balón, con más espacio, jugar con la cabeza alzada, con escasa presión, elegir sus pases y empezar a dictar el juego desde atrás. Fue una buena decisión, pero ello significaba que el Barça estaba imponiendo esa superioridad que busca en cada partido bastante más retrasado de lo que pretendía en un inicio.

Y entonces, otro movimiento táctico lo cambió todo.

Messi se incorporó al centro del campo. Se desplazó a la posición habitual de Xavi, entre líneas, donde ni Vidić ni Ferdinand le seguían por miedo a alejarse demasiado de sus posiciones defensivas.

Eso significaba que la batalla del medio campo la estaban librando Busquets, Xavi, Iniesta y Messi contra Rooney, Carrick y Giggs.

Desde ese momento, el Barcelona tomó el control del partido. Marcó en el minuto veintisiete. Rooney lo igualó apenas cinco minutos más tarde. En los instantes siguientes, el Barça pareció perder fuelle, la embestida del United era la que correspondía a su orgullo, a su casta; tenía menos que ver con táctica y más con un recuperado estado de confianza. Pero el Barcelona no tardó en recuperar la compostura y el control.

El equipo catalán demostró valentía al continuar presionando muy arriba. Un simple fragmento del juego muestra claramente la efectividad de esa medida: en un determinado momento de esa primera mitad, los Red Devils realizaron un total de doce pases seguidos sin poder cruzar la divisoria del centro del campo; así de asfixiados estaban.

Descanso:
Los jugadores del United no se habían ajustado al plan y recibieron una dura reprimenda por parte del equipo técnico. Habían olvidado instrucciones repetidas docenas de veces, como meter el balón en el área del Barça en las jugadas a balón parado. El jugador más criticado fue Wayne Rooney, por no haber conseguido marcar a Busquets tal y como el entrenador le había ordenado. Además, en un síntoma de lo que algunos miembros del cuerpo técnico del United interpretaron como una aceptación a regañadientes de la superioridad del Barça, sir Alex se mostró atípicamente callado.

Segunda parte:
El Manchester United presionó más arriba de manera esporádica, con Chicharito y Rooney corriendo tras el balón cuando lo recibía Valdés, pero la segunda línea (Giggs, Carrick) no hacía el mismo trabajo con la misma intensidad. De ese modo, el Barça podía seguir construyendo jugadas desde atrás con bastante facilidad y encontrar a Busquets a menudo, quien podía entonces iniciar el ataque.

Los Red Devils no hallaban el camino, ni siquiera lanzaron un córner en todo el partido. El Barça continuó con la misma tónica, y fue con esa disposición que Messi, desmarcado, recibió un pase en el medio campo, dio media vuelta y disparó a puerta, logrando el 2-1 para el conjunto catalán.

La jugada de Messi ilustra las dificultades que tienen los rivales cuando se enfrentan al Barcelona. A pesar de que Ferguson admitió que no habían conseguido controlar a Messi, este acabó por realizar noventa y siete carreras, aunque el ochenta y cinco por ciento de ellas fueron de baja intensidad. Sus elecciones fueron, sin embargo, decisivas para modificar el partido. Parece que no está, pero sí está.

El Barça dominaba tan bien los aspectos básicos de su juego, conocedor de su sistema y con las individualidades siempre atentas a su momento, que Guardiola podía responder inmediatamente a cualquier reto que planteara el United. Su ataque implicaba constantes cambios de posición entre los cinco delanteros, con la frecuente intervención de todos los defensas. Aunque en el Barcelona ¿quién es defensa y quién es atacante? Una interminable exhibición de juego y circulación del balón fue llenando los minutos.

Los extremos del United empezaron a aparecer en el medio campo, con lo que el centro del terreno quedó bastante congestionado. El Barcelona decidió, pues, atacar por las bandas, especialmente por la derecha, con Alves.

El equipo azulgrana tenía el partido bajo control cuando Villa marcó el tercer gol en el minuto setenta. Un minuto antes, Nani había sustituido a Fabio, lesionado, y en el minuto setenta y seis Scholes entró por Carrick. Con dos goles en contra, el United se lanzó por completo al ataque mientras el Barcelona se relajó un poco y el partido dio un giro peligroso para el equipo azulgrana. Pep reaccionó sacando a un extremo y metiendo a Keita para recuperar el control, cosa que consiguió. Desde ese momento la situación se mantuvo invariable hasta el final del partido.

Esencialmente, el Barcelona de Wembley se pareció mucho más al glorioso equipo del Barça que recordaremos que el que jugó el 2009 en Roma. Los extremos (Pedro y Villa) se implicaron más que dos años antes Henry y Eto'o (quienes eran, en realidad, delanteros reconvertidos). En Wembley, Busquets tocó más el balón a pesar de los esfuerzos de Rooney, y gozó de relativa libertad cuando Xavi y Messi retrasaron sus posiciones. El Barça fue superior.

La última palabra: En el momento de alzar la copa, los técnicos

Sorprendentemente, Carles Puyol quedó fuera de la alineación de Guardiola en el último minuto. Cuando el partido ya estaba sentenciado, el entrenador le hizo saltar al campo para que jugara los momentos finales y de ese modo pudiera participar en la final y recibir el trofeo. Pero el capitán del FC Barcelona insistió en que Abidal levantara la copa.

«Este trofeo es tuyo. ¡Ve y cógelo!», le dijo Puyi a su compañero. El lateral izquierdo francés se sintió como si su «segunda familia» le hubiera devuelto la vida. Aunque él todavía no lo sabía, su enfermedad volvería a golpearle con repercusiones incluso más graves. Pero aquel día, la estrella convaleciente había hecho más para inspirar a sus compañeros de equipo con su determinación y resistencia en la senda de la recuperación de lo que tal vez fue consciente.

Aquella noche, Ferguson, pese a su instintivo paternalismo hacia su equipo que le impide reconocer a menudo el mérito del contrario, admitió a sus ayudantes de confianza que era imposible batir a su actual enemigo europeo. No podía sino admirar el hecho de que el Barça hubiera conseguido unos resultados tan impresionantes con una contribución tan extraordinaria por parte de los jugadores de la cantera de su club (siete de ellos titulares), a sus ojos, un ideal futbolístico. Rio Ferdinand y Wayne Rooney se mostraron totalmente de acuerdo con su entrenador. La resignación se apoderó del vestuario del United y de cada una de las declaraciones de sus futbolistas y cuerpo técnico.

Asimismo, la naturaleza competitiva del Barça era innegable. Antes de Wembley, Pep había perdido solo una final: la Copa del Rey contra el Madrid. De hecho, en sus cuatro años como entrenador del Barça, el equipo ganó todas las demás finales en las que participó, once en total.

PEP GUARDIOLA: Tuvimos suerte en Wembley porque en la semifinal contra el Inter nos vimos obligados a desplazarnos en autocar debido al volcán, y ante la amenaza de otra nube de ceniza, nos fuimos a Londres antes. Eso nos proporcionó cuatro días enteros para nosotros, unos días relajados, algo increíblemente raro para el equipo. Estábamos lejos de Barcelona y de la presión de la afición, amigos y familia. Nos gustó poder entrenar en el campo del Arsenal, y dispusimos de tiempo para prepararnos bien para la final, para pensar en lo que teníamos que hacer, prepararnos para todo, sin dejar ningún cabo suelto. En la final, es más que obvio que jugamos bien, que fuimos el mejor equipo. La primera final, en Roma, fue mucho más igualada, pero en la segunda, en Wembley, estábamos mucho mejor preparados.

Sir Alex Ferguson: En Wembley tuvimos que decidir cómo jugar tácticamente contra el Barcelona porque Villa y Pedro añadían mucha profundidad; además, el hecho de que no tuvieran un delantero centro hizo que resultara más difícil plantear el partido.

Pep Guardiola: Nuestra preparación fue crucial. Los analistas y expertos suelen pasar por alto cuestiones como esa después del encuentro, pero en realidad marcan la diferencia en las grandes ocasiones.

Sir Alex Ferguson: En aquella final, nos aplastaron. Jugamos con un Barcelona más maduro; el equipo había evolucionado y formado una unidad completa, un grupo muy inteligente. Piqué y Messi habían madurado, Xavi e Iniesta jugaron como los grandes futbolistas que son.

Pep Guardiola: Es importante recordar que en las finales los equipos suelen estar muy igualados, y por eso queda en la memoria colectiva lo que hicimos contra el Manchester United. Habíamos jugado muy bien otros partidos, pero siempre resulta más difícil lograrlo en una final por los factores emocionales que intervienen y por la gran calidad del adversario.

Sir Alex Ferguson: En Wembley, los dos extremos mejoraron las prestaciones de Henry y Eto'o en el 2009, hicieron al Barcelona más impredecible. Barajé la idea de hacer un marcaje individual a Messi. Pero tras el descanso se adelantaron en el marcador. Nos arriesgamos poniendo a Valencia de lateral derecho y a Nani de interior en la misma banda, pero el Barcelona mantuvo siempre el control del partido.

PEP GUARDIOLA: En aquella segunda final, nuestros jugadores se conocían mejor. Llevábamos varios años juntos y teníamos nuestro estilo mucho más claro, además de conocer mejor también los puntos fuertes y débiles del United.

SIR ALEX FERGUSON: No me arrepiento de nada de lo que hicimos en Wembley porque básicamente ellos eran mejor que nosotros. Los primeros dos goles fueron completamente evitables, y quizá, con un poco de suerte, podríamos haber ganado el partido, pero cuando el otro equipo es superior, no hay mucho que se pueda hacer. No queda más remedio que aceptarlo.

PEP GUARDIOLA: Los jugadores del United lo admitieron: «Lo que nos han hecho hoy, no nos había pasado nunca». Lo comprendieron, nos felicitaron, lo reconocieron, y eso pasa pocas veces en el fútbol. Esas «guerras» contra nuestros rivales domésticos son quizá difíciles de comprender para una audiencia extranjera, pero se trata de una cuestión cultural. La cultura en el fútbol inglés es distinta, llevan mucho más tiempo jugando que nosotros; existe un respeto no solo por los entrenadores sino también por los jugadores que nosotros, aquí, no tenemos.

SIR ALEX FERGUSON: La gente pregunta si Pep y yo hablamos después del partido en Wembley, y la verdad es que no lo hicimos. Es muy difícil después de una final; un equipo está celebrando la victoria y el otro está tocado, intentando aceptar la derrota. Además, hay que atender a los medios de comunicación y asistir a la rueda de prensa, así que no existen muchas posibilidades ni tiempo para que los entrenadores compartan una copa de vino o hablen. Así son las cosas; hay que aceptarlo, si has perdido, hay que dar un paso al lado y reconocer que el otro equipo ha sido mejor.

Después de los abrazos y las celebraciones, llegó el baile y los fuegos artificiales. Lejos del bullicio, en un momento de tranquilidad en el vestuario de Wembley, Pep llevó a Estiarte a un aparte, le miró a los ojos y le dijo: «Manel, nunca me lo perdonaré. He fallado».

Manel quedó desconcertado. Todavía hoy se le repite a veces la imagen de un Pep decepcionado en los inmediatos instantes posteriores a semejante logro, cuando lo más natural del mundo habría sido simplemente disfrutar del momento, regocijarse del éxito. Guardiola explicó a Manel que tenía la impresión de que podría haber hecho mejor las cosas, y Manel le contestó que sí, que quizá podría haber sido todo un poco diferente, pero que habían ganado. Eso era lo que importaba. Pero no para Pep. Su búsqueda de la perfección, su interés por mejorar constantemente, no le dejaba, como estaba haciendo su plantilla, abandonarse a la alegría de un nuevo éxito.

5

Pep y sus jugadores

El antiguo jugador se convierte en entrenador

Como líder de un grupo de futbolistas profesionales, Pep Guardiola tenía que conciliar dos impulsos natos: por un lado, frenar su instinto de actuar y celebrar la victoria como un jugador, y por otro, aprender a tomar el mayor número de decisiones correctas —convertirse en entrenador, básicamente; aprender el oficio—. Esos eran los retos. En numerosas ocasiones, sentía envidia de sus jugadores, guarecidos en un pequeño mundo centrado en las necesidades personales, y muy pronto advirtió que su trabajo consistía en vigilar esas pequeñas burbujas aisladas, acariciar los egos de sus pupilos y dirigir constantemente esas intenciones y esfuerzos individuales en beneficio del grupo.

Cuando anunció su retirada como futbolista por radio no había acabado de sellar por completo el gusanillo profesional. Guardiola había colgado las botas solo siete meses antes de que el FC Barcelona lo contratara para ser el entrenador del Barça B, pero cuando entró en el Miniestadi para hacerse cargo del equipo filial, supo que era primordial dejar atrás una parte fundamental de él mismo, una que no había querido matar todavía. Era consciente de que no iba a trabajar como exjugador, sino como un nuevo entrenador, y tenía que levantar una barrera para separar ambos mundos.

La diferencia de edad entre Pep y los chavales del B, que le miraban con una mezcla de admiración y temor, facilitó la transición. Al año siguiente, un futbolista del primer equipo certificó que Pep ya no era un exfutbolista, sino un entrenador, que su excompañero había pasado con éxito de vivir en un mundo pequeño a manejar una compleja cadena de mundos. Xavi Hernández había compartido vestuario con Guardiola a finales de la década de 1990, y ya entonces presagió la transición del Pep futbolista al Pep entrenador. Con todo, Xavi era consciente de que la habilidad para interpretar un partido, algo que hacía con excelencia el Guardiola futbolista, es solo uno de los valores que se esperan de un entrenador. Xavi y Pep conversaron largo y tendido durante el mandato de Rijkaard sobre las deficiencias del equipo y las dificultades de tratar con jugadores que habían olvidado cómo comportarse profesionalmente. El centrocampista también le dijo que sería un gran entrenador. Es más, quería que Pep, con sus valores y sus ideas, regresara al equipo azulgrana.

Después de aquellas charlas, Xavi estaba convencido de que lo que el grupo necesitaba era una dosis de la medicina de Guardiola. Y el mismo Pep sabía que no era a Xavi (ni a Iniesta, ni a Valdés, ni a Puyol) a quien tendría que convencer cuando entrara en el vestuario, sino a aquellos que aún no le conocían. Estaba convencido de que lo conseguiría.

Con el fin de ganárselos, Pep tuvo que actuar de forma que no dejara entrever que estaba aún aprendiendo el oficio: tenía ideas claras acerca de lo que había que hacer y confiaba en que su instinto y su experiencia como jugador le ayudarían en el proceso, pero sabía que se iba a topar con retos inesperados y nuevas lecciones.

En el vestuario, sin embargo, donde el jugador pone a prueba al entrenador continuamente, era esencial dar la impresión de que lo controlaba todo, que sabía qué hacer exactamente en todo momento, desde el primer día.

La decisión de prescindir de Ronaldinho y Deco dotó a Pep de autoridad instantánea, pero fue en el día a día donde dejó realmente su huella. Por eso mismo, la primera reunión, la primera charla, debían ser cruciales.

No tardó en pedirle a Xavi Hernández que fuera a verle a su despacho, y a pesar de que el tono era similar al de las conversaciones previas que ambos habían mantenido en el pasado, algo había cambiado inevitablemente: un toque de humildad en la voz de Xavi, la sutil inclinación de cabeza. Pep era ahora el jefe.

El centrocampista acababa de ganar la Eurocopa con España y en la prensa se hablaba de su posible traspaso. Era un período difícil en su carrera futbolística y se estaba desencantando del fútbol, no solo por la carencia de títulos en las dos temporadas previas, sino por muchas otras cosas: la decepción de ver cómo se hundían jugadores con tanto talento, la falta de sinergia en el club, tantos años dedicados a una institución con enormes exigencias: un cóctel peligroso.

Xavi necesitaba escuchar los planes de Pep. No tenía intención de dejar el club, pero sabía que el Manchester United estaba pendiente de su decisión. De repente, volar a la liga inglesa se convirtió en una posibilidad atractiva.

La conversación entre el jugador y el entrenador tuvo lugar en los primeros días de la pretemporada.

XAVI: Necesito saber algo, Pep, tengo que preguntarte: ¿cuentas conmigo?

PEP: ¿Qué si cuento contigo? No veo a este equipo sin ti. No creo que esto pueda funcionar sin ti.

Justo lo que quería oír. Xavi se sacó de encima las dudas, se sintió importante. Se apuntaba a la aventura. Con esa respuesta, Pep Guardiola reavivó su ilusión.

Pero el trabajo de recuperar al centrocampista no acabó ahí. Tras los raros casos de derrota o mala actuación del equipo, Xavi no podía evitar que sus sentimientos negativos afloraran en el campo de entrenamiento al día siguiente. Después de esas sesiones, mientras realizaban estiramientos, Pep se sentaba a menudo a su lado para hablar de futilidades, del tiempo, de los planes para esa noche... La clase de conversación relajada y trivial propia entre compañeros. Y de repente, cuando cabía, Guardiola adoptaba los gestos y tono propios de un entrenador y enfocaba la conversación hacia el siguiente partido, sobre qué era lo que esperaba del jugador, lo que había hecho bien, los aspectos que podía mejorar. Las secuelas que Xavi arrastraba de la derrota desaparecían y le cambiaba el humor: objetivo cumplido.

Con la llegada de Guardiola, Xavi descubrió de nuevo lo maravilloso de su profesión. El centrocampista recuperó la autoestima, y se preparó para participar en los que serían los cuatro años más felices de toda su carrera.

El entrenador insistió en todo ese período en que él no era nada sin los jugadores, que eran ellos los que le ayudaban a él, pero los jugadores no tenían inconveniente en identificarlo como el líder, agradecidos de que les estuviera mostrando el camino.

Todavía quedaban muchos más, toda una plantilla, por conquistar.

En la primera charla que dio al equipo en Saint Andrews, Guardiola expuso el plan general y pidió a los jugadores básicamente una cosa: que corrieran mucho, que trabajaran y entrenaran duro —Pep cree que los equipos juegan tal y como se entrenan—. Su alusión a la cultura del esfuerzo, del sacrificio, sorprendió a muchos. Así era Pep, ¡el romántico del fútbol estaba pidiendo al Barcelona que no dejara nunca de correr!

Guardiola quería implementar una versión avanzada del sistema que ya se estaba utilizando en el equipo. Quería que el guardameta iniciara las jugadas, una especie de líbero que participara en la creación y que debía acostumbrarse a tocar más el balón con los pies que con las manos. El riesgo era inmenso, pero el beneficio máximo.

«Por cierto, este punto no es negociable», remachó Pep.

El guardameta Víctor Valdés exigió hablar con él de inmediato. Si el nuevo sistema no funcionaba, él iba a ser el primero en recibir el aluvión de críticas; quedaría expuesto y en la línea de fuego tanto dentro como fuera del campo, y necesitaba estar convencido. ¿Realmente era tan buena idea mover la línea defensiva hasta la línea de medio campo y pedir a los centrales y al guardameta que iniciaran las jugadas? ¿Fútbol sin una red de protección? ¿Seguro que ese era el camino adecuado?

Valdés, aparentemente tímido, pero con una distintiva mezcla de descaro y franqueza que le ha hecho popular en el equipo, se sintió con valor para ir a ver a Pep unos días después de la charla en Saint Andrews. Se estaba jugando con su carrera.

VÍCTOR VALDÉS: ¿Puedo hablar contigo, míster?
PEP GUARDIOLA: Mi puerta siempre está abierta…
VALDÉS: Necesito hacerte una pregunta. No tengo ningún problema con tus planteamientos, pero solo si los centrales quieren el balón…
PEP: Ya me aseguraré de que quieran el balón.

Eso fue todo. Fin de la conversación.

Valdés carecía de conocimientos tácticos antes de la llegada de Pep. Para el guardameta, los siguientes cuatro años equivaldrían a realizar un máster en tácticas.

En esos primeros días en Escocia, Guardiola le pidió a Carles Puyol, el capitán, que fuera a verle a su habitación en el hotel de Saint Andrews. El entrenador le mostró un vídeo que sacó de partidos en México, quizá la única liga que tomaba tantos riesgos en el inicio de la jugada: «Quiero que hagas esto». En las imágenes, diferentes centrales recibían el balón del guardameta en una posición abierta fuera del área; conectaban a continuación con los laterales y se posicionaban para recibir de nuevo el balón. Había que tocar cuando eran la última protección antes del portero. ¡Una pesadilla para los defensas! Un simple fallo podía provocar una jugada de gol, un tanto. Puyol había empezado su carrera como extremo derecho, pero acabó jugando de lateral porque su habilidad era limitada. Una vez, incluso estuvo a punto de ser traspasado al Málaga cuando Louis Van Gaal era el técnico del Barcelona, pero una lesión del defensa Winston Bogarde le mantuvo en el club. Ahora, con treinta años, le pedían que cambiara su juego, que tomara riesgos.

Pep avisó a Puyol: «Si no haces lo que necesito, no jugarás en mi equipo».

Probablemente el aviso de Pep fuera innecesario, pero era un indicio de cuáles eran sus prioridades.

Puyol aceptó el reto, y lo mismo hizo Iniesta.

«Cuando me enteré de que Pep iba a ser el entrenador, me entusiasmé —confiesa Iniesta—. Era mi héroe. Sabía que iba a suceder algo importante.»

Los beneficios derivados de que Pep hubiera sido un jugador destacado pudieron constatarse de inmediato. Entrenar frente a la vieja Masía, cerca del Camp Nou, frente a periodistas y aficionados, con cámaras recogiendo pequeños debates o discusiones de los futbolistas, no era la situación ideal. Así que Guardiola, que había participado en el diseño de las nuevas instalaciones en Sant Joan Despí, a escasos kilómetros de distancia, presionó para que el primer equipo se trasladara allí tan pronto como fuera posible.

El campo de entrenamiento se convirtió de ese modo en una fortaleza donde el equipo podía entrenar, relajarse, comer, descansar y recuperarse de forma aislada, lejos de las miradas curiosas. Los futbolistas, rodeados de profesionales dedicados íntegramente a cuidar de ellos, valoraban esas capas de protección, así como el resto de detalles que fueron viendo y que solo un exjugador profesional podía prever.

Poder quedarse en casa los días que jugaban en Barcelona hasta las horas previas al partido, o viajar el mismo día del encuentro, evitando los hoteles de turno y las separaciones abruptas de la vida familiar, fueron otras de las novedades que los futbolistas recibieron encantados. Pep creía que no había necesidad de pensar en el fútbol cada minuto del día, y que si los jugadores podían cenar con sus familias en la víspera, podrían incluso olvidarse durante unas horas de que al día siguiente había un partido que disputar; consideraba que conectarse con sus obligaciones profesionales unas pocas horas antes del inicio del encuentro era más que suficiente.

Poco a poco, se fue alejando también a la prensa, reduciendo las entrevistas individuales a los jugadores, por ejemplo, o prohibiéndolas por completo durante largos periodos. Cualquier cosa con tal de mantener al grupo protegido; no necesariamente aislado, pero cómodo, arropado en su unidad. Pep quería mimarlos, cuidarlos, aunque no controlarlos. A él le habían negado esa clase de protección una vez, cuando tuvo que batallar en solitario para limpiar su nombre de las acusaciones de dopaje, y eso le dejó indelebles secuelas.

Pep sabía que Deco y Ronaldinho habían sido menos profesionales de lo que debían, que se habían olvidado de las obligaciones y exigencias que acompañan a un futbolista de élite, y que la plantilla había sufrido, experimentado o compartido más de un mal hábito. Para encauzar al grupo Pep fijó una serie de pautas, como vigilar de cerca los hábitos alimentarios, los horarios y la preparación física de sus jugadores. La mayoría de los miembros del equipo eran futbolistas de físico liviano, así que requerían una atención especial. Todo tipo de atención. Y si era necesario, y tan a menudo como lo exigiera el guion, Pep estaba dispuesto incluso a cambiar de identidad, de papel; a pasar de ser entrenador a hermano, amigo, madre...

De hecho, es la dosis emocional invertida en sus jugadores lo que distingue a Pep de la mayoría de entrenadores. José Mourinho o sir Alex Ferguson, por ejemplo, gustan de conocer a la familia o a las parejas de sus jugadores para averiguar más detalles sobre ellos. Pero allá donde el técnico luso invitaba a sus futbolistas más influyentes junto con sus familias a cenas privadas donde se servía abundante cantidad de vino básicamente para descubrir, «casualmente», si un hijo había estado enfermo y si una esposa estaba descontenta con su nueva casa, Guardiola establecía una línea incluso más difusa entre la relación personal y la profesional.

Pep sabía que no podía tratar a un jugador de dieciocho o diecinueve años igual que a una superestrella, y mientras podía llamar a los más jóvenes para charlar de tú a tú en su despacho cuando sentía la necesidad de hacerlo, a las estrellas, si era preciso, se las llevaba a comer. Thierry Henry fue uno de los primeros con quien Pep decidió hablar en privado.

«Henry no es un problema», repetía Guardiola en las ruedas de prensa, pero durante el difícil arranque de la primera temporada de Guardiola, el delantero francés recibió más críticas que ningún otro jugador. Su precio, su salario y su prestigio —junto a su falta de empatía con la prensa— le pasaron factura. Incluso cuando el equipo mejoró su rendimiento, la antigua estrella del Arsenal seguía sin dar lo mejor de sí mismo. Dos factores influyeron en la pobre actuación de Henry: su lesión de espalda y la posición en la que fue obligado a jugar. Henry, bajo las órdenes de Rijkaard, jugaba incómodamente en la banda derecha, y ese verano Guardiola le prometió al francés que lo movería a la posición de delantero centro, ya que Eto'o estaba en el mercado. Sin embargo, cuando se supo que Eto'o se quedaría en el club otra temporada más, Henry tuvo que continuar jugando de extremo, una posición en la que le resultaba difícil destacar ya que carecía de la velocidad y la resistencia de sus mejores años.

Cuando Henry estaba en su momento más bajo, Pep le invitó a cenar para animarlo y decirle que confiaba plenamente en sus capacidades. Henry apreció el gesto. De hecho, pareció liberarse. En el siguiente partido contra el Valencia, Tití estuvo imparable y firmó un *hat-trick,* tres de los cuatro goles azulgranas en la clara victoria por 4-0. Al final, junto con Messi y Eto'o, formó parte de la apisonadora ofensiva de aquella temporada que acabó con la triple corona del Barça (Copa del Rey, Liga y Champions). Los tres marcaron 100 tantos: Messi 38, Eto'o 36 y Henry, que acabó jugando cincuenta y un partidos, 26. El francés se marchó de vacaciones ese verano, el de 2009, consciente de que había hecho una temporada espectacular.

Pero un año más tarde, después de una campaña decepcionante, en la que fue incapaz de sostener eficaz y regularmente sus prestaciones, con treinta y dos años y con una oferta de la liga estadounidense, Henry dejó el Barça.

Samuel Eto'o y la falta de *feeling*

Pep había entregado su afecto, tiempo y esfuerzo a sus jugadores en un proceso que empezó en la pretemporada en Saint Andrews. En gran parte, ese comportamiento era intuitivo, le salía así porque así se lo pedía el cuerpo. A cambio, exigía un elevado rendimiento, pero también algo más, algo mucho más importante, algo que todos buscamos: quería que los jugadores le correspondieran con los mismos sentimientos. Y si no le mostraban su afecto, Pep sufría inmensamente.

Era el niño que Pep llevaba dentro, ese niño que, lógicamente, nunca había desaparecido del todo, el que quería impresionar en las pruebas de selección para La Masía. El mismo niño que, una vez aceptado en la cantera, necesitaba gustar, ser seleccionado por sus entrenadores, ser aprobado por Cruyff. El jugador que, nada más alcanzar el primer equipo, decidiría respetuosamente seguir la filosofía del Barcelona porque creía en ella, pero también porque era otra manera de ser querido por la afición, por el entorno.

Quizá esa necesidad de afecto había permanecido aletargada durante un tiempo, oculta bajo el escudo con el que el fútbol de élite obliga a los futbolistas a protegerse. Pero ese niño no desaparece, ni tampoco las fragilidades que subyacen en el corazón de todo ser humano y que, a menudo, pueden constituir los cimientos sobre los que se desarrolla la personalidad de un genio.

Al niño que el Pep adulto aún llevaba dentro, le costaba muchísimo aceptar el rechazo, la desaprobación de la gente cercana a él, de sus jugadores. De hecho, no hay nada que lo hiriera más que uno de sus jugadores no le mirara o no le hablara cuando se cruzaba con él. Eso lo destrozaba. Y eso ocurrió en más de una ocasión.

«Ese es el drama más insoportable: trato de manejar a un grupo donde cada cuál es una persona con necesidades distintas; eso es lo primero. Les exijo a todos ellos que piensen en común, si no, no es posible ganarlo todo. Y esos sentimientos comunes son los de cualquier ser humano: ser queridos. Todos queremos lo mismo: tener un trabajo que nos guste y ser queridos por lo que hacemos. Pero, por ejemplo, ¿cómo convenzo a un jugador al que no quiero y al que no elijo para jugar, de que lo quiero? Ahí radica la tragedia; altibajos, altibajos constantes. ¿O acaso crees que todos los jugadores me quieren?». Tratar con el futbolista y con la persona que hay detrás del jugador es el trabajo más duro para Pep.

La toma de decisiones siempre supone una barrera frente al afecto de cualquiera, y él lo sabe. Sin duda, es más fácil manejar este raudal de sentimientos cuando uno gana, pero no siempre se gana. Y cuando se pierde, los jugadores tienden a buscar chivos expiatorios. Y en el fútbol, el tipo que al final siempre se lleva las culpas es el que se sienta en el banquillo.

Cuando preguntaron a Pep si se arrepentía de haber dejado marchar a Samuel Eto'o, al joven catalán Bojan Krkić o a Zlatan Ibrahimović, Pep bajó la guardia y admitió las dificultades implícitas en tales decisiones: «Cada día me arrepiento de muchas cosas. El sentido de justicia es muy complicado. Los que no juegan se sienten heridos y es necesario que tengan un gran corazón para evitar polémicas. Cuanto más me acerco a los jugadores, cuanto más me quemo, más pienso que debería distanciarme».

El día que anunció a sus jugadores que se marchaba del Barça, fue muy explícito: «Si continúo, hubiéramos acabado haciéndonos daño los unos a los otros».

No obstante, independientemente de las implicaciones emocionales, las decisiones respecto a esos tres jugadores en particular, todos delanteros, se tomaron por el bien del grupo, especialmente para estimular la implacable progresión de Messi.

La admiración de Guardiola por la Pulga, y su posterior decisión de organizar el equipo en torno al jugador argentino, para ayudarle a crecer, fue aumentando con el paso de las temporadas. No se trataba solo de una cuestión romántica, tenía sus fundamentos en las leyes del fútbol. Guardiola recuerda que, al poco de asumir el papel de entrenador, durante la cuarta sesión de entrenamiento, Messi se le acercó sutilmente y le susurró al oído: «¡Míster, ponga siempre a Sergio en mi equipo!». A Messi enseguida le impresionó el sentido táctico de Busquets, y le quería a su lado en todos los entrenos, en todos los partidos. Guardiola estaba encantado de que el jugador argentino fuera capaz de interpretar el fútbol de la misma forma que él.

Los jugadores de Pep Guardiola suelen hablar maravillas de su entrenador; pero, aun así, toda rosa tiene su espina. Eto'o, Ibrahimović y Bojan se marcharon del FC Barcelona descontentos. Los tres tenían el mismo papel en el club, y los tres acabaron por dejar el Barça porque Guardiola decidió que había que limpiar el camino para que Messi llegara a ser todo lo bueno que se sospechaba, todo lo que bueno que pudiera ser.

El «caso delantero centro» es un tema delicado en el proyecto de Guardiola. En su última temporada en el Barcelona, Samuel Eto'o estuvo a punto de ser pichihi, fue decisivo en la Liga y en la Liga de campeones, y llegó a marcar el primer tanto en la final de Roma. Sin embargo, cuando la campaña tocaba a su fin, Pep decidió que Eto'o no seguiría en el equipo. ¿Qué salió mal?

Después de que Pep lanzara a Eto'o al mercado desde su primera rueda de prensa, el delantero completó una pretemporada realmente impresionante y, una vez calmado de nuevo, afable, casi anormalmente modesto, el camerunés se ganó el respeto del vestuario de nuevo y también de Guardiola, que habló sobre él con sus capitanes (Puyol, Xavi y Valdés). La decisión fue revocada; Samuel Eto'o se quedaba en el Barça.

A medida que se desarrollaba la temporada, Samuel volvió a convertirse en un león indomable, el futbolista con hambre de títulos, un jugador que en el campo empujaba a sus compañeros de equipo de forma muy positiva y que, tal y como sucedió contra el Betisen en el Camp Nou, era capaz de arrollar a su entrenador para celebrar un gol. Guardiola se quedó pasmado aquel día, pero lo justificó diciendo que «Samuel es así». Pero Pep se quedó con su matrícula, como se suele decir.

Porque la versión más positiva del camerunés no duró toda la temporada.

Eto'o podía ser inspirador a veces, en los entrenos y en los partidos, pero sus rabietas ocasionales, su naturaleza impulsiva y su falta de habilidad para aceptar de buen grado el liderazgo de Messi llevaron a Guardiola de nuevo a la conclusión de que, en aras del equilibrio del grupo, lo más recomendable era prescindir de él. Un incidente en una sesión de entrenamiento a principios del 2009 confirmó la intuición de Pep, y un suceso posterior, aquella misma temporada, selló la irrevocable decisión de su venta.

Así es cómo el camerunés explica el primer incidente, su percepción de un momento concreto que muestra lo que los dos hombres representaban, y precisamente lo que los separaba. Fue una de esas ocasiones en las que Pep, con rabia, se dio cuenta de que su relación nunca funcionaría: «Guardiola me pidió hacer una jugada específica en el campo durante el entrenamiento, una jugada que normalmente no se les pide a los delanteros que la hagan. Yo no estaba ni nervioso ni agresivo, pero siempre pienso como un delantero, y vi que era incapaz de hacer lo que él me pedía. Le comenté que pensaba que se equivocaba. Entonces me pidió que abandonara la sesión de entrenamiento. Al final, quien tenía razón era yo. Guardiola no ha jugado nunca de delantero y en cambio yo siempre lo he hecho. Me he ganado el respeto de la gente en el mundo del fútbol jugando en esa posición».

Al día siguiente del incidente, Pep invitó a Eto'o a cenar. El delantero no sentía la necesidad de discutir nada con su entrenador y rechazó la invitación. Hay un botón en la mente de Guardiola que se áctiva según la respuesta externa: «Si no estás conmigo, entonces no deberías estar aquí». Con Eto'o pudo comprobarse, de modo definitivo y hasta público, que Guardiola ofrecía lealtad y devoción cuando se está en la misma longitud de onda, y frialdad y distancia cuando la magia desaparece; es como si alguien apagara el interruptor. Sucedió con Eto'o, y más tarde, con otros jugadores.

Guardiola empezó a pedirle a Eto'o con regularidad que jugara de extremo derecho mientras acomodaba a Messi en el espacio que normalmente estaría ocupado por un delantero centro. Durante un partido en el que se estaba poniendo en práctica ese movimiento táctico, Pep reemplazó a Samuel y más tarde rompió con su norma autoimpuesta de respetar el espacio sagrado de los jugadores en el vestuario para explicarle al delantero camerunés el planteamiento que había detrás de su decisión. Eto'o se negó incluso a mirar a Pep. No prestó atención al entrenador y siguió hablando en francés a Éric Abidal, sentado a su lado.

Después de aquel desplante, no hubo vuelta atrás para el jugador. El equipo progresaba otorgando libertad a Messi, era toda una batalla perdida para Eto'o. Tras ese evidente choque, el delantero incluso empezó a celebrar los goles en solitario.

Tres partidos antes del final de la Liga, el Barcelona se alzó matemáticamente con el título y Pep decidió dar descanso a algunos de los jugadores que iban a formar parte del once inicial en la Liga de Campeones. Esa necesidad colectiva atentaba contra los intereses personales de Eto'o de jugar todos los partidos para tener la oportunidad de ganar la Bota de Oro como máximo goleador del año en Europa. Samuel presionó al entrenador para que le dejara jugar contra el Mallorca y el Osasuna, y para que le acompañaran los mejores. A Pep no le gustó su actitud y tuvo que morderse la lengua cuando el camerunés protestó aduciendo que, con Iniesta lesionado, y Xavi y Messi descansando, ¿quién iba a crear, a darle pases, a crear ocasiones de gol para él? Eto'o estaba cavando lentamente su propia tumba, su rabia le llevaba a confundir los verdaderos objetivos de aquella temporada. Para él, la explicación era simple: si Messi hubiera necesitado esos goles, las decisiones habrían sido distintas.

Samuel salió como titular en el partido contra el Osasuna. Durante el descanso, tuvo una acalorada discusión con Eidur Gudjohnsen, que casi llegó a las manos. El delantero opinaba que el islandés no le había pasado el balón en una clara oportunidad de gol. Al final, marcar goles se había convertido en una obsesión tal que le impidió ganar el trofeo de máximo goleador de la Liga y el de Europa por segunda vez, lo mismo que le pasó cuatro años antes en el último partido de la temporada.

A pesar de la decisiva contribución de Eto'o en la final de la Champions en Roma en el 2009 —con un gol que le dio al Barcelona ventaja frente al Manchester United— y de las palabras de Guardiola en el almuerzo de final de temporada que organizó para el equipo, en el que agradeció a Eto'o su dedicación al club, el camerunés fue intercambiado por Ibrahimović aquel verano.

A Pep no le quedó más remedio que admitir que le faltaba experiencia para tratar con delanteros de tal magnitud. Cada jugador tiene un objetivo personal, un sueño, y el entrenador no se había olvidado de eso. Así que Pep intentó encontrar el equilibrio correcto para acomodar las ambiciones individuales con las del equipo. Thierry Henry soñaba con ganar la Liga de Campeones y fichó por el Barça con ese propósito. Después de lograrlo, bajó su rendimiento y no puso inconveniente en su marcha a los Estados Unidos. La intención de Eto'o no era solo ganar la Liga de Campeones, sino también la Bota de Oro europea. Había sacrificado algunos objetivos personales con tal de continuar ayudando al equipo, pero, como cualquier delantero en el mundo, tenía la necesidad de satisfacer su ego. Pero no siempre aceptó que el límite a esa ambición personal lo ponía el entrenador.

Pep estaba convencido de que el equipo estaba haciendo las cosas bien, el éxito era obvio, y quería continuar con lo que consideraba la lógica progresión del grupo. Si en la siguiente temporada hubiera colocado a Messi de nuevo en la banda, habría tenido que vérselas con un jugador excepcional, pero desmotivado y descontento al ser relegado a una posición menos influyente. Había mucho espacio para que el argentino progresara, pero no sobraba para la presencia de un ego tan exigente como el del camerunés.

Cuando acabó la temporada, Eto'o se fue a París para pasar allí sus vacaciones. Pep se enteró y quiso viajar a Francia para hablar personalmente con él, para explicarle las razones de su decisión, pese a que creía que había hecho un esfuerzo realmente importante para intentar conectar con el jugador, y no se sentía correspondido. Pep nunca llegó a sacar ese pasaje a París. Eso es lo que más le dolió a Eto'o: «Además de Guardiola y Laporta, hay muchas otras personas que me han decepcionado».

Ibrahimović y Pep en distinta onda

Ibrahimović llegó al equipo en el intercambio con Eto'o entre el Inter de Milán y el Barcelona. Le tocó llenar el hueco dejado por Samuel y la estrella sueca tuvo un inicio espectacular: marcó en los primeros cinco partidos en los que jugó. También aportó a Guardiola importantes alternativas.

«Tácticamente, es muy bueno; físicamente fuerte, veloz a la hora de zafarse de los defensas, y juega bien de espaldas, así que nos permite jugar con un delantero alrededor suyo», señaló el entrenador en una de las primeras ruedas de prensa de la temporada.

La primera parte de la campaña fue más que aceptable, pero en la segunda mitad el sueco fue menos que eficiente. Daba la impresión de que apenas comprendía su papel en el club, y que estorbaba cuando estaba en el terreno de juego, como si fuera otro defensa al que Messi debía regatear.

No tardaron en aparecer divergencias, desacuerdos que partían del modo en el que Ibrahimović mostraba su fuerte temperamento. Otros gestos avecinaban una temporada difícil. En un encuentro de Liga entre el Barcelona y el Mallorca (4-2), el árbitro pitó un penalti tras una falta a Ibra, que había jugado de forma excelente, pero no había marcado. Messi lanzó y marcó. La airada reacción del sueco fue sorprendente. «¡Ese penalti era mío!», le gritó al entrenador. A esos incidentes les siguieron otros parecidos.

Antes de jugar contra el Madrid en un partido de Liga en el Camp Nou, Ibra sufrió una lesión muscular y sus ecografías no eran concluyentes en cuanto a su recuperación definitiva. Pep no quería asumir ningún riesgo. Zlatan estaba desesperado por jugar su primer clásico. «Estaré en plena forma para el partido», repetía sin parar. Se mostraba tan tenso que un día se ensañó con Lorenzo Buenaventura, el preparador físico del Barça, e intentó agarrarlo por el cuello. Ibra oyó rumores que atribuían a Buenaventura un doble juego, diciéndole al jugador que estaría en forma para el encuentro y todo lo contrario a Pep. «¡Conmigo no juegues o te arranco la cabeza!», le gritó Ibrahimović furibundo. Al final, no participó en el clásico desde el inicio, pero salió desde el banquillo y marcó el gol del triunfo.

El equipo seguía canalizando el balón hacia Messi durante los partidos, e Ibrahimović no comprendía cuál era su papel. Existe una percepción pública de la estrella sueca, respaldada por su reveladora autobiografía (*Yo soy Zlatan Ibrahimović*) y su comportamiento en determinadas ocasiones, de que es un tipo arrogante y testarudo, sin una pizca de humildad. Sin embargo, el Ibra real no es tan monocromático. Antes de Navidad, Ibrahimović quería hablar acerca de su papel en el equipo, se reunió con Pep y con el director deportivo Txiki Begiristain y les dijo: «Tanto Messi como yo rendiríamos más con un poco de apoyo por parte del resto de la plantilla, pero no tengo la impresión de que intenten ayudarme en el campo. Necesito que Xavi e Iniesta me pasen el balón, pero es como si solo vieran a Messi... ¡Y eso que yo mido el doble que él!».

Pep pensó que podría hablar con los dos centrocampistas y reconducir la situación. Sin embargo, eso potencialmente significaría dirigir al equipo hacia una dirección que difería de la que él había planeado.

Aun así, Guardiola intentó mantener la armonía entre Ibra y el resto del equipo.

Txiki Begiristain descubrió que el jugador se sentía cada vez más frustrado y, peor aún, que lo demostraba delante del resto de la plantilla. A la mañana siguiente se lo contó a Pep, y esa misma tarde, Pep invitó a Ibrahimović a comer. El entrenador intentó explicarle lo que quería de él, que el equipo le necesitaba mucho, que debían trabajar en la misma dirección. Le pidió a Ibra que no tirara la toalla. Pero el jugador sueco se sentía incomprendido. Para él, almorzar con el entrenador no era suficiente. A pesar de ello, hubo un cambio de actitud justo antes del parón invernal, y Pep se dio cuenta de ello. El humilde y responsable Ibra intentaba por todos los medios comportarse y parecerse a los «niños de colegio» por su condescendiente manera de referirse a los canteranos leales a Pep como Xavi e Iniesta.

«Ese no es Zlatan, está fingiendo. Espera y verás», le decían a Pep sus allegados.

Efectivamente, ese no era Zlatan. Durante las vacaciones de Navidad, tal y como confesó en su autobiografía, se «deprimió», incluso llegó a considerar la posibilidad de abandonar el fútbol porque estaba desconcertado ante la falta de conexión entre él y el entrenador. Después de las vacaciones, la arrogancia y la tensión interna del jugador empezaron a emerger.

El año nuevo no comenzó bien: Ibra apareció con quemaduras en la cara. El club descubrió que se las había provocado conduciendo una moto de nieve por Suecia sin protección solar. Una doble infracción del régimen interno que le valió una multa. Finalmente, todo cambió, en febrero, cuando Pep desplazó a Messi de la banda al centro. Ibra pensó que Guardiola le estaba pidiendo lo mismo que le había exigido a Eto'o la temporada previa, y él no era Eto'o.

El delantero sospechaba que era Messi quien no estaba satisfecho con él por haber sido la estrella durante la primera parte de la temporada y que el pequeño argentino se había quejado a Pep. Y si Ibrahimović piensa que le has perjudicado o que estás contra él, nunca lo olvidará ni te perdonará.

En realidad, lo que pasaba era que nadie quería escuchar a Ibra porque el equipo se estaba moviendo hacia otra dirección y, mientras tanto, usando las palabras del jugador sueco, «el Ferrari que el Barça había comprado era conducido como si fuera un Fiat». A menudo, Ibrahimović iniciaba discusiones tácticas durante las sesiones de entrenamiento y ya no ocultaba que no aceptaba muchas de las instrucciones del entrenador.

Pep estaba empezando a perder la paciencia, se estaba acercando a ese punto de ruptura a partir del cual ya no hay marcha atrás, y a veces lo demostraba abiertamente, delante de sus jugadores. La relación entre el jugador y el entrenador se volvió muy tensa y Zlatan empezó a ver a Pep como un enemigo. «Que tenga cuidado conmigo. A lo mejor, en un entrenamiento, se me escapa una mano y le doy un guantazo», decía. Más tarde escribió en su libro: «Me sentía como una mierda cuando estaba sentado en el vestuario, con Guardiola mirándome fijamente como si fuera una molesta distracción, un extraño. Una locura. Él era un muro, un muro de piedra. No detectaba ninguna señal de vida por su parte; yo solo quería largarme de ese equipo lo antes posible».

La línea había sido cruzada. No había vuelta atrás.

Empezó una guerra fría. El entrenador y el jugador dejaron de hablarse y nada motivaba a Ibrahimović.

«Entonces Guardiola empezó con su rollo filosófico. Yo apenas escuchaba. ¿Por qué iba a hacerlo? Decía unas gilipolleces enormes sobre sangre, sudor y lágrimas, esa clase de rollo. Cuando yo entraba en una sala, él salía. Él saludaba a todo el mundo pero conmigo actuaba como si no me viera. Yo me había esforzado mucho por adaptarme. Los jugadores del Barça eran como niños de colegio, seguían al entrenador ciegamente, en cambio yo a menudo preguntaba "¿Por qué tenemos que hacerlo?".»

«¿Te ha mirado hoy?», solía preguntarle Thierry Henry. «No, pero he visto su espalda», contestaba Ibra. «¡Enhorabuena, estás progresando!»

A principios de abril, Ibra tuvo una breve regeneración como jugador, pero se lesionó antes del partido del Real Madrid-Barça en el Bernabéu. En ese clásico, Messi explotó con éxito su posición de falso nueve y marcó el primero de los dos goles de la victoria. Aquella lesión muscular obligó a Ibra a llegar al último tramo de la temporada a un ritmo diferente del resto de la plantilla, pero Guardiola le utilizó en la semifinal de Champions contra el Inter, una decisión que resultó perjudicial para el jugador, el entrenador y el equipo; un error que Pep no se perdonaría.

La escasa contribución de Ibra en esos dos partidos fue la gota que colmó el vaso. Después de la ventaja que consiguió el Inter de Milán en el partido de ida de las semifinales de la Liga de Campeones (3-1), Pep consideró dejar a Ibrahimović en el banquillo en el partido de vuelta en el Camp Nou para liberar ese espacio y que Messi pudiera moverse con libertad. Pero al final Pep hizo más caso a su cabeza que a su corazón y le puso de titular. La mínima aportación del sueco le forzó a sustituirlo en el minuto sesenta y tres. El Barça cayó eliminado, y Guardiola decidió que nunca más permitiría que su cabeza mandara sobre sus instintos. Aquel partido resultó ser uno de los últimos de Ibra en el Barça en favor de Pedro y Bojan, jugadores que dieron un salto de calidad, que dejaron al sueco en el banquillo y que resultaron claves para obtener el segundo título de Liga bajo las órdenes del joven técnico.

Pocos días después de la derrota en Champions frente al Inter y tras salir al campo en la segunda mitad contra el Villarreal, a Ibra se lo llevaron los demonios. En su biografía, explica que tuvo una fuerte discusión con Pep en el vestuario de El Madrigal y que, preso de su propia rabia, derribó una taquilla de tres metros de altura.

«[Guardiola] me estaba mirando y yo perdí la paciencia. Pensé: "¡Ahí está, mi enemigo, rascándose la calva!". Le grité: "¡No tienes huevos!", y cosas probablemente peores que esa. Añadí: "¡Te cagas encima con Mourinho, vete al infierno!". Me volví completamente loco. Lancé una caja llena de ropa al suelo y Pep no dijo nada, solo se limitó a recoger la ropa y guardarla de nuevo en la caja. No soy un tipo violento, pero si hubiera estado en el puesto de Guardiola, habría tenido miedo.»

Tras la eliminación europea, Guardiola decidió, una vez más, cambiar su nueve para la siguiente temporada. En realidad, Pep tenía que admitir que la presencia del sueco en el equipo retrasó la puesta en escena de Messi en el eje del ataque, en la ahora famosa posición de falso nueve. Pep también era consciente de que se había traicionado a sí mismo al no mantenerse firme en sus propias ideas, no solo en el partido contra el Inter, sino durante toda la temporada.

Con el objetivo de acomodar el juego de ambos jugadores, el argentino y el sueco, Pep se había pasado todo ese tiempo ajustando pequeños detalles en un intento de rescatar algo de una situación que era insalvable, y lo hizo hasta el punto de abandonar parcialmente la senda que el equipo había empezado a seguir el año anterior. Finalmente, la campaña reforzó la certeza de que todo tenía que pasar por Messi.

Fue una época difícil para Guardiola. Vender un jugador cuyo fichaje le había costado al club una gran fortuna seguramente sería visto como un error. No obstante, era una decisión que no admitía dudas.

La segunda temporada de Pep como técnico del banquillo azulgrana estaba tocando a su fin, y llegó el momento de que Ibrahimović y Guardiola mantuvieran una conversación franca. Finalmente, tuvo lugar antes del último partido de la Liga. Pep llamó a Ibra a su despacho. El ambiente era realmente tenso; no se habían vuelto a hablar desde el día en que el sueco había explotado en Villarreal. Guardiola le esperaba sentado, nervioso, balanceándose en la silla de su despacho.

«No sé lo que quiero contigo —le dijo a Ibra—. Lo que pase de ahora en adelante depende de ti y de Mino [Mino Raiola, el representante del jugador]. Quiero decir, eres Ibrahimović, no eres un tío que juegue un partido de cada tres, ¿verdad?»

El sueco no dijo nada, ni siquiera se movió, pero comprendió el mensaje perfectamente: le estaba pidiendo que se marchara. Pep siguió hablando, tenso:

«No sé qué quiero contigo. ¿Qué tienes que decir? ¿Cuál es tu opinión?».

Ibra replicó: «¿Eso es todo? Gracias», y abandonó el despacho sin decir nada más.

Ese fue el último contacto entre jugador y entrenador aquella temporada.

Después de las vacaciones de verano, tuvieron otra reunión. Sorprendentemente, Zlatan, que se había calmado con la distancia y el descanso, quería otra oportunidad, sin intuir que era tarde para tender nuevos puentes y que otro delantero, David Villa, había sido invitado a reemplazarlo. Ibra estaba convencido de que formaba parte de uno de los clubes más admirados del mundo, así que merecía la pena disponer de una segunda oportunidad.

Era el primer día de pretemporada. Ibra ni siquiera se había calzado las botas cuando Pep le llamó a su despacho. De nuevo, la misma situación, la misma incomodidad. Según Ibrahimović, la conversación discurrió del siguiente modo:

PEP: ¿Cómo estás?
IBRA: Muy bien. Ansioso.
PEP: Has de estar mentalizado para quedarte en el banquillo.
IBRA: Lo sé, lo comprendo.
PEP: Como ya sabrás, hemos fichado a Villa.
IBRA: Perfecto, así me esforzaré aún más. Trabajaré como un idiota para ganarme un sitio en el equipo. Te convenceré de que soy lo bastante bueno.
PEP: Lo sé, pero ¿cómo vamos a continuar?
IBRA: Ya te lo he dicho, trabajaré duro. Jugaré en cualquier posición que me pidas. Por delante o por detrás de Messi. Donde sea. Tú decides.
PEP: ¿Pero cómo vamos a hacerlo?
IBRA: Jugaré para Messi.
PEP: ¿Pero cómo vamos a hacerlo?

En ese momento, el delantero ya no pensó que se tratara de una cuestión sobre si era o no buen jugador: «Era algo personal. En lugar de decirme que no podía controlar mi carácter, trataba de encubrir el problema con esa vaga frase. Y entonces lo decidí: "Jamás volveré a jugar a las órdenes de Guardiola"».

Ibrahimović no podía entender nada de lo que le pasaba en el Barça. Pep cometió un error al ficharle porque infravaloró su fuerte personalidad y su alta autoestima. Si alguien molesta a Ibra, su reacción es intensa e inevitable. Si alguien molesta a Pep, la conexión emocional desaparece y entonces trata al jugador como a cualquier otro profesional, sin más. Esa relación, analizada con cuidado, nunca podría haber llegado muy lejos.

Cuando Pep le preguntaba: «¿Cómo vamos a hacerlo?», estaba obviamente abriendo una puerta a Ibrahimović, pero este habría preferido un acercamiento más directo.

Mientras su traspaso de última hora al Milan pendía de un hilo, Ibrahimović se dirigió a uno de los vicepresidentes del club y le advirtió: «Si hacéis que me quede, esperaré a estar con el entrenador ante la prensa y le daré un puñetazo... ¡Juro que lo haré!». Cuando Sandro Rosell se convirtió en el presidente de la nueva junta directiva aquel verano, la primera cuestión de la que tuvo que encargarse fue de la salida del jugador sueco. «Siento que haya acabado todo así», le dijo Ibra al presidente. «¿A qué club querrías ir?», preguntó Rosell. «Al Madrid», contestó Ibra. «No es posible —dijo Rosell—. A cualquier lado menos ahí.»

Así es cómo Ibrahimović describe el momento en que firmó con el Milan: «Estábamos presentes Rosell, Galliani, Mino, mi abogado, Bartomeu y yo. Y entonces Sandro me dijo: "Quiero que sepas que estoy haciendo el peor negocio de mi vida", a lo que contesté: "Es la consecuencia de un liderazgo pésimo"».

Ibrahimović había costado 66 millones de euros (Eto'o, que se fue en la dirección opuesta, estaba valorado en 20 millones y el Barcelona pagó al Inter los otros 46 millones a plazos) y continuó su carrera en el AC Milan, primero cedido y, en la siguiente temporada, en un traspaso definitivo por 24 millones de euros. En el Barça, Ibrahimović había ganado cuatro títulos, marcado veintiún goles y dado nueve asistencias.

Tras su venta, el sueco no se mordió la lengua: «Mi problema en el Barça era el filósofo. Pep cree que ha inventado el fútbol del Barça. (...) Mourinho me estimula, es un ganador; Guardiola no es perfecto. Yo estaba en el Barcelona, el mejor equipo del mundo, pero no era feliz». Y hubo más; Ibra acusó a Guardiola de no haber querido nunca limar sus diferencias: «Si tienes un problema conmigo, resolverlo depende de ti. Eres el líder del equipo, eres el entrenador. No puedes llevarte bien con veinte jugadores y luego, con el veintiuno, mirar hacia otro lado».

La autoridad de Guardiola se había cuestionado, así como su visión del equipo. La distancia emocional entre él e Ibrahimović facilitó que la decisión de prescindir del jugador fuera un poco más fácil, pero tuvo un costo. Pep se sentía decepcionado por cómo había manejado el asunto, por haberse traicionado incluso, pero también sentía que había fallado a Ibrahimović al no conseguir que el jugador diera lo mejor de sí.

Ahora esperaba que su decisión de dar el eje del equipo a Messi diera sus frutos.

Messi, el devorador de delanteros

Para Messi, el fútbol lo es todo, y todo es fútbol. Sus momentos más felices se remontan a su niñez, cuando jugaba en un campo improvisado con otros treinta chavales, regateando y zigzagueando para abrirse camino hacia la portería, superándolos a todos.

«No sé qué habría sido de mí sin el fútbol. Juego del mismo modo que cuando era pequeño. Salgo a la cancha y me divierto, nada más. Si pudiera, jugaría un partido cada día», dice Messi.

Hay algo increíblemente infantil en Messi. Actúa del mismo modo tanto dentro como fuera del terreno de juego, siempre se distancia de las cámaras y de la atención, y lo que uno ve es básicamente lo que hay. El club le ha permitido vivir de la misma forma que haría en Rosario, en Argentina, con su familia a su alrededor. A diferencia de otros futbolistas en el Barcelona, nunca se ha visto obligado a hablar catalán ni a representar al club fuera del campo más de lo estrictamente necesario. No concede demasiadas entrevistas a periodistas, su padre cuida de sus cosas, y sus hermanos le echan una mano; no lleva una vida que parezca sacada de una campaña de marketing cuidadosamente orquestada. Lo único que importa es lo que hace en el terreno de juego.

En el Mundial de Clubes en Tokio, cuando el Barça jugó contra el club brasileño Santos, Pep quiso ilustrar a un amigo la diferencia entre una estrella y un profesional. Para ello le pidió que se fijara en Neymar. El brasileño lucía un corte de pelo especial para la final, se había comprado un impresionante reloj de pulsera y había hecho que añadieran una inscripción japonesa en sus botas. «Ahora fíjate en Messi. El mejor jugador del mundo, quizá de la historia. Sin embargo, sigue siendo Messi.»

Según Pep: «Messi no compite para aparecer en revistas, atraer a chicas o salir en anuncios, sino para ganar partidos, o un título, para conseguir un reto personal. Compite contra el rival, contra Cristiano Ronaldo, contra el Madrid, contra Mourinho. Llueva o brille el sol, tanto si cometen una falta contra él o no, básicamente compite contra sí mismo para demostrar que es el mejor. No le interesa nada más. Nuestra obligación es darle el balón en las mejores condiciones, y luego sentarnos a ver qué pasa». El argentino, que nunca será capaz de aclararnos el secreto de su éxito, no necesita que le expliquen las cosas dos veces cuando se trata de fútbol, ni recibir mensajes a través de la prensa, un truco que Pep desechó rápidamente. Messi comprendió lo que Guardiola quería de él y lo aplicó a su juego. Se colocaba de extremo para ayudar al Barça a ganar superioridad, se contenía o casi desaparecía del partido solo para reaparecer de nuevo por sorpresa. Tal y como Pep indicó al entrenador argentino Alejandro Sabella: «No es necesario darle muchas instrucciones, solo protegerle y escuchar lo que dice. Y no lo saques del campo, ni tan solo para una ovación».

A diferencia de otras estrellas extranjeras, Leo se ha criado en La Masía, inmerso en la cultura del club. «Puede participar en la "composición musical" del equipo, acompañando a Xavi e Iniesta, y luego acabar con un solo excepcional —tal y como explica Ramón Besa—. Messi normalmente hace lo que le exige la jugada.» Solo recurre a sus juegos malabares para solucionar un problema.

Y, si las cosas se complicaban, siempre estaba a la altura del desafío. Simplemente hay que tener la suficiente inteligencia emocional para saber cómo pedirle las cosas, y cuándo. A veces, Pep les decía a los jugadores justo antes de un partido: «Deberíais saber que Leo presionará arriba en el campo y que se entregará por completo cada vez que decidamos presionar». Indirectamente, «Leo, este es tu cometido».

Messi goza de cierta libertad ofensiva, sin embargo, es muy consciente de sus obligaciones defensivas. Si está distraído, los centrocampistas se encargan de recordárselo, porque el gran éxito del trabajo en equipo reside en compartir responsabilidades.

El entrenador del Liverpool y ex del Swansea, Brendan Rodgers, ha aprovechado en el pasado ese esfuerzo sin balón de la mayor estrella del fútbol mundial para recordarles a los suyos sus obligaciones: «Leo Messi se lo ha puesto muy difícil a muchos futbolistas que creen que son buenos. Si tienes a alguien como él presionando al rival, estoy seguro de que cualquier otro futbolista, como mi amigo Nathan Dyer, por ejemplo, puede hacerlo también, ¿no?». Dyer, jugador del Swansea, no ha dejado de correr desde entonces, te dice hoy Rodgers.

Su descanso activo y su participación selectiva en la presión fue en aumento a partir de la segunda temporada de Pep porque este entendía que debía estar fresco para hacer daño con el balón. Xavi e Iniesta, que generalmente cuidan de él, tuvieron que reprenderle para que, en un encuentro ante el Arsenal, adquiriera más protagonismo con y sin balón, eclipsado por Ibrahimović que había marcado dos veces y estaba jugando como delantero centro. Pero sus números goleadores fueron creciendo y el equipo se fue ajustando a las necesidades de Messi y viceversa.

Desde el primer día, Guardiola adoptó un enfoque holístico, supervisando todos los valores de preparación del equipo: físico, médico y alimentario. Y cuando descubrió que la ternera argentina —posiblemente la mejor que existe— constituía la base de la dieta de Messi, y que el jugador nunca había comido pescado, el entrenador insistió en que elaboraran una dieta especial para él, prohibiéndole la Coca-Cola, las palomitas de maíz, la pizza, y los Conguitos.

El esfuerzo por comprender y adaptarse a Messi está justificado no solo por su talento sino, sobre todo, por su comportamiento y su compromiso. Leo se deja la piel en cada sesión de entrenamiento; sus compañeros de equipo son testigos. Nunca ha dicho: «Soy Messi, tienes que hacer esto por mí». En general, reconoce que no existe un «yo» en el concepto «equipo». Por esa razón, en algunas ocasiones Guardiola se permitió premiar a Messi con unas vacaciones adelantadas al resto del equipo, o dejando que se incorporara algo más tarde. La lógica era aplastante: a menudo le exigía hacer más que al resto y con frecuencia Messi jugaba más. Y marcaba más, y ganaba más partidos.

Guardiola tomó algunas decisiones importantes mientras buscaba y determinaba quienes serían los compañeros ideales para Messi en el ataque, y sin embargo no podía desprenderse de algunas dudas futbolísticas que le seguían acechando. ¿Adónde quería llevar al equipo? El Barça estaba experimentando un éxito sin precedentes, pero Pep había cambiado sus criterios futbolísticos de un año al otro en relación con el delantero centro y necesitaba hallar, de nuevo, la senda correcta después de decidir que Eto'o e Ibrahimović no eran la solución.

A su llegada, Pep decidió jugar con una punta, alguien como Eto'o, rápido e incisivo, un delantero dinámico al que le gusta jugar en profundidad, corriendo al espacio detrás de la línea defensiva. Pero esa forma de jugar, con Eto'o y pequeños centrocampistas, acabó por generar problemas en el juego aéreo y a menudo faltaba un referente arriba que ayudara a descargar el juego. Así que con la llegada de Ibrahimović, Pep estableció otro sistema con diferentes posibilidades: colocaría a un delantero más fijo que permitiera el balón largo de vez en cuando, pero también que supiera llegar desde la segunda línea y tuviera capacidad para abrirse en banda. Ibrahimović cumplía con esas condiciones, pero esa vía también fue desestimada durante la segunda temporada y se estableció una tercera.

¿O era la primera? El Barcelona pasó de tener el espacio del delantero ocupado a dejarlo libre. Messi aparecería en esa posición cuando lo considerara conveniente.

Ese papel de «falso delantero» ya se había visto antes, tal y como Alfredo Relaño evocó en un memorable editorial en el diario *AS*: «Desde el Wunderteam de Sinclair al Barça de Messi o Laudrup, sin olvidar el River Plate de Pedernera, la Hungría de Hidegkuti, el Madrid de Di Stéfano, el Brasil de Tostao, el Ajax de Cruyff».

Esos cambios en la delantera podrían haber suscitado dudas, pero el equipo seguía ganando títulos, por su calidad incuestionable y por un estilo que combinaba la posesión del balón con un juego posicional definido: Pep podía permitirse seguir reflexionando sobre una forma más efectiva de ataque.

La marcha de Ibra y la llegada de David Villa, propició la reinvención de la fórmula. Con Messi de falso nueve y Villa de extremo izquierdo, el resultado y el éxito fueron instantáneos: Leo pasó de ganar el Balón de Oro a la Bota de Oro. Demostró ser un extraordinario goleador, con una excepcional calidad en el pase, además de una alta comprensión del juego y una capacidad única para superar en velocidad, con regate o con una pared precisa, cualquier defensa en la circunstancia justa, en los grandes momentos: marcó en seis de las ocho finales en las que jugó bajo las órdenes de Guardiola.

Pep explica qué papel desempeñó él en el proceso: «Messi es único, un jugador excepcional. Esperemos que no se aburra, que el club sea capaz de facilitarle jugadores para que pueda seguir sintiéndose cómodo, porque cuando está cómodo, no falla. Cuando no juega bien es porque hay algo en su entorno que no funciona; hay que intentar asegurarse de que Messi mantenga la calma que tiene en su vida personal y esperar que el club sea lo bastante inteligente como para fichar a jugadores adecuados que sepan apoyarle». Y esa es una de las principales razones por las que el FC Barcelona premió a José Manuel Pinto, el mejor amigo de Messi en el vestidor azulgrana, con un nuevo contrato.

Por supuesto, no solo se trata de conseguir que Messi se sienta cómodo. Si los grandes equipos en la historia se miden por los momentos cruciales, el Barcelona se iba a convertir en uno de los más fiables de todos los tiempos: al estilo se le añade un valor competitivo único. Sus jugadores son insaciables, pequeños déspotas, como se les ha descrito en ocasiones. Tal y como Pep solía decir, son fáciles de gobernar porque esa actitud es la base de todo. De entre todos ellos, Messi simboliza ese espíritu mejor que nadie, un icono del mundo del fútbol, y también un jugador que todavía llora tras una derrota.

Ese hambre de triunfo le llevó a derramar lágrimas en el vestuario de Sevilla cuando el Barça cayó eliminado en los octavos de final de la Copa del Rey de 2010. Ese trofeo era la tercera máxima prioridad de la temporada y el primer título que el Barcelona no conseguiría ganar tras dos temporadas de Guardiola al frente del primer equipo. Aquel día Messi jugó espectacularmente y podría haber marcado un *hat-trick* de no haber sido por la sensacional actuación de Palop en la portería del Sevilla.

Cuando el árbitro pitó el final del partido, el argentino no pudo contenerse. Corrió hacia el vestuario, se sentó en el suelo, y aislado del resto del mundo, rompió a llorar desconsoladamente, como un niño pequeño, del mismo modo que hacía en privado, en su casa, durante los primeros meses en el club, cuando se sentía abandonado por la institución, pequeño, y sufría el dolor que le causaban los efectos secundarios de las hormonas de crecimiento que se inyectaba.

Tal y como Guardiola no tardó en comprender, no hay nada en la vida que le guste más al argentino que jugar al fútbol (tal vez, seguido de cerca por sus siestas diarias). ¿Por qué quitarle esa ilusión concediéndole un descanso? Pep no necesitaba invitar a Messi a comer; su relación tenía lugar en el terreno de juego, en los partidos y las sesiones de entrenamiento. Se comunicaban a través de gestos y silencios, abrazos y breves conversaciones. A veces, un simple «¿Va todo bien?» bastaba para obtener una señal con el dedo pulgar hacia arriba y una sonrisa por toda respuesta.

Claro que el mejor futbolista del planeta también tiene raros momentos de frustración, y Pep los conoce muy bien. La mayor parte de las veces, Leo tiene suficientes momentos en un encuentro para marcar las diferencias, pero en otras no salen las cosas como desea. Lo primero que solía hacer Pep cuando veía que Leo no estaba a gusto, cuando salía descontento del partido, era observarlo con detenimiento de camino al vestuario, al cerrar la puerta del mismo. Si el jugador mantenía la cabeza gacha, Pep se centraba de inmediato en levantarle el ánimo.

Esos partidos frustrantes ponen a Messi de mal humor. Se queda mirando fijamente el suelo en silencio, sin sonreír, taciturno. Bajo esa fachada angelical e inocente, se esconde un depredador; pero detrás de su ambición, sus proezas y sus récords deportivos, también hay un niño, y los niños, normalmente, son incapaces de ocultar sus sentimientos.

En una ocasión, como cuenta Luis Martín en *El País*, Messi llegó al campo de entrenamiento con una cucharilla en la boca de la que no se deshizo en toda la sesión. Él suele tomar café o una infusión de yerba mate antes de entrenar, y luego se deja la cuchara en la boca hasta que entra en el campo. Aquel día no dejó de chuparla en todo el tiempo, mientras la plantilla realizaba el rondo de inicio de calentamiento. Su comportamiento en el entreno tenía mucho que ver con el hecho de haber sido sustituido en el partido de la noche anterior: no había quedado contento de su rendimiento. Otras veces, su manera de protestar ante una sustitución o por haber tenido descanso era dejar de hablar a su entrenador durante días. Justo lo que haría un niño que lo quiere jugar todo.

Cuando Ibra llevaba pocos meses en el club y recibía aplausos por su actuación, Messi puso a Pep en una disyuntiva: quería jugar de nueve, en la posición central que le había prometido Pep. «¿Y qué se supone que he de hacer con Ibrahimović?», preguntó el técnico.

Al final de la temporada 2010-2011, el Barça empató 0-0 en el Camp Nou contra el Deportivo, pero, con el título de Liga en el bolsillo, las celebraciones empezaron al final del partido. Ante la inminente final de Champions League contra el Manchester United, Messi se había quedado en el banquillo y no había jugado ni un solo minuto. Prefirió distanciarse de las celebraciones de un título de Liga que le pertenecía casi más que a nadie. Había descubierto que dos goles de Ronaldo en el encuentro del Real Madrid contra el Villareal le habían dejado casi sin posibilidades de optar al Pichichi, y quería irse a casa. Juanjo Brau, el fisioterapeuta del equipo, tuvo que ir a buscarlo, cuando ya habían hecho la foto oficial del equipo sin él. A su vuelta, hubo que repetir la foto.

La peor actuación de Messi en el último año de Pep como entrenador se vio en un partido contra la Real Sociedad en el que el argentino solo jugó la última media hora. Al día siguiente ni siquiera se presentó al entrenamiento y no logró superar su enfado hasta el siguiente encuentro. Estábamos a principios de septiembre, y desde entonces no hubo un solo minuto de la temporada en que Messi no jugara. Si a la Pulga le quitas el fútbol, le estás quitando la motivación de su vida; lo único que le queda es comer y dormir.

¿Había creado Guardiola un monstruo con Messi? Durante

la última temporada del entrenador, el argentino sentía la comodidad de un equipo que reconocía y admitía su liderazgo, aunque a veces perdía la paciencia con algún compañero. Podía enojarse si no recibía el balón de jugadores jóvenes como Cuenca («¡Levanta la cabeza!», le gritó Messi una vez, en un partido contra el Granada) o Tello («¡Centra!», le gritó en un encuentro ante el Milan, cuando el extremo no vio la carrera de la Pulga al primer palo de la portería defendida por Abbiati). Le costaba reprimirse si David Villa chutaba cuando cabía la posibilidad de encontrarle con espacio.

Como todos los delanteros, estaba determinado a ganarse su sitio y asegurar su influencia.

«Messi aprendió a tomar decisiones en función de los requisitos de cada partido», remarca el argentino César Luis Menotti, y tiene razón. Pero su influencia se fue extendiendo más allá del campo: el club preguntó a los Messi su opinión acerca del posible fichaje de Neymar. Messi conoce a la joven estrella a través de Dani Alves, y los tres han jugado al fútbol online con sus consolas. El club recibió la respuesta que esperaba: «Adelante, fichadlo».

¿Sentía Pep que le había dado a Messi demasiado poder? Cuando habló de abandonar el club para no «hacerse daño recíprocamente», muchos interpretaron el comentario como una referencia sobre todo a Messi, aunque incluyera a otros jugadores. Si Pep se quedaba ¿significaba que tendría que reconducir de algún modo el equilibrio de poder para evitar que un jugador marcara setenta y tres goles y el resto evadiera la responsabilidad?

No podemos olvidar que Guardiola empezó su carrera de entrenador en el Barcelona desarrollando un juego colectivo, pero en su última temporada se dejó llevar más que nunca por la impresionante calidad individual de su plantilla. Eso es algo que todos los técnicos hacen porque, a fin de cuentas, son los futbolistas quienes deciden los partidos, especialmente si el individuo en cuestión es Messi.

Conseguir que, en un equipo con un marcado sentido colectivo, exista un equilibrio que incluya a un jugador tan excepcional como Messi es una tarea muy difícil, y en cierta medida

Pep lo consiguió durante la mayor parte de su estancia en el primer equipo. Sin embargo, ¿era necesario que Pep dijera manifiestamente y tan a menudo que Messi era especial? ¿Pudo eso suponer el inicio de una situación que culminaría con la marcha del club de Guardiola, consciente del desequilibrio que había facilitado? El entrenador es el equilibrio. Y si se le cede demasiada influencia a un jugador, según las reglas tácitas del fútbol, hay que reajustar la balanza.

Otras víctimas de Messi

Fernando Parrado fue uno de los dieciséis supervivientes de un terrible accidente conocido como la «tragedia de los Andes». En octubre de 1972, un equipo uruguayo de jugadores de rugbi volaba de Montevideo a Santiago de Chile cuando el avión se estrelló en la imponente cordillera nevada de los Andes. Los supervivientes, que vieron reflejada su historia en la producción cinematográfica *¡Viven!*, esperaron setenta y dos días a ser rescatados. Sin apenas comida, viendo como sus amigos iban muriendo poco a poco y con la sensación de que no había esperanza, al final algunos de ellos sobrevivieron alimentándose de los cuerpos de sus compañeros fallecidos. Parrado pasó diez días cruzando los Andes, en compañía de su amigo Roberto, en busca de ayuda, deambulando sobre profundas capas de nieve calzado con un par de zapatillas deportivas. Fernando ofreció una emotiva conferencia al equipo del Barça sobre esta experiencia en el último año en el que Guardiola estuvo a cargo de la plantilla azulgrana.

«Nos ayudó a darnos cuenta de que suceden cosas horrorosas que pueden destrozar a cualquiera, pero que hay gente que se rebela contra eso y lucha por su vida», comentó entonces Gerard Piqué. Más tarde, Parrado expresó sus impresiones sobre los jugadores del Barcelona en un canal de la televisión uruguaya: «Son jóvenes sensibles, como si fueran un equipo *amateur*. Guardiola me dijo que, a la mínima nota discordante en el grupo, la elimina, como hizo con Eto'o e Ibrahimović, que querían ser estrellas en un equipo donde nadie se siente como una de ellas».

En un partido crucial durante la primera temporada de Pep en el primer equipo, un futbolista perdió una clara oportunidad de gol en un momento clave —el entrenador no quiere recordar de qué partido se trataba ni tampoco quién tuvo la oportunidad de marcar el tanto—. Inmediatamente después del error, se giró hacia el banquillo. Algunos futbolistas se habían incorporado de un salto anticipando que el balón acabaría en el fondo de la red, mientras que otros ni se movieron ni reaccionaron. Pep se deja guiar por detalles como este para comprender cómo piensa su grupo, y probablemente lo que vio esa tarde se le quedó grabado en la memoria. Y terminó por ser algo más que una simple anécdota. El verano siguiente, los jugadores que no habían reaccionado en el banquillo ya no estaban en el club.

Al inicio de la cuarta temporada de Pep, otro delantero tuvo que abandonar el club. No fue David Villa, que había sido fichado para reemplazar a Ibrahimović y con quien Guardiola estaba públicamente encantado. Fue Bojan, el simpático jugador de cara infantil y aspecto tímido, que se había ganado el afecto de todo el mundo tras debutar en el equipo de Rijkaard con solo diecisiete años, cuando fue presentado como una de las jóvenes promesas que había salido de La Masía.

Bojan apenas tuvo oportunidad de brillar bajo las órdenes de Pep, y se marchó cedido a la Roma. El joven estaba claramente descontento por no haber sido capaz de triunfar en el club de su infancia, pero aún se sintió más herido por el modo en el que Guardiola gestionó su marcha. Poco después de su partida, comentó: «No me despedí de Guardiola; solo de aquellos que me trataron bien. La relación con Pep no fue muy buena».

Sus palabras preocuparon a los comentaristas de la prensa catalana. El rotativo de Barcelona *El Mundo Deportivo* escribió: «Cuando Pep baja a la tierra y camina por el mismo suelo que pisamos nosotros, meros mortales, nos desconcierta. Eso es lo que han hecho los comentarios de Bojan: revelar una faceta de nuestro entrenador que no queríamos descubrir. La historia de nuestro joven jugador de Linyola nos ha mostrado un entrenador frío, imperturbable, protegido por una imagen enigmática e impecable, capaz de mantener un control absoluto de sus sentimientos».

El centro de todo aquel debate recaía en la imagen pública de Pep, intocable, casi mística, para los culés y los medios de comunicación, una imagen que estaba siendo desafiada por las palabras emotivas de un exjugador querido por la afición y que hablaba con el corazón. «Si Pep me llamara por teléfono y me pidiera que regresara, le diría que no. No lo he pasado bien. No sería una buena idea volver a estar bajo sus órdenes.»

Bojan se había marchado «principalmente, porque no jugaba» y «no era feliz», pero también por «la forma en que me trató» Pep. «Una cosa es no jugar, y otra es no sentirte parte del grupo; tenía la impresión de que, hiciera lo que hiciese, él no me veía», admitió Bojan, sumido en una dolorosa tristeza, impotencia y resignación. «Mis padres, mis amigos, mi novia, todos me decían: "Habla con él", pero yo no sabía qué decirle, quizá porque pensaba: "Hagas lo que hagas, poco va a cambiar".»

La emoción era visible en sus ojos. Confesó angustiado, que en la última etapa de la temporada no estuvo «psicológicamente bien». «No tenía ningún deseo de entrenar en un equipo célebre; no me sentía querido por mis compañeros de equipo ni por una gran parte del público.»

La situación llegó a un punto crítico en la final de la Champions League en Wembley: «Allí me di cuenta de que no jugaba ningún papel y que ya había soportado demasiado tiempo sin jugar». Tenía la esperanza de intervenir unos minutos en la final, ya que «íbamos ganando 3-1, el Manchester no podía hacer nada y todavía quedaba un sustituto». Pero Pep prefirió recompensar a Afellay.

Después de aquello, Bojan ni siquiera habló con su entrenador. «No pensé que hubiera nada que decir, y sigo pensando lo mismo. Él tampoco se acercó a mí.» Ni tampoco lo hizo antes de irse a la Roma. «Me despedí de la gente que me había tratado bien; [entre Pep y yo] no hubo despedida, ni por mi parte ni por su parte. Ni tampoco hubo ninguna llamada telefónica durante el verano.» La situación fue así de cruda. O así la sintió Krkić: «Como socio, creo que es el mejor entrenador; como jugador, no puedo decir lo mismo.»

Nadie posee el derecho divino de jugar para el Barça, ni siquiera aquellos jugadores procedentes de la cantera. Así que quizá Guardiola debería haber sido más específico. Las dificultades de Bojan durante su periodo en la Roma —equipo con el que no consiguió jugar demasiados partidos seguidos— y posteriormente en el Milan dieron a entender que eran sus limitaciones, y no un capricho personal del entrenador, lo que había frustrado su carrera profesional en el Barcelona.

El problema con todos los delanteros era claro: Messi los estaba devorando, no necesariamente por petición propia, sino porque Guardiola le allanaba el terreno para que fuera conquistando el liderazgo del equipo. Y en ese proceso de perfeccionamiento y selección, mientras el equipo intentaba establecer su identidad, otros jugadores fueron relegados. El bielorruso Alexander Hleb se sintió pronto fuera del grupo y también es de la opinión de que las cosas podrían haberse gestionado mejor.

«A las reuniones importantes para decidir cualquier cuestión de peso se convocaba exclusivamente a los jugadores de la cantera. Guardiola era un entrenador muy joven y, en algunos aspectos, su falta de experiencia ante algunas situaciones era evidente —cuenta el bielorruso—. Por ejemplo, Arsène Wenger siempre intenta establecer un fuerte contacto con cada uno de sus futbolistas. Quiero decir que cuando un entrenador te habla y te mira directamente a los ojos, realmente mejora la percepción que el jugador tiene del entrenador. Estás más abierto a admitir que, seguramente, el míster tiene razón, que necesito mejorar, que he de dar más de mí mismo.»

En otras palabras, cuando Pep comprendió que su contribución era insuficiente, cuando vio que el bielorruso no comprendía lo que el equipo necesitaba, prescindió de él incluso antes de que la temporada tocara a su fin.

Pero al igual que sucedió con otros jugadores que sufrieron ese rechazo, Hleb olvidó, ignoró o no supo entender los intentos de Guardiola por tender puentes. «Tengo el inglés que tengo por Hleb», ha llegado a decir Pep. Habló con él en innumerables ocasiones porque sentía que era la clase de jugador que de vez en cuando necesitaba un brazo alrededor del hombro. Guardiola cree ahora que fue una pérdida de tiempo que podría haberse dedicado a otras causas. Hleb ni siquiera comprendió la filosofía del Barça; algo que ahora admite el propio jugador.

«Me doy cuenta de que, pese a todo, casi todo fue culpa mía. Me sentía ofendido como un chiquillo cuando las cosas no me salían y no lo ocultaba. A veces corría menos en las sesiones de entrenamiento, a veces plantaba cara. El entrenador me decía que hiciera una cosa y yo hacía algo diferente para desafiarlo, como en una guardería. Ahora me parece ridículo.»

Yaya Touré, otro jugador que salió mal del Barcelona, culpó al técnico de su marcha: «Cuando le preguntaba a Guardiola por qué no jugaba, me daba excusas raras. Por eso me fui al City. Durante un año no pude hablar con él. Si Guardiola hubiera hablado conmigo, me habría quedado en el Barça. Quería acabar allí mi carrera profesional, pero él no mostró ninguna confianza en mí. No se fijó en mí hasta que recibí la oferta del City».

El representante de Yaya Touré forzó la situación de tal manera —con acusaciones contra Pep Guardiola y el club, del que decía que era «una casa de locos»—, que la relación con el jugador se deterioró. Según su representante, Yaya debía jugar todos los partidos, pero la mejoría indudable que Busquets imprimía al primer equipo lo impedía. Al final, la relación de Pep con Yaya pasó a ser puramente profesional. Al futbolista le resultaba imposible acceder a ese mundo acolchado que el técnico construye alrededor de sus jugadores más leales, y se sintió marginado.

Pronto fue evidente para Yaya que la inversión emocional que Pep exigía a sus jugadores, una parte integral de la idiosincrasia del grupo, tenía fecha de caducidad: el afecto duraba tanto como el deseo del jugador de formar parte de la visión del entrenador.

Gerard Piqué, el eterno adolescente

Pep reconocía la necesidad de tratar a Thierry Henry, por ejemplo, como la estrella que era, pero también porque la estrella quería que lo trataran como tal. Con Gerard Piqué, en cambio, creó una relación con una dinámica bien distinta. Pep lo tomó bajo su protección, lo quiso y lo cuidó quizá más que a ningún otro jugador del equipo. Sin embargo, esa devoción por Gerard acabó por generar tensiones, y supuso uno de los mayores desafíos de la última temporada de Pep en el Barça.

Pep no fue el que pidió el fichaje de Piqué. Fue en realidad una recomendación de Tito Vilanova, que entrenó al central en las categorías inferiores de La Masía. Así se lo dijo Pep en su primera conversación el día que Piqué, con veintiún años, regresaba al Camp Nou: «Que sepas que te ha fichado Tito. Yo solo te he visto jugar un par de veces; no te conozco bien, pero Tito tiene verdadera fe en ti».

La confianza del asistente de Pep quedó demostrada en el segundo partido de aquella campaña, cuando una lesión apartó a Rafa Márquez del equipo y fue sustituido por Gerard. El Barcelona empató a uno con el Racing y quedó, pues, con un solo punto de los seis posibles. Al día siguiente, Pep llevó al jugador a un aparte durante la sesión de entrenamiento y le dijo: «Piensa en ese gol del Racing, el del rebote, deberías haber presionado y provocado el fuera de juego; asegúrate de que estás listo para el partido en Lisboa». Piqué pensó para sí: «¡Joder! ¡Vaya, este tío realmente cree en mí!». Desde el primer momento, la relación entre ambos fue especial.

Piqué había fichado como el cuarto central (Márquez, Puyol y Cáceres estaban por delante de él, y Milito pasó toda la temporada lesionado) y después de pasar el examen del Racing, llegó el primer partido de Liga de Campeones de la temporada ante el Sporting de Lisboa. Puyol jugó de lateral y Márquez y el nuevo fichaje ocuparon el centro de la defensa.

«Debe creer en mí si me sigue haciendo jugar». Piqué quedó sorprendido de su buena fortuna y la inyección de confianza lo llevó hasta abril, cuando fue seleccionado para formar pareja con Márquez en el centro de la defensa contra el Chelsea, en la semifinal de Champions en el Camp Nou. Márquez se rompió un ligamento de la rodilla en aquel partido y fue sustituido por Puyol. Y el resto de la historia, iniciada por aquel accidente, es conocida: los dos canteranos formaron una sólida pareja defensiva que llegó a estar cincuenta partidos jugando juntos sin una derrota.

«Mi relación con Pep no es como la amistad que me une a mis compañeros, porque es imposible que eso se dé entre jugador y entrenador, pero se acerca —admite Piqué—. Solo quedamos una vez para tomar un café después de un entreno, para discutir asuntos de fútbol. Hace unos años me dijo que quería hablar conmigo después del entreno, sobre el equipo y sobre el papel que yo desempeñaba en él. Quedamos en un hotel cerca del campo de entrenamiento y hablamos durante una hora, más o menos. Pep me alentó: "Vamos, puedes darnos un poco más". Había hecho lo mismo con varios jugadores. Una vez lo hizo con Henry.»

La revelación de Piqué da pistas de cómo funcionó la relación con Pep desde aquel encuentro ante el Racing de Santander. Guardiola no ha halagado públicamente a muchos jugadores de la forma que lo ha hecho con Piqué, pero tampoco los ha desafiado tanto, a diario, desde el primer día, como a él. Después de que en su primera temporada constatara lo que era capaz de hacer, Pep se empeñó en que Pique no malgastara su talento, y a veces se podía detectar cierta tensión entre ellos. Gerard era la debilidad de Pep, y sabía que debía estar encima del jugador para que rindiera como era capaz. En su última temporada, Guardiola empezó a dudar de la concentración de Piqué, una gran fuente de frustración. El jugador no entendía por qué se había pasado seis partidos consecutivos sin jugar, incluyendo un clásico. Aunque aceptaba que acababa de salir de una lesión, seguía sin compartir esa ausencia tan larga. Pep tenía sus razones, y no solo miraba el bien del grupo, sino también el del mismo Gerard. El central había perdido esos estímulos que un jugador necesita para jugar de titular en el Barça, ese sentido de estar en paz consigo mismo y con el equipo en el vestuario. Había dado demasiadas cosas por sentado; estaba distraído.

«Cuando alguien no lo da todo, pienso que quizá algo va mal en su vida personal o que tiene algún problema —indica Guardiola—. Entonces es cuando tengo que intervenir. Si eso ocurre no es porque sea malo o caradura. Si ese fuera el caso, o bien se marcha el jugador o lo hago yo. Me pagan por entrenar a ese jugador, para regenerarlo.»

Pep hizo todo lo que pudo para que Piqué volviera a estar en condiciones, y repetidamente le advirtió de que no estaba tomando las decisiones más acertadas. Sin embargo, fue solo al final de la última temporada de Pep cuando el jugador captó verdaderamente el mensaje del técnico. Su excelente rendimiento en la Eurocopa de fútbol en Polonia y Ucrania fue la confirmación de que había aprendido la lección.

Pep tenía otras «niñas de sus ojos», y Javier Mascherano era una de ellas. Masche cambió su papel de titular en la alineación del Liverpool por el banquillo del Barça, y para conseguir ser habitual del once inicial azulgrana tuvo que aprender a jugar de defensa central. «De Guardiola me quedaría con la admiración y amor que nos ha enseñado a sentir respecto a nuestra profesión —admite el argentino—. Ir a entrenar todos los días y ser feliz con lo que haces. Él se aseguró de que, en mis primeros seis meses en el Barça, a pesar de no jugar, sintiera que estaba aprendiendo. Recuerdo que una vez me enseñó un duelo de baloncesto para ilustrar cómo dos rivales pueden acabar enfrentados en un partido, y que eso va más allá de la batalla colectiva; tu propia batalla individual también puede ser especial. Aprender es una constante con Guardiola; por eso es uno de los mejores entrenadores del mundo, si no el mejor.»

Obviamente, con el continuo éxito, la leyenda que precedía a Pep siguió creciendo. Su fama se incrementó a la misma velocidad que los trofeos iban llenando las vitrinas del club, lo que acabó por ser un serio factor inhibitorio para algunos de sus jugadores.

Cesc, el retorno a casa

A partir de la segunda temporada de Guardiola en el primer equipo, el Barcelona se había convertido en el punto de referencia del fútbol mundial. Visto desde dentro, los jugadores estaban desarrollando un sistema de juego que les beneficiaba bajo las órdenes de un entrenador que les comprendía. Pep era un técnico que no podía, ni quería, ocultar sus conocimientos y sus carencias, su carisma y sus preferencias, su buen olfato para el fútbol y su mente compleja. Para los jugadores del Barça, él era un entrenador, uno muy bueno, especial, pero por encima de todo, entrenador. Cesc Fàbregas llegó al FC Barcelona para entrenarse con una leyenda. Y no hay nada más paralizante que el miedo al fracaso ante el altar de un dios.

La adoración empezó a una edad temprana para Cesc. Cuando estaba en el equipo infantil, su padre le hizo un regalo: una camiseta del Barça firmada por su ídolo de la infancia, Pep Guardiola. Pep apenas le había visto jugar, pero su hermano Pere le comentó el talento del chico. El ídolo de Cesc escribió en la camiseta: «Un día, serás el número 4 del Barça». Diez años más tarde, esa predicción se hizo realidad.

Pero primero Cesc tuvo que emigrar. Fàbregas fue valiente dejando su casa y su familia, y no lo pasó bien en sus primeros años en Londres. Llegó a la capital inglesa a los dieciséis años, después de percatarse de que las puertas del primer equipo catalán estarían cerradas para él durante bastantes años, pero con la promesa de que el Arsenal le ayudaría a desarrollarse como profesional. Francis Cagigao, el ayudante de Wenger que recomendó su fichaje, le sugirió al entrenador del equipo inglés que utilizara a Cesc en el primer equipo desde su llegada, y el entrenador francés no lo dudó.

Pero la vuelta a casa era siempre una proposición atractiva. Las primeras llamadas del Barça llegaron después de haber sido eliminados de la Liga de Campeones por el Inter de Mourinho y antes de que la selección española, con la ayuda de Cesc, se convirtiera en campeona mundial en Sudáfrica. En su tercera temporada a cargo de la primera plantilla azulgrana, Pep imaginaba un equipo con Cesc como parte esencial de un equipo al que quería darle una nueva vuelta; de hecho, el Barça se interesó primero por Silva, pero el Valencia aún no estaba dispuesto a desprenderse del futbolista. Cesc era, sin embargo, mucho más que simplemente otra opción.

Tan pronto como se enteró de que Cesc estaba deseando firmar para el FC Barcelona, Pep se implicó en el proceso de negociación. El director deportivo Txiki Begiristain se encargó de hablar con Wenger, pero fueron las constantes conversaciones entre el jugador y Guardiola las que ayudaron a dar forma al traspaso.

Pep explicó a Cesc las razones por las que le quería en su equipo: era un centrocampista con llegada y no había muchos en el Barcelona, capaz de realizar con rapidez la transición ofensiva y finalmente convertirse en el nuevo Xavi. En realidad, no un reemplazo para Xavi, sino una versión actualizada. Pero lo más importante, le dijo Pep, era que se relajara, que se centrara en rendir al máximo en el Arsenal porque, en algún momento, más temprano que tarde, su traspaso al Barça sería una realidad.

Era el verano de 2010 y el jugador necesitaba oír esas palabras, quería saber que el Barcelona iba a esperarle porque el Arsenal continuaba sin querer venderlo, ni siquiera después de que Cesc le comunicara a Arsène Wenger su deseo de marchar. El entrenador francés escuchó al futbolista, pero no le prometió nada.

El entonces presidente del club, Joan Laporta, había pedido a Fàbregas que diera ese paso para desbloquear la operación, pensando que, con esa presión añadida, Wenger acabaría por dar su consentimiento. No funcionó, pero Laporta y el Barcelona insistieron en ese verano larguísimo para el futbolista.

Durante la Copa del Mundo, Pep y Cesc siguieron en contacto, y el técnico del Barcelona insistió en que solo aceptaría al jugador si el Arsenal estaba dispuesto a negociar.

«Mira, Cesc —le dijo Pep—, si tu no vienes, utilizaré a un chaval de la cantera para lo que busco; no me importa. Eres al único que quiero, pero el Arsenal nos pide que esperemos hasta finales de agosto.»

Begiristain, que de vez en cuando hablaba con Wenger, le comentó que estaba harto de oír a Puyol, Piqué y Xavi decir, cada vez que regresaban de jugar con la selección española, que Cesc quería volver al Barça, dando a entender que el Barcelona estaba casi obligado a recuperar al centrocampista, que el Arsenal tenía que dejarle marchar. Una de las técnicas negociadoras más antiguas del mundo.

«Solo llamo porque me han pedido que lo haga, y porque sé que usted, señor Wenger, ha hablado con el jugador y usted le ha dicho que podíamos ponernos en contacto.» Begiristain le recordó a Wenger que, tal y como se anunciaba en la página web oficial del FC Barcelona, el club catalán no negociaría hasta que el Arsenal estuviera dispuesto a hacerlo. Arsène seguía sin comprometerse.

Cesc pensó que aquella era una oportunidad única en su vida, y que tenía que hacer todo lo que estuviera en su mano para evitar que el Barça se decantara por otro jugador. Había escuchado a Pep, pero en el fútbol nunca se sabe.

Pero entonces, la política se cruzó en el camino. En Can Bar ça se estaba viviendo un tenso cambio de guardia, con Sadro Rosell como nuevo presidente, reemplazando a su archienemigo Joan Laporta, y con Andoni Zubizarreta como nuevo director deportivo en lugar de Begiristain. Una conversación entre Rosell y Wenger dañó fatídicamente el traspaso de Fàbregas aquel verano.

«No es una prioridad.» Esas fueron las palabras que usó Rosell cuando Wenger le cuestionó la necesidad del Barcelona de fichar al futbolista.

«No es una prioridad.»

¿Estaba el nuevo presidente negociando, o solo dando carpetazo al caso Fàbregas, al considerar que su fichaje sería visto como un éxito del presidente anterior, que era quien había iniciado las negociaciones?

A los ojos de todos los que se habían visto implicados en aquel largo proceso de traspaso, aquel desenlace confirmaba que Rosell no se sentía en absoluto atraído por la posibilidad de recuperar a un precio tan elevado a un joven futbolista que había salido de la cantera. O, por lo menos, no en ese momento.

Wenger, en la que se convirtió en la última conversación de ese verano con el Barcelona, aprovechó su oportunidad. El entrenador francés informó a Cesc que el Barcelona, o mejor dicho el nuevo presidente, no parecía estar muy interesado en su fichaje, que no lo deseaba tanto como Laporta, que no era «una prioridad».

Cesc no abandonaría el Arsenal aquel verano.

Pep fue el primero en llamar a Fàbregas cuando el Barcelona dio por terminado el frustrado traspaso.

«No te preocupes —le dijo Guardiola—. Sé que lo has intentado. Volveremos a insistir el año próximo.»

Cuando Fàbregas ofreció una rueda de prensa para confirmar su continuidad en el equipo inglés, sus sentimientos eran patentes, su rabia, su decepción apenas contenidos: «No ha sido posible. Yo estaba interesado en ir, pero no ha podido ser. Una de las cosas más positivas que he sacado de este verano ha sido que he visto que en el fútbol hay gente que realmente merece la pena». Cesc estaba hablando de Guardiola.

Tal y como Pep le había prometido, el Barça mostró nuevamente interés por el jugador al verano siguiente. Cesc tenía claro que esta vez no se le escapaba el tren y confirmó su impresión de que su ídolo era un hombre de palabra.

Fàbregas deseaba tanto regresar al Barça que redujo su salario anual en un millón de euros para reducir de ese modo el coste del traspaso. Aun así las negociaciones entre los dos clubes se desarrollaban a paso de tortuga.

Por entonces, ya habían empezado a circular rumores de que la nueva temporada podría ser la última de Guardiola. Pep y Cesc reanudaron sus conversaciones tras el receso de la temporada 2010-2011, y aunque el jugador no sabía cómo preguntárselo, necesitaba averiguar cuáles eran los planes del entrenador. Eso era algo que ni siquiera Pep sabía en ese momento, así que la cuestión no tuvo una conclusión definitiva.

«Si no soy yo, será otro quien se ocupe de ti», le dijo Pep. Cesc no se anduvo con rodeos: «Si he venido aquí es por ti, también. El Barça es mi sueño, por supuesto, pero quiero entrenar a tus órdenes; ese también es mi gran sueño. Además, eras mi ídolo como jugador, y siempre te he admirado».

Finalmente, a mediados de agosto de 2011 el traspaso se hizo efectivo. A pesar de cierto escepticismo por parte de Rosell, que continuaba creyendo exagerado el desorbitado precio del canterano, el Barcelona acabó pagando 40 millones de euros por el capitán del Arsenal.

Con su regreso al Barça, Cesc se había quitado un gran peso de encima. Sentía que se le renovaban las energías, la ilusión, y lo demostraba en público y en privado, con su familia, en la rueda de prensa de presentación… No podía parar de sonreír.

«Cesc es una persona muy tímida, muy reservada. Le resulta muy difícil exteriorizar sus problemas y, durante sus últimos meses en Londres, lo pasó mal. Lo sabemos porque casi nunca contestaba al teléfono, ni siquiera cuando nosotros le llamábamos.» Quien habla es el padre del jugador, Francesc Fàbregas. «Obviamente, estoy muy contento de que mi hijo vuelva a casa, pero para ser sincero, estoy un poco preocupado porque he aprendido que en la vida uno tiene que estar siempre preparado para los golpes, porque llegan, especialmente en el mundo del fútbol. Estés donde estés.»

Justo después de firmar su nuevo contrato, Cesc habló con Guardiola cara a cara. Quería describirle la dura situación que había soportado durante los últimos meses en el Arsenal. No lo expresó de forma directa, pero deseaba averiguar si Pep estaba pasando por la misma experiencia. Al final de su estancia en Londres, Fàbregas había perdido el entusiasmo con el que había llegado al Arsenal a los dieciséis años. Sus entrenamientos reflejaban su decaimiento. Habían pasado ocho años y Cesc tenía la impresión de que necesitaba un nuevo reto, algo que le ayudara a reencontrarse con ese sentimiento irracional en la boca del estómago, esa ansiedad por complacer, incluso el placer de combatir sus dudas. Las sensaciones que debe tener un profesional le habían abandonado.

A Fàbregas no le importaba si le tocaba pasar primero por el banquillo, como todo el mundo esperaba. Le dijo a Pep que ya sabía que no iba a jugar a menudo: «¡Mira los jugadores que tienes!», pero estaba preparado para luchar por ganarse el puesto. «Quiero que me silben, que me exijas más, mucho más; quiero esa presión», añadió Cesc. En el Arsenal hacía tiempo que ya no experimentaba nada de eso.

Pep se sinceró con él. Todo eso le sonaba muy familiar: «Cuando me marché del Barça, me pasó exactamente lo mismo; iba a entrenar y no sentía la misma emoción, por eso necesitaba irme».

Fue la primera de las numerosas conversaciones privadas que mantuvieron en la única campaña que trabajaron juntos —en sesiones de entrenamiento, antes y después de los partidos, en las salas de espera de los aeropuertos—. Al principio no hablaban mucho sobre tácticas porque Pep solo quería que Cesc redescubriera su amor por el fútbol. Y los goles, y la diversión, aparecieron desde el primer día.

De hecho, Cesc Fàbregas fue quien más aprendió en la última temporada de Pep en el Barça. El entrenador, consciente de la admiración que el centrocampista le profesaba, quería que el nuevo jugador lo viera como un tipo que tomaba decisiones, así que desde el primer momento quiso llenar el disco duro de Fàbregas con tanta información como fuera posible (juego posicional, llegada al área, presión arriba, movimiento sin balón, asociaciones). Tenía la esperanza de que en algún momento se vieran los resultados, incluso aunque de entrada no fuera capaz de asimilar tanto pequeño detalle, y aunque él, más tarde, no pudiera estar ahí para guiarle durante el proceso.

La opinión que compartían la afición, medios de comunicación y el propio jugador era que, en un principio, Cesc no jugaría mucho, pero que se iría adaptando rápidamente; después de todo, había jugado en el Barça hasta los dieciséis años, hasta su marcha al Arsenal en el 2003. No obstante, los años pasados en Inglaterra dejaron, lógicamente, una fuerte huella en él. Regresó al Barcelona procedente de un club cuyo estilo de juego le permitía jugar con libertad máxima, sin demasiadas instrucciones, en un fútbol que gusta precisamente de eso, de ejecutarse sin ataduras. Y él era además el líder del equipo y ese liderazgo le había llegado a partir de su influencia en el juego, de sus goles, de sus apariciones por sorpresa en el área. Cesc disfrutaba de ese juego sin ley, en el que creció mandando y siendo protagonista.

El juego del Barça, en cambio, más posicional, exige otras obligaciones tácticas.

A Cesc le costó adaptarse. En sus primeros meses disfrutó de la misma libertad para moverse por donde le dictaba su instinto, y, aunque la pretemporada no había sido ideal, empezó a marcar con facilidad empujado por su entusiasmo. Pero a partir de los octavos de final de la Liga de Campeones, Pep empezó a exigirle más disciplina táctica desde la posición de interior, más participación en la construcción del juego.

A Cesc le costaba entender lo que Pep le pedía, tal como él

mismo admite: «Me obsesioné con el tema. Hasta que al final comprendí que si me habían fichado era por quien era, y no por lo que podía ser. Yo no podía dejar de ser yo mismo». En realidad, Guardiola quería una mezcla del Cesc de cadetes, con el ADN del Barcelona y su juego posicional, y el del Arsenal. Por su parte, Cesc intentaba ser un centrocampista del Barcelona, pero lo que disfrutaba realmente era la libertad que le daban en el Arsenal. En esa temporada, pues, no se estableció un encuentro entre los dos Cescs, ni tampoco entre lo que pedía el técnico y lo que ofrecía el futbolista.

Pep quería que Cesc sintiera que estaba cerca, ocupándose de él. Le estaba exigiendo más que a muchos, tal como el jugador le había pedido en aquella charla de pretemporada. Recuerden lo que ocurrió en un partido contra el Valencia, en esa fase en la que Fàbregas no lograba marcar goles pese a su buen juego, pese a haber aceptado e intentado incorporar sus nuevas responsabilidades y obligaciones. Cesc había jugado, tal vez, uno de sus mejores partidos con el equipo, dando una asistencia de gol, defendiendo, marcando el ritmo, pasando, pero también desperdiciando oportunidades claras. Forzó a Diego Alves, el guardameta valenciano, a realizar un par de paradas espectaculares, y en otra ocasión erró un disparo relativamente fácil. Cuando Pep le reemplazó en el 4-1, la afición reaccionó bien y le dedicó una sonora ovación.

Cesc se sentía satisfecho con el partido, pero enojado por no haber marcado. «¡Por Dios, no hay manera de marcar gol!», se decía a sí mismo. Mientras abandonaba el campo, vio que Pep se le acercaba para abrazarle y, por un momento, se dejó llevar por el derrotismo. «¡Maldita sea! ¡No consigo marcar! El balón no entra, ese tercer gol ha tardado en llegar», comentó airado.

«¡Maldita sea!», lo imitó Pep medio en broma. Y mientras le propinaba un empujón, le gritó: «¿Qué quieres decir con eso de que el balón no entra? ¡Pues esfuérzate más para que entre! ¡Deberías haber marcado!».

Pep le daba palo y zanahoria cuando Fàbregas lo necesitaba. Cesc es la clase de jugador que responde a ese estímulo. El entrenador aplicó la misma medicina después de un partido contra el AC Milan, en el que el centrocampista no jugó ni un minuto. En la siguiente sesión de entrenamiento, Pep se le acercó y le dijo: «Jugarás en tu posición en el próximo partido. Quiero verte jugar bien, ¿entendido?». Cuando Pep hablaba de «tu posición» se refería a esa libertad de movimiento que le había hecho grande en el Arsenal.

A menudo, cuando Cesc entraba en el equipo, Guardiola desplegaba una formación, 3-4-3, que no era totalmente convincente, pero que el entrenador defendía aludiendo a una de las máximas de Johan Cruyff: «Utiliza todo tu talento: si lo tienes, no lo escondas». Así que si tenía que colocar a cuatro centrocampistas y cargarse a un defensa, estaba dispuesto a hacerlo. Cesc era un jugador clave en ese sistema, siempre que este funcionara: era goleador, ayudaba en la construcción de juego y redimía a Messi de cierta responsabilidad en el ataque. De ese modo, el argentino encontraba otro aliado en punta con quien asociarse y, si se mantenía el juego posicional que obligaba a Cesc a participar en la presión al perder el balón, liberaba a Messi defensivamente. Con Cesc, Messi se sentía más a gusto.

Pero ese arriesgado sistema no siempre funcionaba.

Mientras intentaba encontrar su sitio tanto en el club como en el equipo, en el que últimamente se sentía frustrado, no siempre titular y no siempre capaz de aportar lo que debía, Fàbregas tenía que lidiar además con una sobrecarga de información. Su juego sufría a medida que progresaba la temporada. «En el Arsenal tenía que asumir muchas responsabilidades. En el Barça necesitaba seguir más órdenes tácticas —admite Cesc—, y a veces me sentía perdido.»

Al final, no solo dejó de marcar con regularidad, sino que quedó fuera de la alineación en algunos partidos importantes (como contra el Real Madrid en abril), pero eso no disminuyó la adoración que sentía por Pep. Su veneración era tal que en las filas del club llegaron a la conclusión de que la marcha del entrenador podría ser una potencial liberación para Cesc, mientras se preparaba para reemplazar a Xavi en un futuro como líder y eje del equipo.

En retrospectiva, debió resultar muy duro para la antigua estrella del Arsenal enterarse de que Guardiola había comunicado por primera vez al presidente y a Zubizarreta su intención de marcharse del club solo dos meses después de que el jugador se incorporara a la plantilla del Barça en agosto.

El abrazo que Cesc le dio a Pep en el vestuario del Camp Nou después de que el Chelsea derrotara al Barça en la Liga de Campeones en el 2012 fue uno de los más prolongados. Fàbregas se puso sentimental; no podía expresarlo con palabras, pero quería que Pep continuara, y esperó que su abrazo hablara por él.

Pero tres días más tarde, mientras Pep anunciaba su retirada en el vestuario, Fàbregas sintió las resonancias de su propia experiencia en el Arsenal tan solo un año antes.

Hubo otro abrazo después de la final de Copa, tras derrotar al Athletic de Bilbao en el último partido oficial de la era Guardiola. Sin embargo, en esa ocasión, no fue nada más que un resignado gesto de despedida.

6

Pep Guardiola y José Mourinho

14 de mayo de 1997, estadio Feyenoord, Rotterdam. Final de la Recopa de Europa. FC Barcelona-Paris Saint-Germain. En el equipo azulgrana, Ronaldo, Luís Figo, Luis Enrique y Pep Guardiola, bajo las riendas del entrenador Bobby Robson; en el otro, un equipo francés en decadencia, debilitado por la marcha de Djorkaeff, Ginola y Weah, pero aún con el legendario Rai en sus filas, así como su compatriota Leonardo, futura estrella en el AC Milan.

Fue una tensa contienda. Los dos equipos tuvieron momentos de dominio y ocasiones. El único gol, decisivo, llegó en los últimos minutos de la primera parte, cuando Ronaldo —entonces considerado el mejor jugador del mundo— convirtió un penalti que le dio la ventaja al Barça.

El equipo de Robson mantuvo el resultado y, cuando el árbitro Markus Merk pitó el final, los jugadores del equipo catalán celebraron la victoria con visibles muestras de alivio. La temporada 1996-1997, la primera sin Johan Cruyff al timón en casi una década, había sido dura.

Cada uno, como siempre, disfrutó del momento a su manera. Pep repartió abrazos por doquier, no se le pasaba ni uno. Con Iván de la Peña se arrodilló en el césped y se abrazaron mientras gritaban algo que ya han olvidado. Mientras se incorporaban, Pep se fijó en un miembro del cuerpo técnico del club, buscó su atención y, con una enorme sonrisa de satisfacción en la cara, corrió hacia él con los brazos extendidos.

Era José Mourinho.

Pep Guardiola y José se abrazaron. En esa época, el futuro entrenador del Real Madrid estaba trabajando en el club como traductor y ayudante de Bobby Robson. Mourinho se fundió en un efusivo abrazo con el jugador, sacudiéndolo arriba y abajo, antes de que ambos se pusieran a dar botes sin parar, como dos chiquillos entusiasmados después de recibir los regalos de Reyes.

Dos amigos y colegas, exultantes, saboreando el éxito del trabajo bien hecho.

Era su primera temporada juntos y compartirían vestuario tres más antes de que José se marchara en el año 2000; cuatro temporadas durante las cuales tuvieron la oportunidad de conocerse perfectamente.

Unos años más tarde, en mitad de una serie de cuatro tensos y desagradables clásicos, Pep sacó a relucir la amistad que los había unido antaño: «Solo quiero recordarle que hemos estado juntos cuatro años. Él me conoce y yo le conozco. Yo tengo eso en cuenta».

«Me he vaciado y necesito llenarme. Esta es la razón fundamental por la que presenté mi dimisión», dijo Pep en la rueda de prensa que confirmó su partida. Era una admisión abierta de su agotamiento, su vulnerabilidad, expuesta a los ojos del mundo.

Pero días, incluso horas, después de aceptar su cansancio e incapacidad para continuar, la expresión de Pep cambió. El sentimiento de alivio que había experimentado durante su despedida pública se trocó en tristeza.

Hubo especulaciones acerca de las razones que había detrás del cambio de su estado de ánimo, y de si era o no una consecuencia de la rueda de prensa de despedida que había supuesto, para muchos, un final tan inapropiado para su ilustre carrera profesional; después de todo, el club decidió comunicar la marcha del mejor entrenador en toda la historia de la institución al mismo tiempo que anunciaba a su sucesor, Tito Vilanova. ¿Se debía su melancolía a que Tito, su ayudante y amigo, se quedara en el club, ante la sorpresa de todos? ¿Era porque el jefe y su reemplazo se encontraban ante la incómoda situación de tener que compartir el mismo espacio? ¿O quizá tenía más que ver con el ambiente enrarecido que parecía flotar en el vestuario desde el momento de su anuncio, mientras todos, tanto la plantilla como el equipo técnico, tenían la impresión de que podrían haber hecho más para convencerle de que se quedara?

Fueran cuales fueran las razones, lo cierto es que Pep estaba emocionalmente exhausto, y las cicatrices de la intensa presión a la que somete el fútbol de máximo nivel se reflejaban claramente en su envejecimiento prematuro. Quizá sea cierto que cuatro años a cargo del Barça pasen la misma factura que un cuarto de década en, pongamos, el Manchester United. Pep nos estaba diciendo: No soy Superman; soy vulnerable, imperfecto. Pep Guardiola, el antihéroe arquetípico, un hombre capaz de alcanzar la grandeza y realizar gestas sorprendentes, a pesar de sus propias flaquezas y temores, consciente de su poder y responsabilidad, pero también alguien que habría sido más feliz si no se hubiera empeñado tanto en su múltiple e indeseado papel de portavoz, filósofo y entrenador del club, y que, a pesar de todo, luchó contra la idea de ser usado como ejemplo. Quizá tuviera más de Spiderman que de Superman.

Después de todo, ningún Superman habría roto a llorar delante de las cámaras de televisión del mundo entero como hizo Pep después de que el equipo ganara su sexto título en un año, la Intercontinental contra el Estudiantes. O admitido inmediatamente después, en sus primeras palabras posteriores al partido, que «el futuro es desolador, porque es imposible superar lo que hemos conseguido». Todavía en el campo, le había preguntado a Tito, «¿Qué más haremos ahora?», porque, al tener que enfrentarse a los mismos retos, Pep solo podía prever los problemas futuros y no creía tener la suficiente energía para superarlos todos de nuevo. Desde lo más alto, solo se ve la caída.

Sin embargo, sorprendentemente, Pep no solo mantuvo sino que mejoró el rendimiento del equipo. Una vez más, había demostrado ser capaz de superar las adversidades, de transformarse y liderar un grupo de hombres para que realizaran hazañas en el terreno de juego, a la vez que modelaba y se mantenía firme en sus propios valores y filosofía. Logró lo que parecía imposible, gestas heroicas, pero pagó un precio: Pep puede parecer sobrehumano, pero si le pinchas sangra como el resto de los mortales, y por eso lo que consiguió fue aún más impresionante, porque lo logró no a pesar de esas cualidades humanas, sino gracias a ellas.

Ahí radica parte de la magia de Pep. El público queda fascinado por una mezcla tan seductora: por un lado fragilidad, incluso física, y por otro fortaleza en el liderazgo y en su propia personalidad. Y su equipo combina, también, ambas facetas aparentemente contradictorias: extremadamente convincente en su juego, con unas características culturales obvias, pero cuyos jugadores carecen de estatura física, son débiles, más pequeños que el futbolista medio; es esa dicotomía lo que confiere a Pep *Spiderman* y a su equipo semejante atractivo.

Guardiola se ganó su autoridad no solo a través del juego del equipo y los títulos conseguidos, sino a partir de su actitud en los buenos y en los malos momentos, por sus logros y también por esos errores que él mismo confesaba. Los cínicos decían que esa compostura y su comportamiento ejemplar eran meramente una fachada y que solo conoceríamos al verdadero Pep en la derrota. Los medios de comunicación adoran el fútbol porque normalmente se trata de una confrontación entre el blanco y el negro, vencedores y vencidos, buenos y malos. Y ciertos sectores de la prensa querían creer que Pep era malo, que su imagen pública enmascaraba algo completamente diferente. Ese tribalismo se puso en evidencia cuando el Barcelona tuvo que jugar contra el Real Madrid cuatro veces en dos semanas en abril y mayo del 2011. Ese deseo de buscar el enfrentamiento, esa obsesión por dividir a la opinión pública y la pagada, por acentuar lo malo y enmascarar lo bueno, produjo una perversa dialéctica maniquea que derivó en uno de los períodos más amargos en la reciente historia del fútbol español. Justo cuando había que celebrar lo que teníamos y que poco a poco están matando.

Por lo general, Pep Guardiola y el Barcelona intentaron evadirse de la polémica y del tribalismo, pero siempre es más fácil hacerlo desde la victoria. Dos momentos, muy cerca del final del mandato de Pep, descubrieron a un frustrado Guardiola y fueron utilizados por muchos para confirmar esa cara oculta que, se decía, existía pero no había destapado. Fue después de que el Barça perdiera contra el Madrid y tras ser eliminado de la Liga de Campeones por el Chelsea. Las quejas de Pep sobre los árbitros eran una forma de deshacerse de los sentimientos de frustración que había ido acumulando a lo largo de la temporada. Pero esas declaraciones tuvieron poco efecto en aquellos que ven al Barça como algo más que un club, o en los que se habían enamorado del estilo y la ética del equipo, y que veían en Pep Guardiola la esencia del hombre ideal.

En todo caso, Pep había sido un líder social renuente y los admiradores que estaban menos intoxicados por su aura, la minoría, sabían que había un hombre detrás de la imagen que se había diseñado en su nombre. Esos creadores de imagen hablaban de un Guardiola que solo existía en la prensa, en libros panegíricos y en sus propias mentes, un Guardiola que ni el propio Pep reconoció jamás. «¿De quién están hablando cuando hablan de mí?», se preguntaba cuando leía comentarios acerca de sus métodos, de su liderazgo moral y sus supuestas virtudes de superhéroe. «Hay libros que dicen cosas sobre mí que ni siquiera yo sabía.»

De hecho, en muchos sentidos, Guardiola era lo opuesto a ese retrato ideal pintado por sus admiradores. «Pep es pragmático, no filosófico, en el sentido negativo usado por algunos, incluido Ibrahimović —admite el periodista Ramón Besa—. Es un entrenador más que un líder, está más interesado en la formación que en la competición. Si aparentó tener otro papel en el club tras la marcha de Joan Laporta, eso se debió a que el club estaba falto de una jerarquía y autoridad moral, y que en la ausencia de dicha figura, Pep no se amilanaba ante las responsabilidades.»

Pero, en la necesaria dualidad creada por los medios para conseguir un fútbol más llamativo, un héroe necesita un antagonista que complemente el cuadro. Y apareció de repente un poderoso adversario con quien había compartido un retazo de historia personal, pero que había acabado por convertirse en un formidable rival; un individuo que representaba, en un análisis superficial, valores opuestos a los de Guardiola, y al que le encantaba mostrar una personalidad contraria a la del técnico catalán; finalmente, un preparador de gran experiencia que había sido contratado por el eterno rival del Barça para frenar el avance arrollador del equipo azulgrana. En José Mourinho, Pep había encontrado a su archienemigo perfecto.

En esta obra de teatro, los personajes están claramente definidos. El bueno frente al malo; el respetuoso frente al agresivo. Ambos aceptaron su papel y, de hecho, su rivalidad les ayudó a adaptar su discurso e incluso definir su perfil. Está claro que Mourinho buscaba la confrontación con Pep, y se sentía más cómodo inmerso en una batalla constante que él consideraba necesaria para desestabilizar a un equipo y a un club que estaban haciendo historia. Pep nunca se sintió a gusto en esas escaramuzas suplementarias, a pesar de que en una memorable ocasión decidió plantar cara a su enemigo. No obstante, al final de sus cuatro años en el Barcelona, Pep admitió a uno de sus mejores amigos que Mourinho había «ganado la guerra», un conflicto en el que Pep no deseaba involucrarse y que acabaría por empañarle los recuerdos de los grandes momentos que ambos equipos habían ofrecido al mundo.

Sin embargo, lo más sorprendente de toda esta opereta es que, si ahondamos en la cuestión, si rascamos la superficie, nos daremos cuenta de que hay tantas cosas que separan a Pep de Mourinho, las lógicas, las que todos ven, como las que les unen.

Cuando Bobby Robson aterrizó en Barcelona para firmar su contrato en 1996, José Mourinho, que por entonces tenía treinta y tres años, le estaba esperando en el aeropuerto para ayudarle con las maletas y llevarle en coche hasta el Camp Nou. Mourinho era un ferviente admirador de Robson y su función era no solo la de traductor, sino también la de guía y asistente para ayudarle a establecerse en el nuevo club, igual que había hecho en el Sporting de Lisboa y en el Oporto.

Desde el principio, José, que hablaba perfectamente el castellano y el catalán, estuvo presente en las reuniones con el presidente del FC Barcelona Josep Lluís Núñez o el vicepresidente, Joan Gaspart, ayudando a su jefe tanto en la traducción como a comprender el contexto. Nadie quiso entender su labor y ya en los tiempos del Oporto le llamaban desde ciertos sectores «el intérprete», pese a que con Robson ya organizaba algún entrenamiento. A pesar de la reticencia inicial de los jugadores portugueses a aceptar instrucciones de un joven sin experiencia en la élite, al final supieron reconocer que José era un hombre de fútbol.

Robson jamás consiguió dominar la lengua a la perfección y necesitaba a Mourinho para que le ayudara a establecerse en su nuevo club, en su nueva ciudad, junto a su esposa Elsie. La mujer de José, Matilde, también se mostraba siempre dispuesta a ayudar, y las cenas en casa de los Robson incluían invariablemente al matrimonio Mourinho. Poco a poco, el entrenador fue cediendo más autoridad a su subordinado en la actividad diaria del equipo, e incluso José Ramón Alexanko, el técnico de la casa que fue incorporado al cuerpo técnico, tuvo que compartir su implicación en las sesiones de entrenamiento con el joven portugués. Según algunos jugadores que hablaban inglés, las instrucciones de José cuando traducía lo que Robson decía eran más concretas que las de su mentor, y a veces incluso contenían un poco de información extra. Los vídeos que mostraba Mourinho, exponiendo y resaltando los puntos fuertes y débiles del rival, eran bien aceptados, mientras su relación con Ronaldo le ayudó a ganarse a los jugadores de mayor renombre. Pronto se convirtió en el hombro en el que los jugadores se apoyaban cuando se quedaban fuera del equipo, mientras Robson mantenía deliberadamente una distancia profesional respecto a la plantilla. José, de manera astuta, cruzaba esa línea constantemente y con absoluta libertad.

Mourinho rápidamente reconoció a Guardiola como un líder nato y decidió acercarse a él y ganarse su aprecio. Lo consiguió. Los dos compartían muchas horas después de los entrenos, charlando tanto en castellano como en catalán. «Hablábamos sobre cuestiones de fútbol, cuando ambos teníamos dudas, e intercambiábamos ideas, pero no recuerdo esas charlas como algo que definiera nuestra relación. Él era el ayudante del señor Robson y yo era un jugador», admite ahora Guardiola.

En esa época, Pep era, tal como Robson lo describía, «un pez gordo», y nunca se mostraba reacio a dar su opinión sobre el estilo de juego, sobre lo que debía hacer el equipo o dejaba de hacer. De hecho, progresivamente y en especial durante los últimos meses de la competición, el llamado «grupo de los 4» (Pep, Luis Enrique, Sergi y Abelardo) estableció un elemento de autogestión cuando reconocieron que Robson no acertaba con la tecla para continuar con el estilo del Barça, ya tan marcado, ni podía con las exigencias de la Liga. Fue una época crítica y Mourinho tuvo que posicionarse de parte del entrenador.

Robson ganó tres títulos aquella temporada (la Copa del Rey, la Supercopa de España y la Recopa de Europa), pero no la Liga y en abril, el club, consciente de la falta de autoridad del entrenador, ya había fichado a Louis Van Gaal por su trayectoria deslumbrante en el Ajax. Mourinho había decidido regresar a Portugal al final del curso, pero Robson le recomendó al entrenador holandés que le diera la oportunidad de continuar en el club. Van Gaal gusta de conversar con sus asistentes y enseñarles tanto como absorber de sus sugerencias. Van Gaal supo pronto que Mourinho no era solo un traductor y le otorgó incluso más autoridad de la que le correspondía: le permitió entrenar al equipo en algunos amistosos, dispensar algunas charlas tácticas durante los descansos, llevar entrenamientos... Los Robson fueron reemplazados en las cenas de los Mourinho por Truus y Louis, el matrimonio Van Gaal.

Sin prisa pero sin pausa, la personalidad de José empezó a florecer. Lejos de Robson, después de varios años compartiendo vestuario con grades futbolistas, liberado de las previas ligaduras que reprimían su comportamiento, Van Gaal descubrió a «un joven arrogante, que no respetaba demasiado la autoridad, pero eso me gustaba de él. No era sumiso; solía contradecirme cuando consideraba que yo no tenía razón. Al final, me di cuenta de que me interesaba su opinión, y acabé escuchándole más que al resto del equipo técnico».

Mourinho seguía siendo el «traductor» para la prensa catalana y era el título que siempre usaba el presidente Núñez para referirse a él. Era fácil para un español desdeñar la autoridad de un portugués, dos naciones con una rivalidad unilateral (España mira hacia los Pirineos cuando se trata de buscar adversarios). Mourinho jamás olvidaría, ni perdonaría por completo, esa falta de respeto.

Cuando Van Gaal abandonó el club en el año 2000, el contrato de José no fue renovado. De hecho, el técnico quería marcharse y probarse como entrenador en su país. Pep estaba terminando su séptima temporada en el primer equipo azulgrana cuando Mourinho hizo de nuevo las maletas para buscarse la vida de vuelta en Portugal.

El resto es historia. José se convirtió en un técnico de éxito, y su éxito en el Porto y el Chelsea le concedió la posibilidad de reemplazar a Frank Rijkaard en el Barça, uno de sus mayores sueños.

Pero su tumultuosa relación con la afición culé hizo que algunos de los directivos más influyentes se mostraran cautos cuando se puso sobre la mesa su nombre. Todo empezó a estropearse cuando José regresó por primera vez al Camp Nou como entrenador del Chelsea para un partido de Champions League en 2005. En el primero de los numerosos encuentros tempestuosos con el equipo catalán, Mourinho acusó a Rijkaard de haber ido a visitar al árbitro Anders Frisk a su vestuario durante el descanso. Mourinho se quejó a la UEFA, la presión mediática británica fue voraz y como consecuencia de todo ello Frisk anunció su retirada después de recibir por correo electrónico amenazas de muerte de aficionados del Chelsea. El presidente del Comité de Árbitros de la UEFA tenía claro quién era el principal responsable y catalogó a Mourinho como «enemigo del fútbol».

No obstante, detrás de esa máscara polémica hay un extraordinario entrenador —y Mourinho tenía algunos admiradores en el Camp Nou—. En el encuentro que mantuvo con varios miembros de la junta directiva del Barcelona en Lisboa en la primavera del 2008, José intentó, y en cierto modo, consiguió impresionarles. Tras la reunión, Mourinho estaba convencido de que iba a convertirse en entrenador del Fútbol Club Barcelona por delante de Pep.

Pero desde el momento en que se sintió rechazado, tras semanas de silencio y mucho antes incluso de que llegara una tardía notificación de la junta directiva barcelonista, nació un fiero sentimiento de traición.

El Barcelona, por otro lado —y no sería ni la primera ni la última vez—, fue incapaz de aprovechar lo que podría haber sido uno de sus activos; después de todo, Mourinho había estado en el club y lo conocía bien. Es un defecto de la mentalidad catalana o culé: tratar de desertores a aquellos que abandonan el club, la nación, como sucedió recientemente con Ronaldinho o incluso con el mismísimo Guardiola cuando se supo que había aceptado ser el nuevo entrenador del Bayern de Múnich. En vez de ser considerado un aliado, José se convirtió —a ojos de los medios de comunicación catalanes— en un enemigo; más aún, un oponente con información privilegiada, alimentado por la amargura del repudio, la peor clase de antagonista.

Tras ganar la liga italiana dos años consecutivos y también una Liga de Campeones con el Inter de Milán, José tuvo la oportunidad de recalar en el Real Madrid, una ruta alternativa para la cita que el destino le había deparado con el Barcelona.

El primer enfrentamiento entre Pep y José en un campo de fútbol tuvo lugar en San Siro en la fase de grupos de la Champions League, en 2009. El Barça, vigente campeón, se enfrentaba al Inter de Milán en la segunda temporada de Mourinho en el club italiano. Fue un 0-0 que no reflejó la magistral lección del conjunto catalán. En el partido de vuelta en el Camp Nou, Guardiola decidió dejar a Ibrahimović y a Messi en el banquillo y recurrir a dos jugadores en gran forma, Pedro y Henry, este último de nueve; de nuevo, el juego azulgrana fue excelente y vino acompañado por un concluyente 2-0.

«Mourinho, vete al teatro», coreaba la afición culé que le recordaba su comentario sobre Messi y su supuesta acción "teatrera" en Stamford Bridge en 2006 (tras una patada histórica de Asier del Horno) y por su provocativa reacción tras un tanto del Chelsea, deslizándose sobre sus rodillas a lo largo de la línea de banda del Camp Nou, la última vez que se había enfrentado al Barcelona. El técnico luso se llevó la mano al oído la segunda vez que los 98.000 culés iniciaron el cántico. Quería oírles más alto y más claro.

En su primer encuentro con un equipo de Pep, José se había sentido inferior, pero se mostró humilde en la derrota: «El Barça ha jugado de forma espectacular», admitió después del partido. El encuentro reflejaba la esperada superioridad en calidad; pero Mourinho había asimilado perfectamente qué era lo que hacía que el equipo de Pep fuera tan bueno. Se guardó las notas.

Ambos entrenadores volvieron a verse las caras en las semifinales de la competición esa misma temporada, una situación ideal para Mourinho, que se estaba convirtiendo en un especialista en eliminatorias a doble partido. Su repetida estrategia incluía calentar el ambiente en ruedas de prensa previas al encuentro, creando hostilidad y tensión, y tendiendo trampas futbolísticas en el terreno de juego.

Para el partido de ida, el Barça tuvo que desplazarse hasta Milán en autocar debido a la nube de ceniza volcánica que se dirigía hacia el sur desde Islandia y que paralizó todo el tráfico aéreo en Europa. La UEFA jamás consideró la posibilidad de suspender el partido y al equipo azulgrana no le quedó otra opción que pasar catorce horas en un autocar para llegar al hotel en Milán. El Inter estaba tácticamente mejor preparado para enfrentarse al rival que a principios de temporada, y en la segunda mitad el equipo de Pep no manejó bien su ventaja en el marcador y acabó encajando un tanto en fuera de juego de Diego Milito que cambió el partido. El Inter mereció el 3-1 final.

Mourinho siguió jugando el encuentro en la rueda de prensa: «Siempre cuesta perder, especialmente para aquellos que no están acostumbrados a ello». Guardiola sabía qué era lo que se proponía José y evitó dejarse arrastrar al juego de la confrontación: «Respeto mucho a Mourinho y no pienso perder ni un solo segundo replicando esa clase de comentarios».

Pep necesitaba que su equipo se centrara en el partido de vuelta, en el fútbol, en el césped, en lo que les tocaba hacer. José sabía que al Barça le incomodaba enfrentarse a sus propias dudas o tener que lidiar con emociones que le descentraban.

Mourinho disparó otro dardo contra Pep en su comparecencia ante los medios en la previa del partido de vuelta: «Nosotros perseguimos un sueño. El Barça, no. Ellos tienen una obsesión llamada Santiago Bernabéu». La final de la Liga de

Campeones de aquel año iba a jugarse, precisamente, en el estadio del Real Madrid y José había elegido astutamente sus palabras, a pesar de que el Inter llevaba cuarenta y cinco años sin ganar la Copa de Europa. El portugués añadió: «Estamos acostumbrados a ver a los jugadores del Barcelona cayéndose con mucha facilidad».

En su despacho en el Camp Nou, Guardiola sacudía la cabeza mientras escuchaba las palabras de Mourinho. Cuando llegó su turno de dirigirse a la prensa, intentó hallar el tono correcto para reaccionar al mensaje de José, buscando que los pensamientos de sus jugadores se dirigieran hacia un camino más positivo, intentando ganar de nuevo la iniciativa emocional: «Siento una felicidad enorme, un placer indescriptible y quiero que los jugadores se den cuenta de que es un honor, un privilegio estar en semifinales de la Champions. Yo lo voy a disfrutar, seguro, y quiero que los jugadores se lo tomen como una fiesta; ese es el mensaje que les he dado. No jugamos contra el Inter, jugamos contra nosotros mismos. Vamos a ver si somos capaces de ser nosotros mismos en el partido más importante, más trascendental de nuestras vidas. El Inter de Milán ni tan solo existe».

Pep también sintió la necesidad de reforzar la esencia del club después de las insinuaciones de Mourinho: «Somos una institución ejemplar. Hemos perdido y ganado algunas veces en los últimos veinte meses, pero siempre hemos mantenido el respeto».

Mourinho había elegido su campo de batalla y las reglas bajo las que se iba a lidiar el partido de vuelta. Y funcionó, porque el equipo azulgrana se comportó, desde el primer minuto del partido como si fuera el último. Iniesta estaba de baja por lesión y el equipo echó en falta su claridad en los pases y su visión de juego. Cuando Thiago Motta fue expulsado después de un choque con Busquets, el Inter tuvo que atrincherarse y defender durante una hora; en cierto sentido, era el escenario perfecto para el Inter, que no necesitaba atacar.

Aunque Piqué marcó un tanto en la segunda parte y un gol de Bojan fue anulado por una supuesta mano, el equipo italiano, que defendió con maestría y una creencia total en lo que estaban haciendo y cómo lo estaban haciendo, consiguió su pase a la final.

Después del pitido que señaló el final del partido, Mourinho irrumpió en el césped del Camp Nou con los brazos en alto, mirando al cielo, y solo Víctor Valdés y los aspersores de agua aceleraron el final de su exhibición victoriosa. «Es la derrota más maravillosa de mi vida», añadió unos minutos más tarde.

Pep se mostró magnánimo tras el descalabro de su equipo en la máxima competición europea; no dio ninguna excusa y fue pragmático sobre su rival en el banquillo: «Criticarle a él sería despreciar al Inter, y eso no es justo».

El siguiente partido, dos días después de caer eliminados de la Champions League, se jugaba en el campo del Villarreal. Solo quedaban cuatro partidos para el final de la Liga y, si no ocurría ningún inapropiado desliz, el Barça se alzaría con el título.

Pep le comentó a su amigo David Trueba que necesitaba hacer algo con un equipo que estaba gravemente dañado: «Guardiola se dio cuenta de que sus jugadores estaban heridos, rotos por la derrota en la competición que tanto ansiaban ganar. "¿Qué puedo decirles?", se preguntaba a sí mismo en voz alta una hora antes de sentarse en el banquillo de El Madrigal. Pep estaba obsesionado con que los mensajes de motivación debían ser claros, concisos y sencillos. Previamente había recurrido a vídeos —incluso de YouTube—, ideas, anécdotas estimulantes, hasta discursos de sus héroes para subir la moral del equipo. Aquel día se acercó a sus jugadores con una sonrisa en los labios. No habría ningún vídeo. "Señores, no os puedo pedir más. Habéis dado más de lo que cualquier entrenador podría exigir a sus jugadores. Sois fantásticos. Gracias por todo. Solo quiero deciros una cosa: si salimos al campo y perdemos, y la Liga se nos escapa de las manos, no importa, en absoluto. Mantened la calma. Muchísimas gracias. Para mí, sois un grupo de campeones"».

Valentí, el padre de Pep, vio al Barça batir al Villarreal por un claro 0-4. El Barcelona ganaba así el título de Liga por segundo año consecutivo.

Y

En su última rueda de prensa de la temporada, Guardiola envió un mensaje encubierto a la prensa madridista cuando dio la enhorabuena a los jugadores y al cuerpo técnico del club blanco por obligarles a alcanzar noventa y nueve puntos para ganar el título, «pero solo a ellos». Los ataques desde la capital española eran duros y a Pep no le resultaba fácil digerirlos: «A veces nos sentíamos despreciados. A veces teníamos vergüenza de celebrar los títulos. Solo nos hemos dedicado a jugar un deporte de la mejor forma que podemos, pero desde hace bastante tiempo sentimos que no recibimos ningún apoyo por nuestros logros. Tenemos que hacer el trabajo de una hormiga y no responder a todos los ataques. Sabemos que ellos tienen los altavoces a todo volumen, pero lo más justo sería que todos respetáramos a estos jugadores que han dignificado su profesión con el esfuerzo. De cualquier modo, nada cambiará, especialmente si Mourinho aterriza en la Liga».

Incluso antes de la llegada de José, ciertos sectores de la prensa madrileña se dedicaron a buscar razones para criticar e incluso atacar al Barça, un equipo que estaba recibiendo los aplausos del resto del mundo. Se decía que los árbitros favorecían al Barcelona, que la Federación les ayudada de otro modo (con el calendario, por ejemplo), que la UEFA hacía la vista gorda cuando se trataba del club azulgrana, que incluso las televisiones, pensaban, les beneficiaban, que algunos entrenadores no hacían todo lo que podían para vencer a un equipo que empezaba a tener el aura de invencible.

El sector mediático que quería llevar la rivalidad del Barça-Madrid al máximo extremo se asoció con Mourinho la siguiente temporada, lo que provocó una radicalización de la cobertura mediática que ayudó a definir a los dos entrenadores en términos muy simples: un enfrentamiento entre las fuerzas del bien y las del mal.

Guardiola dedicó unas palabras de bienvenida al nuevo entrenador del Real Madrid en su primera comparecencia ante la prensa en la temporada 2010-2011: «Mourinho me hará mejor entrenador. Es importante que trabaje en España porque es uno de los mejores técnicos del mundo. Nos hará mejores a todos».

Pep conocía los trucos de José: un coro leal de jugadores alrededor del entrenador, críticas a la autoridad y al arbitraje, la mentalidad de «nosotros contra el mundo» y, en última instancia, un método futbolístico basado en rápidas transiciones y en la fuerza física, llevada en ocasiones al borde del reglamento, un librillo muy poderoso y exhaustivo para ganar títulos.

Pep se hacía una idea de lo que se avecinaba y sus palabras fueron efectivamente una vía para tranquilizarse a sí mismo, aspirar hondo antes de arremangarse para la batalla que estaba a punto de empezar.

Detrás de su cortés fachada, José había decidido que, para batir al Barcelona, aquel extraordinario plantel de jugadores que se regían por una interpretación particular del fútbol, tenía que apuntar directamente a sus bases, socavar y desestabilizar su vida acolchada, hacerlos sufrir dentro y fuera del campo.

Visionando un partido del Barça, justo antes de convertirse en el entrenador del Madrid, Mourinho se sorprendió ante el modo en que los árbitros extendían la alfombra roja a los futbolistas azulgranas, y no podía creer el modo como incluso los jugadores y la afición rivales mostraban su admiración, su casi sumisión ante el talento y la superioridad del club catalán. Mourinho decidió que eso tenía que acabar, que el Barcelona necesitaba ser derribado de su pedestal. Para lograrlo, José necesitaría recurrir a todas las armas de su arsenal de palabras, acusaciones e insinuaciones.

Esa no era, evidentemente, una nueva estrategia para el portugués. Había usado enfoques similares en Inglaterra y en Italia, adaptando sus métodos a los respectivos países. Pero la forma en que ejecutaría su plan en España requería llevar esas tácticas hasta el extremo, entre otras razones porque esta vez su rival sería el más poderoso al que nunca se había enfrentado.

Transcurridos un par de partidos de la temporada y cinco meses después de que el Barça hubiera caído derrotado en la Liga de Campeones a manos del Inter, Mourinho y Guardiola compartieron un par de días en la habitual reunión de técnicos de la UEFA en Nyon. Y aunque los dos entrenadores no pasaron ni un momento a solas durante la conferencia, Mourinho hizo un esfuerzo para hacer que Guardiola —-que visitaba el foro por primera vez— se sintiera bien acogido. Pese a ello, Pep no pudo evitar sentirse algo tenso cuando se cruzaba con su máximo rival.

Dos grandes personajes, dos ganadores, dos fuertes personalidades acababan de entrar en la escena de una obra en la que no había suficiente espacio para los dos. O, por lo menos, así fue como los medios decidieron presentar el enfrentamiento.

La prensa, tanto como la afición, disfruta explicando el mundo a través de una serie de valores, prejuicios y determinados puntos de vista que configuran y coinciden con la visión que tenemos del mundo. El hecho de que nuestro mundo se haya adaptado a una longitud de 140 caracteres —el máximo permitido en Twitter— refuerza la necesidad de reducir las complejidades de la vida a la simpleza del blanco y negro.

Es solo el último capítulo de una vieja historia. El Barça y el Madrid siempre han sido vistos como dos modelos institucionales diferentes, pero, a partir de aquel año, con la aportación de José, la cuestión adoptó un cariz tan tendencioso y polarizado como nunca antes se había visto. Mourinho añadió muchos párrafos al guion de este interesado y a menudo artificial choque simbólico. Hablamos de un combate hecho a medida, porque se trata, sin lugar a dudas, de una rivalidad que se beneficia mutuamente, que se nutre de ideas preconcebidas y se aviva con clichés convenientemente arraigados. Los medios, la afición e incluso los clubes necesitan de esta confrontación permanente, porque es bueno para el negocio y porque así todos pueden reafirmarse en un sentimiento de bipolaridad necesario para identificar las propias lealtades e identidades.

A lo largo del siglo pasado, el conflicto se presentaba a menudo como un enfrentamiento entre David y Goliat, con el Barcelona saboreando su estatus de víctima, mientras el Real Madrid vivía encantado con el papel de gigante. Ahora son dos Goliats de igual presencia, pesos pesados luchando a brazo partido, de igual a igual. Queda todavía algo de la idea de un Barcelona representante de una periferia que sufre el acercamiento del Madrid al poder, y de un Madrid que se beneficia por su pertenencia al *status quo*. Si los roles se invirtieran, el análisis estaría igual de cerca de la realidad. Todo ello no es más que una narrativa fantástica desde la que cada cual vende su producto. En realidad, ambos son *establishments, status quo*, poder.

Eso sí: igual que la política muestra diferentes formas de comprender el mundo, los respectivos estilos del Barça y del Madrid manifiestan dos formas distintas de entender la estética del fútbol. El Real Madrid siempre se ha caracterizado por un estilo de juego enérgico, duro, rápido y competitivo; en cambio, el Barça descubrió en el modelo holandés un estilo alternativo válido para retar al club blanco: pase, posesión y juego ofensivo.

El periodista Ramón Besa comenta que todo ello «encaja bien en el fútbol español, porque España siempre es la España roja y rota, la periférica y la centralista, la de Guardiola y la de Mourinho. Esa dualidad es algo que la gente recibe muy bien. Mourinho ha acentuado la división entre las diferentes formas de ver el fútbol que tienen el Barça y el Madrid. Lo curioso es que el giro que ha dado el Madrid no respeta la historia, porque el Madrid nunca había confiado el equipo a un entrenador».

Aunque el técnico portugués asegura que se exige a sí mismo más que a los demás («Siempre intento fijar mi vista en objetivos difíciles porque, de ese modo, siempre compito conmigo mismo»), la siguiente cita sobre su controvertida inclinación por la necesidad de una rivalidad que aumente las prestaciones de su equipo aporta una interesante perspectiva de su filosofía de trabajo: «No es necesario tener enemigos para que uno dé todo de sí mismo, pero es mejor, especialmente cuando uno goza de gran éxito y tiende a relajarse». Así que, finalmente, las constantes batallas entre estas dos grandes instituciones deportivas acabaron por reducirse al choque de dos personalidades, a la lucha de sus respectivos entrenadores. La presencia mediática de Guardiola y Mourinho era tal que los equipos casi jugaban un papel secundario frente a sus líderes. Se hablaba de «el equipo de Guardiola» o «el equipo de Mourinho». Jesús Toribio, experto en estudios de mercado, le dijo a Miguel Alba en un artículo para el diario *Público* que «en el duelo, los clubes han perdido identidad, como sucede en la guerra tecnológica entre Blackberry e iPhone. Los productos han fagocitado a sus marcas: Rim y Apple. Los papeles de liderazgo de los entrenadores han dado a los entrenadores (los productos) las victorias, más que a los clubes (las marcas)».

Para el espectador eventual, ambos técnicos desarrollaron dos proyectos de fútbol antagónicos. Pep se rodeó de jugadores de las categorías inferiores que compartían los mismos valores: énfasis en el pase, trabajo en equipo, comportamiento ejemplar tanto dentro como fuera del campo, así como algunos fichajes que comprendían y abrazaban la filosofía culé. Tal y como descubrieron Eto'o e Ibrahimović, aquellos que no compartían la visión de Guardiola respecto al mundo y al fútbol, no tenían espacio en el club.

Por otra parte, el técnico luso dirigía un equipo de individualidades cuya lealtad a su entrenador debía ser incondicional; sus jugadores estaban preparados para dar la vida por él en nombre de la victoria. Eso les exigía. Cualquiera que dudaba de Mourinho era rápidamente apartado a un lado. El tradicional estilo vigoroso de juego del Madrid se trocó agresivo, incluso violento en ciertas ocasiones. El Madrid era capaz de humillar a sus rivales, mostraba una insaciable sed de triunfo, y a nadie se le escapaba cómo disfrutaba consiguiendo su objetivo.

Para Mourinho, las ruedas de prensa eran como un teatro en el que él se metía en su papel y se solazaba con la atención recibida. Podía declarar que el Real Madrid era víctima de unas complejas teorías conspiratorias en manos de los árbitros, la FIFA, el Gobierno español e incluso de UNICEF. Para él, estaba justificado celebrar las victorias con plenitud porque consideraba que era lo que el equipo merecía; en cambio, siempre trataba las derrotas y los empates con recelo y con acusaciones de juego sucio. Defendía visceralmente el comportamiento a menudo agresivo de sus jugadores, pero ponía el grito en el cielo si los rivales desplegaban una conducta similar contra su equipo.

Tanto si le gusta como si no, Pep se ha convertido en el abanderado de los valores positivos, en un mundo en el que hay una evidente falta de valores. Mourinho se asemeja más a un producto de nuestra sociedad, a un predicador que defiende una forma de pensamiento moderna, que no evita el conflicto y discute con quienes detentan la autoridad, siempre en busca de explicaciones y alegando teorías conspiratorias. Sus equipos ganan porque han hecho las cosas bien; pierden porque alguien o algo no les ha dejado ganar.

Si la mayor virtud de Pep es el sentido de la cautela, la de Mourinho es el puro exceso. El portugués prefiere mimar a los jugadores, pero buscar el castigo cuando cree que se han dormido; incluso Mourinho se ha definido a sí mismo como un «entrenador de egos». Guardiola basa sus métodos en desarrollar la confianza de sus jugadores a través de la motivación, de la conversación, de la explicación.

Sus individuales estilos de liderazgo reflejan sus personalidades. «Mourinho es el mayor defensor de su apodo: *The Special One*. Alguien que se siente diferente y al que le gusta no dejar indiferente a nadie, en especial, a sus jugadores, quienes saben que todos sus comportamientos tienen consecuencias. Se mueve por la política del premio y del castigo», matiza Almudena López, psicóloga deportiva. Quizá eso le otorga a José menos trayectoria en un club que un equipo entrenado por Pep: es muy difícil soportar esa constante presión. «Pep es más filósofo, más provocador de las emociones individuales en la intimidad para fomentar la pertenencia al grupo», concluye López.

Es justo señalar que ambos entrenadores son adecuados para los clubes que representan. Mourinho dijo que Guardiola es el mejor entrenador «para el Barcelona», una manera sutil de poner en perspectiva su propio éxito personal: José ha ganado títulos en cuatro países diferentes. Mientras Pep busca referencias en las raíces e historia del club, e intenta inculcar a los jugadores un sentido de pertenencia, Mourinho es, tal como puntualiza Almudena López, «el gurú que necesitaba el madridismo para volver a creerse importante».

Incluso estéticamente son diferentes. Guardiola se siente cómodo con una ropa que no es propia del área técnica. Tras llegar al banquillo del primer equipo, llegó a ganar la Golden Scarf (Bufanda de Oro) al entrenador mejor vestido (Mourinho quedó tercero) y le gusta llevar, tanto dentro como fuera del campo, prendas de Antonio Miró, Prada, DSquared2 o Armani. El entrenador luso prefiere una imagen más clásica, y tal como nos pasa a todos, su imagen refleja su forma de ser. Lo mismo opinan Montse Guals y Elisabeth Olivé, dos reputadas estilistas: «Su forma de vestir [de Pep] le define como un hombre con intereses culturales diversos, en cambio el estilo de Mourinho es más similar al de un hombre italiano. Sin ostentación salvo en el nudo de la corbata: grande y abierto, en el luso; estrecho y pulcro, en Guardiola».

También encontramos diferencias en sus personalidades. Mourinho sabe lo que quiere en todo momento. Con Pep, cabe la duda, el debate interno, lo que por la mañana es sí, puede ser no a mediodía y, de nuevo, sí por la noche. En ocasiones, Guardiola, bien entrada la noche, llamó a algún amigo para pedirle consejo sobre un tema que en ese momento le parecía crucial, aunque había perdido el interés al día siguiente; la primera llamada de la mañana era, pues, para pedirle al amigo que se olvidara del tema. El suelo en el que se mueve Pep, a veces arenas movedizas, es más inestable que el de Mourinho, hecho de certidumbre y cemento.

Con Mourinho, todo está claro desde el principio. «Voy a obtener la Liga aquí, en este país y, de aquí a dos años, en otro país. Y luego en otro. Quiero, además, ganar la Champions con cuatro clubes diferentes. Después, a los cincuenta años, obtendré la Copa del Mundo para Portugal.» Ese fue el mensaje que repitió a los más allegados desde su aterrizaje en Stamford Bridge. Solo ha cambiado una cosa: lo de Portugal queda para los sesenta o los setenta años.

A José le encanta atraer la atención, dejarse ver en Londres siendo entrenador del Madrid, anunciar que es interista o que ama al Chelsea o que quiere volver a la Premier. O que no estaría mal ser seleccionador inglés mientras negocia un nuevo contrato con el Inter. Quizá todo ello sea consecuencia de una carrera futbolística frustrada. Pep no siente la necesidad de que todo gire en torno a sus elecciones, a su próximo movimiento, a sus razonamientos, a sus cruzadas: «He jugado en el Barça. No necesito nada para alimentar el ego; incluso los halagos me incomodan».

Los dos técnicos difieren también en el tipo de inteligencia: Pep absorbe tanto conocimiento como sea posible, la base de su toma de decisiones. José hace lo mismo, aunque quizá posee o utiliza un mayor grado de astucia. Mourinho consiguió llevar a Pep al terreno en el que el portugués se siente más cómodo, fuera del césped, esa pelea que Guardiola no quiere luchar. Así, siguiendo el ritmo marcado por la picardía del portugués, la rivalidad escaló a unos niveles nunca antes experimentados en el mundo del fútbol español.

Uno se imagina a Mourinho afeitándose por la mañana, pensando qué más podría sacar de la chistera. «¡Ah! ¡Ya sé! —debió pensar un día, para luego lanzar un dardo en la siguiente rueda de prensa—: Hay personas mucho más inteligentes que yo, que consiguen vender una imagen de sí mismas completamente diferente a la mía, pero en el fondo, son iguales que yo.» Muy raras veces ha sentido Pep el impulso de replicar a Mourinho, pero ese día, cuando no había pasado ni una hora desde las declaraciones de Mourinho, Guardiola sacó a colación las palabras de José en su propia rueda de prensa: «Nos parecemos en que queremos ganar, pero no tengo la sensación de que nos parezcamos; si es así alguna cosa habré hecho mal. Nunca he deseado ponerme a su altura. Hay imágenes y palabras que valen millones. Hay miles de ruedas de prensa. Los dos queremos ganar, pero somos distintos. Pero si se dice que somos parecidos, lo miraré mejor».

El camino a la victoria escogido por ambos es ciertamente diferente, pero los coches que conducen, la gasolina que usan para llegar a su objetivo, no lo son tanto. En eso, Mourinho tiene razón.

El primer partido entre Pep y José tras la llegada de este al banquillo blanco tuvo lugar en el Camp Nou. Mourinho, que solo llevaba cinco meses con su nuevo equipo, admitió en privado que el fútbol era una «caja de sorpresas». No tenía ni idea de cómo su joven equipo iba a reaccionar tanto al estilo del Bar ça como a la presión de un partido que había levantado tanta expectación. «Solo cuando abramos la caja, sabremos qué contiene», comentó.

Aquel clásico se jugó un lunes, una rareza debida a que el domingo se celebraban elecciones en Cataluña. El equipo madridista estaba en plena forma; eran los líderes de la Liga con un punto de ventaja sobre los catalanes. Bajo las riendas del portugués, el Madrid se habían convertido en un equipo sólido que concedía pocos goles y aniquilaba al adversario con sus rápidos contraataques; el clásico estilo de Mourinho.

Al igual que en sus anteriores encuentros de la Liga de Campeones, el partido empezó en las ruedas de prensa. José disparó primero y directamente a Guardiola: «Espero que los jugadores puedan ayudar al árbitro y que sea un partido en el que la gente solo hable de fútbol». Las implicaciones eran obvias. Pep, por su parte, evitó decir nada.

El Barça ganó 5-0 con goles de Xavi, Pedro, Villa (2) y Jeffren.

«No podríamos haber jugado mejor, pero podríamos haber marcado más goles. Los teníamos aletargados, no podían tocar el balón», recuerda Xavi.

Víctor Valdés fue prácticamente un espectador privilegiado en la portería azulgrana: «Me estaba mareando intentando seguir el balón. Al final dejé de intentarlo, sabía que después de todo mi equipo era el que tenía el balón».

Como es habitual en él, Pep preparó el partido con una obsesiva atención al detalle. Desde el inicio, el equipo se sintió cómodo, dominando el centro del campo, manejando el ritmo con la típica retahíla de pases cortos y rápidos, con el balón pegado al pie, un gran rondo en todo el campo a la espera de romper en velocidad en el último tercio. Un Camp Nou completamente eufórico contemplaba cómo sus jugadores no solo daban un recital ante su máximo rival, sino que confirmaban la sospecha unánime: así se puede ganar y así se puede ganar incluso al Madrid del entrenador de moda. Guardiola se identificó más que nunca con el juego del equipo; fue un momento de confirmación en el que todo el mundo —afición, jugadores y entrenador— iba en la misma dirección. La gran idea plasmada magníficamente en el terreno de juego. Y en el mayor de los escenarios.

El hecho de que ese momento de afirmación, uno de los mejores partidos nunca vistos, tuviera lugar contra un equipo dirigido por Mourinho, resultaba doblemente satisfactorio. Pep admitió en privado que se había traicionado a sí mismo con la alineación ante el Inter en la temporada anterior: la presencia de Ibrahimović hipotecó la forma de jugar del equipo, con menos posesión y más ataques directos. Esa confesión confirmaba que no tenía la llave del éxito pero, si tenía que perder, por lo menos quería hacerlo a su manera. Estudió detalladamente las razones de su error, y en la nueva temporada, Pep insistió en la idea de controlar los partidos, de hacer de Xavi, Iniesta y Messi el eje del equipo. La actuación en el clásico del 5-0 le dio la oportunidad a Pep de ver el Barcelona con el que siempre había soñado.

Guardiola quiso poner el 5-0 en contexto: «Lo que perdurará en la historia no será solo el resultado sino la forma en que lo conseguimos. No es fácil jugar tan bien contra un equipo tan fuerte —un equipo que estaba aniquilando a adversarios en la Liga y en la Champions—. Tenemos que estar orgullosos. Quiero dedicar esta victoria a Carles Rexach y a Johan Cruyff, por haber empezado todo esto, y a todos aquellos que han intervenido en el proceso: expresidentes, exentrenadores, todo el mundo. Es una victoria global porque hemos jugado de forma diferente y porque no existe ningún otro club en el mundo que confíe tanto en los jugadores de su propia cantera como nosotros».

José intentó quitar hierro a la derrota: «Es un resultado fácil de aceptar. No es una humillación, solo mi mayor derrota».

Por supuesto, el técnico luso estaba minimizando la realidad, y la verdad fue que aquel partido marcaría de una forma muy profunda su carrera profesional. José cometió el error de ser demasiado audaz, de centrar los esfuerzos en lo que debía hacer el equipo con el balón, no sin él. Llegó a Barcelona creyendo que podría jugarle de tú a tú al Barcelona, y en su propio campo. El contundente 5-0 quizá no reflejaba la verdadera distancia entre los dos equipos en términos de calidad, sino más bien la diferencia respecto a cómo se afrontó aquel encuentro justo en aquel momento histórico. El Madrid no podía salir al campo creyéndose superior, o igual, a ese Barcelona. Debía admitir su inferioridad y plantear los partidos de acorde a ese principio.

Ese fue el gran error de Mourinho, un desliz que el entrenador luso prometió que nunca se repetiría.

José usó la reacción suscitada por esa humillante derrota para ayudarle a justificar y argumentar que el buque que es el Real Madrid necesitaba cambiar de rumbo, casi un imposible, y convencer a todos de que deberían seguir su dirección.

Para Mourinho, aquel encuentro demostraba claramente que el club necesitaba un cambio drástico: el presidente debía dejar en manos del entrenador, con experiencia en otros grandes clubs, los fichajes, la cantera, las instalaciones, el mensaje, todo. Solo así podía cumplir el objetivo que le habían pedido: acabar con la hegemonía del eterno rival. En su cruzada por derribar al Barcelona de su pedestal, el portugués iba a transformar, por primera vez en la historia, el papel del entrenador del primer equipo blanco y convertirlo en un mánager, o incluso más, en el alma de la institución.

Pep Guardiola y José Mourinho pueden tener diferentes estilos de comportamiento y personalidades opuestas, pero comparten una cosa muy importante: ambos aman el fútbol, quieren ganar y gozan de gran éxito en el liderazgo de sus respectivos equipos. Controlan, planifican, analizan y deciden todos los pormenores. Ganan rodeándose de su guardia pretoriana y descartan a aquellos que no encajan en sus ideas respecto a la plantilla. Ambos disponen de jugadores estelares con afán de conquistar títulos y marcas personales. Tienen, pues, mucho en común, mucho más de lo que ellos o sus aliados querrían aceptar. Vamos a explorar esa idea.

Pep quiso dejar un legado en forma de modelo profesionalizado de club, para que el equipo pueda seguir ganando más allá de quién sea el entrenador. En el Real Madrid, y después de haber alcanzado una posición de enorme poder, Mourinho tenía las mismas intenciones; uno de sus principales objetivos era conducir el club blanco hacia el nuevo siglo y establecer una estructura de club que les permitiera mantenerse en la cúspide. Otra cosa es que las circunstancias no le hayan permitido conseguirlo.

El carisma del portugués está precedido por su fama y por su éxito, pero en España, José tenía un duro reto por delante: satisfacer a una afición con grandes expectativas, que exigía un fútbol atractivo y títulos. Muy pronto empezó a darles ambas cosas, aunque su estilo agresivo y la oposición a sus ideas hicieron que la estancia en el pico más alto (la victoria en la liga 2011-2012) fuera corta.

Mourinho podía interpretar un papel ante los medios de comunicación, convertidos por el propio José en un enemigo más con el que lidiar, pero es generoso con sus jugadores. Les transmite amor y respeto. En realidad, es mucho más afable de lo que aparenta, por más que su imagen pública produzca en la gente la impresión opuesta. Es honesto con ellos: «No les diré que están jugando bien si no es el caso». Así lo cuentan futbolistas del Oporto, del Chelsea, del Inter. El vestuario del Madrid ya se sabe que está hecho de otra pasta.

Pep y José no tardaron en convencer a sus tropas, de llevarles a su terreno.

Escuchemos a Ibrahimović sobre Mourinho: «José Mourinho es una gran estrella. Es muy buen tío. La primera vez que conoció a mi esposa, le susurró: "Helena, tienes una única misión: mima a Zlatan, déjale dormir, hazle feliz". El tipo dice lo que quiere. Me gusta».

O a Mascherano sobre Guardiola: «Jamás en mi profesión he visto un vestuario de futbolistas que siga a un entrenador con tanta fe; lo que él dice, va a misa. Me parece que será difícil encontrar otro como él. Pep tiene el don del liderazgo».

«José tiene una forma de ser que no pasa desapercibida a nadie», escribe Patrick Barclay en su convincente *Mourinho: Anatomía de un vencedor*. «Es increíblemente atractivo. Los jugadores parecen desesperados por conseguir su beneplácito, como colegiales luchando por conseguir una mirada aprobatoria de su profesor favorito. Además de ser apuesto, Mourinho siempre va bien vestido, un detalle que la mayoría de futbolistas profesionales, jóvenes y modernos, se toman muy en serio.»

El aura de Pep puede describirse del mismo modo: «Siempre, constantemente, quieres impresionarle», afirma Xavi.

Mourinho está constantemente tomando notas en su ya famosa libreta, un hábito que heredó de Van Gaal, su maestro. No fue lo único que aprendió del entrenador holandés, pero su metodología está llena de cosas de Van Gaal. Y de Bobby Robson, y de tantos otros entrenadores que José ha analizado con atención.

Según Juanma Lillo: «Guardiola es una esponja. Aprende de todos porque, para él, cualquier sitio es un lugar adecuado para hablar de fútbol, confrontar ideas y convertir el juego en una pasión».

Mourinho llega al campo de entrenamiento del Real Madrid en Valdebebas muy temprano, a las siete de la mañana, y se asegura de que todo esté preparado para el día que tiene por delante. A Guardiola se le ha visto marchar del campo de entrenamiento a las diez de la noche y, a veces, incluso más tarde.

Los dos entrenadores se caracterizan por su modernidad, ambos usan las nuevas tecnologías y todos los métodos posibles para incrementar el rendimiento de sus jugadores. Pero también saben delegar; dirigen un gran equipo de técnicos y son capaces de hacer que sus subordinados se sientan responsables, valorados. Y ambos se han ganado la reputación de ser buenos oyentes.

Tanto José como Pep conocen la institución y la afición para las que trabajan; saben cómo gestionar sus emociones, pueden despertar el entusiasmo y movilizar a sus jugadores y seguidores para que hagan lo que ellos quieren. Los dos cuentan con el talento necesario para absorber toda la negatividad dirigida a sus respectivos clubes y canalizarla lejos de sus jugadores.

«Dejo que la gente vea que estoy enfadado porque realmente lo estoy, pero a veces finjo estar enfadado. Los entrenadores actuales deberían jugar con sus emociones», sostiene Mourinho.

Como su homólogo catalán, José impuso su horario, sus normas y permitió solo un mínimo contacto con la prensa.

Ambos entrenadores son conscientes de que viven en un mundo complejo, prácticamente inmersos en una burbuja mediática. Las noticias venden, y cuanto más exclusiva y explosiva sea la historia, mejor. Los dos son maestros en el arte de lidiar con los medios de comunicación, de transmitir el mensaje, y ambos poseen grandes facultades para sacar lo mejor de sus futbolistas, para convertirlos en los mejores del mundo, clarificando sus expectativas, ayudándolos a que se conozcan mejor, motivándolos para que maximicen su potencial.

Eso es de puertas para adentro. En el momento en el que salen del vestuario y se preparan para plantarse frente a la prensa, es cuando, sin lugar a dudas, actúan de forma diferente.

Tras eliminar al Shakhtar de los cuartos de final de la Liga de Campeones en 2011, Guardiola dejó de ir al gimnasio donde solía pasar un par de horas al día para recuperarse de una hernia discal por la que habían tenido que hospitalizarle. Sustituyó su régimen de ejercicios por una dedicación completa al equipo ante la serie de cuatro clásicos a los que tendrían que enfrentarse en un breve periodo de dieciocho días: primero en la liga, la final de Copa a continuación y, finalmente, las semifinales de la Liga de Campeones.

Para el encuentro de Liga, decidió recurrir al mismo equipo del 5-0 de inicios de temporada con la excepción de Éric Abidal, que se estaba recuperando de su operación. En vísperas del choque, Guardiola recordó a sus jugadores que ese partido no sería una repetición de aquel resultado extraordinario, de aquella lección de fútbol; esta vez, seguro que no iban a pillar a Mourinho tan desprevenido.

Al portugués se le da especialmente bien complicar el partido para el adversario incluso antes del pitido inicial. En aquella ocasión, dejó que el césped del campo creciera más de lo habitual para que el balón no corriera tanto, y usó a Pepe como tercer centrocampista para detener a Messi y el dominio blaugrana. Se trataba del Madrid más defensivo que Mouri nho había alineado hasta la fecha, y fue criticado por el presidente honorario del club, Alfredo di Stéfano. Pero la idea era no perder ese primer partido, aceptando así que la Liga estaba fuera del alcance para el equipo blanco, y centrarse en los otros tres clásicos.

16 de abril del 2011. El primer clásico en Liga. Estadio Santiago Bernabéu

El partido terminó en empate a uno, lo que prácticamente garantizaba que el título de Liga era para el Barcelona, que contaba con ocho puntos de ventaja. El implacable marcaje de Pepe a Messi limitó su contribución al juego, lo que provocó que el argentino reaccionara con enfado. Hacia el final del partido, Messi perseguía un balón que se le escapaba, pero alcanzó a chutarlo en el último momento, con rabia y fuerza, en dirección a la grada. Pasó rozando la cabeza del exentrenador del Madrid John Toshack, que veía el partido a la altura del césped.

«Él había apuntado hacia las vallas, pero se le desvió el tiro hacia arriba», explicó uno de sus compañeros. Había más tensión en el césped que en las gradas, y esta tensión se desbordó por el túnel después del partido, nuevamente con Pepe como protagonista.

20 de abril del 2011. Clásico de la Copa del Rey. Estadio de Mestalla, Valencia

La final de la Copa del Rey tuvo lugar apenas cuatro días después. Mourinho mantuvo su trío defensivo en el medio campo, pero lo desplazó unos metros arriba para presionar la salida del balón del Barcelona. El equipo blanco actuó con valentía y agresividad, con Ramos como central, Pepe peleando todos los balones y Khedira cerrando huecos. Özil jugó de falso nueve, lo que desorientó al Barça. La segunda parte fue agónica, y el partido se decidió finalmente por un gol de Cristiano Ronaldo en la prórroga.

Para Guardiola, se trataba de la primera final perdida después de diez como entrenador del Barça. Pero la tensión volvió a desbordarse y afectó incluso a los internacionales españoles de los dos equipos: Busquets derribó agresivamente a Xabi Alonso; Arbeloa pisó a David Villa y luego le acusó de hacer teatro, lo que enfureció al delantero.

Se trató del momento más complicado de la historia reciente de ambos clubes.

Messi enfiló hacia el vestuario, se sentó en el suelo y lloró. Guardiola, como de costumbre, se mantuvo a distancia y no tuvo palabras especiales para sus jugadores.

El equipo viajó en silencio en el autobús que les llevó hasta el aeropuerto de Valencia tras el partido. Solo siete días más tarde, Barça y Madrid tenían que verse nuevamente las caras en el partido de ida de semifinales de la Champions. En el avión de regreso a casa, Pep decidió que tenía que hacer algo para levantar la moral del grupo —aunque no sabía qué—, pero también sabía que Mourinho intentaría aprovecharse de las ruedas de prensa previas al partido para hacer leña del árbol caído. Iba a ser duro y había que afinar los cinco sentidos.

El día posterior a la derrota en Copa, el técnico del Barça admitió a uno de sus mejores amigos: «No tienes ni idea de lo difícil que resulta esto». No hablaba del esfuerzo físico; se refería a enfrentarse al Madrid, a tratar con Mourinho, y a todo lo que había sucedido aquel año: las provocaciones y los comentarios desde la capital de España, las habituales acusaciones de que el Barça tenía influencia sobre los árbitros, la Federación y la UEFA y, para colmo, una emisora de radio lanzó acusaciones de dopaje entre las filas azulgranas. Todo valía para hacer tambalear los cimientos del club blaugrana.

«Es todo tan duro… Es demasiado», admitió Pep en privado.

La situación estaba retando la resistencia mental de Pep. Esa constante fricción hacía que le resultase difícil tomar las decisiones correctas. Hacer malabarismos en tantos frentes —portavoz, entrenador, modelo de los valores del club— le resultaba una carga excesiva. Uno de sus mejores amigos le oyó decir: «Me largo, estoy harto». A la mañana siguiente, la crisis había sido superada, pero Pep siguió repitiéndose a sí mismo que no pensaba quedarse mucho más tiempo como entrenador del Barcelona.

Y

Cuando Pep habla sobre Mourinho, súbitamente, aparece un muro invisible entre él y su interlocutor. Se le tensan los músculos del cuello, se le hunden los hombros y deja de mirarte a los ojos. Está claro que no se siente cómodo con la conversación, que quiere cambiar de tema. Siente que ha sufrido ataques personales; cree que han injuriado a su club y los valores que representa, que le han tendido emboscadas a sus jugadores. Y no está seguro del motivo. No puede comprender por qué la rivalidad no puede confinarse exclusivamente al ámbito deportivo, a la acción en el campo.

A lo mejor algún día —y quizá tarde mucho en interpretarlo de este modo—, Pep sea capaz de mirar hacia atrás, recordar esos clásicos contra Mourinho y darse cuenta de que, debido a la intensísima presión a la que fue sometido, como persona y como técnico, salió reforzado como entrenador.

Se iban a disputar todos los títulos de la temporada contra el eterno rival y en un período de solo dieciocho días.

En esas dos semanas y media de desmesurada presión, Pep tuvo que establecer una rutina, una dinámica que le permitiera, tanto a él como a los jugadores, conectar y desconectar después de los partidos. Intentar alcanzar cierto grado de normalidad, si fuera posible.

Mantuvo intactos sus rituales de preparación, los horarios, los entrenos, pero intentó vender cada clásico a los jugadores como una película diferente. Exigió una victoria en la Liga, concedió un día libre después de la final de la Copa y, después del duro golpe a la moral del equipo como consecuencia de esa derrota, se dio cuenta de que necesitaba una nueva estrategia para la Liga de Campeones.

Dedicó cada minuto que pasó en su oficina a pensar y a preparar las semifinales. Y los minutos que estuvo en casa. Y en el coche de camino a casa. O de camino a la ciudad deportiva. Estiarte le decía: «Vamos, hoy almorzaremos fuera; saldremos a comer para no pasarnos todo el día aquí encerrados». Pero en el restaurante, a los tres cuartos de hora, o incluso antes, su amigo sabía que Pep estaba pensando en otras cosas. Quizá lo miraba, pero no escuchaba, así que Manel acababa por tirar la toalla, pedía la cuenta y los dos regresaban al campo de entrenamiento.

Pero a Pep le faltaba algo, un extra, un punto más que le encajara en su preparación de los dos encuentros y que le ayudara a recuperar mentalmente al equipo.

En la víspera del partido de ida de semifinales de Champions, José Mourinho le regaló, sin saberlo, el enfoque psicológico que el técnico catalán había estado buscando.

Aquella tarde, Mourinho irrumpió en la sala de prensa de la ciudad deportiva de Valdebebas como un torbellino.

Su cara hablaba por sí sola, iluminada y con una sonrisa de oreja a oreja. Allí estaba el hombre que había orquestado una magnífica victoria sobre los eternos rivales del club blanco, había derrotado a Guardiola y estaba a punto de liderar al Real Madrid en su primera semifinal de la Liga de Campeones en ocho años.

Mourinho ofreció su rueda de prensa refiriéndose a sus oponentes catalanes como «Barça» por primera vez desde que era entrenador del Real Madrid. Dejaron de ser solamente «ellos». Lo mismo que Guardiola, al que José mentó: volvió a ser «Pep».

El portugués se puso a hablar, aunque tenía claro, incluso antes de iniciar su intervención, a dónde se dirigía. Un periodista le preguntó acerca de la designación del experimentado colegiado alemán Wolfgang Stark. Guardiola había mencionado unos días antes que Mourinho estaría «supercontento» si, como se rumoreaba, salía elegido el portugués Pedro Proença, amigo del técnico del Madrid.

Mourinho lo había preparado todo: «Lo más importante de la designación arbitral es la presión que han hecho para que no fuera portugués y que iniciamos un nuevo ciclo. Hasta ahora teníamos dos grupos de entrenadores, uno muy pequeñito de entrenadores que no hablan de árbitros y otro grande en el que estoy yo, que critican cuando tienen errores importantes porque somos gente que no controlamos la frustración, pero que también aún muy felices de halagar cuando hacen un gran trabajo».

Y finalmente le tocó el turno a Guardiola. El siguiente dardo se dirigía a la Ciudad Condal.

«Con las declaraciones de Pep el otro día entramos en una nueva era, un nuevo grupo de entrenadores que critican el acierto del árbitro. Esto no lo había visto yo nunca en el mundo del fútbol. Él tiene muchos seguidores por el fútbol que hacen, vamos a ver si le siguen también en este grupo, en el de criticar el acierto del árbitro.»

Mourinho se refería al gol de Pedro anulado por fuera de juego en la final de la Copa del Rey aquel 20 de abril, una decisión correcta del linier que fue comentada por Guardiola en la rueda de prensa posterior al encuentro.

«Yo intenté buscar la profundidad de sus palabras y comprendí que, en la primera época de entrenador de Pep, vivió el escándalo de Stamford Bridge, luego el Inter jugando con diez jugadores durante una hora, luego pasó lo que pasó con el Arsenal, y en la final de Copa en la que un linier tiene una decisión fantástica y dificilísima, y él le critica su decisión acertada. Después, da igual [quien arbitre], sea Proença, o Stark, no pasa nada. No estoy pidiendo al árbitro que ayude a mi equipo. Si el árbitro es bueno, todos estaremos contentos —salvo Guardiola—. Él quiere que se equivoquen.»

El clásico de Liga de Campeones acababa de empezar.

Aquella misma tarde, tras el entrenamiento en el Santiago Bernabéu y antes de que a Guardiola le tocara el turno de hablar a la prensa, consciente de lo que Mourinho acababa de decir, un altísimo cargo directivo del Barcelona irrumpió en el sacrosanto espacio del vestuario. Ese detalle sorprendió a muchos.

El directivo aconsejó al entrenador que se calmara, que no se metiera en una batalla dialéctica, que actuara como el Pep de siempre. Tal vez, sugirió, sería buena idea que Mascherano —siempre calmado y equilibrado— compareciera con él.

Pero Guardiola había decidido que esta vez iba a replicar. Ya había tenido suficiente, aquello era la gota que colmaba el vaso. Se lo pedía el cuerpo. Y la intuición le decía que era también lo que le pedía la plantilla, que le miraba en busca de una respuesta.

En sus apariciones ante la prensa, Pep siempre había sido el entrenador del Barcelona, un representante del club, y nunca solo Pep Guardiola. Había tenido que morderse la lengua muchísimas veces, pero ahora no iba a hacerlo; estaba harto. Y, más importante incluso, el grupo también lo estaba.

«Hablemos de fútbol, ¿de acuerdo, Pep?», le recordó el directivo minutos antes de que Guardiola entrara en la sala de prensa del Bernabéu.

«Sí, sí», contestó Pep, faltando a la verdad.

Una duda le asaltó justo antes de entrar en la sala donde le aguardaban docenas de periodistas internacionales. Miró a su alrededor, en busca de apoyo.

Nada es nunca lineal o simple, en la mente de Guardiola.

¿Era buena idea lo que estaba a punto de hacer? Manel Estiarte estaba a su lado: «Pep, piensa en tus jugadores, en ti, en toda la afición culé que está ahí fuera, en las calles».

Eso fue todo. Punto sin retorno.

Ocupó su silla, dispuesto a lo que fuera. Estaba preparado.

«Como el señor Mourinho me ha tuteado, yo le llamaré José.» Pep alzó la vista y miró a su alrededor con una leve sonrisa. Delante de él, varias filas de periodistas y, al fondo de la sala, docenas de cámaras. «No sé cuál es la cámara del señor José. Deben ser todas esas.»

Su expresión corporal mostraba su malestar, tensión. Movía los hombros, se removía en la silla, pero a medida que el discurso iba tomando forma, el Pep de palabra fácil, el que siempre te convence, ganó protagonismo.

«Mañana saldremos a las ocho cuarenta y cinco a este campo a jugar al fútbol lo mejor posible. Fuera del campo, él ya ha ganado, ha ganado durante todo el año, durante toda la temporada y en el futuro. Le regalo su Champions particular fuera del campo, que se la lleve a casa, y la disfrute como todas las otras.»

Sus palabras, una declaración continuada de dos minutos y veintisiete segundos en total, surgían con indignación contenida, con fuerza, sin pausa.

«En el otro, jugaremos. A veces ganaré o perderé, o ganaremos o perderemos. Normalmente gana él porque es su historia.

A veces nos conformamos con victorias más "pequeñitas" con las que provocamos la admiración del mundo, y estamos muy orgullosos de ese logro.»

Durante meses, Pep había estado diciendo a sus jugadores: «¿Creéis que no me entran ganas de replicar? Pero no podemos, no debemos hacerlo. Somos el Barça». Todo, sin embargo, tiene sus límites.

«También podríamos sacar una lista de agravios comparativos, pero no acabaríamos nunca. Podríamos recordar Stamford Bridge o 250.000 otras historias, pero no tenemos tantos secretarios, ni árbitros, ni directores generales que nos apunten esas cosas. Simplemente, mañana a las ocho y cuarenta y cinco saldremos a este campo a intentar jugar al fútbol lo mejor posible.»

«En esta sala, él es el puto jefe, el puto amo, el que más sabe del mundo, y yo no quiero competir ni un instante.»

Había algo más que Pep no pensaba dejar intacto. Ese José Mourinho que cuestionaba la legitimidad de los éxitos del Barcelona era el mismo que le había abrazado y levantado en el aire aquella noche en Rotterdam, tantos años atrás. Colegas del mismo vestuario. Amigos incluso. Pep quería preguntar: «¿Qué ha pasado con aquel José?».

«Solo le recuerdo que hemos estado juntos cuatro años. Él me conoce y yo le conozco. Con eso me quedo. Si él se quiere quedar con las declaraciones de la final de la Copa del Rey, con los amigos de la prensa escrita, los amigos de Florentino Pérez y hacer más caso a ellos que a la amistad, bueno, no, no amistad, pero a la relación profesional que tuvimos, puede hacerlo perfectamente. Tiene todo el derecho.»

El escenario estaba bajo control; las emociones, aplicadas con la correcta entonación. Su cuerpo estaba liberando un incuantificable torrente de tensión, de rabia acumulada. Pero, consciente del momento, una vez captada la atención de todo el mundo, en medio de su monólogo hubo espacio incluso para el humor.

«Puede seguir leyendo a Alberto [Einstein. Mourinho había dicho que solía citarlo en sus charlas para inspirar a los jugadores] con total libertad o seguir leyendo a los amigos de

Florentino Pérez, la central lechera que todos conocéis aquí en Madrid, y que haga lo que le plazca.»

«No voy ni a justificar mis palabras. Yo solo después de la victoria felicité al Real Madrid por el triunfo. En esta casa, el Barcelona es lo que hace, felicitar al Real Madrid por la copa que ganó merecidamente, en el campo, ante un buen equipo, que es el que yo represento con orgullo.»

Pep sintió que todo estaba dicho. Trabajo concluido. Mucho más relajado, miró directamente hacia las cámaras. Hacia Mourinho.

«No sé cuál es la cámara de José. José, no sé cuál será tu cámara pero… ahí va.»

Pep había recogido el guante.

En el intervalo entre la rueda de prensa de Mourinho y la de Pep, se intensificaron las llamadas de las emisoras de radio catalanas a jugadores y su entorno. Los familiares de los futbolistas que habían viajado a Madrid sabían de la provocación del entrenador luso y estaban indignados. ¿Cómo podía salirse con la suya? ¡Otra vez! Aunque el día había sido exigente en lo emocional, la sesión de entrenamiento fue más sosegada, con el equipo todavía recuperándose de la derrota de la Copa.

La sesión tocaba a su fin cuando Pep saludaba a Mourinho a través de «sus» cámaras. José no se había salido con la suya.

Guardiola creía que el Madrid había tomado la iniciativa, y él necesitaba recuperarla. Los artículos y los titulares, las opiniones e incluso las sensaciones de los suyos, hubieran sido otras si Pep no se hubiera lanzado al ruedo, si no se hubiera presentado al duelo propuesto por José. De nuevo, Mourinho ponía las condiciones, pero no quedaba claro a esa hora de la tarde si iba a salir, como casi siempre, vencedor.

Fue el momento más delicado de la temporada, el Barcelona estaba caminando sobre el filo de una navaja, y Pep se sentía saturado y preparado, agotado y fuerte.

Manel Estiarte sitúa el momento en su contexto: «¿Crees que fue una buena idea hablar de ese modo? ¿Lo fue? ¿Justo después de perder la Copa del Rey, cuando ellos realmente podrían habernos hecho daño en Europa, sin Iniesta? Si hubiéramos perdido, la gente lo habría interpretado como un traspiés de Guardiola. Pep mostró su fortaleza. Pero, sin lugar a dudas, era el peor momento para decir algo tan provocador como lo del "puto amo"».

En otras palabras, si el Barça hubiera perdido el siguiente clásico, el discurso de Guardiola se hubiera interpretado como una pérdida de control, una diatriba; en cambio, sería tratado como un genio si hubiera precedido a una victoria.

El caso es que, finalmente, Guardiola ofreció a su equipo el tónico que necesitaba. Escuchen.

XAVI: Pep nos había dicho en más de una ocasión que tenía que morderse la lengua, que necesitaba no perder el control y no reaccionar a las acusaciones y provocaciones. Pero aquel día, el entrenador del Real Madrid había atacado a Pep directamente. Lo había mencionado por su nombre de pila.

PUYOL: Ellos dicen cosas, y luego más cosas, y luego más aún, todo mentiras. Un día tienes que explotar.

XAVI: Me quedé impresionado cuando oí lo que Pep había hecho, estupefacto. Y me gustó, me gustó mucho.

PUYOL: Hemos sido atacados, la gente ha inventado muchas cosas sobre nosotros; eso siempre nos ha herido, y Pep se limitó a replicar a todo eso.

XAVI: La indignación tenía que salir de alguna manera. Cuando acabamos el entrenamiento, nos contaron todo lo que él había dicho; mi móvil echaba chispas, con tantos mensajes de texto. En el hotel, vimos las noticias por la tele y… ¡allí estaba Pep!

VILLA: No lo vimos en directo porque, en el momento de la rueda de prensa, estábamos acabando de entrenar, cambiándonos y subiendo a nuestras habitaciones. Pero cuando bajamos a cenar, todos lo sabíamos ya. Antes de que Pep regresara de la rueda de prensa, estábamos todos revueltos.

PIQUÉ: Recibí un mensaje que decía: «Pep lo ha hecho», y pensé: «¿Qué es lo que ha hecho?», porque no lo había visto. Hablé con mis padres, que estaban en Madrid: «¡Bueno, bueno! ¡Ha sido increíble! Ya era hora de que alguien replicara a Mourinho», me dijeron. Fue un verdadero estímulo para la confianza de todo el equipo.

XAVI: Empezamos a ver las imágenes de la rueda de prensa de Pep en la tele, en el telediario, y mientras nos dirigíamos hacia el comedor del hotel, nuestros padres corrieron hacia nosotros y nos dijeron: ¡Joder! ¡Tendríais que haber visto lo que Pep acaba de decir!

PIQUÉ: Cuando Pep entró más tarde en el comedor, le dedicamos una gran ovación. Y la reacción de Pep fue: «¿Qué pasa?», como para restarle importancia. Sus amigos también estaban allí, incluso Trueba.

DAVID TRUEBA: Sí, recibió una ovación, y creo que fue más que una mera muestra de apoyo; fue un mensaje para que Pep no se sintiera vencido por haber caído en el juego de Mourinho.

PIQUÉ: Se debió sentir mal por ello, incluso viendo nuestra reacción, porque él no es así, no es de buscar el enfrentamiento en una rueda de prensa. Pero era necesario. Mouri nho le había atacado directamente. ¡Bien hecho! Parecía como si se hubiera preparado el discurso; le salió rodado.

VILLA: Con lo que hizo, Pep ayudó al equipo, pero no creo que lo hiciera para motivarnos, sino más bien para sentirse bien consigo mismo; necesitaba desquitarse y, de paso, defender a los jugadores, al equipo técnico y a todos aquellos que trabajan con él.

XAVI: ¡Ah! A veces hay que devolver el guante, y aquella era la ocasión perfecta, porque fue como si Pep hubiera descorchado una botella de cava y hubiera dejado escapar toda la tensión que se había estado acumulando; realmente, aligeró y mejoró el estado de ánimo general.

PIQUÉ: A veces a mí también me entran ganas de replicar, no soy de piedra. Pero Pep nos enseñó que él prefiere el respeto, la humildad, la demostración de la valía en el terreno de juego, que no hay necesidad de hacerlo en una rueda de prensa. Respetar al rival es esencial, pero si te atacan todo el tiempo, al final tienes que responder. Se habían pasado de la raya, y si en ese momento no contestas puedes pasar por idiota.

Con la característica discreción de Rosell y sin Laporta, Pep se sentía más vulnerable, pero no podía mostrarlo. Lo que hizo por primera vez como entrenador fue intentar ganar el partido en la sala de prensa. Pep quiso incidir sobre aquel estado melancólico en el que el club se había instalado en ese momento, darle la vuelta, demostrar a la gente que él no tenía miedo ni se amilanaba ante la idea de encararse al archienemigo después de perder la Copa. La suya fue una declaración de intenciones, como si dijera: «Ya me encargo yo de Mourinho»; los jugadores tenían que ocuparse de sus adversarios en el terreno de juego, los directivos podían tratar con sus homólogos y los periodistas podían pelearse entre ellos. Entretanto, Guardiola sabía lo que tenía que hacer.

Era también un rechazo a la estereotipada actitud catalana, esa idea de que «si algo puede ir mal, irá mal», de tirar la toalla, de ser pesimistas. Pep quería transmitir a su equipo y a la afición culé la idea del «¡Sí, podemos!».

El estado de ánimo cambió definitivamente.

Tras la cena en el hotel, y en consonancia con la confianza renovada, el guardameta Víctor Valdés sorprendió al grupo con un vídeo casero filmado en el campo de entrenamiento apenas unas horas después de la derrota en la final de la Copa del Rey.

El equipo estaba esperando un vídeo incentivador, para prepararlos para los dos duros clásicos que tenían por delante. Pero de lo que disfrutaron fue de una serie de parodias de los jugadores y del cuerpo técnico del Barça, desde el mismo Valdés o Javier Mascherano, hasta Manel Estiarte, que aparecía en una piscina, con un ceñido gorro de waterpolo. Valdés era el cómico que desempeñaba todos los papeles. Fue más que divertido, fue desternillante, memorable. Oportuno, muy oportuno.

Lo que más sorprendió a Pep fue que la realización de aquella obra maestra de la comedia doméstica hubiera estado a cargo de uno de los capitanes, que había pasado unas cuantas horas en el campo de entrenamiento después de la desmoralizadora derrota, para preparar una sorpresa a sus compañeros. Fue un obsequio que se repitió antes de la final del Mundial de Clubes de 2011.

La noche previa al partido más importante del año, los jugadores se fueron a dormir con una sonrisa en el rostro.

La estrategia agresiva de Mourinho reavivó al Barcelona; recuperó la competitividad del equipo y ayudó a calentar motores para los próximos enfrentamientos. José había empujado a Pep a un territorio desconocido e incierto y, de resultas, obtuvo lo mejor y lo peor del entrenador y del equipo catalán. Pep se había resistido a sucumbir a las provocaciones de Mourinho durante toda la temporada, pero finalmente estalló y reveló un lado más humano de lo que muchos querían creer que existiera. Además, como subraya Víctor Valdés, Pep también demostró que era el líder que el equipo y el club necesitaban.

27 de abril del 2011. Clásico en Champions League. Partido de ida. Estadio Santiago Bernabéu. Real Madrid 0-Barcelona 2

Mourinho estaba encantado con el juego de su equipo en la final de la Copa del Rey la semana anterior, pero esta vez iba en busca de un resultado que sirviera para la vuelta, incluso un empate sin goles. Durante el partido, con los dos equipos estancados en el 0-0, un incidente desbarató todos sus planes: Pepe fue expulsado en el minuto sesenta por una entrada sobre Dani Alves. Mourinho, furioso, también fue expulsado por protestar la decisión del árbitro, por lo que el luso tuvo que seguir el encuentro desde la grada. Después de las expulsiones, el Madrid no hizo ningún cambio, ni de jugadores ni de estrategia; no hizo nada para intentar salvar el resultado que Mourinho prefería, ese empate sin goles.

Messi encontró los espacios que no existían con Pepe en el campo y el equipo empezó a sentirse cómodo con el balón. Un duelo de Afellay con Marcelo fue ganado por el primero y su centro, rematado por Messi con la puntera. El argentino retó a toda la defensa del Madrid para el segundo, dejó a cuatro por el camino, y finalizó con maestría a la salida de Casillas.

Después de aquella derrota, Mourinho nos regaló una de sus más memorables actuaciones: «¿Por qué? ¿Por qué?». El portugués avivó la polémica al sugerir que él se sentiría avergonzado de ganar la Champions League en la forma en la que lo había hecho Guardiola dos años atrás y al acusar a los blaugranas de contar con un trato de favor de los árbitros: «¿Por qué, en un partido equilibrado, con empate en el marcador, el árbitro tiene que hacer eso?».

«Si les dijera al árbitro y a la UEFA lo que pienso sobre lo que ha sucedido, mi carrera se acabaría ahora mismo», se quejó. Para concluir su perorata, y para dejar al personal aún más perplejo, descartó que su equipo tuviera posibilidades de remontar en el partido de vuelta. «El Madrid está eliminado de la final de la Champions —dijo—. Iremos ahí con todo el orgullo, con todo el respeto por nuestro mundo, que es el fútbol, que algunas veces me da un poco de asco. Me da asco vivir en este mundo, pero es nuestro mundo.»

Se oyeron más «¿por qué?». «¿Por qué expulsó a Pepe? ¿Por qué no nos señalaron cuatro penaltis a favor del Chelsea? ¿Por qué expulsaron a Van Persie? ¿Por qué expulsaron a Motta? ¿De dónde viene este poder? Su poder debería ser futbolístico. Lo tienen. Y deberían ganar con eso. Tiene que tener un sabor diferente ganar como ganan ellos. Tienes que ser muy mala gente para saborear esto.»

El Barcelona denunció al Madrid ante la UEFA por las palabras de Mourinho, y el club blanco respondió acusando a Alves y a Pedro por simular lesiones y alegando que Busquets había llamado «mono» a Marcelo.

La UEFA sancionó a Mourinho con cinco partidos, pero tras apelar, la pena se redujo a tres, quedando finalmente el cuarto y el quinto pendientes del comportamiento del técnico, en observación por un periodo de tres años. Pepe fue sancionado con un partido. El guardameta suplente del Barça, José Manuel Pinto, que recibió tarjeta roja al final del partido, fue sancionado con tres partidos.

En la rueda de prensa posterior al partido, Guardiola volvió a ser el mismo de siempre —el entrenador templado, calmado y sereno que se había visto hasta dos días antes—. A diferencia de su rival, Pep se negó a aceptar que el partido de vuelta fuera una mera formalidad, aprovechó para recordar a los medios que no se anticiparan a los acontecimientos e insistió que todo el mundo debía respetar al rival: «Un equipo que ha ganado nueve Copas de Europa no puede nunca ser descartado. Seremos precavidos, y nos recuperaremos tanto emocional como mentalmente».

Aquella misma semana, Pep anunció una gran sorpresa: «Por supuesto, la primera noticia es que mañana nos jugamos el derecho a alcanzar una plaza en la final de la Champions. La segunda, es el regreso de Abidal. Es una gran noticia. Un chico que ha tenido un cáncer, un tumor muy grave, al cabo de poco estará aquí para ayudar. Los médicos nos dijeron que estaba bien médicamente, que le falta peso, que no está para noventa minutos pero sí para ayudarnos y la gente podrá verlo en el banquillo mañana [martes]. Estamos muy contentos todos».

3 de mayo del 2011. Clásico en Champions League. Partido de vuelta. Estadio Camp Nou. Barcelona 1-Real Madrid 1

Iniesta se reincorporó a las filas azulgranas tras recuperarse de una distensión muscular que no le había permitido jugar en el partido de ida en el Bernabéu.

Con Mourinho confinado en un hotel de Barcelona debido a la sanción, y sin Ramos ni Pepe, la sorpresa fue la aparición de Kaká en el once inicial del equipo blanco. Su presencia no acabó de conseguir el impacto deseado, una mayor amenaza ofensiva; pero con dos pivotes y cuatro hombres delante del balón, Mourinho había enviado a su equipo al ataque. Como estaba siendo habitual, existió polémica arbitral. En el minuto 46, fue anulado un tanto de Higuaín por una falta previa de Ronaldo. Poco después, un gol de Pedro puso por delante al equipo azulgrana.

El Madrid reaccionó llevando el equipo al área del Barcelona: Adebayor sustituyó a Higuaín y Kaká se retiró, ahogado. Con un 3-0 en el cómputo global, el Real Madrid consiguió finalmente anotar el tanto del empate tras un remate al palo de Ángel Di María que acabó en los pies de Marcelo.

El partido no dio para más. El Barcelona se había clasificado para la final de 2011 en Wembley.

Cuarenta y cinco minutos más tarde, Pep Guardiola tomó asiento en la sala de prensa del Camp Nou, y como es habitual en él, empezó rindiendo homenaje a sus propios jugadores, y al rival, mientras disfrutaba el momento. «Ha sido una de las noches más bonitas que he vivido nunca», comentó.

«También quiero felicitar al Madrid por su atrevimiento, por querernos jugar cara a cara. Sentimos que hemos eliminado a un equipo superior, a un club más rico, que puede pagar cláusulas de rescisión, con siete delanteros que cualquiera querría en su plantilla, un auténtico equipazo.»

El Barcelona había superado un extenuante período de veinte días, había superado su séptima semifinal de la Copa de Europa y ahora tenía la oportunidad de ganar su cuarta final.

Pep se sentía exhausto. Aquellas tres semanas habían sido «tremendamente duras, con una gran tensión; muy intensas y agotadoras».

Para Xavi, las heridas de esos clásicos todavía no están completamente cicatrizadas; la memoria guarda emociones que aún no han podido diluirse: «Sí, fue duro. Los cuatro clásicos fueron muy duros. Y cuando estás solo y te llueven las críticas, mentalmente has de ser muy fuerte. A mí también me pasa. Hay días en los que piensas: "No lo soporto más. Lo estoy pasando fatal". Pero, al menos, Pep debe sentir que estuvo protegido, arropado por su gente; tenía a Tito, a Manel, personas que conoce desde hace años, gente que ha compartido muchos momentos con él, que seguramente le ayudaron a sentir que todo estaba bajo control».

Tampoco Mourinho pensaba abandonar la lucha. Le habían tumbado en un par de ocasiones, sí, pero no se sentía derrotado, para él aquellas eran simplemente las primeras rondas de la batalla que había ido a librar en Madrid. Con el Inter de Milán, por ejemplo, necesitó hasta tres partidos contra el FC Barcelona antes de descubrir cómo podía batirlos y adaptar su juego en consecuencia.

Tras el parón veraniego, recuperadas las fuerzas, el entrenador del Real Madrid inició un reciclaje de algunas ideas e introdujo nuevas propuestas tácticas que podrían servir para batir al Barcelona, especialmente la elevación de la línea defensiva para mejorar la presión en la salida del balón del Barcelona. Desplazaba, pues, a su equipo más cerca del área rival. También pasó el verano con un ojo puesto en el primer partido oficial, el que abría la temporada: la Supercopa de España, que enfrenta al ganador de la Copa del Rey con el de Liga; en otras palabras, el primer partido de la temporada contra el Barcelona. Pep tenía otros objetivos. Quería que sus jugadores pudieran disfrutar del tiempo suficiente para recuperarse, para enfrentar en las mejores condiciones la ardua temporada que estaba a punto de iniciarse. La Supercopa no fue considerada una prioridad.

14 y 17 de agosto del 2011. Los primeros clásicos de la temporada 2011-2012. Supercopa de España. Barcelona 5-Real Madrid 4 (global)

Empieza una nueva tanda de clásicos. El partido de ida acabó con un 2-2 en el Bernabéu. Tres días más tarde, Messi, que había entrenado intensamente con el equipo tras volver de sus vacaciones, marcó el gol de la victoria solo dos minutos antes del pitido final, lo que dio el título al equipo de Guardiola (3-2). Pero el encuentro será recordado, sobre todo, por el ambiente enrarecido en el que se desarrollaron los últimos momentos, a partir de la expulsión de Marcelo por una entrada dura sobre Cesc Fàbregas. En la tangana consiguiente participaron jugadores y técnicos de ambos equipos, incluso dos buenos amigos como Xavi y Casillas.

En medio del barullo, José Mourinho caminó hacia el área técnica contraria con el paso con el que se cruza un semáforo en verde. Con determinación, pero sin prisa. Levantó el brazo y puso el dedo en el ojo de Tito Vilanova. Este, sorprendido, le dio una colleja. Así de raro todo. Las desagradables escenas vividas llevaron a jugadores como Xavi y Piqué a criticar abiertamente a sus compañeros de selección en el Madrid por haberse dejado arrastrar por las malas artes de Mourinho.

Un jugador del Barça, que ha pedido permanecer en el anonimato, resume el estado de ánimo entre las filas azulgranas: «La mitad de las veces, sabemos que, con él [Mourinho], solo es teatro, y que solo lo hace para dar cuerda a la gente, pero es increíble cómo ha conseguido meterse a la prensa en el bolsillo, y aunque meter el dedo en el ojo al técnico rival es la cosa más vergonzosa que he visto en un partido de fútbol, fíjate con qué rapidez la gente parece haberse olvidado de eso. Y encima le da la vuelta al conflicto para que nosotros acabemos manchados con su mierda; los medios diciendo: "¡Lo hizo porque le provocaron!". Es como luchar una batalla perdida todo el tiempo».

Varios meses después, los dos onces volvieron a enfrentarse, esta vez en los cuartos de final de la Copa del Rey. Quizá no era la competición más importante para ninguno de los dos clubes, pero, al margen del resultado, la actuación del Madrid en el Camp Nou anunció un cambio en la dinámica entre los dos equipos.

18 y 26 de enero del 2012. Clásico de Copa del Rey. Cuartos de final. Barcelona 4-Real Madrid 3 (global)

Después de la victoria por 1-2 del Barcelona en el partido de ida en el Bernabéu, el partido de vuelta en el Camp Nou fue tenso, con algo de buen fútbol por parte de ambos equipos, más la controversia habitual. El Barça parecía muy cómodo con una ventaja de dos goles, pero Guardiola no lo tenía nada claro.

Al descanso, Pep anuncia su decepción con fuertes palabras y algún grito.

No está satisfecho con la actuación. Se queja de la falta de intensidad, de los errores en la circulación del balón, de la escasa presión para recuperarlo. A pesar de los dos goles, el Barça tiene suerte de llevar ventaja, y está jugando con fuego.

Pep prefiere mostrar su indignación cuando el equipo está delante en el marcador, pero en esta ocasión habría señalado los errores incluso si fuera el Madrid el que se hubiera adelantado en el marcador. Eran demasiado obvios, demasiado preocupantes.

Como temía Guardiola, el contraataque del Madrid alteró el marcador con un empate 2-2 que tuvo un efecto fulminante en los jugadores y la afición culé. Sin nada que perder, el Real Madrid pareció redescubrirse a sí mismo y puso en aprietos al conjunto local, mellando su confianza. Finalmente, quedó demostrado que un enfoque ultradefensivo no era el camino a seguir para los blancos, y los futbolistas del Madrid se sacudieron de encima el abrumador complejo de inferioridad que les atenazaba. Era algo que los españoles del Madrid llevaban tiempo pidiéndole al entrenador, y Mourinho decidió escucharles. La nueva estrategia fue bien recibida en el vestuario blanco, especialmente por Ronaldo. De repente, el Madrid sintió que estaba a punto de llegar su momento. Y esa confianza adquirida en la eliminación les sirvió sin duda en la Liga.

De repente, el Madrid era el equipo con más brío, el que cuida los detalles. El que parece más hambriento.

21 de abril del 2012. Clásico en Liga. Camp Nou. Barcelona 1-Real Madrid 2

Fueron necesarios once clásicos para que José Mourinho consiguiera finalmente lo que se había propuesto desde el primer momento: derribar al Barcelona y a Guardiola de su pedestal. Llegó la primera victoria sobre su rival en noventa minutos. El equipo blanco continuó jugando al «estilo Mourinho», pero ahora los jugadores blancos creían en lo que hacían, disfrutaban de una comunión con el entrenador y el estilo que les empujaba hacia delante. Sabían escoger el momento de la transición rápida y sabían cómo y dónde podían defender. El resultado puso la Liga en manos del Real Madrid, les dejaba a siete puntos de ventaja a falta de cuatro partidos. Fue un duro revés para Pep y su equipo, pocos días antes de la semifinal de la Liga de Campeones contra el Chelsea.

Antes del clásico, Guardiola había insistido en un sencillo análisis de la situación de ambos conjuntos: un empate o una derrota daban la liga al Madrid. El Barcelona llegó a estar a trece puntos por detrás de sus rivales y Guardiola estaba satisfecho de que este clásico fuera una especie de final en casa: a cuatro puntos del Madrid, la victoria era esencial.

A pesar de dominar la posesión, al equipo catalán le costaba pasar y hacer llegar el balón a sus delanteros —Villa no jugaba, y Pedro no estaba en un gran estado de forma después de luchar durante toda la temporada contra varias lesiones—, le faltaba garra para recuperar el balón o buscar la espalda de los defensores madridistas. Problemas similares les dejarían fuera de combate en la Champions League ante el Chelsea, y dispararon las dudas de Pep: dudaba, como había hecho toda la temporada, sobre su capacidad para hallar nuevas soluciones a las dificultades que proponían los equipos que se disputaban con el Barcelona los títulos de la temporada.

Al final, aquella derrota significó muchísimo más que la pérdida de un título. Su impacto psicológico tuvo consecuencias trascendentales.

En su última temporada, Pep se había mantenido fiel al estilo que había catapultado a su equipo a la cúspide en las tres temporadas previas: jugar con un falso nueve; aplicar presión muy alta; construcción del juego desde atrás; atacar en orden para que, cuando perdieran el balón, pudieran estar situados para recuperarlo pronto; jugadores con mucho dinamismo que se movían dentro de un orden. En su última temporada, en busca de nuevas soluciones, utilizó a tres atrás, incluso en grandes partidos, como en las victorias 2-3 contra el Milan en San Siro y 1-2 en el Bernabéu.

Pero, pese a todos los esfuerzos de Pep, las fisuras de esa armadura se ensanchaban, ya fuera por la erosión del equipo, o por el agotador reto de evolucionar constantemente y superar a los rivales que iban descubriendo y explotando sus puntos débiles. Guardiola y el equipo sufrían.

A principios de temporada, su viejo amigo Marcelo Bielsa —que acababa de ser nombrado entrenador del Athletic de Bilbao— proporcionó varias pistas a otros equipos en un empate (2-2) en San Mamés, un partido que requirió un gol de Messi en el último segundo para que el Barcelona salvara un punto.

El Athletic jugó con gran intensidad, con un juego muy físico; sus líneas eran tan compactas que los decisivos jugadores del Barça no podían recibir el balón entre líneas. Eso abrió los ojos a otros equipos: el Getafe, el Espanyol, el Villarreal, el Osasuna y el Levante, al igual que el Milan y el Chelsea en la Champions League, tomaron buena nota y adoptaron estrategias similares.

Sin embargo, los rivales no eran el único problema para el Barça; a veces no les quedaba más remedio que culparse a sí mismos por la falta de instinto competitivo, por olvidar los principios básicos sobre los que se habían asentado sus triunfos, o simplemente por cometer errores estúpidos. Muchas veces el error y la falta de competitividad eran lo mismo. Los empates frente a la Real Sociedad, el Espanyol, el Villarreal y la derrota ante el Osasuna sugerían que cada vez costaba más mostrar la mejor versión del equipo. Muchas victorias traían estos lodos. El Madrid estaba dispuesto a convertir los errores de su eterno rival, ese punto de atención que habían perdido, no en empates, sino en victorias definitivas.

Guardiola reconoció los síntomas: competir mal no tiene nada que ver con jugar bien o mal, sino con la atención a los pequeños detalles. El equipo había olvidado que necesitaba jugar como el Barça en cada minuto de cada partido; sin embargo, dejaron de ser tan efectivos como lo habían sido, encajaron goles que antes no entraban, cometían fallos de concentración, su transición ofensiva era lenta, su construcción desde atrás excesivamente relajada. Esas actitudes y errores, costaron puntos y títulos. El Barcelona no supo cambiar de estilo cuando las condiciones externas (césped, meteorología) no le permitía desarrollar su juego habitual. ¿Acaso adaptarse no es una virtud?

Y luego estaba Messi.

La dependencia absoluta del Barça del genio argentino —especialmente a la hora de marcar goles— acabó por ser un problema. La ausencia de un plan alternativo a las impresionantes estadísticas de Messi perjudicaba al equipo. La lesión de Villa en diciembre, la baja forma de Pedro, que no acababa de dejar atrás sus problemas musculares, y la mala contribución goleadora de Cesc al final de la campaña, obligaron a Xavi a convertirse en un centrocampista con mayor presencia en el área para hacer gol (marcó quince tantos, su mejor marca personal). No era suficiente. Sin un delantero que creara peligro en otras zonas del campo, sin un canterano que pudiera realizar la labor que en otros años había hecho Bojan Krkić, todo dependía de Messi.

Pep sacó su propia conclusión: ya no se podía confiar en el equipo en las grandes ocasiones, había perdido el extraordinario nivel alcanzado hasta meses atrás.

Guardiola nunca había prometido títulos, pero ahora todos se habían acostumbrado a ellos.

Pese a las circunstancias, Pep se sentía en paz, satisfecho de haber cumplido sus obligaciones al haberlo dado todo al equipo. «No creo que los finalistas sean un equipo derrotado. El Manchester United no fue un club derrotado en Roma ni en Wembley», dijo en Londres justo antes de las semifinales de la Champions League contra el Chelsea, el partido que definiría la temporada.

Guardiola quería que la afición revaluara el significado del concepto de éxito: si clubes como el Barça, el Madrid, el United siguen clasificados en el último mes de la competición, si están para ganar títulos, han logrado su objetivo. El resto depende de circunstancias intangibles: remates al poste, penaltis fallados, tiros desviados. «Los jugadores lo han dado todo, hemos cumplido, la gente no nos puede achacar nada», apostilló Guardiola ante los medios de comunicación en Stamford Bridge.

Pero Pep estaba diciendo otra cosa: igual es que ya no podemos dar más de lo que damos. Sabía que la acumulación de éxitos tenía una progresión lógica: cuanto más ganas, menos desesperado estás por ganar. En los niveles máximos de competición, concederse un momento de respiro puede ponerte en apuros. El equipo bajó la guardia después de tres años de éxitos sin precedentes, y pagó el precio. Esa guerra de desgaste, esa necesidad de continuar alimentando un grupo competitivo bajo cualquier circunstancia era una causa perdida que pasó factura, no a los jugadores, sino al entrenador. Posiblemente esa fue la lucha que desgastó a Pep más que cualquier otra, más incluso que los rifirrafes con Mourinho.

Había llegado la hora de los otros, del Madrid, del Chelsea, del Bayern. Mourinho y el hambre de sus chicos, cansados de no poder alcanzar la altura de su rival, habían conseguido cambiar la dinámica.

Como ocurre tarde o temprano, el péndulo varió inexorablemente su dirección.

«Dos Picassos en el mismo período» es cómo Arrigo Sacchi describe a Mourinho y a Guardiola. El legendario entrenador italiano, el hombre que llevó el fútbol a otra dimensión a finales de la década de los ochenta, considera que la marcha de Pep del Barcelona fue un día negro.

«Es una pena para todos a los que les guste el buen fútbol. Pep consiguió hacer evolucionar este deporte, y lo hizo ganando durante mucho tiempo, que es lo más complicado de todo. Mandé un mensaje de felicitación a Pep por sus catorce títulos en cuatro años. Merece nuestro aprecio. Todo el mundo se acordará del Barça dentro de veinte años por su labor revolucionaria.» Sacchi también dedica elogios a José: «Es un tipo particular, una personalidad muy difícil de encontrar. Tan distinto de Guardiola. A Mourinho hay que estudiarlo en su conjunto. Sus equipos juegan un excelente fútbol, no dejes que te despisten las formas que a veces le pierden».

Escuchando las declaraciones de José tras la marcha de Pep, ¿es posible leer entre líneas que el técnico luso también deseaba que Pep se quedara un rato más, que reconocía quizá que probablemente nunca más iba a encontrar a un rival tan formidable?: «Si hoy digo que estoy cansado y dejo de entrenar para siempre, mi carrera sería perfecta. He ganado todo lo que tenía que ganar en los países más importantes». Sin Pep cerca, sus palabras suenan un poco huecas, aunque quizá esa lectura entre líneas no sea más que una apreciación desorientada por nuestra parte.

Guardiola aspiraba a una utopía futbolística: un lugar donde Carlo Mazzone se reúna con él para tomar un café, Batistuta le recuerde cada uno de sus goles, o donde Marcelo Bielsa —tal y como sucedió en aquel viaje a Argentina— alinee a su amigo David Trueba frente a él y lo ponga a marcar una silla en mitad del comedor de su casa. Pep ansiaba la perfección, un mundo futbolístico ideal que existía en un plano superior, un lugar de música celestial donde solo cuenta el fútbol del que fue arrancado contra su voluntad y llevado de nuevo a la Tierra por Mourinho.

«Prepárate, Pepe. ¡Mourinho va a por ti!», advirtió Ferguson a Guardiola cuando se reunieron en Nyon. Pep no estaba preocupado: «No será para tanto». Sir Alex replicó: «Yo ahora vivo más feliz».

El técnico del Manchester United tenía razón. La lucha con el Madrid de José fue, según Manel Estiarte: «extenuante, porque las malas artes del portugués eran agotadoras, indignantes y a menudo injustas, aunque se tratara simplemente de una táctica para defender a su propio equipo y a su club».

Esas «artes» empañaron los recuerdos de Pep, especialmente respecto a los clásicos: «No tengo particulares buenos recuerdos de los Madrid-Barça de los últimos años, no fueron partidos que disfrutara, ni de las victorias ni de las derrotas. Siempre había algo que dejaba mal sabor de boca».

Pep soñaba con una competición en la que las decisiones de fútbol fueran lo único importante.

«Cuando juegas muchas veces contra el mismo equipo, se convierte en algo así como un *play-off* de baloncesto. Haces una cosa, ellos responden con otra, y tú respondes de otra forma. Recuerdo el primer partido contra Mourinho: el Inter jugó con un 4-4-2. Cuando fueron al Camp Nou en el partido de vuelta de la fase de grupos, desplegaron un centro del campo en rombo y los batimos. Cuando fuimos de nuevo a Milán para las semifinales, jugamos contra un 4-2-3-1 en el que no había circulación del balón; jugaron muy verticales, muy directos. Cuando José regresó aquí con el Madrid, quisieron jugar más, buscar la posesión y perdieron. Perdieron en la Champions League a pesar de que habían retomado la estrategia del juego directo. Probaron de todo: muy retrasados, en otras ocasiones con la línea defensiva muy arriba. En la Supercopa, en los partidos en el Camp Nou, ellos casi habían perdido pero nos arrinconaron. El hecho de acertar, de cambiar, de preparar las jugadas durante los partidos… Averiguar con qué formación jugarán, cómo podremos sorprenderles; todo eso es lo que hace que el juego sea tan interesante, lo que le da sentido a todo. Es lo que hizo que esos encuentros fueran fascinantes. De hecho, es la única cosa con la que me quedo. ¿El resto? No tanto. Con Mourinho, han pasado tantas cosas, tantísimas cosas…»

Pep se lo tomó todo de un modo muy personal. Para José, cada uno de sus gestos, decisiones o palabras no eran más que otra variante de su trabajo.

«Nuestra relación ha sido buena, es buena y será buena —dijo Mourinho en su primera temporada en el Madrid—. Si tenemos algún problema a nivel futbolístico, no será nunca un problema entre José Mourinho y Pep Guardiola: será un problema entre el entrenador del Real Madrid y el entrenador del Barcelona. Es algo totalmente diferente. Lo respeto tanto como creo que él me respeta a mí y no tenemos ningún problema personal, todo lo contrario. En este momento no le puedo desear suerte porque competimos por lo mismo, pero aparte de eso no hay ningún problema.»

Pep nunca lo verá del mismo modo.

7

El adiós. Pero antes, otra final

Partido de ida, semifinales de Champions League. Stamford Bridge, 18 de abril del 2012. Chelsea 1-Barcelona 0

En Londres, y tal como se esperaba, el Barça alineó al once más fuerte, con Alexis, Cesc y Messi de delanteros. Desde el principio, el Barcelona generó ocasión tras ocasión: Alexis dio en el larguero, Ashley Cole sacó un balón que entraba, Adriano chutó al poste… Una, dos, tres, cuatro veces el muro *blue* del Chelsea bloqueaba el camino. Pep se dio cuenta de que el club inglés había hallado una fórmula para frustrar sus objetivos: la misma que el Inter había utilizado dos años atrás.

El equipo catalán insistió en buscar las respuestas a través de Messi, siempre situado en una posición central que defendió bien el Chelsea.

El pequeño genio perdió el balón demasiado cerca de su propia portería, casi en la línea de medio campo. Lampard encontró a Ramires y los jugadores del Barcelona cometieron una cadena de errores. Los dos centrales (Mascherano y Puyol) seguían a Drogba mientras este intentaba encontrar espacio para atacar por la derecha. Uno de ellos debería haber apoyado a Xavi, que perseguía desesperadamente a Ramires.

Xavi no llegó a tiempo para defender bien el centro del brasileño a Drogba. Los huecos, visibles, invitaron al Chelsea, que supo aprovecharlos. Gol de los ingleses en el tiempo de descuento antes del descanso.

Sobre la base del resultado y no del rendimiento real, muchos llegaron a la conclusión de que el Chelsea había defendido bien.

Se olvidaron de que el Barça lanzó veinticuatro tiros a puerta. El Chelsea aprovechó la única oportunidad que tuvo.

La dependencia de Messi, que lo había jugado todo y al que parecía faltarle algo de chispa, más la falta de alternativas se estaban convirtiendo en un evidente problema para el equipo azulgrana. Pero Pep les dijo a los jugadores que si habían creado veintitantas oportunidades en Stamford Bridge, eran capaces de hacer lo mismo en el Camp Nou.

Y entonces, en la rueda de prensa, el entrenador decidió reducir la presión sobre un equipo que había perdido cierta garra y cuya responsabilidad por volver a ganar les generaba una enorme ansiedad. Fue un mensaje nuevo, quizás un aviso. Costaba entender qué buscaba Guardiola. En lugar de exigir más de sus jugadores, a punto de jugar contra el Madrid en la Liga y contra el Chelsea en el Camp Nou, los dos encuentros más cruciales de la temporada, Pep parecía quitar el pie del acelerador.

«En el deporte, únicamente los que ganan permanecen en el recuerdo de todo el mundo. No sé qué sucederá el próximo sábado contra el Madrid o el siguiente martes contra el Chelsea, pero tengo la sensación de que ya hemos ganado esta temporada. Después de cuatro años compitiendo a este nivel y de haber llegado a este punto en circunstancias tan adversas, con lesiones, enfermedades... tengo la sensación de que hemos ganado. No importa lo que suceda a partir de ahora.»

Partido de vuelta, semifinales de Champions League. Camp Nou, 24 de abril del 2012. Barcelona 2-Chelsea 2

El fútbol es un juego de porcentajes. Defendiendo muy atrás, el Chelsea tenía pocas oportunidades de llegar al área rival, pero aumentaría sus posibilidades si atacaban de vez en cuando con inteligencia. Sin embargo, de entrada, la balanza estaba desequilibrada a favor del Barcelona. En términos de porcentajes, el conjunto azulgrana tendría una mayor posesión del balón y pasaría más tiempo en la frontal del área del Chelsea. Si el fútbol fuera lógica y estadísticas...

Aquel partido ya se había jugado antes. Contra Mourinho. Contra el Inter en 2010. Y también, en el partido de ida.

Era, efectivamente, una repetición.

Pep ordenó jugar muy abierto, con dos falsos nueves (Messi y Cesc), moviéndose libremente. El equipo debía mover el balón de lado a lado, con paciencia, hasta que aparecieran los huecos. El plan se seguía a rajatabla y cuando esos espacios aparecieron, fueron atacados por el equipo local como pirañas.

El Barça marcó dos veces. En cualquier otra temporada, con eso habría bastado, especialmente después de la expulsión del capitán del equipo inglés, John Terry, por propinar un rodillazo a Alexis sin que el balón estuviera cerca. El conjunto blaugrana batallaba contra un formidable grupo de poderosos jugadores, profesionales orgullosos ante su última oportunidad de alcanzar la gloria europea y cuya tarea era destruir todo aquello que propusiera su adversario. Una propuesta completamente legítima.

Cahill cayó lesionado, todo se le torcía al Chelsea.

Drogba estuvo magnífico, imperial, incluso como segundo lateral, y Cech fue un gigante en la portería del Chelsea. Pero no pudieron evitar que el Barça generara numerosas oportunidades. Y que marcara.

El equipo de Pep lanzó dos balones al palo, realizó veintitrés remates a portería, seis de ellos entre los tres palos, Messi falló un penalti. Si se hubiera tratado de cualquier otra temporada...

El Chelsea marcó, nuevamente en tiempo de descuento justo antes del descanso. Ramires definió con una vaselina perfecta por encima de Valdés, era el 2-1. El Barça estaba sufriendo los mismos fallos de concentración que le costaron la derrota en la ida, y también esta vez le estaban pasando factura. Necesitaba marcar otro tanto, pero parecía que los catalanes se habían quedado sin ideas, sin fe. Sin fuerza. Empezaron a perder la posesión con más frecuencia, les faltaba penetración y amplitud.

Ese gol nunca llegó. Y entonces, de nuevo en el tiempo de descuento, Torres asestó un letal golpe de gracia a los sueños del Barcelona.

El Chelsea había sacado rédito a sus porcentajes.

Guardiola y su equipo se habían quedado de nuevo sin respuesta.

En los cuatro años anteriores, el Barcelona de Pep progresaba, celebraba sus éxitos y crecía en estatura, y lo mismo pasaba con las personalidades de sus jugadores. Dicho de otra forma, cada vez era más difícil encorsetar sus instintos en beneficio del equipo; algo natural, ha ocurrido siempre.

Xavi y Puyol se habían convertido en estadistas veteranos, campeones mundiales cuya presencia en el juego era incontestable —y la aceptación de este hecho es un asunto que algunos manejan mejor que otros—. Gerard Piqué se transformó en una estrella multinacional con una novia famosa, y aunque no hubiera necesariamente nada malo en ello, significaba que no era el mismo Piqué que había llegado al Barça desde el Manchester United. No era fácil para una celebridad como Piqué aceptar que Javier Mascherano se hubiera convertido en el defensa central habitual, mientras él se veía obligado a quedarse en el banquillo en algunos partidos importantes. A medida que el equipo crecía, las decisiones de Pep se volvían más complejas. Es muy distinto dar órdenes al Messi emergente y joven promesa que a una megaestrella que había ganado tres veces el Balón de Oro, consciente de ser considerado justamente como el mejor jugador de su generación.

Al final de aquella temporada que acababa, cada medida se tomaba como si de un movimiento de ajedrez se tratara, calculando cada paso con cuidado, con excesivo cuidado, teniendo en cuenta demasiadas variantes. Todo era muy complejo. Un jugador podía descansar si el equipo jugaba contra el Racing de Santander o el Levante, pero la situación era muy distinta si se quedaba en el banquillo contra el Real Madrid, el partido que sirve de barómetro en cada campaña.

Cualquiera que quedara fuera del clásico era marcado por la afición y los medios de comunicación por más que Guardiola no se cansara de repetir que todos tenían derecho a jugar, que todos eran iguales, que se trataba de opciones, que los jugadores tenían que descansar…

Todos ellos tenían una serie de partidos marcados en su particular calendario, y la elección del once para esos encuentros repercutía en el equilibrio y el bienestar de la escuadra. En Roma, en Wembley, las únicas dudas en la alineación estaban relacionadas con lesiones o sanciones, y en esos partidos siempre se trataba de escoger entre doce o trece futbolistas. Pero en la última temporada de Pep, no era tan sencillo: surgieron muchas dudas, grandes incertidumbres y debates antes de elegir a los once de los grandes partidos. A veces, la alineación parecía política; en otras, lógica, en ocasiones contadas, hasta cruyffista. Pep buscaba así la reacción del grupo.

Crear y mantener una atmósfera de suspense e introducir jugadores quizá todavía no versados en los partidos más intrincados era una forma de espabilar a la plantilla y mantener a todo el mundo alerta. Sin embargo, esa incertidumbre se convirtió en algo difícil de manejar. En las temporadas anteriores, Pep había demostrado una magistral habilidad para suavizar todo tipo de situaciones, pero esta vez, la expectación y las dudas en su plantilla derivaron en un sentimiento de incomodidad, ansiedad y desasosiego que anidó tanto en las mentes de sus jugadores como en la suya propia.

Y no olvidemos que el mayor temor de Pep, desde el día que viajó a Saint Andrews para la pretemporada —cuatro larguísimos años antes—, era que un día pudiera perder al grupo, ser incapaz de conectar con ellos, que dejaran de escucharle.

A lo mejor, la falta de atención a los detalles y conceder goles en tiempo de descuento eran las señales de alarma que tanto había temido. Así que, cuando sintió que no todo estaba en orden, empezó a pulsar botones en los momentos clave de la temporada. No siempre los adecuados. Es cierto que el equipo se mantuvo fiel a su estilo contra el Madrid; también es un hecho que no tuvo suerte ante el Chelsea, pero… hubo algo en la forma en que el club inglés había neutralizado al Barcelona en los últimos veinte minutos en el Camp Nou que, una vez más, sugería que algo se había perdido en el camino.

En ese partido de vuelta de semifinales en Liga de Campeones, Pep decidió colocar al joven Cuenca en el flanco izquierdo, dejando fuera a jugadores con gran experiencia como Pedro, Keita y Adriano. Hizo algo similar contra el Madrid con Tello, que empezó el clásico, mientras Piqué, Alexis y Cesc se quedaban en el banquillo.

En los despachos del club, el análisis de esas decisiones suponía una lista de interrogantes. Recordaban a algunas de las decisiones que había tomado Johan Cruyff cuando, hacia el final de su mandato, empezó a aplicar una lógica muy peculiar que sus detractores interpretaron como un intento fallido de dar la vuelta a una dinámica imposible de corregir. Otros argumentaban que quizá Pep sentía cierto instinto paternal hacia Cuenca y Tello, los chicos de La Masía, y que eso empañaba su juicio. ¿Podían dos chicos con tan poca experiencia ser escogidos por delante de internacionales reconocidos, gente que se había visto en situaciones similares, que habían disputado docenas de partidos tan trascendentales? ¿Cómo podía pesar lo mismo Cesc que Tello?

Dejar a grandes futbolistas en el banquillo, incapaces de enfrentarse a una decisión tomada por alguien a quien admiraban, adoraban y respetaban —con probada trayectoria en la toma de decisiones correctas—, conseguía el efecto contrario al que buscaba Pep porque, en realidad, solo lograba que dudaran de ellos mismos: «Si no juego es porque, seguramente, algo habré hecho mal», pensaron.

Las dudas generan miedo, y el miedo es un mal compañero cuando hay que asumir responsabilidades si las cosas se ponen feas. La repentina ausencia de un once familiar y reconocible para los partidos grandes —un elemento tan claramente definido en previas campañas— significaba que muchos jugadores perdieran la confianza en sí mismos, el petróleo en el que basan su juego. Pedro, por ejemplo, se convirtió en el gran olvidado, después de haber sido el gran descubrimiento. Y Cesc, que goleó aunque irregularmente durante la temporada, pasó de salvador al principio del curso a suplente.

Se trataba de un extraordinario plantel de futbolistas, un equipo excepcional. Pero también eran humanos.

Imperceptiblemente, durante aquellas últimas semanas, es posible que Guardiola hubiera olvidado que el fútbol pertenece casi por completo a los jugadores.

Pep sabía que el sistema, el estilo, tenía que emerger de forma natural, tal y como había venido sucediendo durante casi todo el tiempo que el equipo estuvo bajo sus órdenes. Y cuando todo el mundo sabe lo que tiene que hacer, el talento aparece para complementar el esfuerzo del equipo. Pero los cambios de personal y de formación en los últimos meses de su mandato habían creado un cierto caos. Si los jugadores presentían, quizá sin entender la razón, que las cosas no iban bien, siempre buscaban a Messi.

Pero contra el Chelsea y el Madrid, cada vez que el argentino tenía el balón, los dos centrales y los dos mediocentros defensivos le rodeaban, y así era imposible encontrar salida a la jugada. Messi tiene talento para superar eso y mucho más, pero no en todas las ocasiones. Se hizo más fácil que nunca detener al Barcelona, predecible y lento.

En esos partidos, ¿por qué no intentó sorprender al adversario apareciendo desde la banda, dejando a sus cuatro marcadores buscando sombras? No había suficientes jugadores abriendo el campo, y Cuenca y Tello casi nunca quedaron uno contra uno con los laterales en esos partidos clave —y cuando lo hacían, generalmente no conseguían batirlos—. La apuesta de Pep por la novedad frente a la experiencia, su experimento, había fracasado.

Con solo cuatro días de distancia entre ellos, esos dos partidos en el Camp Nou contra el Madrid y el Chelsea confirmaban que, de forma paulatina pero inexorable, el frágil, el perfecto equilibrio que había construido con tanto esmero se había roto.

«*President*, ¿qué tal si nos reunimos mañana?», le dijo Pep a Sandro Rosell la noche de la derrota contra el Chelsea en la Liga de Campeones. A la mañana siguiente, la reciente historia del club había cambiado para siempre.

Dos días más tarde, justo después de anunciar su marcha a los jugadores, Guardiola observó la tranquila sesión de entrenamiento en Sant Joan Despí desde una distancia prudente, antes de subir a su coche para cubrir los diez minutos que separan el complejo deportivo Joan Gamper del Camp Nou.

La sala que iba a alojar la rueda de prensa donde iba a anunciar al mundo que dejaba el Barcelona estaba abarrotada de medios de comunicación locales e internacionales. Cerca de la primera fila se sentaron Puyol, Piqué, Cesc, Xavi, Busquets, Valdés y otros jugadores. Messi no se dejó ver —no quería que las cámaras capturaran su emoción—, como dijo después.

Incluso en el Reino Unido, donde algunas encuestas situaban al Barcelona en el quinto puesto de los equipos más importantes en términos de afición, los rumores acerca del futuro de Pep estaban teniendo un inmenso impacto. Sky Sports, que transmitía el momento en directo, anunció en exclusiva que Pep estaba a punto de despedirse del mundo del fútbol.

La puesta en escena para la rueda de prensa y la ubicación de los protagonistas había sido cuidadosamente organizada. El entrenador estaba curiosamente sentado a la derecha del presidente, en el centro de la representación; a la izquierda de este, el director deportivo Andoni Zubizarreta. Era el modo de escenificar la tranquilidad de la transición en una institución que no siempre ha encajado bien los cambios. Al club le dolía la marcha de Pep, pero ahí estaban sus dos principales representantes para anunciar que había vida tras Guardiola.

El presidente anunció con solemnidad que Guardiola no continuaría como entrenador la próxima temporada. Acto seguido, abrazó al técnico. El gesto pareció un poco forzado; quizá pilló a Pep por sorpresa.

Guardiola tomó la palabra para pedir a la gente que comprendiera su decisión y explicó sus motivos más o menos de la misma forma que había hecho con sus jugadores.

«Lamento profundamente la incertidumbre que he generado respecto a mi renovación. Siempre he preferido contratos muy cortos precisamente por la exigencia de este club. Cuatro años es una eternidad para ser entrenador del Barcelona. Alrededor del mes de octubre, comuniqué al presidente que el final de mi etapa estaba muy cerca. Pero entonces no lo podía comunicar públicamente, ni a los jugadores porque todo habría sido problemático. La razón es muy simple. Son cuatro años, el tiempo lo desgasta todo, y yo me he desgastado, me he vaciado y necesito llenarme. Tengo que recuperar la pasión. El próximo que venga dará cosas que yo ya no puedo dar.»

Ya no le quedaba nada por ofrecer y necesitaba recargar pilas. O, dicho de otro modo, podía proporcionar mucho al club si se quedaba, pero no todo lo que el club exigía.

«Os agradezco la paciencia, sé que he sido muy pesado y he estado cada tres días aquí con vosotros», dijo a la prensa. Su intención era alejarse de los banquillos durante una temporada, aunque señaló que «tarde o temprano» volvería a entrenar. Al mismo tiempo, intentó frenar cualquier rumor que pudiera envenenar la situación si no se atajaba a tiempo. «Leo está», fue la única explicación de Guardiola acerca de la ausencia de Messi, un comentario que apoyó el propio Rosell.

En el vestuario, los jugadores habían decidido que serían los capitanes quienes les representaran en la sala de prensa; eso significaba Puyol, Xavi, Iniesta y Valdés. Sin embargo, otros les acompañaron para mostrar sus respetos a Pep. Pero la Pulga había decidido desaparecer, no era su momento. «Messi está aquí, con nosotros», insistió Rosell.

Leo llora, pero no en público. El argentino entró en Facebook unas horas más tarde para explicar por qué no había asistido: «Quiero agradecer de todo corazón a Pep lo mucho que le ha dado a mi carrera profesional y personal. Debido a esta emotividad que siento, preferí no estar presente en la rueda de prensa de Pep, lejos de la prensa, sobre todo, porque sé que ellos buscarán los rostros de pena de los jugadores y esto es algo que he decidido no demostrar». Igual que cuando era un chaval de trece años, la edad que tenía el astro argentino cuando entró en el FC Barcelona, Messi se escondía de todo el mundo cuando lloraba, especialmente para no preocupar a su padre.

Y entonces llegó la revelación que nadie esperaba. Rosell, que se mostraba particularmente ceremonioso, anunció que Tito Vilanova sería el sustituto de Pep. Su ayudante había recibido la oferta del club en casa de Guardiola dos días atrás, pero había aceptado justo una hora antes de la rueda de prensa.

Pep dejó una duda en el aire que pareció pasar desapercibida: «El nombramiento de Tito no ha sido decisión mía, sino de Zubizarreta. Yo me he enterado esta mañana». Nadie se percató de que el anuncio podría haber generado cierto conflicto, aunque pronto sus palabras se usarían para crear una controversia que sugería que, sin Guardiola, la vida en el Barça sería más difícil.

El club, sin embargo, no quería dar ningún motivo de especulación en tiempos de incertidumbre y de posible inestabilidad, y deseaba de ese modo demostrar públicamente su compromiso con Vilanova. Era la oportunidad de Zubizarreta de demostrar que tenía una solución inmediata, y Rosell la aceptó. Con la continuidad que aportaría la mano derecha de Guardiola, el club se estaba dando un tiempo para concluir si era la decisión correcta o si era necesario un cambio de dirección.

«Anunciar que habíamos elegido a Tito tres o cuatro días después de aceptar la marcha de Pep habría sido contraproducente para Tito. Acusarían al club de no haber encontrado a un entrenador mejor, de no tener ningún plan», admite una fuente del club.

Pero el reemplazo también podía interpretarse de forma muy distinta. Desde octubre, cuando Pep empezó a tener serias dudas sobre su continuidad, imaginó que su marcha incluía a Tito. «O "nos" quedamos o "nos" vamos», había pensado Pep. Una tercera opción surgió cuando, ya en noviembre, Zubizarreta mencionó a Pep la posibilidad de que fuera su sucesor. Todo el mundo sospechaba que Tito probablemente rechazaría la oferta. El mismo día de la rueda de prensa le volvieron a consultar; solo necesitó una hora para aceptar la promoción. Su decisión cogió a Pep por sorpresa, aunque los dos hablaron de ello y Guardiola aceptó que Tito tenía todo el derecho a asumir el mando; no pensaba interferir en esa cuestión.

Zubizarreta explicó la nueva era del Barcelona a los medios: «Lo importante es la idea, el principio que nos hace diferentes. Nos abrocharemos los cinturones y seguro que volveremos a disfrutar». Ayudado por la inmediata y aparentemente ininterrumpida transición, el club parecía solucionar la crisis con madurez.

Hay un momento que plasma la emoción y los sentimientos del club, de la afición y del propio Pep, un microcosmos de lo que les unía y de lo que también les estaba separando: la despedida del técnico en el Camp Nou.

Coincidió con el derbi de Barcelona, un partido en el que los dos equipos no se jugaban nada. Se convirtió, pues, en una fiesta, en un unánime homenaje al hombre que les había hecho disfrutar tanto. Cientos de fans dejaron sus mensajes de gratitud y deseos de buena suerte en un enorme mural que el club había colocado en el exterior del estadio. Una imponente pancarta que cubría uno de los fondos fue desplegada antes de la salida al césped del equipo y del entrenador: al dibujo de Guardiola le acompañaba un mensaje, «T'estimem Pep!» (¡Te queremos, Pep!).

Guardiola dirigió su último partido en casa con su habitual nivel de intensidad. «¡Vamos, Pedro! ¿Hemos estado trabajando juntos cinco años y todavía te atreves a hacerme esto?», le gritó al joven que, cuatro años antes, Pep había impedido que fuera cedido al Racing Club Portuense y que había acabado convirtiéndose, bajo sus órdenes, en un jugador de élite.

Dio la impresión de que el árbitro no tenía intención de fastidiar el buen rollo, relajado como estaba ante alguna decisión que benefició al Barcelona. El partido acabó con un contundente 4-0, los cuatro goles de Messi, que se cargaba así otra estadística, una de tantas: había marcado cincuenta goles en Liga, el mayor número de la historia en competiciones europeas, batiendo el récord de Dudu Georgescu (Dinamo de Bucarest), una marca de la temporada 1976-1977.

Tras marcar su primer tanto, Messi señaló con el dedo a Pep, un pequeño regalo a su mentor. El entrenador respondió señalando a su vez al jugador. El balón, una falta lanzada magistralmente, entró por donde Messi y Pep habían hablado durante la semana.

Después del cuarto gol, la Pulga corrió hacia la línea de banda perseguido por sus compañeros de equipo. Messi quería abrazar al entrenador que le había llevado de la mano a lo más alto. Fue una escena conmovedora, teatral, pero honesta. Dos de los protagonistas más importantes del culebrón más importante en el mundo llenaban la pantalla con un emotivo abrazo, una muestra pública de afecto, sin avergonzarse de mostrar su mutua gratitud eterna. Pep le susurró a Messi al oído: «Gracias por todo».

Y después del partido, el homenaje incluyó videos y un discurso. Lo exigía la gente, la despedida no podía acabar con un mero encuentro. No se iba solo un entrenador. Pep siguió las imágenes de cuatro años de éxitos con la mirada fija, apartado del grupo que le observaba a él. Coldplay era la banda sonora hasta que empezó a escucharse el *Que tinguem sort,* de Lluís Llach. Las palabras resonaban en el estadio cantadas por la mayoría de los 88.044 aficionados que todavía poblaban las gradas.

> *Si em dius adéu, vull que el dia sigui net i clar, que cap ocell trenqui l'harmonia del seu cant. Que tinguis sort i que trobis el que t'ha mancat amb mi...*
>
> («Si me dices adiós, quiero que el día sea limpio y claro, que ningún pájaro rompa la harmonía de su canto. Que tengas suerte y que encuentres lo que te ha faltado conmigo...»)

En los últimos compases, Pep cogió el micrófono. Desaparecía la voz de Lluís Llach y Guardiola probaba el micro. Estaba tenso, incómodo y los futbolistas se acercaron mientras Pep caminaba por hacer algo cerca del círculo central. Una mirada a la grada, el público expectante. Algunos se abrazaban; hombres hechos y derechos intentaban ocultar las lágrimas; muchas jóvenes tomaban fotos con sus móviles para inmortalizar el momento. Mientras todo el mundo se ponía de pie, el padre de Pep, Valentí, tuvo que sentarse porque le temblaban las piernas.

El hijo predilecto abandonaba el hogar de nuevo. Era el adiós de un hermano mayor para algunos, una figura paternal para otros, un mesías para muchos. Un ejemplo de comportamiento, una lección de liderazgo, un modelo social, una política, el marido ideal, el novio soñado, el amigo de las cañas del sábado, un hombre bueno, sano, sereno, pasional y calmado a la vez o según lo que requería el momento. Una nación, un club y su afición se sentían huérfanos de repente.

Imaginen.

Imaginen tener que representar todos esos papeles. El peso de todos ello, la presión. ¿Pueden entender ahora por qué tenía que marcharse?

En un intento por comprender a Pep, su amigo Evarist Murtra leyó un discurso en el Parlament de Catalunya el día en que el entrenador recibió un homenaje por parte de la sociedad civil catalana en noviembre del 2011: «Pep es un hombre privilegiado. Es una de las pocas personas que conozco que tanto en su vida privada como en la profesional cultiva aquello que es urgente, importante, esencial». Pep cumplía con los requisitos de ganar títulos y partidos, reflejaba la importancia de respetar los nobles códigos en los que se sustenta el deporte y, finalmente, era leal a la institución que representaba y al espíritu de sus fundadores y aficionados, y eso era esencial.

En una entrevista en aquella época, el exdirector general, entrenador y jugador del Real Madrid, Jorge Valdano, eligió como de costumbre las palabras perfectas para describir su influencia: «Pep cree en el fútbol como un territorio donde la grandeza es posible, porque él nunca hace trampa, porque siempre es valiente y despoja al fútbol de todas sus miserias. Es un verdadero ejemplo de liderazgo no solo aplicable al mundo del fútbol. Definitivamente, es un líder».

El fútbol, el deporte, es lo único que parece importar a las masas en este país. Los medios de comunicación no prestan tanta atención a otros ámbitos de la vida (cultura, formación, pensamiento crítico) y la gente se aferra a los símbolos deportivos como su único punto de referencia válido. Atribuye una enorme responsabilidad sobre las personas que lo representan y es posiblemente una muestra de insensatez en nuestra cultura (aunque, ¿es la masa que lo pide o los medios y las autoridades que venden el pan y el circo? Posiblemente nadie esté libre de culpa). En todo caso, Pep siempre ha sido plenamente consciente de la trascendencia de su comportamiento y de la importancia de la institución que representa, así que ha moderado y modelado su conducta en consonancia. Ese cuidado, tan poco común, es un regalo para nuestra sociedad, tan necesitada de gestos altruistas.

La distinción, esa Medalla de Oro que el Parlament de Cataluña concedió al entrenador del Barça fue «por razón de su trayectoria como deportista de élite, por los éxitos conseguidos en su etapa como entrenador y por la proyección de una Catalunya culta, cívica y abierta, que ha sabido hacer de una manera bien notoria, y por los valores que transmite ejemplarmente, como la deportividad, el trabajo en equipo, el esfuerzo y la superación personal, valores muy positivos no solo desde un punto de vista individual, sino también para el progreso colectivo».

¿Excesivo? Algunos dirán que en otras circunstancias quizá, pero en este momento de la historia, en que Cataluña necesita tantos ejemplos de liderazgo, después de caer una y otra vez en la desesperación, atacada a diario por tantos flancos políticos, esta era exactamente la medicina que el médico había recetado.

Pero Guardiola ha insistido a menudo, tal como hizo en su propio discurso en respuesta al homenaje parlamentario, delante de numerosos miembros de la élite política, social, militar y financiera catalana, que él no quería ser un ejemplo de nada. ¿Le escuchaba alguien?

La idolatría por Guardiola, en parte forzada por unos medios de comunicación leales y en parte genuina y espontánea, nació de una realidad objetiva. Sin embargo, poco a poco, se transformó en un delirio de masas que apenas guardaba nada del sentimiento original.

El éxito había creado una imagen de Pep, una percepción popular basada quizá en determinados mecanismos primarios, incluso religiosos, que no tenían nada que ver con él. Y Pep no era el dueño de ese duplicado. La adulación había creado un pedestal innecesario que el propio Pep rechazaba.

¿Cómo se pasa de la humildad de aquella plantilla azulgrana, y su constante compromiso por priorizar los principios sobre los que se asentaba el equipo (ética del trabajo, respeto, esfuerzo colectivo) al fanatismo de algunos de sus seguidores, e incluso a la industria casera creada alrededor de la figura de Guardiola? Es una moda que parece haber trascendido las fronteras de Cataluña. El diario *AS* llevó a cabo un estudio en el 2012 que revelaba que en España había más aficionados del Barcelona que del Madrid. La imagen del Barcelona, de Pep, del equipo, concordaba justo con lo que necesitaba una audiencia internacional abrazada al éxito del club, pero también a sus valores, exagerados o no. Lo mismo que había hecho la sociedad catalana, generalmente tímida y alérgica a modelos conductuales, pero entregada a su dalái lama, a su gurú.

Pep a menudo bromeaba sobre los artículos que le ensalzaban, como si formaran parte de una competición para ver quién podía llegar a ser más adulador. Y siempre se preguntaba si las virtudes se convierten en defectos en la derrota, si los elogios no se trocarían en una herramienta para afilar la espada cuando llegara el momento del sacrificio.

En la zona VIP del Camp Nou, después del derbi, Zubizarreta permanecía en pie, con los ojos enrojecidos, emocionado, pero también asustado. El líder abandonaba su puesto para que el club pudiera continuar dando forma a su labor, y Tito seguiría sus pasos, zancadas enormes, autoritarias, abrumadoras.

Todavía en el campo, a pocos metros de sus futbolistas, Pep seguía probando el micrófono. Nervioso, se dispuso a hablar, a recitar un discurso preparado, de acuerdo con la labor que se le había encargado, pero deseoso de que acabara la ceremonia, ese funeral a su imagen pública. De las cenizas surgiría otro Pep, el Pep familiar. Pero antes, tenía que dedicar unas palabras a la afición.

«Lo haremos rápido, que los jugadores tienen que ducharse», empezó a decir. En sus palabras había un homenaje oculto a Bielsa, que empezó el monólogo de su propia despedida de la selección chilena de la misma forma.

«La vida me ha dado este regalo. Durante cinco años hemos podido disfrutar de todo el espectáculo que han ofrecido estos chicos. Soy tan privilegiado como todos vosotros. No sabéis el cariño que me llevo a casa, sentirse tan querido durante estos cinco años; no sabéis la felicidad que me llevo. Gracias a todos, sobre todo a los más cercanos. Espero que hayáis disfrutado de haberles visto jugar.»

Concluyó con una nueva referencia a su admirado Bielsa: «Que sepáis que os echaré mucho de menos. El que más pierdo soy yo», unas palabras que el entrenador argentino usó en su último día como técnico de la selección de su país.

Y con un recuerdo a la misma metáfora que había usado en su presentación como entrenador del Barça, remató: «El cinturón apretaba mucho, así que yo me lo quito. Pero vosotros no os lo quitéis, que esto continúa; os dejo en las mejores manos. Seguid con ellos. Os deseo lo mejor, buena suerte. Hasta pronto, porque a mí no me perderéis nunca».

La madre de Pep, Dolors, sugirió a los culés, en una entrevista unos días después, que se aferraran a esas últimas palabras, que las guardaran como un tesoro. Su hijo no las había dicho en vano.

Aquel mensaje final insinuaba y predecía un retorno. El chico recogepelotas, el jugador de la cantera, el capitán, el entrenador y el hombre que convirtió a Messi en el mejor jugador del mundo, quizá de todos los tiempos, seguramente regresaría. No sabemos todavía cómo o cuándo. Después de un nuevo viaje por ahí, por tierras extranjeras para distanciarse del club, para retarse de nuevo, quizá vuelva para ser el nuevo director deportivo. O, como dicen algunos familiares suyos, como presidente. Del Bayern de Múnich, por ejemplo, aprenderá cómo se organiza un club que nunca pierde de vista que, aunque gigantesco, es principalmente un club de fútbol.

Cuando Pep terminó su discurso, los jugadores aplaudieron y corrieron hacia él para mantearlo, de la misma forma que habían hecho en Roma y en Wembley. Después, formaron un corro y bailaron en el centro del campo la tradicional y torpe sardana (¡es un corro, no una sardana!), otro de los símbolos que este Barça dejará como herencia, otro ejemplo de unidad, todos girando al son de la música que había empezado un ciclo único: *Viva la Vida,* de Coldplay, la ilusión y el entusiasmo de aquel primer año, aquellos primeros pasos tentativos de un nuevo proyecto que empezaba a cobrar vida a pesar de las voces escépticas que, de forma gradual y sistemática, fueron apagándose con cada victoria.

Ahora Pep necesitaba reencontrarse con el viejo Pep, incluso resucitarse a sí mismo.

Así que, cuando las luces se apagaron y el público desapareció, el técnico volvió a salir al campo con su familia, hermanos, hermanas, primos y amigos para hacerse unas fotos.

Ese Guardiola sabía que había más vida que el fútbol. Ese Pep sentía curiosidad por descubrir nuevos mundos, mundos literarios, cinematográficos, teatrales, mundos musicales; y otros geográficos, en la otra punta del globo, y algunos incluso más cercanos a casa.

Durante toda la velada, Pep no dejó de esbozar una media sonrisa; era el final de una era, pero también el principio de una nueva, lo que tanto ansiaba desde el mes de octubre: un descanso, una reunión con su otra mitad y sus otros sueños. Después de lo que parecían cuatro años interminables, había llegado el momento de disfrutar de otras cosas lejos de la pasión que le devoraba.

Qué diferencia a aquella primera despedida once años antes. Tras jugar su último partido como futbolista del Barcelona, sus compañeros de equipo Luis Enrique y Sergi Sanjuan le sacaron a hombros del campo; no todos se quedaron para ver el espectáculo. Aquella noche, no hubo celebraciones después del encuentro, ni elogios ni discursos, ni abuelos emocionados ni jóvenes entusiasmadas inmortalizando el momento con la cámara de sus móviles. En aquella ocasión, cuando todo el mundo se hubo marchado, Pep también salió al campo, un estadio oscuro y vacío, con Cris y su representante, Josep Maria Orobitg.

Como jugador, Guardiola recibió críticas durísimas por dejar el club al final de su contrato. El *noi* de Santpedor fue acusado por un implacable y manipulado público de marcharse sin dejar un duro para la entidad. De nada sirvió que fuera el gran capitán, icono a sus treinta años. Que el club que has adorado y servido desde la infancia te dé la espalda de una forma tan cruel, no resulta fácil de digerir, y menos para alguien como Pep, sensible a las críticas. Nunca olvidó aquella lección: hay que saber marcharse en el momento justo, cuando toca.

De vuelta a 2012, aquel homenaje en el Nou Camp, más allá de sus implicaciones, fue la más emotiva, la más sincera y honesta despedida que se ha visto en un escenario que, con demasiada frecuencia, ha sido incapaz de despedirse debidamente de sus héroes o entrenadores. Guardiola se marchó como no lo pudieron hacer Cruyff o Rijkaard, técnicos que abandonaron el club en pleno declive y sin la unánime aprobación de la afición. Louis Van Gaal, ganador de dos Ligas, recibió críticas salvajes cuando se atrevió a regresar como entrenador en una segunda etapa.

«¿El legado? Que el buen recuerdo que tengo de esta gente dure para siempre», comentó Pep unos días más tarde. Una pancarta en el Villamarín, en el último partido de Liga de Pep, podría haber sido escrita por cualquiera de sus seguidores: «Pep, tu fútbol nos señala el camino».

Guardiola había defendido los valores del club y enseñado a la gente una forma especial de apoyar y sentirse parte del Bar ça. ¿Sería la nueva forma de ser culé? ¿O era un simple lapso momentáneo en una cultura que hasta hace poco vestía, con cierta resignación pero bien ajustado, el traje de víctima? Pep ya advirtió durante su última temporada, en un momento de duda, que había que alimentar el nuevo espíritu: «Esto no será eterno. Tarde o temprano dejaremos de ganar y entonces ya veremos si realmente tenemos fe en nuestra forma de ser y de jugar. Y no estoy poniendo la mano en el fuego, tengo que verlo. Si el club se mantiene firme en sus convicciones, siempre saldrá adelante».

Pero mientras ciertos sectores permanecían anclados en sus viejas rutinas, el Camp Nou, la afición, mostraba signos de que ese equipo había cambiado la historia, mucho más allá de los títulos conseguidos. La reacción ante la derrota en el clásico de Liga, por ejemplo, fue un mensaje claro: en lugar de rendirse y empezar a dudar, miles de catalanes alzaron la voz para asegurarse de que Pep y el equipo sabían que estaban de su parte, que merecían reconocimiento y lealtad por encima de una derrota. Aunque el vencedor fuera el gran rival.

Quizá la afición había cambiado, pero el ambiente seguía teniendo elementos nocivos. La marcha de Guardiola bastó para que un sector del Barcelona recayera en los viejos hábitos, indiferente al cambio masivo que el club había experimentado. Con Guardiola presente, nadie se atrevía a perturbar la armonía. Y él mismo siempre hizo un esfuerzo por mantenerse equidistante a todos: siempre hablaba bien de los expresidentes Laporta, Núñez e incluso de Gaspart, y siempre fue amistoso con Rosell, con quien mantuvo una cordial relación, aunque sin llegar nunca al aprecio o confianza que le daba Laporta.

«Yo me aparto a un lado, no quiero que mi nombre se mencione. Me voy y quiero que me dejen en paz», avisó Guardiola. Pero antes del último partido de la temporada, Joan Laporta rea pareció: «La actual junta directiva está obsesionada en destruir lo que hicimos todos nosotros, incluido Pep. Deberían haber hecho más para que se quedara».

Se le pidió la opinión a Cruyff, y también a Carles Rexach. La fortaleza de Rosell fue puesta a prueba, los pasos de Guardiola estaban bajo observación. Empezaron a circular todo tipo de rumores acerca del supuesto enojo del astro argentino con Guardiola tras el encuentro con el Madrid, de enfrentamientos entre Valdés y Messi, en los que Keita había tenido que mediar o sobre la supuesta brecha entre Pep y Tito Vilanova, e incluso entre Pep y Andoni Zubizarreta. Con su sombra a punto de desaparecer, se abría la veda.

¿Se marchó Guardiola en el momento adecuado? ¿Habrían sucedido las mismas cosas si se hubiera quedado un año más? ¿Se hubieran multiplicado los conflictos dentro y fuera del vestuario? Luis Aragonés fue el único técnico que cuestionó las razones de la marcha de Pep del club.

«No entiendo por qué se va —declaró el exseleccionador español al diario *As*—. No me creo que esté cansado. Ahí estoy con Mou. Lleva cuatro años, acaba de empezar, ahora empieza a saber lo que es ser entrenador porque en los primeros cinco años no te enteras de nada. Y lo que ha hecho tiene un mérito enorme. Pero no sé por qué se va. De esto se olvida la gente muy rápido.»

Si un día se reúnen —y Xavi Hernández le ha insistido en

que deberían hacerlo, ya que son dos de los mejores cerebros con los que cuenta el fútbol—, Guardiola será el destinatario final de unas cuantas amonestaciones por parte de Luis y no podrá evitar tener que escuchar algunas verdades desagradables.

Siguiendo esa línea, ¿fue realmente la decisión de Pep lo mejor para el club? Algunos podrían decir que abandonó a sus jugadores y compañeros en el momento en el que más le necesitaban. Su rival, después de todo, estaba en lo más alto, flamante y nuevo campeón de Liga, y la película no suele terminar nunca con la victoria del archienemigo —a menos que nos hayan preparado una secuela—. Y todo indica que el legado de Pep, una vez transmitidos sus poderes a su compañero de fatigas, Tito Vilanova, podría proporcionarnos una segunda parte. Sin Pep, pero con su aura presente.

Aunque, en realidad, ¿ha dejado Guardiola a su sucesor en una situación ideal, o en un callejón sin salida, donde cada triunfo será proclamado como otra victoria de Pep, y cada derrota como el error de su reemplazo?

Sea cual sea la respuesta, nadie en Cataluña estaba preparado para cuestionar sus motivos o su elección del momento. Guardiola estaba protegido —tal y como José Mourinho siempre ha dicho y envidiado— por la prensa, que disfrutaba de su era de éxito con esa combinación de devoción y ceguera que a menudo van de la mano.

Una cosa es cierta: sin Guardiola, sin el líder espiritual, el Barça se enfrenta a una nueva situación, y Tito, el mejor amigo de Guardiola, tiene frente a sí una labor colosal. ¿El guardiolismo tiene sentido sin su líder más carismático, sin Guardiola? ¿Será Tito capaz de controlar el vestuario igual que lo hizo Pep durante cuatro años?

Eso es, sin duda, otra historia que todavía se está escribiendo.

«Hoy me habéis fallado.»

Estas fueron las palabras de Pep Guardiola a sus jugadores tras el último partido de Liga de la temporada en Sevilla, contra el Betis. El Barça había conseguido arañar el empate (2-2) en los últimos segundos, después de una pésima actuación, un recordatorio de los peores tropiezos de la temporada, especialmente en una segunda parte en la que se trabajó poco, se presionó nada o menos y se mostró en general un conformismo absoluto.

Quince días después, el equipo jugaba la final de la Copa del Rey, y ese nivel de rendimiento y actitud eran inaceptables.

Tan pronto como los jugadores entraron en el vestidor, el técnico les pidió que cerraran la puerta. «¡Silencio! Hoy me habéis fallado», les remarcó seriamente en la que probablemente fue la peor bronca de la temporada. No quiso personalizar los errores en uno o dos futbolistas, pero no podía obviar su impresión, los datos, las señales.

Las despedidas, los continuos rumores acerca de supuestas discrepancias y la especulación acerca del futuro de determinadas estrellas, habían distraído y ablandado al equipo. Pep se sentía responsable.

Al principio, nadie contestó. Todos escucharon en silencio, esta vez con la vista clavada en el suelo, como niños en la escuela: «Señores, esto no se ha acabado», insistía Pep.

En ese momento, Dani Alves pidió la palabra.

El brasileño había sido identificado por Pep como uno de los futbolistas que dieron menos de lo que debían aquella temporada y el club estaba pensando en desprenderse de él. Y en aquel encuentro fue expulsado cuando quedaba prácticamente toda la segunda parte por disputar, y con el equipo venciendo por un único tanto. El Betis le dio la vuelta al marcador hasta el empate final a última hora.

Dani quería disculparse: «Perdonadme. Lo siento, ha sido una expulsión estúpida».

Nadie volvió a mencionar la actitud del equipo aquel día, ni la expulsión, ni la bronca, en las dos semanas siguientes que precedieron a la final de la Copa del Rey que se iba a disputar en Madrid contra el Athletic de Bilbao. El mensaje había quedado claro.

El título, si se conseguía, iba a suponer el cuarto de la temporada, después de la Supercopa de España, la Supercopa de Europa y la Intercontinental.

Y

Pep había ganado su primer trofeo como técnico del Barcelona contra el Athletic de Bilbao en 2009, su primera final. Después de 247 partidos, iba a cerrar el círculo contra el mismo rival.

Sus últimos noventa minutos como entrenador del Barcelona transcurrieron con la habitual pasión e intensidad a las que el público se había acostumbrado, y que, tras un periodo de melancolía posterior al anuncio de su marcha, habían desaparecido en las últimas semanas.

Al inicio del partido, Pep dio algunas instrucciones mientras disfrutaba de una espectacular primera parte, con su equipo hambriento, agresivo sin el balón, veloz con él, sin conceder ni un milímetro al admirable once de Marcelo Bielsa.

La noche marcó un retorno al sentido común, a lo básico. Así lo escribió Ramón Besa en *El País*: «Hasta Guardiola fue ayer más Guardiola que nunca, sobre todo porque recuperó su energía y su determinación fue contagiosa. Apareció aquel equipo agresivo en la recuperación del balón y exquisito en su juego interior, imposible para la mayoría de adversarios». El técnico celebró tímidamente el primer gol, marcado en el minuto tres. Pedro fue su autor, listo para llegar primero a un balón sin dueño. El entrenador regresó al banquillo de donde no se movió hasta cinco minutos más tarde, cuando se puso en pie para aplaudir al joven Montoya, el lateral derecho esa noche, después de fallar un centro desde la banda.

Messi se hizo con el balón allá por el minuto veinte, y Pep, de regreso a su asiento privilegiado, gritó sin dirigirse a nadie en particular: «¡Míralo, Míralo!».

El argentino marcó después de recibir un pase de Iniesta.

Guardiola saltó del banquillo, con los brazos en alto, aplaudió, se giró hacia Tito Vilanova y le abrazó con fuerza.

Igualmente efusivo, Pep buscó al preparador físico Aureli Altimira después del tercer gol. Xavi se había librado de un defensor y dejó el balón a Pedro en el borde del área, quien remató con un disparo raso ajustado al palo. Mientras Pep abrazaba a Aureli, Tito se unió a la fiesta, y lo mismo hicieron los otros miembros del cuerpo técnico. Un gesto a la galería, una señal de unidad que consideraron necesaria.

Pep, eufórico no se cansaba de preguntar a Tito: «¿Qué están haciendo?, pero ¿qué están haciendo?».

Los dos amigos estaban intentando sofocar los rumores sobre su relación, pero aquello también era una celebración del buen fútbol, del retorno al juego deslumbrante, a los fundamentos, a la cordura, a la felicidad de las decisiones correctas bien aplicadas. Todos los jugadores estaban en su sitio. Iniesta en el medio campo, Alexis y Pedro de nuevo en el once porque eran maestros de la presión avanzada y siempre buscaban la espalda de la defensa rival, mejor ayuda sobre el campo que Tello, que se quedó en el banquillo durante todo el partido, o Cuenca, que no había sido convocado.

Finalmente, Pep dio las últimas instrucciones. Ya no habría más. Algunos incluso les otorgan un grado simbólico. El entrenador le ordenó a Pinto —su portero habitual en la Copa del Rey— que lanzara un balón largo después de un córner del Athletic. Puede que el guardameta no oyera al técnico, pero no se dio por aludido. Depositó el balón en el suelo y jugó en corto hacia un central a su derecha. Este, a su vez, pasó en corto a otro jugador, quien ofreció el balón en corto de nuevo a un compañero. El equipo jugó un celebrado rondo en mitad del campo hasta que sonó el silbato del árbitro. 3-0. Era el final. Del partido. De una era.

Era el decimocuarto título de diecinueve posibles en la era Guardiola. Quince si contamos el ascenso del Barça B, tal como a Pep le gusta hacer con lo que considera uno de sus mayores logros. No había pasado nada igual en la historia del fútbol.

Guardiola saltó del asiento y fue directamente a estrecharle la mano a Marcelo Bielsa. Regresó al banquillo para abrazar a cada uno de los miembros del cuerpo técnico y a los futbolistas. Los jugadores del Athletic recibieron sus muestras de consuelo y luego, Guardiola se retiró para ceder el protagonismo a sus jugadores.

Pep no subió las escaleras hasta el palco para recibir la copa. Así lo recuerda el técnico: «Carles, lesionado, decidió que fuera Xavi quien alzara el trofeo, igual que había hecho con Abidal en Wembley. "¡Cógela!", le dijo Xavi. "¡No, cógela tú!", insistió Puyol. "¡No, tú!" Toda España estaba esperando y mirando hasta que, finalmente, Xavi tomó la copa, la alzó y se la ofreció a Puyol. Carles es un gran capitán, y siempre lo demuestra con el ejemplo. A mí me ayudó mucho, especialmente con los nuevos jugadores. Te ahorra mucho trabajo porque explica muchas cosas por ti. Lo importante en un vestuario es tener buenas personas.»

Pep agradeció a la afición su presencia y se encaminó hacia el túnel de vestuarios mientras los jugadores se paseaban por el césped con el trofeo.

«Pensaba que yo ya había hecho suficiente, que la fiesta les pertenecía a ellos. Yo lo que quería era hablar con Tito, con Manel…»

A los pocos minutos, Guardiola regresó al campo, sin americana, para bailar la «sardana de los campeones».

«Paco [Seirul·lo, el veterano preparador físico del equipo] siempre destroza nuestro círculo con sus problemas de cadera. ¡La sardana ya no es lo que era! Antes la bailábamos mejor; todos unidos, con los brazos alrededor de los hombros de nuestros compañeros, y a dar vueltas. Ahora nos agarramos de las manos, hemos perdido facultades. Pero es un gesto entrañable. Y en el centro del círculo, había una bandera catalana y una vasca…»

Después de la sardana, el entrenador abandonó el campo, esta vez con una gran sonrisa en los labios. Aquel día, todos habían hecho un trabajo espléndido.

En el vestuario, poco a poco llenándose de sudor, jugadores y celebraciones, Pep charló distendidamente, sosteniendo la copa.

«Siempre las encuentro bonitas, las copas. Me gustan. Algunas más que otras, pero me gustan. Las toco, las acaricio…»

Messi se cruzó con Pep y entre botas, botellas de plástico, toallas y cubos llenos de hielo, volvieron a abrazarse.

«Los jugadores querían hacerme un regalo, pero les dije que yo solo quería la copa. En ese momento, en el reducto sagrado del vestuario, me invadió una inmensa sensación de gratitud, no solo hacia Messi, sino hacia todos. Leo estaba contento, todos estábamos contentos. Mientras abrazaba a Messi, pude ver que Alexis enviaba un mensaje con el móvil. Siempre pasa lo mismo, los jugadores quieren compartir esos momentos de felicidad con aquellos que más quieren.»

En la primera charla relajada con su gente y también en la sala de prensa, a Guardiola le invadía el alivio por encima de cualquier otra sensación.

«Me siento muy feliz. Ser capaz de terminar con una victoria siempre te aporta un poco más de paz, de tranquilidad. Antes del partido, pensaba que nada me haría cambiar de opinión sobre las cosas que he hecho, pero acabar ganando un título es mejor, para los dos próximos meses, para el futuro, porque significa que el equipo se ha clasificado para la Supercopa de España.»

Llegó el momento de regresar al hotel y celebrar la ocasión tomando unas cervezas con la familia. Antes de cerrar la puerta tras él, la gente, los aficionados, los admiradores le detenían. Querían una frase, un recuerdo, tocarlo. Carles Puyol, luciendo pantalones vaqueros y camiseta, se acercó para rescatarle.

«Cuando van vestidos así, estos chicos imponen.»

Al regresar a casa, por primera vez en mucho tiempo, no había ningún otro partido que preparar.

La semana de la retirada de Guardiola, Gabriele Marcotti escribió en el *Wall Street Journal* que, fuera cual fuese su próximo destino, «no sería justo ni realista pedirle a Pep que duplicara el Barça en otro país. Lo que había pasado en el club catalán es la tormenta perfecta en la que Guardiola ha sido el ingrediente esencial, pero no el único».

Pep lo sabe mejor que nadie, y en esos momentos sentía que había llegado la hora de distanciarse de ese mundo, del que había creado y del otro, del más artificial. Decidió tomarse un año sabático, un año que empezó con viajes a Israel, Croacia, Singapur, Indonesia, hasta finalmente instalarse por unos meses en Nueva York con su joven familia.

Él conoce la visión que el Barça tiene del mundo, pero, tal y como hizo después de colgar las botas de futbolista, necesitaba descubrir de nuevo cómo el Barça es visto por el mundo. Es verdad que él cree que la institución es más que un club; es cierto y definitivo que el estilo en el que cree y que él ha ayudado a establecer en el club es un método ganador, pero ¿es exportable?

En sus últimos meses en el Barcelona, Pep empezó a hablar con admiración de la liga alemana, influido por Raúl, que triunfó en el Shalke 04 y le contó maravillas del estilo del fútbol directo, de los grandes clubes, del ambiente, de los estadios abarrotados (nada que ver con los campos semivacíos y desabridos en Getafe, Zaragoza, Mallorca...).

Cuando Pep abandonó Can Barça como futbolista, muchos esperaban que se fuera a Inglaterra o a Italia, pero acabó jugando en Qatar y en México. Así hablaba antes de conocerse su acuerdo con el Bayern de Múnich. «Dejaré que la pasión me guíe a algún lugar donde sea capaz de trasmitirla. Sin ella, no puedo entrenar; ya me conocéis. Quizá debería ir a donde no pueda ganar títulos; quizá eso me ayudaría a crecer como entrenador. Vivo con mis dudas; no me siento mejor que otros solo porque gano títulos. Me gusta la liga alemana por el país, por la forma en la que organizan el juego, por los estadios, por la posibilidad de aprender la lengua; la Premier League también tiene algo especial; Francia también es un magnífico país para vivir con la familia; en los países árabes hay gente maravillosa...»

Pero Guardiola, como él mismo admitió, quería que lo sedujeran. ¿Cómo lo consiguió el club bávaro? Antes de cerrar el acuerdo con el Bayern, surgieron todo tipo de posibilidades. A mitad de su última temporada, Pep aprovechó un breve descanso para escaparse a Brescia a ver a sus amigos y visitó el estadio del club Rigamonti, donde él había jugado. En la pared colgaba una pancarta: «*Pep, orgoglio del passato, sogno per il futuro*» (Pep, orgullo del pasado, sueño del futuro). El Brescia está ahora en la Serie B; sin embargo, a Pep no le importó admitir que le encantaría ser su entrenador algún día. Le gustaría devolverles la fe que mostraron en él después de que la Juventus y otros clubes le rechazaran como jugador, por todo su apoyo durante el periodo en el que le acusaron de dopaje: nadie en el modesto club italiano dudó de él ni un segundo.

Pep sigue teniendo una atracción especial por la Premier League, un sueño frustrado, como reconoció a la federación inglesa en un vídeo que conmemoraba su 150 aniversario: «Jugar en esa liga es algo único. Quiero sentir a los aficionados, el ambiente, la prensa y el estilo de los jugadores. Como jugador, no pude realizar mi sueño de jugar allí. Pero espero, en el futuro, tener la oportunidad de ser entrenador allí y sentir la experiencia que todos los técnicos y jugadores han tenido allá». En sus últimos años como jugador, Pep se ofreció a todos los grandes clubes ingleses, incluido el Arsenal. Su entrenador, Arsène Wenger, le dijo a su representante que prefería contratar a futbolistas más jóvenes; otros clubes alegaron otras excusas, así que nunca llegó a competir en las islas británicas.

Algunos de sus mejores amigos estaban convencidos de que si el Manchester United hubiera llamado a su puerta, Pep no se habría referido a su largo paréntesis como un «año sabático», sino a un descanso. Pero monstruos del fútbol como Alex Ferguson no saben cómo marcharse, aunque en ocasiones nos amenacen con una posible retirada.

Tan pronto como Pep confirmó que abandonaba el Barça, empezaron a circular toda clase de rumores. Uno de los más recurrentes hacía referencia a posibles negociaciones con la Federación inglesa de fútbol para entrenar a la selección nacional. A pesar de que la Federación no contactó con Guardiola, un intermediario intentó crear las condiciones para un posible acuerdo. El mediador dijo a la Federación que Pep estaba interesado, y a Pep que la Federación estaba considerando la posibilidad. En un momento determinado, pusieron a prueba al agente, pidiéndole que organizara una reunión que nunca llegó a producirse.

A lo largo de las últimas tres temporadas de Pep en el Barcelona, el Chelsea intentó convencerlo para tomar las riendas en Stamford Bridge. Las ofertas económicas crecían con cada nuevo intento: 10 millones de euros anuales, trece millones, incluso quince, según algunas fuentes. Pero Roman Abramovich, fascinado y seducido por el fútbol practicado en el Camp Nou, no tardó en darse cuenta de que tendría que ofrecer algo más a Pep para llevárselo a Londres: principalmente, una estructura y una plantilla que le permitieran ejercitar ese estilo de juego.

El magnate ruso se reunió tres veces con Txiki Begiristain tras la marcha de este del Barcelona en junio de 2010. Abramovich quería que Txiki estructurase el club, pero también que sirviera de plataforma para la llegada de Guardiola. Begiristain comprendió su papel, pero intuyó que Roman no buscaba un modelo de fútbol, sino un nuevo consejero. El propietario quería mantener intacta su influencia, así que no ofreció a Begiristain ningún puesto ejecutivo. Ante la falta de entendimiento, no se alcanzó ningún acuerdo.

Impertérrito, Abramovich continuó intentando atraer a Pep. La más aventurera de las propuestas llegó en el verano del 2011, justo después de que el Barça ganara la final de la Liga de Campeones. Guardiola no quería oír hablar de otros clubes en ese momento, después de acceder a quedarse un año más en el Barça y pese a las crecientes dudas que plagaban su mente.

Pero Roman, que había decidido prescindir de Carlo Ancelotti, deseaba hablar con Guardiola cara a cara, convencerle él mismo. La lista de candidatos al banquillo del Chelsea estaba formada por André Villas-Boas, José Mourinho y Guus Hiddink. Pero Pep estaba en lo más alto de ese elenco. Ese verano, el secretario técnico del club Michael Emenalo utilizó su buena relación con Tito Vilanova —con quien compartió vestuario en el Lleida— para hacerle llegar el interés. A través de otros intermediarios, le llegó a Pep la rocambolesca propuesta: una invitación al yate que Abramovich tenía atracado en Mónaco a finales de junio, un encuentro que debería llevarse a cabo en el más absoluto secreto.

Pep no lo tenía claro. «No me líes, no me líes», insistía el técnico al mediador. Después de dos semanas esperando una respuesta, el propietario del Chelsea recibió el mensaje que menos quería oír: que el entrenador del Barcelona había declinado la invitación. Pep creía que si se sentaba a hablar con Abramovich, el magnate iba a conseguir que su cabeza diera mil vueltas de nuevo. ¿Para qué asumir tal riesgo ahora que ya había confirmado su estancia en el Barcelona un año más? A la semana siguiente, Villas-Boas fue invitado a pasar el día en el imponente yate.

En las oficinas de Stamford Bridge se discutió otra idea. ¿Y si Abramovich designaba un entrenador interino para la temporada 2011-2012? De ese modo, Guardiola podría comunicarle al propietario ruso a mitad de temporada si se iba del Barça y el club inglés preparar su incorporación. El tema quedó en eso, el germen de una idea, porque, si no, no habría sido solo un club, sino dos los que a mediados de temporada hubieran estado esperando la decisión de Guardiola.

Abramovich no tiró la toalla. Cuando se le informó que Pep estaba considerando seriamente marcharse del Barça y después de destituir a André Villas-Boas en marzo del 2012, pensó que sería un buen momento para retomar el contacto con el entrenador catalán. La propuesta fue la siguiente: fichar a Rafa Benítez para los tres meses que quedaban de la temporada 2011-2012, rescatar del mejor modo posible una campaña que amenazaba con hundirse y entregar el equipo a Guardiola en verano.

No hubo acuerdo con el exentrenador del Liverpool, que buscaba un compromiso a más largo plazo, así que el puesto lo cubrió, en principio transitoriamente, Roberto di Matteo, quien, después de ganar la Champions, renovó dos temporadas más aunque Abramovich no confiaba excesivamente en él.

Mientras todo eso sucedía, Guardiola no quería oír hablar del Chelsea ni de ningún otro club —no deseaba que su mundo se desestabilizara— y se aseguró de que a Roman le llegara el mensaje. Cuando decidió dejar el Barcelona, su siguiente paso iba a ser comunicarlo al club, a los jugadores, al mundo, y tomarse un año sabático. Sin un equipo concreto en mente, se le sugirió que, mientras descansaba en Nueva York, podría al menos empezar a reunirse y a planificar el futuro con su próximo club, cualquiera que fuese; empezar a identificar fichajes y proyectar su aterrizaje a su próximo proyecto. Pero Pep, que se acababa de despedir de su querido Barça, solo deseaba desintoxicarse del fútbol.

Guardiola mide el éxito de un modo diferente a la mayoría de entrenadores. Su experiencia como jugador, su amarga salida del Barcelona en el año 2000 y su experiencia en Italia le curtieron. Aunque no ignora que el dinero da la libertad de hacer lo que uno quiere, allá donde quiere, valora el placer de hacer lo «que toca» y cuando toca. Y necesitaba parar. Su carrera como entrenador será valorada no solo por los títulos ganados, sino porque lo hizo a su manera.

Y mientras paseaba por Central Park esperó a que su nuevo club le presentara amistad, cariño, respeto y compromiso. Posibilidad de títulos inmediatos, de disputar los principales torneos. Con una estructura llena de historia, orden y sentido común. Y el Bayern de Múnich, que le estuvo cortejando desde el final de su última temporada, le ofrecía todo ello.

Como jugador, Guardiola aprendió a guardar celosamente su vida privada; la mayoría de ellos lo hacen porque saben que mostrar lo que les gusta, lo que hacen no es más que una manera de facilitar el trabajo a los que les quieren mal, a los que usarán seguro esa información en contra suya.

«La opinión pública es cruel, pero me gusta lo mismo que a todo el mundo: el vino, leer, la familia.»

El éxito, la popularidad han hecho que la gente crea que Pep, su imagen, su vida privada, eran también de propiedad pública. A veces Guardiola sueña que ha fracasado, o trata de imaginar cómo habría sido si tuviera que saborear la derrota, y hasta qué punto puede ser hasta saludable.

«Del fracaso se aprende diez veces más. La victoria te da diez minutos de paz, pero después te atonta. En la victoria hay que darse cuenta de las cosas que no van bien. Tengo muchos miedos e inseguridades, no me gustan las personas que gustan de solucionar la vida a los demás. Quiero estar bien en mi microcosmos.»

«Es la mar de sencillo —razona una de las personas que han tenido mayor influencia sobre Pep—, Guardiola lucha contra sí mismo del mismo modo que el Barça lucha contra el Barça. El club nunca está satisfecho consigo mismo, ¿no es cierto?»

Hasta hace poco, el Barcelona había gozado de muy pocos momentos de estabilidad; la mayor parte de su historia es una sucesión de ciclos: éxito, crisis, éxito de nuevo. Todo este tiempo, la lucha ha consistido en dotar al club de cierto grado de continuidad. A Pep lo extrajeron de ese mismo molde; quiere ser —y así se lo exige a sí mismo— el mismo entrenador que debutó en 2008, pero en lugar de hallar respuestas, encuentra más interrogantes. Pep es una víctima de su propia dedicación y perfeccionismo, así como de sus propios tormentos y de su incapacidad para permitir que otros le ayuden. Lo tiene que hacer todo él y a su manera.

Guardiola ha tratado la derrota y la victoria con el mismo respeto, y siempre ha mantenido una distancia saludable de ambas. Quizá porque sabe que entrenar es una de las profesiones más duras y más solitarias. Rica en la victoria, huérfana en la derrota.

En todo caso, no importa lo que él prefiera en el epitafio de su carrera en el Barça, nadie podrá usurparle el lugar más prominente en el cuadro de honor del club y en el del mundo del fútbol.

El escritor Josep M. Fonalleras recurre a unas bien escogidas palabras para describir su legado: «El fútbol que pone en práctica Guardiola bebe del romanticismo infantil, de los chuts en la plaza mayor de Santpedor, y se asienta en un análisis frío y detallado. Se consume en la pasión del retorno a la infancia y se ejecuta con la precisión de un bisturí adulto. Guardiola busca siempre "el partido perfecto", esa especie de El Dorado, ese paraíso que no se concibe sin su ejemplo intachable de conducta, fuera y dentro del campo».

Y aunque resulte simplista reducir la influencia de Pep a meros números, las estadísticas son extraordinarias: 177 victorias, 46 empates, 20 derrotas; veintidós canteranos tuvieron la oportunidad de debutar en el primer equipo; ha sido el técnico más joven en ganar dos títulos de Liga de Campeones, y fue el sexto en obtener ese título en el césped y en el banquillo.

Sin duda, se trata del mejor entrenador en la historia del Fútbol Club Barcelona.

El estilo, criticado en el pasado por ser excesivamente barroco, irregular, desequilibrado y a menudo ineficaz, era, sin embargo, entretenido y se había convertido incluso en una fórmula de éxito.

Las decisiones adoptadas por Pep afectaron también a la selección española. Luis Aragonés ya había decidido entregar el liderazgo del equipo a los centrocampistas, y Vicente del Bosque introdujo solo pequeños cambios, disfrutando del desarrollo de ese estilo en el Barcelona y en la selección. Al final, el equipo dos veces campeón de Europa y campeón mundial desplegaba un fútbol basado en los principios introducidos por Pep, un estilo efectivo que, con la Roja, bebía también de otras fuentes: las fuertes personalidades del Real Madrid, (representadas por Iker Casillas, Sergio Ramos), los emigrantes de lujo (Álvaro Arbeloa, Xabi Alonso, Fernando Torres, David Silva, Juan Mata) y las pinceladas de la periferia (Jesús Navas, Fernando Llorente).

Antes de la Eurocopa 2012, Del Bosque también quiso despedirse de Guardiola: «Mi recuerdo para un compañero de profesión y mis mejores deseos. Es imposible que nadie consiga lo que ha conseguido en este tiempo. Me siento contento y orgulloso de que haya entrenadores españoles con esa calidad humana. Tiene mi estima. Estamos hablando de un Guardiola que ha sido una historia singular, no podemos equipararla a nadie».

En la Eurocopa 2012 en Polonia y Ucrania, en la que la selección española se coronó vencedora, Del Bosque aplicó soluciones que habían tenido éxito en el Barcelona, incluyendo el papel de falso delantero, la única innovación táctica introducida en aquella competición. Y también resultó efectiva, a pesar de las críticas. La selección española había topado con problemas similares a los del Barça: los equipos defendían muy atrás, sin dejar espacios, entorpeciendo la circulación rápida del balón. Así que había llegado la hora de reinventarse. Cuando la Roja jugaba sin delantero, los centrales del equipo rival no sabían a quién defender. La máxima expresión de aquel estilo fue la extraordinaria final contra Italia, aquel explosivo 4-0 que aniquiló muchísimos debates.

A Guardiola se le presentaría un interesante dilema si le ofrecieran la oportunidad de seguir los pasos de Vicente del Bosque en el futuro. Como jugador ya tuvo que responder a la cuestión de qué selección nacional elegiría, si pudiera, entre España y Cataluña.

«Jugué con España porque en esa época era impensable hacerlo para Cataluña y, además, estuve encantado de jugar con España y lo hice lo mejor que pude, como un buen profesional. Estaba eufórico de poder participar en los Mundiales y en los campeonatos europeos de fútbol, y desearía haber podido jugar más. Pero yo nací en Cataluña, y si hubiera habido una selección catalana oficial, habría jugado ahí. La pregunta se contesta por sí sola.»

Si le dieran la oportunidad de ser seleccionador español, probablemente lo haría con la misma pasión con la que entrenaría a la selección argentina o a la catarí; la diferencia sería que algunos jugadores que tendría bajo sus órdenes serían también catalanes.

Guardiola fue votado mejor entrenador del mundo en el 2011 por la FIFA. «Pero no te dejes engañar por él. Pep nunca pensó que todo esto llegaría tan súbitamente, tan rápidamente», bromea su amigo Estiarte. Cuando Guardiola recibió el galardón, quiso compartir el momento con los otros dos candidatos, Alex Ferguson y José Mourinho: «Es un honor teneros como colegas», dijo. Fue el día en que le preguntaron a sir Alex si Pep podría reemplazarlo en el Manchester United: «¿Por qué? Si yo estuviera en su lugar, me quedaría en el Barça».

El galardón reconocía los títulos, pero también dejaba una cuestión pendiente. Lo que Guardiola había hecho en su club, ¿era una revolución o una evolución? Cambiar una respuesta es evolución; reemplazar la pregunta es revolución.

Pep no había partido de cero, pero había desarrollado el estilo del Barcelona insistiendo en la idea principal e introduciendo algunas variaciones sutiles. Y lo hizo mientras ganaba partidos, títulos. Eso es de valientes. «Le dio al equipo un toque de mayor intensidad, eficacia. Usó perfectamente una gran generación de futbolistas», añade Rafa Benítez.

Pero además reemplazó la pregunta con un toque de audacia e imaginación: se atrevió a jugar sin delantero, a colocar en ocasiones a dos únicos defensas, eliminó las concentraciones en hoteles previas a los partidos, trasladó la plantilla a un nuevo campo de entrenamiento, realizó entrenos a puerta cerrada, desplazamientos el mismo día del encuentro, analizó las dietas de los jugadores, organizó las horas de las comidas, y un largo etcétera.

Tal y como apunta Valdano, nunca antes las ideas de un entrenador habían ejercido tanta influencia en el Barcelona. Pep era más que Messi, más que el presidente. El reto en el club catalán ha sido siempre convertir su irregular acceso al éxito en una metodología que garantizara su continuidad. De hecho, no solo la continuidad del éxito —que a menudo puede depender de otros factores que escapan a nuestro control— sino también del trabajo global del club.

Y con Guardiola, el club se hizo más fuerte. Pep convirtió una idea en un método, en una forma de organización, con un punto de vista flexible, pero siempre basado en la filosofía central, tal y como repitió cientos de veces en los pasillos del Camp Nou, o en el campo de entrenamiento en Sant Joan Despí: «Si tenemos dudas, atacamos, recuperamos el balón y atacamos». Él sabía mejor que nadie que no lo sabía todo acerca del fútbol moderno, así que supo rodearse de un poderoso grupo de especialistas que le ayudaron a desmontar el complejo rompecabezas de este deporte. Otro legado: la mirada múltiple.

Bajo el liderazgo de Pep, el fútbol también se convirtió en algo divertido para los jugadores. Todo trabajo, cuando se profesionaliza, pierde el *feeling amateur* esencial, el sentido lúdico que todo oficio debería tener. Sus futbolistas, en cambio, disfrutaban jugando igual que cuando eran niños. Pep les recordó que aquel que piensa en dedicarse a entrenar unas horas y ya está fracasará mucho antes que aquellos que disfrutan con lo que hacen. «Ser *amateurs* en su trabajo es lo que los convierte en jugadores especiales», sostiene Pep. Pero fue él quien hizo que se enamoraran otra vez del fútbol, quien les ayudó a crear ese espíritu corintio.

El centrocampista inglés Jack Wilshere reveló recientemente que el exseleccionador de Inglaterra Fabio Capello había preparado una sesión especial de vídeo: «Fijémonos en el Barça y en cómo ejercen la presión». Vídeos similares se han visto en los vestuarios de equipos de la Liga de Campeones, de la primera, la segunda y la tercera división alemana, inglesa, francesa, española… Esa es la otra gran herencia que ha dejado Pep.

Luego están los pequeños legados.

Al inicio de la rueda de prensa en Stamford Bridge, antes del partido de ida en semifinales contra el Chelsea de Roberto di Matteo, un traductor le preguntó a Guardiola si podría dedicarle un minuto cuando acabara sus obligaciones con los medios. Cuando Pep hubo contestado todas las preguntas de los periodistas, se olvidó de la petición y salió disparado de la sala. El traductor, un joven español que vivía en Londres, corrió tras él: «¿Puede dedicarme un minuto?». «¡Ay, sí! lo siento. Lo había olvidado.»

«Pep, soy entrenador de chavales, en el Chelsea.» Guardiola escuchó al joven atentamente durante un minuto, o incluso dos o tres, mirándole directamente a los ojos. «Ahora entiendo por qué has traducido tan bien los conceptos tácticos», le dijo Pep. El joven entrenador no olvidará nunca aquel minuto.

El valor de un minuto, de un gesto.

Guardiola mezclaba, tal y como Mascherano dijo en más de una ocasión, el trabajo con los sentimientos. Era así porque quiere transmitir el indescriptible placer de acariciar el balón. En el mundo entero, Guardiola es sinónimo de alguien que dio vida a un juego que se había estancado y que se había quedado sin alma.

En su último día en el Camp Nou, Pep Guardiola recogió un puñado de objetos personales que había ido acumulando a lo largo de cuatro años en su despacho, ese lugar donde, en tantas ocasiones, había encontrado un momento de magia, donde había diseccionado innumerables vídeos, donde había estudiado las palabras que pronunciaría ante la prensa.

El portátil, libros, unos cuantos CD, fotos de María, Màrius, Valentina, Cristina, todo cuidadosamente colocado en cajas de cartón. ¿Debería dejar allí la lámpara de sobremesa de madera, la de papel junto al sofá, la alfombra?

Mientras guardaba el último objeto en otra caja, se le cruzó un pensamiento: «Hemos hecho feliz a tanta gente...».

Y un recuerdo: su hijo Màrius repitiendo sus gestos en el área técnica el día de su despedida en el Camp Nou, cuando todos los espectadores ya se habían marchado y apenas se veía con el mínimo de luces encendidas. Pep, sentado en el banquillo, le contemplaba como extendía su brazo, una mano en el mentón, gritando órdenes ininteligibles para crear un ataque imaginario, celebrando con similar elocuencia un gol que no existía. Si su hijo va a imitar a alguien en el mundo del fútbol —y lo hará— no será mala cosa que empiece por Pep Guardiola.

Ha sido un verdadero privilegio estar a tus órdenes; lo digo de todo corazón.

ANDRÉS INIESTA

CUARTA PARTE

Pep Guardiola para principiantes

8

Lejos de casa, en Múnich

Tres meses después de anunciar al mundo que necesitaba descansar, que no se sentía capacitado para seguir tomando decisiones en el Barcelona, Guardiola fue a comer con un buen amigo y, cómo no, hablaron de fútbol. A Pep le vino un pensamiento, pero una vez sentados a la mesa dejó que cobrara vida para ver hacia dónde se encaminaba. Su amigo no se lo podía creer, o sí. Era un momento muy guardiolista. «¿Y si acepto alguna de las ofertas que me han llegado y me pongo a entrenar ya?», preguntó el técnico. «Pero, hombre, ¿no decías que estabas cansado, que le debías tiempo a la familia, que necesitabas alejarte de todo?»

Como se sabe, así lo hizo finalmente, pero en noviembre, paseando por el inmenso Central Park, se preguntaba de nuevo: «¿Qué hago aquí?». Y al lado de ese interrogante surgían un montón de respuestas legítimas: era un año que quería regalarle a los suyos, le estaba dando la oportunidad de conocer la MLS, otro país, perfeccionar un par de idiomas, y podía seguir al Barcelona de lejos, una necesidad, o cenar anónimamente como hizo con sir Alex Ferguson.

Del escocés escuchó que, hiciera lo que hiciera, no se dejara tentar por el Chelsea, un club al que le faltaba de todo, desde aura e historia hasta infraestructura. Lo que Ferguson no sabía es que, antes de aquella comida en privado de septiembre en Nueva York, Guardiola no solo ya había recibido varias ofertas, sino que estaba seriamente considerando una de ellas. El Bayern de Múnich empezaba a poner las bases de un acuerdo que llegó antes de lo que el club bávaro se imaginaba.

Todo se inició con la derrota ante el Chelsea en la Liga de

Campeones en su propio estadio, en Múnich, ante su gente, considerada, pues, como humillante y traumática por los directivos alemanes, que no asimilaron bien caer ante un conjunto, el Chelsea, veterano, defensivo, incapaz de dar dos pases seguidos. ¿Cómo no pudo completarse la gesta, cómo se perdió aquella final? Las dudas apuntaban a la suerte, a la táctica, a algunos jugadores, pero principalmente al director deportivo, Christian Nerlinger. Consciente de que su crédito era limitado, a Nerlinger se le ocurrió una huida hacia delante. ¿Por qué no contactar con Pep Guardiola e intentar convencerle de que suspenda su año sabático antes siquiera de haberlo iniciado?

No era una decisión nacida de la nada. Dos años antes, en una reunión entre el entrenador catalán y los directivos del Bayern, Pep había dejado caer que todo era posible, que le gustaba lo que estaba haciendo el club. «Un día me encantaría trabajar con vosotros», les dijo.

En mayo, pues, pocas semanas después de que el técnico anunciara que dejaba el Barcelona agotado, el director deportivo se reunió con Pere Guardiola, hermano de Pep y negociador de su futuro, pero el Bayern recibió la misma respuesta que el resto de pretendientes: «Mejor hablamos dentro de seis meses, Pep solo quiere descansar y nos ha dicho que no le calentemos la cabeza con ofertas hasta dentro de un tiempo».

Curiosamente, si se permite el desvío, el por entonces entrenador del Málaga, Manuel Pellegrini, reputado exentrenador del Real Madrid y del Villarreal, y campeón de Liga con los equipos San Lorenzo y River Plate, se había convertido en la segunda opción del Bayern, y de otros equipos de élite por detrás de Pep, una elección más acertada de lo que algunos puedan pensar. Guardiola había adoptado un par de conceptos tácticos del Villarreal de Pellegrini que había llegado a semifinales en la Liga de Campeones del 2006: el movimiento de los extremos y un movimiento específico de la defensa. El fútbol europeo considera que el chileno y Pep eran dos entrenadores de excepcional calidad, tanto por su lucidez estratégica como por su habilidad para manejar el equipo. Finalmente, el Manchester City consiguió convencer al chileno.

En todo caso, la valiente propuesta no le sirvió a Nerlinger para salvar su puesto, pero su sustituto, Matthias Sammer, se informó con detalle de lo hablado y quiso continuar con la atractiva posibilidad. En agosto, el Bayern le explicó a Pep sus planes de futuro, le concretó la propuesta y el técnico empezó a ver el proyecto claro. En su casa de Llavaneres, Guardiola recibió a los legendarios directivos del Bayern, Uli Hoeness, Karl-Heinz Rummenigge y Franz Beckenbauer. Pep no le contó nada a nadie acerca de la reunión, excepto a su esposa y a su agente y hermano. Ni los diversos clubes ni los equipos nacionales que contactaron con él en los meses sucesivos estuvieron durante meses al corriente de aquel encuentro. La decisión de Pep se iba haciendo definitiva; le habían puesto el balón botando, como se dice. Justo para volear y marcar.

Desde ese momento le atrajo formar parte de la histórica institución. En otoño se organizó una nueva reunión de Pep con Karl-Heinz Rummenigge, histórico dirigente del Bayern, en la que quedó claro que Guardiola había sido seducido.

Pep le dijo al exfutbolista alemán, como ya le había comunicado a algún otro directivo alemán dos años atrás, que sí, que se imaginaba un día trabajando en Múnich.

Aquella tarde se pusieron las bases del acuerdo.

Raúl le había contado en varias ocasiones las bondades de la liga alemana: estadios llenos, gran atmósfera, una liga competitiva. Un caramelo para la gente del fútbol. Y el Bayern no solo tiene una de esas narrativas que llenan libros de historia del fútbol (campeón de Liga en veintidós ocasiones, cuenta en su palmarés con quince Copas, ha ganado las tres grandes competiciones europeas y ha sido cuatro veces campeón de la Copa de Europa), sino que su perfil es parecido al del Barcelona: ambos clubes son propiedad de sus socios, tienen una personalidad definida, una estructura clara y buscan en la cantera para completar su plantilla.

El equipo estaba acostumbrado a ganar o competir hasta el último mes y, por supuesto, era favorito para vencer en su competición doméstica de nuevo en la 2012-2013. Ha llegado a dos finales de la Champions en las tres últimas temporadas y con dos entrenadores distintos: Van Gaal en el 2010 y Heynckes en el 2012: una muestra más de la calidad de la plantilla, aunque perdiera ambas. En el Bernabéu, cayó el Bayern de Van Gaal ante el Inter de Mourinho y de Diego Milito, y dos años después, en el Allianz Arena, Heynckes dobló la rodilla ante el Chelsea de Di Matteo y Drogba.

El Bayern de Múnich, pues, no necesitaba un cambio drástico de plantilla y eso le seguía convirtiendo en una opción deportiva atractiva. Con 190.000 socios es uno de los clubes más populares del mundo, pero no tiene el presupuesto para fichajes de un Paris Saint-Germain, un Manchester City o incluso un Chelsea. En todo caso, su poderío financiero le garantiza un futuro estable: sus cuentas están saneadas, incluso tras la construcción del Allianz Arena a un coste de 400 millones de euros. Está, pues, blindado contra la llegada de dinero nuevo interesado en comprar con atajos el éxito y así se lo dijo Pep a Rummenigge: admiraba el modo como el club, que durante esa temporada había gastado la cifra récord de cuarenta millones de euros por Javi Martínez, había establecido una independencia económica, crucial para montar proyectos a largo plazo.

Como cuenta Ramón Besa, «a Guardiola, que curiosamente pasó su tiempo en Catar, le preocupa que el fútbol en Inglaterra haya caído en manos de jeques y millonarios rusos o estadounienses. Hay una notable recesión del juego y se extiende la sensación de que un equipo se construye con dinero fácil».

Queda claro que el atractivo era obvio y también tenía algo de apuesta segura: luchará por títulos desde el primer día. Le permitirá conocer una liga nueva, un nuevo idioma, un nuevo club, una nueva organización, un montón de cosas que podría aplicar al Barcelona en su regreso, si finalmente se cumple otro de sus sueños: dirigir desde las oficinas el club azulgrana.

Y nada dañaba la etiqueta «Pep, hombre de fútbol».

Desde el primer momento, se le explicó a Guardiola que su labor iba a ser básicamente la de dirigir el primer equipo. Ni más ni menos. Y eso ya le iba bien porque, por encima de todo, es un entrenador de fútbol al que le sobran muchas otras cosas que van más allá del entrenamiento, de la visión de partidos y del encuentro. Iba a dejar de ser, pues, el alma del Barça para ser, simplemente, un entrenador, curiosamente el papel que desempeñaba ahora Tito en el Barça.

Solo un técnico. En un club de fútbol. En la élite. ¿Se advierte la simplicidad del gesto pese a que todos los protagonistas de esta historia se escriban con mayúsculas? El dinero a su cuenta bancaria le podía llegar de cualquier sitio, sobre todo de Inglaterra, pero nadie le daba lo que le proporcionaba el Bayern.

Había un par de problemas con los que lidiar. El Bayern divide al país entre sus aficionados y el resto («cualquier equipo menos el Bayern», es el lema de muchos alemanes), pero Guardiola reconoce las consecuencias de ser muy querido y muy impopular a la vez: se imaginaba que ese desprecio hacia el club podría salpicarle de algún modo, pero no creía que se llegara al extremismo de la Liga Española.

Luego estaba el tema de la directiva, en el que todo el mundo tiene una opinión y no se la guarda, en un club descrito por el especialista en fútbol alemán, Raphael Honigstein, como «FC Hollywood»: «Los grandes nombres tienen incluso egos más grandes». El presidente y padre impetuoso de la familia bávara Uli Hoeness fue antes mánager durante treinta años y tiene mano dura con los entrenadores; el director ejecutivo Karl-Heinz Rummenigge, más conciliador, representa al club en el extranjero; y el presidente honorario Franz Beckenbauer, con una columna semanal en el *Bild*, es imprevisible pero extraordinariamente leal mientras crea que eres bueno y útil al club. El director deportivo Matthias Sammer es ambicioso, directo y también expansivo.

Todos ellos «proporcionan un boletín de noticias de veinticuatro horas sobre la situación del club», concluye Honigstein. Aunque, como apunta el analista, se trate solamente de ruido mediático para mantener alto el perfil del Bayern, será difícil que Pep acepte de buen grado un juicio constante sobre el juego de su equipo. Ese notorio poder de la directiva del Bayern hizo la vida muy difícil a entrenadores como Otto Rehhagel, Felix Magath o Louis van Gaal, que acabaron marchándose enfrentados al club. Pero a la vez permiten que la institución tenga varios portavoces que la representan y que protegen al entrenador, lo que tanto echó de menos Pep en el Barcelona.

Se cumplían todas las condiciones que pedía Pep. Le sedujeron. Le querían. No hay nada más importante para Pep que sentirse querido, por su gente y por un club. Que le demuestren que le quieren e imaginar que puede divertirse. «Como dije cuando llegué a Barcelona: no voy allí pensando en ganar títulos en el mes de mayo sino en pasarlo bien y en que los jugadores intenten hacer lo que tú crees que es mejor para ganar los partidos. La idea es disfrutar del juego.»

Pero había algo más, hay que insistir en ello. Guardiola iba a pasar de ser portavoz, icono, entrenador, padre, hermano, novio ideal y modelo social a técnico del primer equipo… y, a pesar de sus temores, quizá también novio ideal si uno se deja guiar por la unánime celebración de toda Alemania cuando se conoció su llegada.

Pep quería decidir su futuro antes de acabar el año para, tras las vacaciones navideñas, empezar a trabajar en su nuevo proyecto, con esa obsesión tan guardiolista que le hizo ser campeón de Tercera División con el Barça B o besar dos Champions en cuatro años con Messi, Iniesta, Xavi, Puyol y compañía. Solo tres clubes le ofrecían esa posibilidad: Chelsea, Bayern y Milan.

Guardiola sabía que solo tenía que descolgar el teléfono para convertirse en el nuevo entrenador del Chelsea. Pero cada vez que se ponían en contacto con él desde Londres, Pep les proponía hablar unos meses después. Nunca era un buen día para negociar. El club inglés, consciente de la urgencia que le corría a Guardiola escoger su nuevo club, despidió a Roberto di Matteo en noviembre horas después de caer ante la Juventus en la fase de grupos de la Liga de Campeones, una derrota que prácticamente eliminaba al reciente campeón de la competición. Antes de llamar a Rafa Benítez, Abramovich volvió a ponerse en contacto con Guardiola pero de nuevo el técnico le comunicó que no era el tipo de club donde quería aterrizar tras el Barcelona.

Al Chelsea le preocupaba la opinión que Pep iba a tener del club tras los despidos de André Villas-Boas y Roberto di Matteo. Sugería una alarmante falta de visión del club, de paciencia. Y tenían razón en su inquietud: Guardiola nunca vio al Chelsea como un club suficientemente sólido y tranquilo para poder trabajar y disfrutar. A Benítez le ofrecieron un año y medio de contrato, pero prefirió firmar solamente hasta final de temporada.

¿Y el Manchester City? El nuevo director deportivo, Txiki Begiristain, sabía que era imprescindible escoger el momento ideal para ofrecerle el cargo. Pero pronto se dio cuenta de que no iba a ser posible convencerle. A pesar de que habían hablado de vez en cuando durante la temporada 2012-2013, nunca le ofreció una oferta en firme. Las conversaciones incluían un «bueno, ya sabes, si quieres, en este club tienes las puertas abiertas», a lo que Pep contestaba con un «lo sé, no es necesario que me lo digas». Ni Txiki, ni Ferran Soriano —director general del Manchester City y exdirectivo del Barça— pudieron atraerle lo suficiente para liderar el mastodóntico proyecto del Manchester City.

Pero es que además aparecieron otros obstáculos. Roberto Mancini, tras ganar la liga la temporada anterior por primera vez en cuarenta y cuatro años, contaba con el apoyo unánime de la afición y, por otro lado, los dueños del City no querían que el catalán dictara la agenda del club. El momento para analizar el futuro del entrenador italiano era a final de temporada, decían desde Abu Dhabi, así quc la hora ideal para proponer el proyecto a Pep nunca llegó por el escaso interés del preparador catalán pero también porque Beguiristain solo obtuvo permiso de la propiedad para escoger un nuevo entrenador al final de curso. Esa asociación Txiki-Pep de la que tanto se habló no se produjo. Cuando todos lo esperaban en el City, él ya trabajaba pensando en el Bayern.

El City suponía también el riesgo de colisionar con el Barcelona, y eso es algo que Pep quería evitar durante su exilio voluntario como entrenador. No quería ser considerado un enemigo potencial en el mercado de fichajes en su antiguo club ni quería entrar en una guerra política entre Sandro Rosell, presidente del Barça, y Ferran Soriano, considerado enemigo del primero. En todo caso, apuntan quienes le conocen bien, Guardiola no decidió contra la Premier, sino a favor de las muchas ventajas de la Bundesliga. Así lo cuenta Juanma Lillo: «No sé si fichó por el Bayern pensando en los aspectos negativos de otros clubes. Conociéndole como le conozco un poco, creo que lo hizo porque le gustaba el club más que porque no le gustaban otros».

Su estancia en Múnich no le alienará a los ojos de la afición inglesa, que, a tenor por ejemplo del éxito de este libro en el Reino Unido, le espera con los brazos abiertos. Pero su elección futura volverá a tener las mismas variantes: querrá un equipo que sea ganador y que gane, un club con historia y en el que encaje su estilo de juego. Como le había dicho Ferguson en Nueva York, este iba a seguir hasta que la salud, de hierro, se lo permitiera. Y el Arsenal, según la información que manejaba Pep, quería continuar con Arsène Wenger hasta que este decidiera lo contrario. Tras tres años en Múnich, el patio quizás esté más aclarado, pero aun así la decisión iba a pillar por sorpresa al preparador francés. Wenger ha tenido varias conversaciones con Guardiola. En un par de ocasiones Pep le preguntó sobre la liga inglesa y en otro momento le llegó a reconocer que le gustaría ir a entrenar a la Premier.

Algún día residirá en Gran Bretaña. Londres sería su destino favorito, aunque no es una decisión inamovible. Así lo dijo el propio Pep a la federación inglesa, con motivo de su cinto cincuenta aniversario, en una de las pocas entrevistas que dio mientras permaneció en Nueva York: «Siempre encontré el fútbol inglés muy fascinante por su entorno, el ambiente y los aficionados. Como jugador no pude cumplir el sueño, pero espero tener la oportunidad en el futuro de ser entrenador, mánager o vivir la exigencia de todos los entrenadores y jugadores que han estado en Inglaterra».

La liga italiana sufre un reciclaje que aún no la hace tan atractiva como la inglesa o la alemana, estancada financieramente. Y el Milan necesita mucho más que un nuevo entrenador para convertirse otra vez en un club que aspire a todo. No era el momento de irse a Italia. Como confirmó su agente Josep María Orobitg, existieron contactos con clubes como la Roma y el Milan, y varias selecciones nacionales le propusieron hacerse cargo de la campaña mundialista. Hasta las naciones más importantes tenían a Guardiola en su punto de mira: una campaña publicitaria en Brasil intentó convencer a la federación para que negociara con Pep, y en Argentina se expandió el rumor de que Pep podía ser una opción si las cosas no iban bien con Alejandro Sabella. Ninguna de las dos propuestas prosperó. Pero una selección, cree Pep, debe ser gobernada por uno del país, alguien que conozca la idiosincrasia del mismo, su prensa, su afición, y además sería demasiado aburrida. Muchos días de trabajo, pero demasiadas semanas sin pisar el césped. Un trabajo para otra edad, pensó Guardiola, necesitado del día a día, de la toma de decisiones constantes y de rescatar el diálogo permanente con los jugadores. Y de ver la pelota cada mañana.

El Bayern, por su parte, le ofrecía el cargo sin obstáculos a partir de la temporada siguiente. El contracto de Jupp Heynckes, de sesenta y siete años, finalizaba en junio y el preparador alemán, según cuenta el propio club bávaro, les había comunicado a finales de año que no iba a seguir, una cuestión rebatida por Heynckes. En todo caso, eso fue lo que el Bayern le comunicó a Pep a principios de mayo del 2012; querían que reemplazara al entrenador alemán al final de una temporada que todavía no había empezado.

La sincronía era evidente; el momento, ideal.

En diciembre, coincidiendo con la admisión de Heynckes, el club bávaro recibió el mensaje de que no hacía falta esperar más, que lo acordado con Rummenigge podía firmarse. Que Pep ya no quería pasar más tiempo paseando, que quería empezar a trabajar. «¿Quedamos tras las Navidades?», preguntaron desde Alemania. «Nos vemos antes», fue la respuesta de los Guardiola. Hoeness viajó a Nueva York para reunirse con el técnico catalán el 20 de diciembre, apenas dos semanas antes de su reaparición pública en un concurrido evento: la gala del Balón de Oro.

Y

Aquella visita a Zúrich tuvo lugar cinco meses después de su llegada a Nueva York, alejado del mundanal ruido, y que, como prometió Pep, estaban siendo bien empleados. Guardiola es de los que piensan que el tiempo es un regalo con el que hay que trabajar, moldear, alargar, aprovechar para rellenar huecos y necesidades, urgentes y livianas.

Se refería a pasear por Central Park, cerca del apartamento que alquiló durante un año. Y a las visitas a los teatros de Broadway, a las cenas en conocidos restaurantes, visitas a museos y exposiciones, pero también al seguimiento de los partidos del Barcelona y, desde agosto, de los del Bayern. «Social y culturalmente, Estados Unidos no es un país de *soccer*. Sí hay otros deportes que están más integrados a la ciudad. Viven ahí catorce millones de habitantes y cada uno va a lo suyo. Bueno, nosotros vamos a lo nuestro: a vivir, a conocer esa vida, y a disfrutar de los millones de cosas que tiene para ofrecer.» Así explicó Pep su estancia en la ciudad americana.

Se le vio en partidos de la MLS, de la NBA o en el open de tenis. Viajaba en metro y a menudo en bicicleta para seguir las clases que Xavier Sala i Martí, catedrático de Economía y extesorero del Barça, da en la Universidad de Columbia. Asistió como oyente, sentado como otro estudiante más, tomando notas y, al acabar, comiendo en la cafetería de la universidad como dan fe las fotos que se han subido a las redes sociales. O compartiendo con un alumno el visionado en directo y por ordenador del Borussia de Dortmund-Real Madrid.

Estudió alemán, fue a clases de inglés para mejorarlo y, cuando el buen tiempo lo permitió, también a clases de golf, otra de sus obsesiones. De hecho, quizá su mayor recuerdo fue el seguimiento de la jornada decisiva que hizo al lado del capitán europeo José María Olazábal de la Ryder Cup que se celebró en Medinah.

«Estaba encantado, me dijo que no había vivido una cosa así en su vida y le dije "Qué película me estás contando"», aseguró Olazábal. «En el hoyo 18 me comentó: "Ahora me doy cuenta lo que es la presión de verdad"». Durante el transcurso de la última jornada Guardiola siguió dos recorridos diferentes y en el segundo de ellos coincidió con el jugador de baloncesto Michael Jordan.

Olazábal le estaba devolviendo un favor. Pep le había cedido dos vídeos motivadores. Chema mezcló imágenes del que Guardiola usó antes de la final de la Liga de Campeones en Roma. Al lado de las de *Gladiator*, añadió escenas de la película *Un domingo cualquiera* (con discursos de Al Pacino), imágenes de todos los golfistas convocados y otras estampas históricas de la Ryder Cup, incluidos momentos gloriosos de Seve Ballesteros, además de imágenes de éxitos inolvidables: la conquista de la selección española del Mundial de fútbol, los cien metros de Usain Bolt, grandes victorias en el rugbi...

Antes de iniciarse la competición, justo antes del primer hoyo, Olazábal mostró a los suyos el vídeo. Con el mismo efecto que en Roma en el 2009: nadie lo admitió, pero se lloró.

Pep se vio con Tito Vilanova cuando este visitó por primera vez Nueva York para buscar una segunda opinión sobre el cáncer que padecía «Hemos sufrido mucho, como todos los que le queremos», explicó Pep cuando la FIFA le preguntó por su amigo en una entrevista a principios del 2013. «Pero sé que será fuerte y que está en muy buenas manos médicas, con un club que le protegerá y, sobre todo, con su familia, que está a su lado y que seguro que estará dispuesta a luchar para sacarlo adelante.»

Pero esas palabras fueron de cara al público. Guardiola no había encajado bien la forma en que el club había gestionado su reemplazo, al anunciar el nuevo entrenador apenas unos minutos después de anunciar su retirada (ni siquiera los futbolistas sabían que Tito iba a ser el nuevo gestor hasta que el presidente lo comunicó en aquella rueda de prensa). En lugar de convertirse en su momento, se trató del momento del club. Una buena decisión institucional, pero que dejaba poco espacio para el mejor entrenador en la historia del club. Pep esperaba que su amigo Tito abandonara el Barça con él, y aquello provocó un distanciamiento entre ambos. Por consiguiente, su único encuentro en Nueva York fue breve y distante. Sin necesidad de expresarlo a viva voz, quedó patente que entre ellos se habían roto muchos puentes, unos puentes que llevará tiempo consolidar de nuevo.

Pep también dedicó parte de su tiempo a ver partidos del Barça. La era postguardiola ofrecía una extraña sensación de luces y sombras: un sólido inicio en la Liga, que el equipo consiguió ganar, aunque con más goles concedidos que en los cinco años previos; la derrota ante el Real Madrid en la Copa del Rey; un resultado negativo en Milán en octavos de final de la Liga de Campeones, seguido por una demoledora derrota de los italianos; otro par de noches con actuaciones irregulares contra el PSG, equipo que no consiguieron vencer (2-2 en París, 1-1 en Barcelona) y que un Messi medio lesionado logró salvar en el partido de vuelta, cuando salió del banquillo para ayudar a crear el gol del Barça al atraer a tres defensas del PSG, que dejaron vía libre a Villa, quien asistió a Pedro, que marcó, ambos en un uno contra uno con los defensores. Y la vergüenza de perder ante el Bayern por un 7-0 en el global.

Tito Vilanova había recaído de su enfermedad, una desgracia que lo mantuvo alejado de la plantilla durante dos meses para someterse a una delicada operación seguida de sesiones de quimio y radioterapia. Abidal, por otro lado, continuó su larga recuperación de un trasplante de hígado, que se prolongó 402 días y que le vio regresar a los terrenos de juego ante el Mallorca el 6 de abril del 2013. Fueron los protagonistas de la victoria liguera, un título que fue celebrado con una rúa que sacó a medio millón de culés a la calle, pero que supo a poco: el equipo había ganado al menos tres títulos por temporada con Pep y ese año solo cayó uno.

Andoni Zubizarreta explicaba la nueva era con gran detalle en una entrevista en *El País*:

«Cuando se produce la salida de alguien tan importante en este club y en el fútbol como Pep, con todo lo que ha traído y dejado, hay un momento en que todo el mundo se reubica. No creo que los jugadores hayan asumido por sí mismos más responsabilidad, porque siempre fueron responsables; la han ejecutado igual. Tal vez ahora lo que pasa es que todas las lecturas y las miradas se dirigen al perfil del jugador, no se ven con el filtro del entrenador».

«Con Pep siempre buscábamos o se buscaban muchas respuestas a muchas cosas: algunas eran futbolísticas, otras económicas, sociales, políticas o de la clase que fuesen. Todo eso generaba un tipo de posición dentro de una sociedad donde los referentes no son muchos. Y el referente de Pep era muy grande, atraía muchas cosas, algunas positivas y otras negativas, y se dimensionaba cuando en el otro polo estaba Mourinho. El debate que ahora gestionamos es más futbolístico: jugamos bien o mal, por dentro o por fuera; nadie va a la rueda de prensa a buscar en nuestro entrenador una respuesta más allá de los futbolístico, sin olvidar, claro está, nuestra conciencia social. Eso nos ha descomprimido de algunas cosas que arrastrábamos.»

La nueva situación era más cómoda para la institución.

Determinados conflictos que Pep había visto en el vestuario, en la plantilla, predicciones que había hecho o comportamientos que había intentado corregir, incluso algunos gestos que no se sentía con fuerzas para combatir, habían aflorado en sus últimos meses en el club. Los jugadores admitieron que les costó acabar aquella temporada. Se hizo obvio en el inicio de la primera temporada de Tito que se había hecho necesario un cambio, no solo para Pep sino también para la plantilla, y que incluso los jugadores se pusieron como reto ganar la liga para impedir que se interpretara la marcha de Guardiola como el final de una era.

Gerard Piqué, por ejemplo, fue lo bastante honesto como para admitir que aquella última temporada de Pep fue la más dura de su trayectoria profesional: «Ya sea por lesiones, por cuestiones personales, porque al fin y al cabo somos personas, el caso es que empecé mal la temporada, lesionado, y me costó mucho coger la cuerda. El problema es que no participas. Quieres, pero no puedes, y eso es complicado, porque no basta con tratar de agradar al entrenador. Él sabe mejor que tú cómo estás. Son las sensaciones que tú tienes las que te dan la confianza. Si las pierdes, y yo las perdí, el entrenador lo ve. Y si no estás bien, juega otro».

Tras la marcha de Pep, Cesc Fàbregas también explicó los motivos por los que no exhibió un buen fútbol de forma habitual: «Al principio fue duro porque yo mostraba una tendencia a desconectar del equipo y a desconcentrarme. En el Barça todos han de estar en el lugar donde deben estar —todos tienen una posición—. En Inglaterra había perdido la habilidad de responsabilizarme de mi posición; allí acabé un poco desquiciado. Solía moverme por todo el campo».

«Unos años antes no habría soportado no jugar de titular», continúa Cesc. «¡Me habría muerto! Con el tiempo, uno madura y aprende a relativizar. Tenía la necesidad de demostrar que podía jugar con el mejor equipo del mundo, competir con el mejor. Me esforcé mucho. No tenía problemas para encajar los conceptos de Guardiola porque los conocía y los entendía, pero no disponía de suficiente tiempo para asimilarlos. Mi error consistió en intentar ocupar roles que no me correspondían.»

«Recuerdo que con Cruyff se nos decía: "Vamos a jugar a partir de la A y luego la B, y la C...". Con Pep se llegó hasta la Z y con Tito igual hemos vuelto a la T para desde ahí volver hasta la última», explica Zubizarreta en *El País*, donde se extiende sobre las razones de la elección de Tito: «La respuesta está en el día de su presentación. Merecía la pena continuar con una idea de juego no acabada, dar recorrido a unos jugadores ganadores, mantener en el tiempo un estilo que nos hacía referentes como club, singulares, que nos define en el mundo. Y teníamos a la persona para desarrollarlo: Tito. Yo no pongo su valor en los resultados, sino que el valor de Tito para mí está en cómo ha desarrollado la idea y la manera en que ha tomado decisiones en situaciones complicadas. Siento que estamos en buenas manos. No hay que olvidar tampoco de dónde venimos, la herencia y filosofía de Pep, y saber que hoy la continuamos con otra persona que tiene otra personalidad y forma de ser, pero cuando el equipo está en el campo, lo reconocemos.»

De repente, el equipo estaba mezclando el estilo que también había funcionado con Xavi de eje (más posesión, control) con el fútbol que proponía el estilo de Cesc (más directo); había un foco dual, dos formas de actuar. Para evitar el bloqueo mental que el equipo había sufrido al final de la temporada previa, Vilanova buscó un Barça menos predecible, un equipo capaz de llegar a la portería contraria por el camino más recto, y Fàbregas estaba ayudando a lograrlo. En otras ocasiones, Xavi imponía su ritmo y eso generaba un Barça más reconocible. Aquella combinación derivó en un Barça que batía récords en la Liga y que acabó por ganarla sin problemas después de conseguir dieciocho victorias y un empate en la primera vuelta, un récord histórico, y con un Messi que volvía a marcar con regularidad.

Pero la fragilidad defensiva de un equipo muy estirado, que dejó de presionar arriba, y la alarmante falta de atención a los pequeños detalles que habían consumido tanta energía y tiempo de Guardiola más la forzada falta de liderazgo durante dos meses acabaron por pasar factura a la plantilla azulgrana. Varios equipos supieron aprovechar las circunstancias adversas: el Real Madrid los aniquiló en semifinales de la Copa del Rey (4-2 en el global, con un 1-3 del equipo blanco en el Camp Nou) y lo mismo pasó con el Milan y el PSG en la Liga de Campeones, y con la goleada del Bayern de Múnich en semifinales.

El 7-0 en el global no fue injusto ni un golpe de suerte, sino todo lo contrario. Expuso numerosos fallos atribuibles a una planificación y preparación insuficientes: la plantilla estaba desestabilizada; de los siete defensas que jugaron los dos encuentros, solo tres ocupaban su posición natural; Song no mejoró el mediocampo ni la defensa, a pesar de haber fichado para jugar en ambas posiciones; Cesc empezó como titular en la alineación, pero no intervino en los grandes partidos; las sustituciones se llevaron a cabo tarde o de forma ineficiente en aquel período crítico (Villa salió al campo en el minuto ochenta y cuatro, con el marcador ya a 4-0 en el partido de ida). Al final de la temporada, la plantilla estaba agotada; después de Navidad, con Tito ausente, el equipo técnico se decantó excesivamente por los titulares para garantizar el título de Liga en un intento de sacar ventaja del bajón del Real Madrid. Por lo general, las decisiones que Pep sospechaba que debía tomar para renovar la plantilla no fueron tomadas en consideración por Vilanova.

La lesión muscular de Messi en el partido ante el PSG puso en entredicho la gestión desde el banquillo. Jugó la vuelta sin estar del todo listo porque el equipo no levantaba la cabeza. Necesitaba descansar pero Vilanova, tras consultar al futbolista, le hizo titular en la ida de las semifinales. Participó contra el Athletic de Bilbao y sorprendió con un gol que incluyó regates en seco y un zurdazo desde fuera del área. Parecía recuperado pero, ya sin casi opciones de remontar, se quedó en el banquillo para la vuelta. El calendario obligó a una participación limitada de Messi en el momento crucial de la temporada. ¿Hubiera sido mejor que el argentino jugara menos encuentros, que se le forzara un mayor descanso?

El Barça se había convertido en un sabroso helado que había empezado a derretirse bajo el sol con Pep. Tito no podía detener aquella dinámica. Guardiola lo contemplaba todo desde lejos. Jamás se le ocurrió ayudar al club mientras Vilanova se recuperaba en Nueva York; no era su función. Además, el club había decidido mantener a Jordi Roure, el segundo entrenador (y a los jugadores) al cargo.

Pep se hallaba lejos del mundo que había conocido, aunque no completamente aislado. Desde su nueva residencia se sumó a la Diada (11 de septiembre, día nacional de Cataluña) y a la reivindicación independentista con un vídeo que se proyectó al término de la manifestación multitudinaria de Barcelona. «Desde Nueva York, aquí tenéis otro más», dijo Pep mostrando una papeleta verde en favor de la independencia. Frente a la gigantesca pantalla se descubrían pancartas que pedían su paso a la política: «Pep Guardiola, primer presidente de la transición catalana».

Guardiola, que apenas mantuvo contacto con sus antiguos futbolistas durante su estancia en los Estados Unidos, abandonó Nueva York en pocas ocasiones. Apareció como ponente invitado en una cita anual en Ciudad de México organizada por la Fundación Telmex, la organización benéfica de Carlos

Slim, el magnate de las telecomunicaciones. Dio conferencias en Buenos Aires, Bogotá. También voló a Barcelona un par de veces durante su estancia en Nueva York, en la primera ocasión para pasar las fiestas navideñas con su familia y poco después para acudir a la Gala del Balón de Oro en Zúrich. Había sido nominado a entrenador del año aunque llevara seis meses sin ejercer, y tras una temporada en la que no se consiguieron los máximos objetivos, pero en realidad quería presenciar en directo la cuarta coronación de Messi y la consagración de Vicente del Bosque como el mejor entrenador del mundo. «Vengo a aplaudir a Vicente», anunció.

En el salón del hotel Hyatt, donde se reunieron los futbolistas y entrenadores nominados a los mejores del año, se vio con el seleccionador español y con sus antiguos jugadores, Messi, Xavi, Iniesta, Piqué, Puyol, Alves. En un momento de la ceremonia se cruzó con Cristiano Ronaldo, que quiso saludarle. El instinto le jugó una mala pasada: el Madrid de Mourinho le había impedido disfrutar de su profesión en los últimos meses en el Barcelona. Al descubrir de reojo la figura de Ronaldo, representante de mucho de lo que todavía le dolía, prefirió no convertir el encuentro en un caluroso agasajo.

Pep sí saludó al presidente del Real Madrid, Florentino Pérez, al representante de Mourinho y Cristiano Ronaldo, Jorge Mendes, y a la figura del fútbol brasileño Neymar, ya fichado por el Barcelona.

«He estado alejado de todo, sigo estando alejado y estaré alejado por respeto a la gente que está haciendo su trabajo», dijo en la entrevista a la FIFA. Y prefirió proteger al entrenador del club bávaro cuando le preguntaron por la posibilidad de entrenar en Alemania: «Heynckes es el entrenador del Bayern. Sería una falta de respeto por mi parte hablar con cualquier equipo que tenga un entrenador en estos momentos. No está tomada la decisión; tengo ganas de entrenar el año que viene y lo haré, pero no está tomada».

De hecho, fue más allá y anunció a todos que volvía al fútbol. «No sé dónde será, pero volveré a entrenar. Soy joven, tengo cuarenta y un años y ganas de trabajar», dijo durante la rueda de prensa oficial, en presencia de Vicente y de los tres finalistas del Balón de Oro, Cristiano Ronaldo, Iniesta y Messi.

Era ya su momento. Había descansado lo suficiente, repetía.

En realidad, dos semanas antes ya había firmado en Nueva York el contrato con el Bayern en presencia del presidente Uli Hoeness.

Pep ya no podía más. Echaba en falta el juego en sí. Quería poner caras a los futbolistas que iba a tener para poder empezar a pensar en las particularidades necesarias para ganar partidos. Vivía mejor sin todo lo demás, lo que rodea al fútbol, pero no podía estar alejado del juego.

En diciembre le pidió a Hoeness que viniera a Nueva York, que deseaba conocerle. «Yo quería que nos viéramos en un local que frecuento en Nueva York pero prefirió mandarme una limusina negra al hotel Four Season, en la Quinta Avenida. Entonces entramos, su hermano Pere y yo, en el edificio de Manhattan en el que vive Pep por el párking subterráneo.» Hoeness llevaba consigo el contrato ya firmado por Rummenigge y diseñado a partir de la reunión que este tuvo con Guardiola en el otoño.

«Me contó que desde agosto ve todos los partidos del Bayern por televisión. Estaba muy bien informado. Me preguntó por cuestiones referidas a los entrenamientos, a las relaciones con la prensa. Es una persona muy afable y abierta. Cuando apenas había pasado un minuto supe que era el técnico idóneo para nosotros.» El relato de Hoeness recuerda al de Txiki Begiristain cuando le entrevistó con vistas a recuperarle para el club azulgrana. Primero para el filial, después para el Camp Nou.

La conversación se alargó tres horas y, en un respiro, un entusiasta Guardiola preguntó: «¿Firmo ya?». Hoeness miró a Pep, abrió los ojos, los dirigió a la ventana donde se veía Central Park de fondo. Y se volvió de nuevo hacia Guardiola: «¡Qué gran idea!».

Y Pep firmó. También Hoeness. El contrato, de tres años de duración, fue guardado en una caja fuerte durante semanas.

El presidente del Bayern, a petición del propio Guardiola, se comprometió a mantener el secreto; aquello no se podía saber, nada debía desestabilizar la temporada del Bayern. Pep, Pere, su entorno iban a negar cualquier acuerdo incluso a sus amigos, a sus más allegados.

Aunque todo pudo haberse descubierto incluso mucho antes de que el Bayern se viera forzado a anunciar el fichaje. Lo cuenta Hoeness: «Estaba en un local en el que tenía que haberme reunido con Pep y de repente el *maître* me avisó de que había alguien que deseaba saludarme. Era sir Alex Ferguson. Me preguntó qué hacía en Nueva York. Le dije que estaba de visita de negocios. Y no era mentira porque después tenía que ir a Chicago con mi hijo por un tema relacionado con la empresa familiar de salchichas».

«Ferguson me explicó que tiene un apartamento en Nueva York, en el que de vez en cuando pasa una temporadita —recuerda Uli Hoeness con una sonrisa pícara—. ¡No quiero ni imaginarme qué hubiera pasado si me llega a ver hablando con Guardiola!»

Ferguson intentó comer de nuevo con Guardiola durante esa visita pero la reunión no se llevó a cabo con la excusa de que el técnico catalán debía irse a Barcelona a pasar las fiestas. Y que estaba un poco liado. Quería evitar tener que dar demasiadas explicaciones.

Un par de días después viajó a Barcelona para pasar la Navidad con los suyos. Cenó con su amigo David Trueba, pero básicamente prefirió dedicar el tiempo a disfrutar de la compañía de sus familiares en privado en lugar de dejarse ver en público.

Dos semanas después, Pep Guardiola acudió a la gala del Balón de Oro.

Y, de vuelta a Nueva York, se iba a encerrar en su pequeño mundo y a menudo en su oficina para estudiar a su nuevo equipo, al que no le iban mal las cosas. Cuando llegó el parón invernal, el Bayern llevaba la temporada encarrilada: en lo más alto de la clasificación, nueve puntos por delante del Bayern Leverkusen. Y eso le hizo replantearse a Heynckes su retiro. ¿Y si se quedaba una temporada más a cargo del equipo?

A Hoeness se le presentó un dilema. El entrenador alemán, amigo personal desde su rivalidad sobre el césped (Hoeness en el Bayern y Heynckes en el Borussia Monchengladbach), fue el protagonista de la decisión más difícil de Hoeness en su etapa como directivo del Bayern: tras ganar el título en 1990 bajo la batuta de Jupp, el club vendió a algunos de sus mejores futbolistas y, como consecuencia, sufrió un bajón considerable que acabó con el despido de Heynckes, una decisión influenciada por una prensa hostil que avergüenza aún hoy a Hoeness, por aquel entonces director comercial del club.

Justo antes de las Navidades, el Bayern filtró que Heynckes había decidido retirarse al final de aquella temporada. Hoeness prefirió no contarle a su amigo que había mantenido contacto con Guardiola.

¿Cómo podía explicarle a Heynckes que la decisión sobre su futuro ya se había tomado? El secreto era necesario, incluso para el entrenador alemán, y debía mantenerse hasta la primavera, cuando el Bayern estuviera a punto de obtener una nueva liga. Ese era el plan.

Pero la subasta por los servicios de Guardiola continuaba. Los clubes recibían el mensaje de que Pep no había decidido todavía su futuro y continuaban flirteando con él. Finalmente, Silvio Berlusconi y el director ejecutivo del Milan, Umberto Gandini, conocieron la verdad: debían dejar de insistir, Pep iba a ser el próximo entrenador del Bayern de Múnich. A partir de aquí, se desencadenó todo. El secreto de Central Park tenía las horas contadas.

El club milanés filtró la historia a Sky Italia el lunes 14 de enero y el Bayern la desmintió. La familia de Guardiola, intentando proteger a Heynckes, negó categóricamente que existiera un acuerdo y así se dijo en las redes sociales. La directiva bávara no quiso que el tema, la duda, ensombreciera la temporada y, obligados por el empuje del rumor, Uli decidió reunirse con su amigo Jupp para comunicarle la veracidad de la historia destapada por el canal de televisión italiano.

Fue un miércoles, dos días antes del reinicio de la temporada en la Bundesliga tras el parón navideño, cuando el Bayern anunció que Guardiola iba a suceder a Heynckes.

Υ

El anuncio del fichaje de Guardiola tuvo un enorme impacto en la esfera deportiva. El diario alemán *Das Bild* lo describió como «Un gran golpe de efecto del Bayern». El diario muniqués *Süddeutsche Zeitung* envió un mensaje al resto del mundo: «Los clubes alemanes alcanzan el cénit. Este fichaje es una clara señal para la comunidad internacional del fútbol». La prensa alemana se refería a Pep como «el filósofo del éxito» y «el intelectual del fútbol», y *Bild* lo bautizó con un nuevo nombre: Pep, diminutivo de Josep en catalán, se convertía en Sepp, el diminutivo del nombre alemán Josef.

El mismo *Bild* hablaba del «entrenador milagroso» y disfrutaba de que la elección de Guardiola hubiera supuesto un bofetón a la liga inglesa. «El hombre tiene "cojones" [*sic*], como dicen en España», escribió el diario de mayor tirada de Europa.

El presidente del Bayern, Uli Hoeness, reconoce ahora que cometió un error de cálculo, quizá sorprendido por la repercusión internacional del fichaje: «Visto lo visto, hay una cosa que cambiaría si pudiera. Habría anunciado el acuerdo en Navidad, para que el revuelo mediático se hubiese producido durante el parón liguero y no en plena competición».

Estaba claro, pues, pese a sus temores: no le iban a salpicar, de momento, las connotaciones negativas de ser el responsable del equipo que media Alemania desdeñaba. En lugar de ello, se iba a convertir en el rostro y gran altavoz mediático para un Bayern y una Bundesliga de moda, la competición con el mayor crecimiento en Europa en el último lustro. «La solución perfecta», como tituló el Frankfurter Allgemeinen Zeitung. Había aterrizado el «glamur, no solo para el Bayern sino también para toda la liga», insistía Rummenigge.

«Genial. Felicitaciones al Bayern por el golpe que ha conseguido. Eso se debe reconocer sin envidia», dijo el presidente del Borussia Dortmund, Hans-Joachim Wazke. Un detalle impensable en otras ligas. Incluso las palabras de su técnico, Klopp, sonaron a reto, pero deportivo: «Quiero ser el nuevo Mourinho de Guardiola. Si no le gusto no es mi problema».

Jupp Heynckes, informado solo unas horas antes de que se confirmara el fichaje de Guardiola, inició en castellano su primera rueda de prensa tras el anuncio «para que os vayáis acostumbrando». Confirmó que el pasado verano le había comentado a Hoeness su intención de retirarse a final de temporada, pero también que estaba dispuesto a seguir. «Le dije: "Si no encontráis un recambio adecuado, volved a preguntarme"». En todo caso, el exentrenador del Real Madrid dejó abierta la posibilidad de seguir en el fútbol: «¿Si me retiro del todo? Aún tengo medio año por delante. Seguro que me retiro del Bayern, pero no he dicho que me retire del fútbol».

Así es el fútbol, a rey muerto rey puesto, pero Heynckes sabía cómo funciona esto y dio la bienvenida al nuevo entrenador con un discurso elegante y responsable: Pep encajaba en el ideario del club y en su exigencia competitiva, dijo. «Se encontrará aquí el mejor equipo europeo después del Barça.»

Y así, con Guardiola como protagonista, se reemprendió un par de días después la liga alemana con los estadios llenos, por supuesto, el reflejo de lo asequible de las entradas, pero también de una cultura futbolística que cuida al aficionado de estadio por encima del televidente. Fútbol en estado puro.

El péndulo en el mundo del fútbol habían cambiado y se dirigía hacia el centro de Europa.

De todo ello le habló Pep cuando, a principios de febrero, llamó a Cruyff para contarle los detalles de su fichaje por el conjunto bávaro. «Orgulloso y encantado con su decisión», se mostró su mentor, que le elogió por optar por el reto deportivo por encima de todo y a pesar de las múltiples y mareantes ofertas; por, en definitiva, querer imponer su manera de entender el fútbol tan cruyffista en casa de Beckenbauer, gran rival del holandés en los años setenta, un buen amigo, coincidente en una similar idea de club y, como cuenta Ramón Besa, admirador del Barcelona desde que viera caer a su equipo en abril del 2009 en los cuartos de final de la Champions en el Camp Nou. «Los técnicos alemanes se pasaron quince días en la ciudad deportiva para saber sobre el funcionamiento del fútbol base del Barça. Así que el interés de ambas partes es de hace tiempo», explica el periodista en *El País*.

¿Es mejor llegar al Bayern tras haber ganado tanto? ¿No son, de ese modo, enormes las expectativas? «¡No te lo cambio! Prefiero seguir así, habiendo hecho lo que he vivido que al contrario, empezar en un sitio donde tienes que ganártelo todo, donde tienes que convencer a toda la gente.» Así contestaba Guardiola a una pregunta en la web de la FIFA acerca de la recepción en un club futuro. Después de haber obtenido la admiración del mundo entero, Pep prefería empezar desde esa posición privilegiada tras su paso por el Barça en lugar de arrancar con las mismas dudas que en su primera experiencia como entrenador de un primer equipo. «Es un poco distinto: cuando empecé en mi casa el 86 u 87 por ciento no me querían... Estas cosas pasan y en la vida no las controlas: hicimos lo que hicimos entre todos, entre tantísima gente, y me llevo los recuerdos de todo lo que viví en estos años. Aunque puedan decir lo que quieran decir, lo que viví me pertenece a mí y nadie me lo puede quitar.»

Pero ¿cómo se traslada el juego del Barcelona a otro equipo? «Es que el principio del Barcelona era muy simple: jugar con el balón, hacerlo todo con él. Todos los futbolistas que hay en el mundo un día se dedicaron a jugar al fútbol porque en cualquier sitio de su pequeño pueblo o gran ciudad, donde sea, pegaron una patada al balón y les gustó. El sistema del Barça, aunque la gente diga que es muy complicado, es tan simple como eso: tenemos el balón y a ver si nos lo quitan; nos lo pasamos lo mejor posible y a ver si hacemos el gol. Eso es lo que yo recibí de mis predecesores y lo que intenté transmitir cuando estuve. Lo que hacen ahora no lo sé, pero imagino que es similar por la forma en que les veo jugar. Por tanto, lo que es evidente es que cuando uno va a entrenar al sitio que sea tiene que transmitir aquello que siente. Y lo que intentaré hacer en el futuro es lo que he hecho cuando jugaba, lo que sentía, o como hace cinco años, cuando entrenaba: atacar lo mejor posible, coger el balón y que se lo pasen los jugadores de la misma camiseta.»

En realidad, Guardiola llega a un club que lleva ya camino andando. El trabajo de Louis van Gaal del 2009 al 2011 permitió cambiar el estilo del equipo. Pasaron de ser un conjunto aguerrido y pragmático a una forma de entender el juego más holandesa, más asociativa. Pasan más que nadie en la Bundesliga y mantienen la posesión más que nadie. Louis y Guardiola, pues, se vuelven a encontrar. «Pep sigue mi filosofía —explica Van Gaal—. Yo comencé el sistema que hay ahora. Heynckes se hizo cargo de ello. Pep está en la misma línea y piensa lo mismo que nosotros.»

En busca de la quinta Champions, el equipo se había llenado de talento en todas las líneas. Neuer, Robben, Javi Martínez, Ribéry, Lahm, Kroos, Müller, Mario Gómez, Schweinsteiger... todos ellos internacionales, todos ellos con una buena comprensión del juego. Quedaban, por supuesto, cosas por hacer. ¿Jugará Pep con falso nueve o eso fue una solución táctica al equipo que le dieron? En el Bayern tiene a los extremos que tanto gusta de usar, abiertos y decisivos en el uno contra uno, pero se encontrará a arietes como Mario Gómez, Pizarro y Mandzukic. Si quiere construir el juego desde atrás tendrá que convencer a sus defensores. Y si pide al equipo pausa, deberá quizá buscar alguien que ofrezca esa marcha porque a Javi Martínez o a Schweinsteiger les gusta entregarse al precipicio del juego más directo.

«Mucha gente esperará a ver cómo le va antes de decir si su elección fue buena.» Es Juanma Lillo el que habla. «Yo creo que es buena elección porque cuenta con futbolistas que tienen el criterio y la cualidad que busca en varias posiciones.»

Pese a los constantes rumores sobre posibles fichajes de futbolistas estrechamente relacionados con Pep o de su gusto, el técnico descubrió con placer que la directiva del Bayern se iba a encargar de reciclar la plantilla cuando fuera necesario y él iba solamente a ofrecer sugerencias, sin más.

Se publicó que Guardiola cenó a mediados de febrero en el restaurante Käfer's, el lugar preferido por la directiva bávara para reuniones privadas. No es cierto, ni tampoco lo es la supuesta lista de fichajes de la que se habló (Luis Suárez, Neymar, Gareth Bale, Falcao). Escuchó cómo se ficha en el club y añadió que no tenía ningún inconveniente en aceptar la plantilla que se le iba a proponer, incluso si finalmente llegaba el delantero polaco Robert Lewandowski, una propuesta de Sammer que quería adelantarse al interés del Manchester United.

Eso sí: del Barcelona no se iba a llevar a nadie.

Había clubes que le pagaban más (el Chelsea, el que más) pero aun así Guardiola se convirtió en el entrenador mejor pagado de la historia del club. Lo confirma su agente Orobitg, que añade: «Ha elegido el Bayern porque de todos los equipos de los que ha tenido ofertas era el mejor. Le hemos ido pasando ofertas y este no es el equipo que más dinero ofrecía. Lo ha elegido por la organización que hay, por las posibilidades que él ve y por sus futbolistas». Se dice que un acuerdo paralelo con Adidas, patrocinador y dueño del 9 por ciento de acciones del Bayern, le permitirá ganar de ocho a diez millones de euros al año.

No tendrá que lidiar con la presión mediática que existe en Inglaterra y en España, y José Mourinho confirmó que no tenía intención de entrenar en Alemania.

La mayoría de sus colaboradores en el Barcelona no iban a cambiar de trabajo, ni se les iba a pedir que lo hicieran, pero uno que le iba a seguir en su nueva aventura era Manel Estiarte. A Manel, una semana antes de dejar el Barcelona, Pep le dijo que continuaba una semana más. Con esa duda ha tenido que vivir también los meses antes de la confirmación del nuevo destino. Antes de las Navidades, antes de la reunión con Hoeness, Manel no sabía si tenía que prepararse para perfeccionar su inglés, refrescar su italiano o aprender alemán. «Te lo diré en enero», le dijo Pep. «Pero tranquil…»

Rummenigge reveló que el club quería presentar a Guardiola en su «primer día oficial de trabajo», a principios de julio. Y que se había organizado un amistoso contra el Barcelona. A medida que se acercó el momento de verle con otro chándal, con otro escudo, el entorno culé sufría un predecible ismo: algunos se sentían traicionados, otros comprensivos. «La mayoría de decisiones que ha tomado Guardiola en su carrera ha provocado controversia y una doble lectura», explica Besa. «Tiene quien le adula sin condiciones y también difamadores que se manifiestan con más o menos disimulo en función de los resultados y, a veces, del trato personal que les ha dispensado. Ocurre con los periodistas y con los aficionados desde su época de jugador. Algunos le consideran patrimonio barcelonista y como tal le exigen que actúe en función de los intereses del club, sin que se sepa muy bien cuáles son, y también se cuentan quienes le tienen por un gurú que se ganó el derecho a decidir sobre todo, y mucho más sobre su vida».

A sus cuarenta y dos años, el camino recorrido ha sido largo y complejo. ¿Quién le iba a decir el día que le comunicó al Brescia que no se veía de entrenador —que si querían entraba como director deportivo con Tito Vilanova como su técnico— que años después iba a ser el principal embajador de la revitalizada liga alemana, la que quizá sea pronto la más poderosa del planeta?

En el vestuario del Barcelona le desearon lo mejor. Tito se lo ha dicho en Nueva York y también en público, en una de sus últimas ruedas de prensa antes de alejarse del primer equipo a mitad de temporada: «Me alegro mucho de que vuelva a entrenar, tenía la posibilidad de escoger y si se ha decantado por el Bayern es porque será el que le haga feliz. Ha tenido tiempo para pensárselo y escoger. No se puede equivocar en su decisión porque todos los equipos a los que podía ir son de primer nivel». Y añadió algo que es relevante; el contrato de su amigo en el Bayern iba a ser de tres años, no de uno, como firmó en sus dos últimos acuerdos con el Barcelona: «Aquí era como trabajar en casa, todo te afecta más directamente y es distinto».

«Si él es feliz nosotros también.» (José Manuel Pinto)

«Era de esperar que fuera a uno de los grandes de Europa. Por su filosofía de juego y la cantidad de jugadores nacidos en Alemania que tiene, cumple con la manera de pensar de Guardiola.» (Javier Mascherano)

«No me ha sorprendido porque es un gran club, pero a mí

lo que me preocupa es lo que pasa en el Barça.» (Carles Puyol, por supuesto)

«Me alegro por él porque significa que ya está bien y con fuerzas para volver a este loco mundo del fútbol. Que vuelva el mejor es muy buena noticia porque nos obligará a pensar y exigirnos. No me extraña que haya preferido el Bayern a la Premier.» (Andoni Zubizarreta)

«¿Qué tal es Múnich para vivir?», preguntaba Pep a un par de amigos que conocían bien la ciudad. Es rica, es cosmopolita aunque no tanto como Berlín, es donde viven los famosos, donde están los artistas. Se podrá escapar a las montañas o pensar con calma en los grandes espacios verdes. No le pedirán por la calle explicaciones por todo. Será, casi, otro muniqués más. Así se lo contaban mientras volvía a Nueva York, donde iba a quedarse hasta el fin del curso escolar.

Pronto, iba a volver al fútbol. Volvía al césped. Al entrenamiento. Al reto de manejar futbolistas.

Paseando por una gran avenida de la ciudad de los rascacielos, Guardiola capturó de nuevo el sabor dulce del momento mágico que echaba de menos, esa sensación que había perdido en Barcelona: de nuevo miraba al balón con cariño y se le ocurría que, si el lateral subiera más a menudo y Schweinsteiger le buscaba para crear superioridad, entonces, entonces... No estaba pensando en Iniesta, en Puyol, ni en Messi. Y un halo de melancolía, un solo segundo, se apoderó de él.

Sí, sí, Schweinsteiger iba a ser clave en su próximo equipo.

Anexo

Estadísticas

Cuatro años maravillosos en los que el Barcelona ha ganado 3 títulos de Liga, 2 Ligas de Campeones, 2 Copas del Rey, 3 Supercopas de España, 2 Supercopas de Europa y 2 Mundiales de Clubes, testamento de uno de los equipos de fútbol más grandes de todos los tiempos.

Temporada 2008-2009: Liga, Copa y Champions League

La temporada 2008-2009 fue la más importante en la historia del Barça. El equipo de Guardiola ganó la Copa, la Liga y la Liga de Campeones en un año impecable lleno de celebraciones y de momentos memorables. Fue el primer triplete del siglo XXI en Europa. Los mejores momentos incluyen el 2-6 contra el Real Madrid en el Bernabéu, el gol número 5.000 gracias a Leo Messi y el inolvidable *iniestazo* en Stamford Bridge.

Jugadores: Valdés, Cáceres, Piqué, Rafa Márquez, Puyol, Xavi, Gudjohnsen, Iniesta, Eto'o, Messi, Bojan, Pinto, Gabi Milito, Keita, Henry, Silvinho, Dani Alves, Hleb, Abidal, Touré, Jorquera, Pedro, Busquets y Víctor Sánchez.
Partidos jugados: 69 (Pretemporada 5, Gamper 1, Copa Catalunya 1, Liga 38, Copa 9, Champions League 15)
Partidos ganados: 48 (Pretemporada 5, Gamper 1, Copa Catalunya 0, Liga 27, Copa 7, Champions League 8)
Partidos empatados: 13 (Pretemporada 0, Gamper 0, Copa Catalunya 0, Liga 6, Copa 2, Champions League 5)

Partidos perdidos: 8 (Pretemporada 0, Gamper 0, Copa Catalunya 1, Liga 5, Copa 0, Champions League 2)
Goles a favor: 186 (Pretemporada 25, Gamper 2, Copa Catalunya 1, Liga 105, Copa 17, Champions League 36)
Goles en contra: 67 (Pretemporada 8, Gamper 1, Copa Catalunya 3, Liga 35, Copa 6, Champions League 14)
Títulos: 3 (Liga, Copa del Rey y UEFA Champions League)
Galardones individuales: Trofeo Zamora (al portero de fútbol menos goleado de la Primera División de España) Víctor Valdés.

Temporada 2009-2010: Liga, Supercopa de España, Supercopa de Europa, Mundial de Clubes

A la temporada ganadora del triplete le siguió la temporada 2009-2010, en la que el FC Barcelona levantó cuatro trofeos más: el título de Liga, las Supercopas de España y de Europa y el primer Mundial de Clubes de la historia. Lo más destacado fue que el equipo consiguió noventa y nueve puntos en la Liga.

Jugadores: Valdés, Piqué, Rafa Márquez, Puyol, Xavi, Iniesta, Messi, Bojan, Pinto, Gabi Milito, Keita, Henry, Dani Alves, Abidal, Touré, Pedro, Busquets, Zlatan Ibrahimović, Maxwell, Jeffren y Chygrynskiy.
Partidos jugados: 65 (Pretemporada 5, Gamper 1, Supercopa de España 2, Supercopa de Europa 1, Liga 38, Copa 4, Champions League 12 y Mundial de Clubes 2)
Partidos ganados: 48 (Pretemporada 3, Gamper 0, Supercopa de España 2, Supercopa de Europa 1, Liga 31, Copa 3, Champions League 6 y Mundial de Clubes 2)
Partidos empatados: 12 (Pretemporada 2, Gamper 0, Supercopa de España 0, Supercopa de Europa 0, Liga 6, Copa 0, Champions League 4, Mundial de Clubes 0)
Partidos perdidos: 5 (Pretemporada 0, Gamper 1, Supercopa de España 0, Supercopa de Europa 0, Liga 1, Copa 1, Champions League 2 y Mundial de Clubes 0)

Goles a favor: 150 (Pretemporada 12, Gamper 0, Supercopa de España 5, Supercopa de Europa 1, Liga 98, Copa 9, Champions League 20 y Mundial de Clubes 5)
Goles en contra: 44 (Pretemporada 4, Gamper 1, Supercopa de España 1, Supercopa de Europa 0, Liga 24, Copa 2, Champions League 10, Mundial de Clubes 2)
Títulos: 4 (Liga, Supercopa de España, Supercopa de Europa, Mundial de Clubes)
Galardones individuales: Trofeo Zamora, Víctor Valdés; Balón de Oro, FIFA Mejor Jugador del Mundo, Bota de Oro y Pichichi (máximo goleador de la Primera División), Leo Messi.

Temporada 2010-2011: Liga, Liga de Campeones y Supercopa de España

El Barça superó las adversidades que había encontrado en aquella temporada y acabó alzando tres trofeos, ganados a partir del esfuerzo y del buen juego. El equipo se convirtió en el campeón de Europa con un magnífico estilo y se coronó ganador de Liga por tercera vez consecutiva. Lo más destacado fue el segundo Balón de Oro para Leo Messi y la goleada 5-0 frente al Madrid de Mourinho en el Camp Nou.

Jugadores: Valdés, Piqué, Puyol, Xavi, Iniesta, Messi, Bojan, Pinto, Keita, Dani Alves, Abidal, Pedro, Busquets, Maxwell, Jeffrén, Milito, Adriano, Mascherano, Fontàs, Afellay y David Villa.
Partidos jugados: 66 (Pretemporada 3, Gamper 1, Supercopa de España 2, Liga 38, Copa 9, Champions League 13)
Partidos ganados: 48 (Pretemporada 3, Gamper 0, Supercopa de España 1, Liga 30, Copa 5, Champions League 9)
Partidos empatados: 12 (Pretemporada 0, Gamper 1, Supercopa de España 0, Liga 6, Copa 2, Champions League 3)
Partidos perdidos: 6 (Pretemporada 0, Gamper 0, Supercopa de España 1, Liga 2, Copa 2, Champions League 1)

Goles a favor: 165 (Pretemporada 12, Gamper 1, Supercopa de España 5, Liga 95, Copa 22, Champions League 30)
Goles en contra: 44 (Pretemporada 4, Gamper 1, Supercopa de España 3, Liga 21, Copa 6, Champions League 9)
Títulos: 3 (Liga, Champions League y Supercopa de España)
Galardones individuales: Trofeo Zamora, Víctor Valdés; Balón de Oro, Leo Messi.

Temporada 2011-2012: Supercopa de España, Supercopa de Europa, Mundial de Clubes, Copa del Rey

La última temporada de Guardiola al mando del Barcelona estuvo plagada de incidentes. El presidente Sandro Rosell y el propio Pep comentaron que había sido una «temporada muy extraña», sugiriendo dudosas decisiones arbitrales. El equipo se vio perjudicado por las graves lesiones de David Villa, Abidal y Fontàs. No obstante, el Barça ganó las Supercopas de España y de Europa, su segundo Mundial de Clubes, y la Copa del Rey, y llegó a semifinales de la Liga de Campeones. A destacar el tercer Balón de Oro de Messi junto con el Pichichi con más goles en la historia de la Liga española, con 50 tantos en Liga y 73 entre todas las competiciones, así como la Bota de Oro y el quinto trofeo Zamora para Víctor Valdés.

Partidos jugados: 71 (Pretemporada 6, Gamper 1, Supercopa de España 2, Supercopa de Europa 1, Mundial de Clubes 2, Liga 38, Copa 9, Champions League 12)
Partidos ganados: 49 (Pretemporada 2, Gamper 1, Supercopa de España 1, Supercopa de Europa 1, Mundial de Clubes 2, Liga 28, Copa 6, Champions League 8)
Partidos empatados: 15 (Pretemporada 2, Gamper 0, Supercopa de España 1, Supercopa de Europa 0, Mundial de Clubes 0, Liga 7, Copa 2, Champions League 3)
Partidos perdidos: 6 (Pretemporada 2, Gamper 0, Supercopa de España 0, Supercopa de Europa 0, Mundial de Clubes 0, Liga 3, Copa 0, Champions League 1)

Goles a favor: 202 (Pretemporada 8, Gamper 5, Supercopa de España 5, Supercopa de Europa 2, Mundial de Clubes 8, Liga 114, Copa 25, Champions League 35)
Goles en contra: 57 (Pretemporada 8, Gamper 0, Supercopa de España 4, Supercopa de Europa 0, Mundial de Clubes 0, Liga 29, Copa 6, Champions League 10)
Títulos: 4 (Liga, Supercopa de España, Supercopa de Europa, Copa del Rey)
Galardones individuales: Trofeo Zamora, Víctor Valdés; Balón de Oro, Pichichi y Bota de Oro, Leo Messi

2008-2012

Partidos jugados: 271
Partidos ganados: 193
Partidos empatados: 52
Partidos perdidos: 24
Goles a favor: 703
Goles en contra: 212
Títulos: 14 (3 Ligas, 2 Champions League, 2 Copas del Rey, 3 Supercopas de España, 2 Supercopas de Europa, 2 Mundiales de Clubes)
Galardones individuales: 3 Balones de Oro (Messi), 1 FIFA Mejor Jugador de Mundo (Messi), 2 Pichichis (Messi), 2 Botas de Oro (Messi), 4 Trofeos Zamora (Víctor Valdés)

Agradecimientos

Este libro nace de las conversaciones mantenidas en los últimos cuatro años con Pep Guardiola, Johan Cruyff, Joan Laporta, Sandro Rosell, Andoni Zubizarreta, Xavi Hernández, Andrés Iniesta, Víctor Valdés, Javier Mascherano, Lionel Messi, David Villa, Cesc Fàbregas, Pedro, Carles Puyol, Gerard Piqué, Manel Estiarte, Emili Ricart, Oscar García, Michael Laudrup, Joan Patsy, Txiki Begiristain, Albert Ferrer, José Mourinho, y Louis Van Gaal, entre otros, que están o han estado en el FC Barcelona.

Quiero darle las gracias a Pep Guardiola por el tiempo dedicado, pero también por haber enviado un correo electrónico a sir Alex Ferguson, que me brindó la oportunidad de viajar a Manchester para hablar con él. ¡Le pido perdón a Màrius por robarle tiempo a su papá!

De no ser por la confianza de mi representante, David Luxton, y de Alan Sampson en Orion, este libro nunca se habría publicado. ¡Perdón de nuevo por el retraso! Asimismo, gracias a Lucinda McNeile por su paciencia.

A lo largo de los años, he hablado de Pep (y de muchas otras cosas) con buenos amigos en el mundo del fútbol a los que quiero enviar un fuerte abrazo desde estas líneas: Vicente del Bosque, Rafa Benítez, Mauricio Pochettino, Ramón Planes, Pep Segura, Pako Ayestarán, Paco Herrera, José Manuel Ochotorena, Arrigo Sacchi, Brendan Rodgers, Fabio Capello, Graham Hunter, Juan Ignacio Martínez, Unai Emery, André Villas-Boas, Gary Neville, Wayne Rooney, Michael Robinson, Alfredo Relaño, Santi Giménez, Michel Salgado, Marcos López, Joan Domenech, David Torras, Johanna Gará, Paul Jewell, David Trueba, Sique Rodríguez, Johan Cruyff, Àlex Castells, Juan Carlos Garrido, Borja Valero, Mikel Arteta…

Mil gracias a Maribel Herruzo, a partir de ahora heroína que salva el mundo en el último respiro; a Ladislao J. Moñino, que embadurnó de edición estas páginas y de calma mi estrés; a Marcos López, que se lo sabe todo de todo y lo cuenta como si no supiera nada, y que también vino al rescate a última hora; a Lee Watson y a Elizabeth Duffy, por su extraordinario esfuerzo y su inestimable ayuda; a Brent Wilks, por encargarse de todos mientras nosotros nos apresurábamos a terminar el proyecto; a Jacquie Feeley, que inyectó suficiente confianza y energía a todo el mundo para llegar hasta el final, y a Kevin, por encargarse de Jacquie mientras ella gestionaba tantos otros mundos. Gracias a William Glasswell, por ofrecerme un nuevo enfoque del proyecto; ahora se ha convertido en un apasionado del fútbol. Y a Mark Wright, que estuvo muchas veces donde tenía que estar.

Hay algunos buenos amigos que merecen mucho más que una palabra, pero por lo menos que no se queden sin ella. Moisés Álvarez, que siempre me dejó ser lo que quisiera y eso es la mejor manera de enseñar a andar; Luis Miguel García, que siempre me abre los ojos, pero siempre; Gabriele Marcotti y nuestras discusiones; Raphael Honigstein y Carlos Bianchi, y aficionado del Bayern, así que feliz; Sergio Alegre, que lleva el seis en el Barcelona y el ocho en el equipo nacional; Chus Llorente y el vodka Chopin; Gustavo Balagué, que sangra en azulgrana; Yolanda Balagué, de viaje; Chris Parle y las compras; Stevie Rowe, que había oído tantas historias sobre Pep; Scott Minto, que todavía no se ha cansado de oírlas; Mark Payne, que no se las cree todas; Damian O'Brian y los DVD, el equipo de *Revista de la Liga*, por su amor y pasión por el fútbol español; Andy Melvin, Barney Francis y Vic Wakeling, por permitirme prosperar en *Sky Sports*; Peter Bennett y su ventana al mundo; Edu Abascal, por encargarse de *AS* mientras yo terminaba este proyecto; el entrenador Eduardo Rubio y Gerard Nus, por sus lecciones; Encarna Martínez y Sonia Moreno, por compartir horas de vino y de tertulia; y les debo una o dos cervezas a Sam Delaney y a Jason Cundy.

Gracias a Miguel Ruiz, cuyas fotos en la edición inglesa hicieron mejor el libro.

Finalmente, gracias a mis padres, que por fin pueden leer un libro mío.

Bibliografía

BARCLAY, PATRICK, *Mourinho, Anatomy of a Winner*, Orion, 2005.

CANUT, LLUÍS, *Els secrets del Barça*, Columna Edicions S.A., 2010.

COLLELL, JAUME, *Pep Guardiola. De Santpedor al banquillo del Barça*, Península, 2009.

CUBEIRO, JUAN CARLOS, *Mourinho versus Guardiola*, Alienta, 2010.

GUARDIOLA I SALA, JOSEP, *Mi gente, mi fútbol*, Sport, 2001.

IBRAHIMOVIĆ, ZLATAN, *Yo soy Zlatan Ibrahimović*, Albert Bonniers Förlag, 2011.

INIESTA, ANDRÉS, *Un año en el paraíso*, Now Books, 2009.

PADRÓ, SANTI y GARASA, XAVIER, Palabra de Pep, *Ara Llibres, 2009.*

PERARNAU, MARTÍ, *Senda de campeones*, 10 Books, 2011.

PIQUÉ, GERARD, *Viaje de ida y vuelta*, Península, 2010.

PONS, JORDI, *No tendrás cojones de hacerlo*, Editorial Base, 2011.

SANTOS FERNÁNDEZ, ÁLEX, *L'entorn. El circ mediàtic del Barça*, Cossetània, 2011.

TORQUEMADA, RICARD, *Fórmula Barça*, Lectio Ediciones, 2012.

VIOLÁN, MIGUEL ÁNGEL, *El método Guardiola*, Península, 2012.

Y artículos de MARTÍN MAZUR y de *El País* (LUIS MARTÍN, RAMÓN BESA) y *El Periódico* (MARCOS LÓPEZ, DAVID TORRAS, JOAN DOMENECH).

Guillem Balagué

Nacido en Barcelona, Guillem Balagué trabaja en Sky Sports donde cubre toda la información del fútbol de España. Es el corresponsal del diario *As* y de Onda Cero en Gran Bretaña. Sus columnas también aparecen en *The Telegraph, Bleacher Report* y *Champions Magazine*. Anteriormente trabajó para *Marca, The Times, The Observer, Talk Sport,* BBC, Cadena SER y en *World Soccer*.